Studien- und Übungsbücher der Wirtschafts- und Sozialwissenschaften

Herausgegeben von
Professor Dr. Heiko Burchert
und
Universitätsprofessor Dr. Thomas Hering

Bisher erschienene Werke:

Arens-Fischer · Steinkamp, Betriebswirtschaftslehre
Bechtel, Einführung in die moderne Finanzbuchführung, 7. Auflage
Berlemann, Allgemeine Volkswirtschaftslehre
Brösel · Keuper, Medienmanagement
Burchert · Hering · Keuper, Kostenrechnung
Burchert · Hering · Keuper, Controlling
Burchert · Hering, Betriebliche Finanzwirtschaft
Burchert · Hering · Rollberg, Produktionswirtschaft
Burchert · Hering · Rollberg, Logistik
Burchert · Hering, Gesundheitswirtschaft
Burchert · Hering · Pechtl, Absatzwirtschaft
Guba · Ostheimer, PC-Praktikum
Keuper, Finanzmanagement
Keuper, Strategisches Management
Koch, Wirtschaftspolitik im Wandel
Koch · Zacharias, Gründungsmanagement
Matschke · Hering · Klingelhöfer, Finanzanalyse und Finanzplanung

Absatzwirtschaft

Aufgaben und Lösungen

Herausgegeben von
Prof. Dr. rer. pol. Heiko Burchert
Univ.-Prof. Dr. rer. pol. habil. Thomas Hering
Univ.-Prof. Dr. rer. pol. Hans Pechtl

mit Illustrationen von
Anja Krüger

R. Oldenbourg Verlag München Wien

Bibliografische Information Der Deutschen Bibliothek

Die Deutsche Bibliothek verzeichnet diese Publikation in der Deutschen Nationalbibliografie; detaillierte bibliografische Daten sind im Internet über <http://dnb.ddb.de> abrufbar.

Rosenheimer Straße 145, D-81671 München
Telefon: (089) 45051-0
www.oldenbourg-verlag.de

Gedruckt auf säure- und chlorfreiem Papier
Gesamtherstellung: Druckhaus „Thomas Müntzer" GmbH, Bad Langensalza

ISBN 3-486-27492-9

Vorwort

Ein erfolgreiches unternehmerisches Agieren auf Käufermärkten erfordert hohe Kompetenz in Marketingprozessen und Marketingkonzeptionen. Daher greift das vorliegende Übungsbuch anhand von Übungsaufgaben und Fallstudien ausgewählte Fragestellungen aus dem strategischen und operativen Marketing sowie dem Einsatz von Marketinginstrumenten auf. Die 34 Beiträge wollen in unterschiedlicher methodischer und thematischer Akzentuierung Anforderungen und Lösungsansätze absatzwirtschaftlicher Problemstellungen und marktorientierter Unternehmensführung verdeutlichen.

Für die Mitarbeit an diesem Band konnten 35 Autoren von zehn deutschen Universitäten, einer österreichischen und einer kanadischen Universität, drei Fachhochschulen, einer privaten Hochschule und aus der Praxis gewonnen werden. In Fortsetzung der Tradition, unsere Übungsbücher zu illustrieren, hat diesmal Frau Anja Krüger – Kunststudentin am Caspar-David-Friedrich-Institut für Kunstwissenschaften an der Ernst-Moritz-Arndt-Universität Greifswald – diese Aufgabe übernommen. In den graphischen Blättern collagiert sie Werbung zurückliegender Zeiten.

HEIKO BURCHERT, THOMAS HERING UND HANS PECHTL

Inhaltsverzeichnis

Seite

II. Operative Marketingplanung

4. Marketing-Mix Entscheidungen

I. Strategisches Marketing

1. Grundlagen des Marketings

Anja Schaulinski

Interpretationen des Marketingbegriffs und Ansätze der Marketingtheorie

Der Begriff Marketing wird in der Literatur nicht einheitlich definiert. Zusätzlich zur bestehenden Heterogenität der Begriffsinterpretationen ist zunehmend eine Inflationierung des Marketing-Begriffs zu konstatieren. Diese spiegelt sich bspw. in „Marketing-Varianten“ wie dem „Mega-Marketing“ wider. Die immer wieder aufgeworfene Frage nach dem eigentlichen Forschungsobjekt des Marketing erscheint, insbesondere auch vor dem Hintergrund der Vielfalt marketingtheoretischer Ansätze, insofern gerechtfertigt.

Aufgabe 1

Erläutern Sie vor dem Hintergrund der Ausführungen drei grundsätzliche Interpretationen des Begriffs Marketing, und diskutieren Sie diese kritisch.

Aufgabe 2

Zeigen Sie unterschiedliche Ansätze der Marketingtheorie auf und systematisieren Sie diese in zeitlicher Hinsicht.

Lösung

Aufgabe 1

Grundsätzlich lassen sich in der Betriebswirtschaftslehre mindestens drei verschiedene *Grundversionen* des Begriffs Marketing unterscheiden: Marketing als Lehre von der Absatzwirtschaft, Marketing als Ausdruck bzw. Basis einer marktbezogenen Unternehmensführung und Marketing als Gestaltungsmöglichkeit von Austauschprozessen und -beziehungen.
Die erste und zugleich engste Interpretation des Marketingbegriffs setzt ihn inhaltlich mit der *Absatzwirtschaft des Unternehmens* gleich. Im Fokus des Interesses steht die betriebliche Funktion, die in der entgeltlichen Verwertung der Güter und Dienstleistungen eines Unternehmens besteht (Leistungsverwertung). Das Verhältnis der

Absatzwirtschaft zu anderen betrieblichen Funktionen, wie bspw. der Führung, der Beschaffung oder der Produktion, kann teils als unter-, teils auch als gleichgeordnet charakterisiert werden. Somit deckt sich diese Interpretation inhaltlich weitgehend mit der von Erich Gutenberg entwickelten traditionellen Absatzlehre. In der Literatur wird für diese Interpretation des Marketingbegriffs auch die Bezeichnung *kommerzielles Marketing („Business Marketing")* oder *absatzorientiertes Marketing* verwendet. Darauf aufbauend fußt der Entwurf eines absatzpolitischen Instrumentariums. Wichtige Ziele des Einsatzes der absatzpolitischen Instrumente sind die Reduktion von Absatzwiderständen sowie die Stärkung der Wettbewerbsposition. Idealtypischerweise werden vier Kategorien absatzpolitischer Instrumente unterschieden: die Produkt- und Programmpolitik, die Preispolitik, die Distributionspolitik und die Kommunikationspolitik.

Kritisch muß bei einer solchen Begriffsinterpretation hinterfragt werden, inwiefern bei einer Gleichsetzung der Termini Absatzwirtschaft und Marketing die Verwendung des letzteren überhaupt als notwendig erachtet werden kann. Als Konsequenz daraus folgt die in der Literatur teilweise anzutreffende Meinung, auf die Verwendung des Begriffs Marketing generell zu verzichten, sofern er inhaltlich mit der Absatzwirtschaft des Unternehmens gleichgesetzt wird.

Eine weiter gefaßte Interpretation identifiziert Marketing als Ausdruck einer *marktorientierten Unternehmensführung*. Dies bedeutet, daß alle betrieblichen Funktionen konsequent auf die Anforderungen des Absatzmarktes hin ausgerichtet werden müssen. Der Einsatz der absatzpolitischen Instrumente erfolgt dann im Rahmen eines marktorientierten Gesamtkonzeptes der Unternehmensführung.

Zunächst ist festzustellen, daß eine solche Interpretation weitere Abgrenzungsschwierigkeiten zwischen dem Begriff Marketing und dem in der Literatur vorzufindenden Terminus „Marketing-Management" aufwirft. Dies gilt zumindest dann, wenn die Begriffe Unternehmensführung und „Management" synonym verwendet werden. In der Konsequenz hat diese Abgrenzungsschwierigkeit deshalb teilweise zu einer Gleichsetzung der Begriffe geführt. Auch die inhaltliche Interpretation des Marketingbegriffs im Sinne einer marktorientierten Unternehmensführung ist nicht ohne Kritik geblieben. Insbesondere wird die Frage diskutiert, inwieweit eine marktorientierte Unternehmensführung gegenüber der Lehre von der Unternehmensführung als „geeigneter" angesehen werden kann. Eng damit verknüpft ist häufig auch die Kritik am unterstellten Dominanzanspruch des Marketing. Dieser besagt, vereinfachend formuliert, daß sich die Absatz- und Marktorientierung auf alle betriebswirtschaftlichen Teilbereiche des Unternehmens erstrecken soll. Befürworter der marktorientierten Unternehmensführung weisen diesen Vorwurf jedoch vehement zurück und betonen, daß es keineswegs Ziel einer marktorientierten Unternehmensführung ist, alle Bereiche der Betriebswirtschaftslehre zu integrieren. Das Primat des Marketing wird vielmehr mit dem auf Gutenberg zurückzuführenden Engpaßdenken begründet:

Liegt der Engpaß im Bereich des Absatzes, so erscheint der Dominanzanspruch aus Sicht der Befürworter grundsätzlich gerechtfertigt. Als Ergebnis der aufgezeigten Kritik resultiert, daß dem Marketing, insbesondere von Vertretern anderer betriebswirtschaftlicher Fachrichtungen, eine solche Bedeutung nicht zugestanden wird.

Die allgemeinste und teilweise als generisch bezeichnete Interpretation des Begriffs Marketing („Generic Concept of Marketing“) charakterisiert diesen als *Transaktions- bzw. Austauschprozeß zwischen Anbieter und Nachfrager.* Ziel ist die Bedürfnisbefriedigung der am Austauschprozeß beteiligten Parteien. Des weiteren ist festzustellen, daß der Austauschprozeß sowohl den oben beschriebenen unternehmensinternen („internes Marketing“) als auch einen unternehmensexternen Prozeß („externes Marketing“) umfaßt, in dem die Transaktionsbeziehung zwischen Anbieter und Nachfrager primär im Fokus des Forschungsinteresses steht. Begründet wird eine solche Sichtweise damit, daß Anbieter und Nachfrager sich in einem wechselseitigen Prozeß der Beeinflussung befinden: Nicht nur der Anbieter nimmt Einfluß auf das Verhalten der Nachfrager. Umgekehrt wird auch das Verhalten der Anbieter durch die Bedürfnisse und Verhaltensweisen der Nachfrager geprägt. Diese weite Interpretation des Marketingbegriffs schließt ausdrücklich auch die Austauschprozesse zwischen nicht-kommerziellen Organisationen und Individuen in die Betrachtung mit ein (z.B. Parteien, Wohlfahrtsorganisationen, Museen). Insofern kann in Abgrenzung zur ersten Interpretation in diesem Zusammenhang nicht nur von *kommerziellem Marketing*, sondern mit gleicher Berechtigung ebenso von *nicht-kommerziellem Marketing („Non-Business-Marketing“)* gesprochen werden. Damit teilweise gleichgesetzt wird der Terminus „Soziales Marketing“. Es ist aber hervorzuheben, daß sich das „Soziale Marketing“ im allgemeinen eher an sozialen Zielen (z.B. Krankenfürsorge) orientiert, während beim nicht-kommerziellen Marketing eher traditionelle Ziele (z.B. Verbesserung des Bildungswesens) im Fokus der Betrachtung stehen. Daneben gilt, daß „Soziales Marketing“ in Abgrenzung zum nicht-kommerziellen Marketing auch in erwerbswirtschaftlichen Organisationen zur Anwendung gelangen kann.

Vor allem die allgemeine Interpretation des Marketingbegriffs wirft einige kritische Fragen auf. Zu prüfen ist insbesondere, inwiefern ein nicht-kommerzielles Marketing als Bestandteil eines im Kern betriebswirtschaftlichen Marketingverständnisses angesehen werden kann.

Die Ausführungen haben verdeutlicht, daß hinter den verschiedenen Begriffsinterpretationen alternative Marketingkonzeptionen (z.B. kommerzielles Marketing und nicht-kommerzielles Marketing, Soziales Marketing etc.) stehen (können). Unter einer Marketingkonzeption kann ein gedanklicher Entwurf verstanden werden, der sich an einer Leitidee orientiert und den Handlungsrahmen sowie erforderliche operative Handlungen in einem Plan integriert. Im Marketing hat sich eine Vielzahl solcher Konzeptionen entwickelt. Das in der Geschichte des Marketing z.T. schnell aufeinanderfolgende Entstehen der Konzeptionen wird von den Vertretern der

Marketingwissenschaft unterschiedlich bewertet. Sie betonen einerseits, daß sich in der inflationären Entwicklung unterschiedlicher „Marketing-Varianten“ eine fortschreitende Dynamik und Ausdifferenzierung des Marketingkonzeptes widerspiegelt. Allerdings sehen sie auch die Gefahr, daß diese Entwicklung zu einer verschwommenen und vagen Marketingphilosophie führen kann, was den Kritikern des Marketing zusätzlichen Nährboden bietet. Beispielhaft für die inflationäre Entwicklung wird in der Literatur das „Mega-Marketing“ genannt, das zeitlich gesehen in den 80er Jahren entstanden ist. Im Mittelpunkt des „Mega-Marketing“ steht die Entwicklung einer Sozialtechnologie, die Unternehmen dazu befähigt, in neue Ländermärkte einzudringen oder bestehende Märkte zu sichern, in denen sie auf rechtliche oder politische Barrieren stoßen. Ziel ist es, eine Veränderung der politischen Rahmenbedingungen, d.h. je nach Interessenlage entweder einen Aufbau bzw. eine Verringerung derartiger Barrieren, anzustreben. Im Mittelpunkt des „Mega-Marketing“ steht demzufolge die Gestaltung der Austauschbeziehung zu gesellschaftlichen Gruppen, wie z.B. politischen Parteien oder staatlichen Verwaltungsorganen. Das „Mega-Marketing“ kann somit als eine Erweiterung des „Generic Concept of Marketing“ angesehen werden.

Zusätzlich zu bestehenden Marketing*konzeptionen* können Ansätze der Marketing*theorie* betrachtet werden. Hierin wird deutlich, daß eine ganzheitliche Betrachtung des Marketing unterschiedliche Denkansätze berücksichtigen sollte, die z.T. auf verschiedenen Denkebenen liegen können.

Aufgabe 2

In der Marketingwissenschaft hat sich eine Vielzahl von Theorieansätzen entwickelt. Unterschieden werden können in zeitlicher Hinsicht *klassische, moderne* sowie *neue Ansätze* der Marketingtheorie.

Zu den ältesten und von der klassischen Absatzlehre geprägten Paradigmen der Marketingtheorie gehören der *institutionenorientierte,* der *warenorientierte* und der *funktionenorientierte Ansatz* (ca. 1930-1960).

Im Mittelpunkt des *institutionenorientierten Ansatzes* stehen die empirisch erfaßbaren absatzwirtschaftlichen Organisationsformen. Neben einer umfassenden Deskription und Erklärung der Institutionen erfolgt eine Klassifikation dieser. Einen Fokus der Institutionenlehre bildet die Analyse der Betriebsformen und Betriebstypen des Handels.

Untersuchungsgegenstand des *warenorientierten Ansatzes* sind die Waren bzw. Produkte des Unternehmens. Aufgabe dieses Ansatzes ist es, Aussagen über die jeweilige Gestaltung des Absatzes unter besonderer Berücksichtigung der Produkte und ihrer Eigenschaften zu treffen. Dieser Ansatz unterstellt, daß, in Abhängigkeit verschiedener Eigenschaften eines Produktes, unterschiedliche Kaufentscheidungstypen existieren. Hieraus können sich für die Gestaltung des Marketing differenzierte Anforderungen ergeben. Eine häufig anzutreffende Unterscheidung ist die güterspezifische Differenzierung von Marketingansätzen nach den Kategorien Konsumgüter, Investitionsgüter und Dienstleistungen.

Der *funktionenorientierte Ansatz* beschreibt die einzelnen Funktionen des Marketing. Untersucht wird, welche Differenzen sich bei einem Produkt zwischen dessen Produktion und Verbrauch ergeben können. Die Leistung einzelner Funktionen wird demzufolge im Abbau dieser Defizite gesehen. So ist es bspw. Ziel der Zeitüberbrückungsfunktion, zeitlich bestehende Differenzen zwischen Herstellung und Bedarf auszugleichen (z.B. durch entsprechende Lagerhaltung). Weitere Funktionen sind u.a. die Raumüberbrückungsfunktion, die Quantitätsfunktion und die Qualitätsfunktion.

Als moderne Ansätze der Marketingtheorie können insbesondere der *systemorientierte Ansatz,* der *verhaltenswissenschaftliche Ansatz* und der *entscheidungsorientierte Ansatz* interpretiert werden (ca. 1960-1990).

Untersuchungsgegenstand *systemtheoretischer Ansätze* im Marketing ist das Marketing-System. Neben einer Erfassung der unterschiedlichen Systemebenen werden die zwischen den einzelnen Systemelementen bestehenden Austauschbeziehungen sowie das Verhalten einzelner Systemteilnehmer erläutert. Des weiteren sollen marketingpolitische Gestaltungsempfehlungen abgeleitet werden.

Verhaltenswissenschaftliche Ansätze versuchen, Strukturen im Konsumentenverhalten zu ermitteln. Neben Erkenntnissen über Kaufentscheidungsprozesse sollen verhaltenswissenschaftliche Erklärungsmodelle außerdem Zusammenhänge zwischen dem Einsatz von Marketinginstrumenten und dem Kaufverhalten aufzeigen. Der verhaltenswissenschaftliche Ansatz fußt primär nicht auf ökonomischen Theorieansätzen, sondern bezieht ausdrücklich auch andere Wissenschaftsdisziplinen mit ein (z.B. soziologische Aspekte). Ausgangspunkt bildet häufig eine Typologisierung von Kaufentscheidungen. Differenziert wird hierzu häufig nach Art (z.B. Kaufverhalten privater Haushalte und Unternehmen) und Anzahl der Kaufentscheidungsträger (z.B. individuelle und kollektive Kaufentscheidungen).

Die Lösung marketingrelevanter Probleme wird im *entscheidungsorientierten Ansatz* als Entscheidungsprozeß bzw. als Prozeß der Unternehmensführung oder „Managementprozeß" aufgefaßt. Nach dem funktionalen Ansatz der Unternehmensführung sind die Bereiche Planung, Organisation und Kontrolle als zentrale Elemente eines solchen Prozesses hervorzuheben. Diese werden von der Koordinationsfunktion überlagert, die im Prozeß der Unternehmensführung eine Querschnittsaufgabe erfüllt. Die Betonung des Prozeßcharakters hebt den entscheidungsorientierten Ansatz des Marketing hervor. Die Aufgabe des Marketing besteht in der Analyse der Entscheidungssituation. Darauf aufbauend sollen Gestaltungsempfehlungen abgeleitet werden, die die Erreichung der Unternehmensziele gewährleisten. Für die konkrete Ausgestaltung des Prozesses werden demzufolge die Elemente Situationsanalyse, Zielbildung, Strategieentwicklung, Gestaltung des absatzpolitischen Instrumentariums, Implementierung und Kontrolle genannt. Diese Aufzählung wird allerdings nicht einheitlich verwendet. Verschiedene Autoren rechnen die Gestaltung des Instrumentaleinsatzes sowie die anschließende Implementierung nicht dem Aufgabenbereich des Prozesses zu.

Zu den „neuen“ Paradigmen der Marketingtheorie gehören insbesondere *informationsökonomische* sowie *beziehungs- und prozeßorientierte Ansätze* (ab ca. 1990).

Informationsökonomische Ansätze sehen im Umgang mit marktbezogenen Informations- und Unsicherheitsproblemen ein Grundproblem des Marketings. In diesen Ansätzen wird davon ausgegangen, daß Transaktionsprozesse zwischen Anbietern und Nachfragern durch Informationsasymmetrien und dementsprechende Verhaltensunsicherheiten gekennzeichnet sein können. Die Reduktion dieser verursacht Informationskosten, erhöht Transaktionskosten und wirkt sich somit auf die Transaktionsprozesse in unterschiedlicher Weise aus. Die Höhe der Informationsdefizite bzw. Informationskosten des Nachfragers ist von seinem Beurteilungsverhalten und den Möglichkeiten der Beurteilung eines Leistungsangebotes abhängig. Leistungsmerkmale werden in diesem Zusammenhang nach Such-, Erfahrungs- und Vertrauenseigenschaften unterschieden. Sucheigenschaften eines Gutes zeichnen sich dadurch aus, daß der Nachfrager sie bereits vor dem Kauf vollständig beurteilen kann (z.B. Schuhe). Dies kann bspw. durch eine Inspektion des Leistungsangebotes oder eine entsprechende Informationssuche erfolgen. Diese Informationssuche wird erst dann abgebrochen, wenn der Nachfrager ein ausreichendes Informationsniveau erreicht hat oder eine Fortführung ökonomisch nicht mehr sinnvoll scheint. Erfahrungseigenschaften sind demgegenüber dadurch gekennzeichnet, daß eine Beurteilung durch den Nachfrager erst nach dem Kauf bzw. der Produktverwendung erfolgen kann (z.B. Konserven). Vertrauenseigenschaften sind dadurch geprägt, daß der Nachfrager sie weder vor noch nach dem Kauf überprüfen kann (z.B. Gemüse aus biologischem Anbau). Aus der Analyse der Eigenschaften können bspw. Empfehlungen zur Ausgestaltung von Transaktionen (zum Beispiel Vertragsgestaltung) gegeben werden.

Ausgangspunkt des *Beziehungsmarketing* („Relationship-Marketing“) ist die These, daß die isolierte Analyse einzelner Transaktionen für das Verständnis solcher Beziehungen nicht ausreichend ist. Ziel des Beziehungsmarketing ist der Aufbau einer sich über mehrere Transaktionen erstreckenden und damit dauerhaften Kundenbeziehung. Im Anschluß daran gilt es, diese Beziehung zum Nutzen des Unternehmens sowie zum Kundennutzen weiterzuentwickeln. Neben der Ausrichtung an externe ist auch eine Ausrichtung an interne Anspruchsgruppen (z.B. Mitarbeiter) denkbar.

Als Grundvoraussetzung eines erfolgreichen Beziehungsmarketing wird der Vertrauensaufbau zwischen den Parteien angesehen. Es kann vermutet werden, daß ein in der Unternehmenskultur verankertes Schaffen von Vertrauen sowie die Identifikation der Mitarbeiter mit dieser diesem Aufbau förderlich ist. Des weiteren sind insbesondere organisatorische und strategische Maßnahmen durchzuführen, die der Zielerreichung dienen sollen. Diese können bspw. in der Einrichtung eines Kundenmanagements oder der Einführung von Kunden- bzw. Loyalitätsprogrammen (z.B. „Lufthansa Miles & More"-Programm) bestehen.

Als Antwort auf die teilweise kontraproduktive Wirkung einer Zergliederung der Unternehmensaktivitäten können die *prozeßorientierten Ansätze* angesehen werden. Die Existenz eines eigenständigen Ansatzes in der Marketingwissenschaft muß bisher jedoch verneint werden. Die Prozeßorientierung ist für das Marketing i.S. einer marktorientierten Unternehmensführung allerdings auch nicht neu: Bereits in der Koordination aller auf den Absatzmarkt ausgerichteten Unternehmensfunktionen spiegelt sich diese wider. Führende Vertreter der Marketingwissenschaft sehen aber die Gefahr, daß dieses Konzept von der Praxis nicht in ausreichendem Maße angenommen wurde. Darüber hinaus kritisieren sie das Fehlen von Instrumenten, die eine funktionsübergreifende Koordination und Steuerung ermöglichen. Die Aufgabe der Marketingtheorie wird daher in der Entwicklung dieser Instrumente bzw. in der Entwicklung eines „Marketing-Controlling" gesehen.

Zusammenfassend kann festgehalten werden, daß es *den* Marketingansatz in der Marketingtheorie nicht gibt. Vielmehr existiert eine Vielzahl von Ansätzen nebeneinander, deren Verhältnis zueinander eher komplementärer denn konkurrierender Natur ist. Des weiteren ist deutlich geworden, daß die verschiedenen Ansätze der Marketingtheorie nicht allein auf ökonomischen Theoriebestandteilen, sondern gleichzeitig auch auf Theoriekonstrukten benachbarter Wissenschaftsansätze fußen.

Literaturhinweise

FRITZ, W. UND VON DER OELSNITZ, D.: Marketing: Elemente marktorientierter Unternehmensführung. 3. Auflage. Stuttgart, Berlin, Köln 2001.

GUTENBERG, E.: Grundlagen der Betriebswirtschaftslehre. 2. Band. Der Absatz. 17. Auflage. Berlin, Heidelberg, New York, Tokyo 1984.

KOTLER, P.: A generic concept of marketing. In: Journal of Marketing, 36. Jg. (1972), S. 46-54.

KOTLER, P.: Megamarketing. In: Harvard Business Review, 64. Jg. (1986), S. 117-124.

KOTLER, P. UND BLIEMEL, F.: Marketing-Management: Analyse, Planung und Verwirklichung. 10. Auflage. Stuttgart 2001.

KROEBER-RIEL, W.: Konsumentenverhalten. 8. Auflage, München 2003.

MEFFERT, H.: Marketing: Grundlagen marktorientierter Unternehmensführung. 9. Auflage. Wiesbaden 2000.

NIESCHLAG, R.; DICHTL, E. UND HÖRSCHGEN, H.: Marketing. 19. Auflage. Berlin 2002.

OLBRICH, R.: Marketing: eine Einführung in die marktorientierte Unternehmensführung. Heidelberg, Berlin, New York 2001.

SCHNEIDER, D.: Marketing als Wirtschaftswissenschaft oder Geburt einer Marketingwissenschaft aus dem Geist des Unternehmensversagens? In: Zeitschrift für betriebswirtschaftliche Forschung, 35 Jg. (1993), S. 197-223.

STAEHLE, W.: Funktionen des Managements: eine Einführung in einzelwirtschaftliche und gesamtgesellschaftliche Probleme der Unternehmensführung. 3. Auflage. Bern, Stuttgart 1992.

STEINMANN, H. UND SCHREYÖGG, G.: Management. Grundlagen der Unternehmensführung. 5. Auflage. Wiesbaden 2000.

WEIBER, R.: Was ist Marketing? Ein informationsökonomischer Erklärungsansatz. Arbeitspapier Nr. 1 zur Marketingtheorie. 2. Auflage. Trier 1996.

Michael Szeliga

Wettbewerbsvorteil und Positionierung

Die Begriffe des Wettbewerbsvorteils und der Positionierung nehmen in der Marketing- und Managementliteratur eine zentrale Stellung ein. Mitunter finden sich im gleichen Zusammenhang auch Bezeichnungen wie komparativer Konkurrenzvorteil, Differenzierung, Unique Selling Proposition (USP) oder Kernkompetenz. Verschiedentlich entsteht dabei der Eindruck, daß diese Begrifflichkeiten mit einer gewissen Beliebigkeit verwendet werden und deren Inhalte nicht deutlich zum Ausdruck kommen.

Aufgabe 1

Diskutieren Sie den Begriff des Wettbewerbsvorteils und arbeiten Sie dabei insbesondere dessen unterschiedliche Interpretationen in der Literatur heraus. Stellen Sie zudem den Zusammenhang von Wettbewerbsvorteilen und Kernkompetenzen dar.

Aufgabe 2

Erläutern Sie den Begriff der Positionierung und verdeutlichen Sie in diesem Zusammenhang die Unterschiede zwischen dem reaktiven und dem aktiven Positionierungsansatz.

Aufgabe 3

Führen Sie die Begriffe des Wettbewerbsvorteils und der Positionierung in einer gemeinsamen Definition zusammen.

Lösung

Aufgabe 1

Mit dem Begriff des Wettbewerbsvorteils aufs Engste verbunden sind grundlegende Arbeiten von Porter, die zum Anfang der 80er Jahre entstanden. In dieser Zeit des zunehmenden Verdrängungswettbewerbs rückte die Wettbewerbsorientierung in den Mittelpunkt strategischer Entscheidungen. Porter geht in seinen Grundgedanken davon aus, daß es für Unternehmen überlebenswichtig ist, eine gewinnbringende Position einzunehmen, die gegenüber anderen wettbewerbsbestimmenden Kräften der Branche dauerhaft verteidigt werden kann. Er sieht in der Kostenführerschaft sowie in der Differenzierung zwei mögliche Wettbewerbsvorteile, um eine solche Position zu erreichen. Als Kostenführer einer Branche erzielt das Unternehmen aufgrund seiner geringen Produkterstellungskosten höhere Renditen als die Anbieter vergleichbarer Produkte und ist damit auch noch in Situationen überlebensfähig, in denen durchschnittliche Konkurrenten bereits keine Gewinne mehr generieren. Ein Differenzierungsvorteil liegt vor, wenn das angebotene Produkt in mindestens einer, von den Kunden als wichtig erachteten Dimension einmalig ist. Unternehmen, die sich auf diese Weise vom Wettbewerb differenzieren, realisieren in ihrer Branche überdurchschnittliche Ergebnisse, sofern die Zusatzerlöse für die Einmaligkeit der Produkte über den Differenzierungskosten liegen.

Vordringliches Ziel der Porterschen Wettbewerbsvorteile ist somit der Aufbau einer starken Position gegenüber den Konkurrenten. Das die kundengerichtete Perspektive diesen Überlegungen untergeordnet ist, wird im Wettbewerbsvorteil des Kostenvorsprungs deutlich, der zwei gegensätzliche Optionen zur weiteren Strategieformulierung beinhaltet. Einerseits kann die Kostenführerschaft für eine kundengerichtete Strategie des niedrigsten Preises genutzt werden. Andererseits kann das Unternehmen aber auch vergleichbare Preise wie seine Wettbewerber verlangen und die Renditevorteile z. B. für zusätzliche Werbung oder Investitionen in die Entwicklung neuer Produkte nutzen. Bei der Beschreibung von Wettbewerbsvorteilen nach Porter bleibt in der Literatur die letztere Möglichkeit gerne auch unkommentiert und der Kostenvorteil wird nicht selten nahezu automatisch einer kundengerichteten Niedrigpreisstrategie gleichgesetzt.

Sehr deutlich werden diese verschiedenen Perspektiven des Wettbewerbsvorteils bei Plinke herausgearbeitet, der zwischen einem Anbieter- und einem Kundenvorteil differenziert. Als Anbietervorteil definiert er einen Vorsprung gegenüber Wettbewerbern, der sich aus Unterschieden in den Potentialen und Prozessen der Unternehmen ergibt, aber nicht notwendigerweise für die Kunden in Form eines höheren Nutzens oder eines geringeren Preises sichtbar wird. Der Kundenvorteil beruht demgegenüber auf einem vom Kunden wahrgenommenen Nettonutzen, den Plinke als Differenz von Nutzen und Anschaffungskosten eines Produktes operationalisiert. Je höher der Nettonutzen des eigenen Produktes im Vergleich zu den Wettbewerbsprodukten (Nettonutzendifferenz), um so stärker ist der Kundenvorteil ausgeprägt. Der Wettbewerbsvorteil ergibt sich nach Plinke schließlich aus der Verknüpfung von Anbieter- und Kundenvorteil.

Backhaus, der anstelle des Wettbewerbsvorteils den Begriff des komparativen Konkurrenzvorteils (KKV) wählt, weist in diesem Zusammenhang allerdings darauf hin, daß Kunden- und Anbietervorteile hinsichtlich ihrer Markt- und Wettbewerbswirkung auf unterschiedlichen Ebenen stehen. Der Kundenvorteil ist mit seiner Fähigkeit, Konkurrenten vom Markt zu verdrängen unmittelbar wettbewerbswirksam, während der Anbietervorteil die Wettbewerbsposition nur mittelbar stärkt, indem er die Rentabilität des Anbieters erhöht. In der Terminologie von Backhaus entspricht daher nur der für den Kunden wahrnehmbare Kundenvorteil dem KKV, während der Anbietervorteil lediglich ein KKV-Potential darstellt. Mit dieser Einschätzung, daß von einem Wettbewerbsvorteil nur gesprochen werden darf, wenn er für den Kunden wahrnehmbar ist, stimmt auch Meffert überein. Er betrachtet demgemäß die Realisierung von Wettbewerbsvorteilen als Aufgabe abnehmergerichteter Strategien.

Weitere, weithin in der Literatur verbreitete Anforderungen an den Wettbewerbsvorteil lassen sich u. a. auf Simon zurückführen. Er versteht unter einem Wettbewerbsvorteil eine im Vergleich zum Wettbewerb überlegene Leistung, die drei Bedingungen erfüllen muß:

- Sie muß ein vom Kunden als wichtig erachtetes Leistungsmerkmal betreffen;
- Der Vorteil muß vom Kunden wahrgenommen werden;
- Der Vorteil muß dauerhaft gegenüber der Konkurrenz verteidigt werden können.

In diesem Forderungskatalog unbeachtet bleibt allerdings der Aspekt des Preises. Kann das Produkt aufgrund seiner Selbstkosten nicht zu einem angemessenen Preis angeboten werden, relativiert sich der Wettbewerbsvorteil durch den zu geringen Nettonutzen bzw. das zu schlechte Preis-/Leistungsverhältnis gegenüber den Wettbewerbsangeboten.

Besondere Aufmerksamkeit verdient darüber hinaus die letzte Forderung, die zur Fragestellung der Herkunft dauerhafter Wettbewerbsvorteile führt. In diesem Zusammenhang kam Anfang der 90er Jahre mit dem sog. ressourcenorientierten Ansatz Kritik an der bisher weitgehend wettbewerbs- und kundenbezogenen Diskussion von Wettbewerbsvorteilen auf. Die Vertreter der ressourcenorientierten Sichtweise argumentierten, daß in einem funktionierenden Markt letztlich jeder Wettbewerbsvorteil von den Wettbewerbern über kurz oder lang egalisiert wird. Wettbewerbsvorteile können demgemäß nicht beliebig vom Markt her definiert werden, sondern nur dann aufgebaut und dauerhaft verteidigt werden, wenn sie auf besonderen Ressourcen und Fähigkeiten eines Unternehmens beruhen, die auch als Kompetenzen oder Kernkompetenzen bezeichnet werden. Diesen Kompetenzen sind folgende Eigenschaften zu eigen. Sie sind

- nicht imitierbar;
- unternehmensspezifisch;
- nicht substituierbar;
- fähig zur Nutzenstiftung im Markt.

Die fehlende Imitierbarkeit kann beispielsweise aus der einzigartigen Historie eines Unternehmens und den daraus resultierenden Besonderheiten der Ressourcen und Fähigkeiten entstehen. Zudem sind Ressourcen oftmals interdependent zueinander und bilden ganzheitliche Strukturen, die nicht partiell kopierbar sind. Es entsteht ein verborgenes Wissen („tacit Knowlege"), das dauerhaft schwer angreifbar ist. Handelt es sich zudem noch um Ressourcen und Fähigkeiten, die einen eigenständigen Beitrag zur kundenorientierten Nutzenstiftung und damit zur Stärkung der Wettbewerbsposition im Markt leisten können, ist die Forderung nach einem Wettbewerbsvorteil, der dauerhaft gegenüber der Konkurrenz verteidigt werden kann, erfüllt.

Aufgabe 2

Die Einführung des Begriffs der Positionierung in die Marketingdiskussion wird den Werbefachleuten Ries und Trout zugesprochen, die 1972 eine vielbeachtete Artikelserie mit dem Titel „The Positioning Era" veröffentlichten. Sie sahen in dem Konzept der Positionierung eine Neuorientierung gegenüber den bis dahin üblichen Ansätzen der Werbung. So beschreiben sie, daß in der „Produktära" bis zum Ende der 50er Jahre in der Werbung vornehmlich einzigartige Produkteigenschaften und der daraus folgende Kundennutzen herausgestellt wurden, die auch nach Reeves als „Unique Selling Proposition" bezeichnet werden. Mit zunehmender Wettbewerbsintensität wurde es dann in der Folgezeit immer schwieriger, diese Einzigartigkeit durch Produkteigenschaften zu begründen, da Innovationsvorteile in immer kürzeren Abständen von den Konkurrenten ausgeglichen wurden. Um in einer Welt der Reizüberflutung mit unübersehbarem Produktangebot und gewaltigen Kommunikationsaufwendungen dennoch von den Kunden wahrgenommen zu werden, empfehlen Ries und Trout die Produkte derart zu positionieren, daß sie dauerhaft einen festen Platz im Kundenbewußtsein einnehmen. „Getting into the mind" ist die vorrangige Aufgabe der Positionierung, die sich nicht allein auf Produkte erstreckt, sondern ebenso für Unternehmen, Personen oder andere Objekte gilt.

Diesem Gedanken folgend kann der Begriff der Positionierung als Vorstellungsbild definiert werden, das der Kunde von einem Objekt (Unternehmen, Produkt, Person, ...) besitzt. Zielsetzung ist es, sich mit einem prägnanten Profil von den Wettbewerbern zu differenzieren und so eine unverwechselbare Position im Bewußtsein der Kunden zu erreichen. Es sei allerdings erwähnt, daß durchaus auch andere Begriffsverständnisse existieren.

In der jüngeren Literatur wird zwischen einem reaktiven und einem aktiven Positionierungsansatz unterschieden. Bei der reaktiven Variante werden die explizit vom Kunden artikulierten Erwartungen erhoben und das Positionierungsobjekt möglichst gut an die formulierten Idealvorstellungen angepaßt. Seine methodische Umsetzung findet der reaktive Ansatz in der Positionierungsanalyse, die vier konzeptionelle Kernelemente beinhaltet:

- Ermittlung der Eigenschaftsdimensionen, die aus Sicht der Kunden den Wahrnehmungs- und Beurteilungsraum zur Einordnung der zu betrachtenden Objekte abbilden.
- Feststellung der vom Kunden wahrgenommenen Ausprägungen der Objekte entlang der Eigenschaftsdimensionen.
- Bestimmung von Idealpositionen der Kunden innerhalb des Wahrnehmungs- und Beurteilungsraumes.
- Rekonstruktion des Wahrnehmungs- und Beurteilungsraumes durch Reduzierung der zahlreichen Eigenschaftsdimensionen auf eine geringe Zahl an Dimensionen.

Das Ergebnis der Positionierungsanalyse ist in aller Regel eine zweidimensionale Darstellung, aus der die Positionen der Objekte zueinander sowie zu den ermittelten Idealpositionen deutlich werden. Der Theorie nach steigt mit abnehmender Distanz von Objekt- und Idealposition die Wahrscheinlichkeit, daß sich der Kunde für das Objekt entscheidet.

Die Positionierungsanalyse ist heute ein weit verbreiteter Ansatz der Marktforschung. Aus Sicht der Marketingtheorie dürften insbesondere die fundierten statistischen Methoden sowie die mathematisch-konzeptionellen Positionierungsmodelle zur Akzeptanz beigetragen haben. Für Entscheider in der Marketingpraxis ist sicherlich das anschauliche Ergebnis in Form einer übersichtlichen „Managementdarstellung" von hoher Bedeutung, wie sie beispielhaft Abb. 1 zeigt.

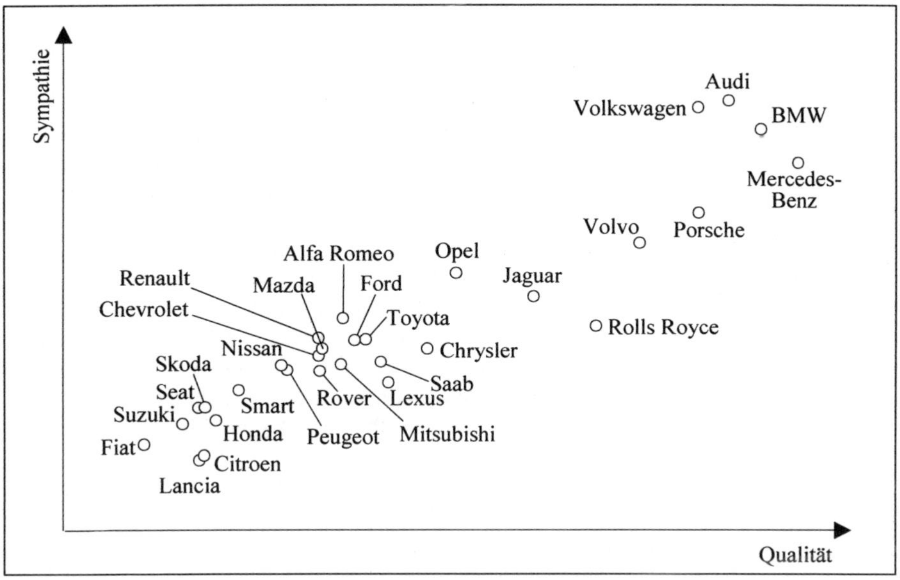

Abb. 1: Positionierung von Automarken
(Quelle: in Anlehnung an Geo-Studie Imagery 2002, S. 3)

Trommsdorf weist aber zurecht darauf hin, daß die bisherige Vorgehensweise grundsätzliche Schwächen enthält. Insbesondere die Annahme, daß von den Kunden alle Objekte anhand der selben Kriterien beurteilt werden, entspricht mehr einer „restriktiven Theorie als der Praxis des Marketing". Um den Wettbewerb zu vermeiden, positionieren sich die Anbieter oftmals entlang ganz unterschiedlicher Dimensionen. In diesen Fällen existiert kein gemeinsamer, niedrig dimensionierter Wahrnehmungsraum („joint space"), in dem die Objekte miteinander verglichen werden können. Ferner ist zu beachten, daß mit dem Versuch einer Reduzierung vielfältiger Eigenschaften auf wenige Dimensionen ein wesentlicher

Informationsverlust einhergeht. So können sich hinter einer hoch aggregierten Dimension vollkommen unterschiedliche, deutlich voneinander abgrenzbare Positionierungskonzepte verbergen. Auch ließe sich hinterfragen, ob hiermit nicht die Kreativität bei der Suche nach einer eigenen Positionierung eingeschränkt wird. Statt über kreative Positionierungseigenschaften nachzudenken, konzentrieren sich die Überlegungen auf ein „besser" entlang der ermittelten Dimensionen. Diese Kritik spricht nicht im Grundsatz gegen den methodischen Ansatz der Positionierungsanalyse, weist aber auf die Grenzen eines Objektvergleiches in einem stark reduzierten Wahrnehmungs- und Beurteilungsraum hin.

Die aktive Positionierung orientiert sich an den Überlegungen von Ries und Trout, nach denen Unternehmen langfristig nur erfolgreich sein können, wenn sie quasi einen eigenen, für sich definierten Markt als Marktführer bedienen. Es geht also nicht darum zu versuchen, auf bereits bekannten Positionierungsdimensionen besser zu sein als der Wettbewerber, sondern nach neuen Regeln bzw. einem neuen „Markt" zu suchen. Menschen erinnern sich vornehmlich an das Erste bzw. den Ersten innerhalb eines bestimmten Themas. Zum Beweis wird üblicherweise die Frage angeführt, welcher Mensch als erster den Atlantik überquerte. Während die Antwort mit Charles Lindberg leicht fällt, ist der Name des zweiten Menschen, der die gleiche Aufgabe durchaus mit ähnlich anzuerkennender Leistung bewältigt hat, weithin unbekannt.

Die Namen IBM, Xerox oder Amazon unterstützen diese Annahme. Sie belegen ganze Produktkategorien, die unmittelbar mit ihrem Namen verknüpft sind. IBM steht für Computer, Xerox für Kopierer und Amazon für den Online-Buchhandel. Auch innerhalb von Produktkategorien existieren Themenlücken, die erstmalig besetzt werden können. Marlboro fand die Position der männlichen Zigarette, Porsche steht für Sportfahrzeuge und Dell etablierte sich als äußerst flexibler PC-Direktanbieter. Die Eingrenzung der eigenen Position kann aber ebenso in der Abgrenzung zum Wettbewerber erfolgen. Beispielhaft ist der Erfolg des Schmerzmittels Tylenol im amerikanischen Markt, das als Präparat für alle positioniert wurde, die sich nicht den gesundheitlichen Gefahren und Unverträglichkeiten von Aspirin aussetzen wollen.

Um eine solche Positionierung zu entwickeln, reicht es nicht mehr, sich auf artikulierte Kundenwünsche zu beschränken. Vielmehr müssen entweder latent vorhandene Bedürfnisse der Kunden identifiziert werden um daraus innovative Problemlösungen abzuleiten (Outside-in-Orientierung) oder aber auf Basis der vorhandenen Ressourcenausstattung innovative Problemlösungen kreiert werden, die Bedürfnisse bei den Kunden wecken (Inside-out-Orientierung). Zur Orientierung bei der Suche nach Eigenschaften für eine Positionierung kann es hilfreich sein, systematisch verschiedene Eigenschaftsdimensionen auf mögliche Ansatzpunkte hin zu untersuchen, wie sie in Abb. 2 dargestellt sind.

	Eigenschaftsausprägungen
Funktion	Funktionsmerkmale, Funktionsumfang, Bedienbarkeit
Qualität	Zuverlässigkeit, Langlebigkeit, Haltbarkeit
Ausstattung	Ausstattungsumfang, Auswahlmöglichkeiten
Design	Form, Farbe, Material, atmosphärische Gestaltung
Innovation	Ideenreichtum, Erster sein, neuen Nutzen schaffen, Maßstäbe setzen, Standards prägen
Service	Beratung, Installation, Schulung, Wartung, Reparatur, Ersatzteilverfügbarkeit, sonstige Dienstleistungen
Beziehungsprozess	Mitarbeiterverhalten, Erreichbarkeit, Flexibilität, Lieferzeit, Reklamationsverhalten
Mitarbeiter	Fachkompetenz, Höflichkeit, Kommunikationsfähigkeit, Erscheinungsbild, Vertrauenswürdigkeit, geistige Flexibilität
Marktposition	Marktführer, Zugehörigkeit zur Gruppe der größten Anbieter, breite Marktpräsenz, langjähriger Erfolg
Preis	Niedrigster Preis, Premiumpreis
Themenkompetenz	Spezialist für Produktart, Kundensegment oder Bedürfnisart
Emotionale Erlebniswelt	Aufbau einer Vorstellungswelt zur Befriedigung psychologischer Bedürfnisse (Sozial-, Sicherheits-, Anerkennungs-, Selbstverwirklichungsbedürfnisse)

Abb. 2: Mögliche Eigenschaftsdimension und –ausprägungen zur Positionierung

Diese Positionierungseigenschaften sind unterschiedlich im Charakter. Sie können sach- und leistungsbezogen sein, sich auf die Mitarbeiter und die Beziehungsprozesse beziehen oder auch eine bestimmte Themenkompetenz in den Vordergrund stellen. Besonders vielfältige Facetten zur Gestaltung einer eigenen Position bietet der Aufbau emotionaler Erlebniswelten, mit dem die Grenzen von eher auf sachlichen Eigenschaften beruhenden Positionierungen verlassen werden. Allerdings sind diese Möglichkeiten mit der Versuchung verbunden, durch Werbung Scheinwelten zu schaffen, die keinen inhaltlichen Bezug zur eigentlichen Produkt- und Leistungskompetenz mehr besitzen. Daraus resultiert zum einen das Risiko, die werblichen Versprechen durch das Produkt nicht mehr „einlösen“ zu können. Zum anderen sind die generischen Inhalte vielfach beliebig austauschbar, so daß sie sich nicht nur bei Wettbewerbern, sondern auch in anderen Produktkategorien wiederfinden und damit ihre Differenzierungskraft verlieren.

Aufgabe 3

Die bisherigen Ausführungen zeigen, daß die Begriffe des Wettbewerbsvorteils und der Positionierung aus unterschiedlichen Entwicklungslinien stammen, aber durch ihr inhaltliches Ziel der Differenzierung gegenüber den Kunden vom Wettbewerber miteinander verbunden sind. Deutlich wird zudem, daß Kunden- und Wettbewerbsorientierung nicht voneinander zu trennen sind. Jede Entscheidung wirkt im „strategischen Dreieck" von Unternehmen, Kunden und Wettbewerbern (vgl. Abb. 3).

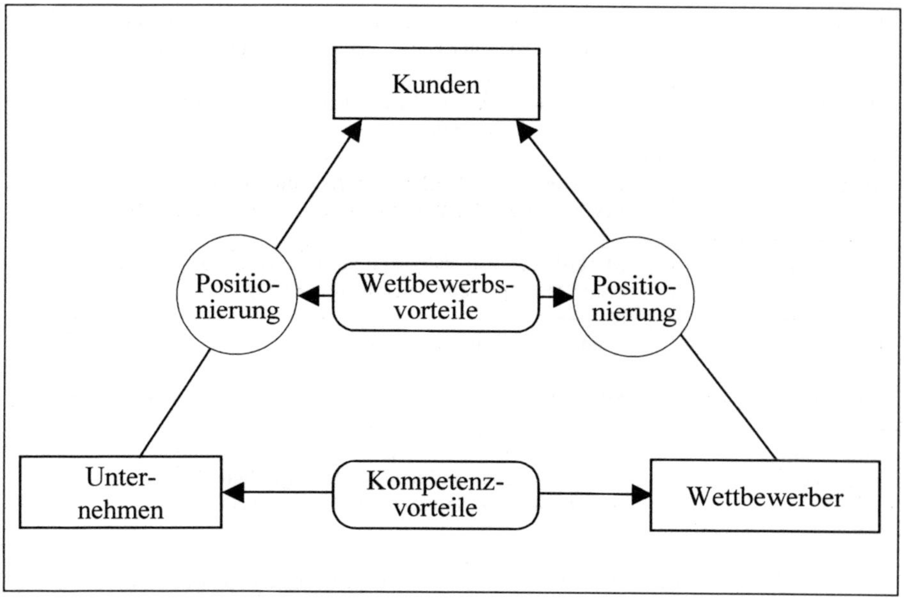

Abb. 3: Positionierung und Wettbewerbsvorteil im strategischen Dreieck

Um die Begrifflichkeiten zusammenzuführen, wird abschließend folgende gemeinsame Definition vorgeschlagen:

Positionierung ist das im Bewußtsein des Kunden von einem Objekt gebildete Vorstellungsbild, das mindestens einen Wettbewerbsvorteil enthalten sollte. Hierzu müssen die Eigenschaften des Vorstellungsbildes

- dauerhaft einen hohen Nutzen vermitteln,
- gegenüber den Wettbewerbern klar differenzieren,

- auf Kernkompetenzen beruhen um sie langfristig gegenüber Wettbewerbern verteidigen zu können
- und mit einem wettbewerbsfähigen Preis/Nutzenverhältnis verbunden sein.

Literaturhinweise

BACKHAUS, K., Industriegütermarketing, 5. Aufl., München 1997

GEO-STUDIE IMAGERY, Innere Markenbilder in gehobenen Zielgruppen, in: G+J Anzeigenticker. Informationsdienst für die Werbewirtschaft, GeoExtra, Nr. 1, 2001

HERRMANN, A., Produktmanagement, München 1998

KOTLER, PH., BLIEMEL, F., Marketing-Management, Kernkompetenz-Management. Steigerung von Flexibilität und Schlagkraft im Wettbewerb, Wiesbaden 1997

KUSS, A., TOMCZAK, T., Marketingplanung. Einführung in die marktorientierte Unternehmens- und Geschäftsfeldplanung, Wiesbaden 1998

KRÜGER, W., HOMP, CHR., Kernkompetenz-Management. Steigerung von Flexibilität und Schlagkraft im Wettbewerb, Wiesbaden 1997

MEFFERT, H., Marketing. Grundlagen marktorientierter Unternehmensführung, 9. Aufl., Wiesbaden 2000

MÜHLBACHER, H., DREHER, A., GABRIEL-RITTER, A., Strategische Positionierung. Grundpfeiler des Marketings in komplexen und dynamischen Umwelten, in: DBW, 1996, S. 203-219

PLINKE, W., Grundlagen des Marktprozesses, in: Kleinaltenkamp, M., Plinke, W. (Hrsg.): Technischer Vertrieb. Grundlagen des Business-to-Business Marketing, 2. Aufl., Berlin et al. 2000, S. 3-98

PORTER, M. E., Competitive Strategy, New York 1980

PORTER, M. E., Competitive Advantage, New York 1985

RASCHE, C., WOLFRUM, B., Ressourcenorientierte Unternehmensführung, in: DBW, H. 4, 1994, S. 501-517

REEVES, R., Reality in Advertising, New York 1960

RIES, A., TROUT, J., Positioning. The battle for your mind, New York et. al. 2001

SIMON, H., Management strategischer Wettbewerbsvorteile, in: ZfB, H. 4, 1988, S. 461-480

TROMMSDORFF, V., Produktpositionierung, in: Sönke, A., Herrmann, A. (Hrsg.), Handbuch Produktmanagement. Strategieentwicklung, Produktplanung, Organisation, Kontrolle, Wiesbaden 2000, S. 333-354

TROUT, J., RIES, A., The Positioning Era Cometh, in : Advertising Age, April 24, 1972, S. 35-38 und May 1, 1972, S. 51-54 und May 8, 1972, S. 114-116

2. Strategische Planungsinstrumente

Michael Fallgatter

Unternehmensanalyse

Aufgabe 1

Welche Schritte lassen sich im Rahmen der strategischen Unternehmensanalyse – zumindest heuristisch – unterscheiden und welche Instrumente zur strategischen Planung sind besonders verbreitet?

Aufgabe 2

Inwiefern läßt sich die biologische Analogie eines Lebenszyklusses von Produkten für die strategische Unternehmensführung einsetzen?

Aufgabe 3

Stellen Sie das Konzept der Erfahrungskurve vor, und diskutieren Sie es kritisch.

Aufgabe 4

Diskutieren Sie das Konzept der Wertschöpfungskette von Porter.

Lösung

Aufgabe 1

Der Prozeß der strategischen Unternehmensanalyse vollzieht sich in verschiedenen Schritten:

- Sie beginnt mit der Suche und der Aufdeckung strategisch bedeutsamer Potentiale. Diese lassen sich entweder direkt einzelnen Funktionsbereichen oder nur dem Wertschöpfungsprozeß insgesamt zuordnen. In jedem Fall müssen durch diesen ersten Schritt Vorstellungen resultieren, worin strategische Potentiale bestehen könnten.
- Dem schließt sich deren Bewertung an, um genaue Informationen über die Tragfähigkeit einer Kennzeichnung als „strategisches Potential" zu bekommen. Eine solche immer nur relativ mögliche Bewertung, kann dabei durch einen Zeitver-

gleich, einen Vergleich mit dem jeweils unterstellten Produktlebenszyklus oder einen Vergleich mit den wichtigsten Konkurrenten erfolgen.

- Dies leitet zum dritten Schritt über, der in der Formulierung eines Stärken/Schwächen-Profils besteht. Dieses umfaßt dann idealerweise detaillierte Hinweise auf die Erfolgspotentiale eines Unternehmens, die die Basis zur Formulierung von Strategien bilden.

In diesem Prozeß der strategischen Unternehmensanalyse können durch verschiedene Aufgabenträger in einem Unternehmen unterschiedliche Instrumente der Informationsgenerierung und -bewertung eingesetzt werden. Diese werden auch als Instrumente der strategischen Planung bezeichnet. Dabei ist zu beachten, daß sich diese Instrumente nicht an allen Stellen den benannten drei Schritten direkt zuordnen lassen. So gehen Portfolio-Analysen sogar noch darüber hinaus und stellen eine Verbindung zur Umweltanalyse her, während bspw. die Stärken/Schwächen-Analyse nur dem dritten Schritt zuordenbar ist.

Bei der Verwendung der Instrumente der Unternehmensanalyse muß weiterhin beachtet werden, daß deren nicht hinterfragte Kombination leicht zu problematischen Ergebnissen führen kann, so daß immer zunächst detaillierte Analysen zur jeweiligen situationsspezifischen Anwendbarkeit erfolgen sollten. Im einzelnen lassen sich als besonders verbreitete Instrumente der Unternehmensanalyse die Lebenszyklusanalyse, die Erfahrungskurvenanalyse, Portfolio-Analysen, die Wertschöpfungskette, die Potentialanalyse sowie die Stärken/Schwächen-Analyse benennen.

In den einschlägigen Lehrbüchern zum strategischen Management wird mehrheitlich auch die so genannte PIMS-Studie („Profit Impact of Market Strategy“) im Zusammenhang mit der Unternehmensanalyse beschrieben. Hierbei handelt es sich um eine Datenbank, die als Längsschnittstudie Informationen zu einer Vielzahl von strategischen Geschäftsfeldern mehrerer hundert, freiwillig teilnehmender Unternehmen speichert. Der zentrale Gedanke ist dabei, daß eine Auswertung dieser Daten die generellen Wirkungen strategischer Entscheidungen offenbart und zudem die teilnehmenden Unternehmen Referenzwerte für vergleichbare strategische Geschäftseinheiten erhalten. Das Ergebnis ist dabei, daß insbesondere der relative Marktanteil, die relative Produktqualität sowie die Kapitalintensität entscheidend den Return on Investment beeinflussen.

Aufgabe 2

Die Lebenszyklusanalyse beruht auf der plausiblen Vorstellung, daß vor allem industrielle Produkte nur eine begrenzte marktliche Lebensdauer haben. Dies läßt sich mit Nachfrageänderungen, technischem Fortschritt oder der Ausschöpfung des Marktpotentials und ähnlichem begründen.

Während ihrer „Lebensdauer" durchlaufen Produkte demnach verschiedene Stadien. Diese werden in der Literatur unterschiedlich differenziert. Während in der Marketingliteratur ein enger, nur auf den Marktzyklus (= Zeitraum, in der ein Produkt angeboten und nachgefragt wird) bezogenes Verständnis mit vier bis fünf Phasen vorzufinden ist, betrachtet die Strategieliteratur zusätzlich noch den Entstehungszyklus. Dieser beschreibt den Zeitraum, der die Phasen der Forschung und Entwicklung sowie die Produktions- und Absatzvorbereitung umfaßt. Beides zusammen ergibt den Lebenszyklus. Charakteristisch ist, daß jede der benannten Phasen mit einem unterschiedlichen Finanzmittelbedarf bzw. -überschuß verbunden ist; das heißt, aus der Lebenszyklusanalyse werden produktspezifische Cashflow-Verläufe abgeleitet. Genau diese Verbindung macht das Instrument strategisch relevant (Siehe Abb. 1):

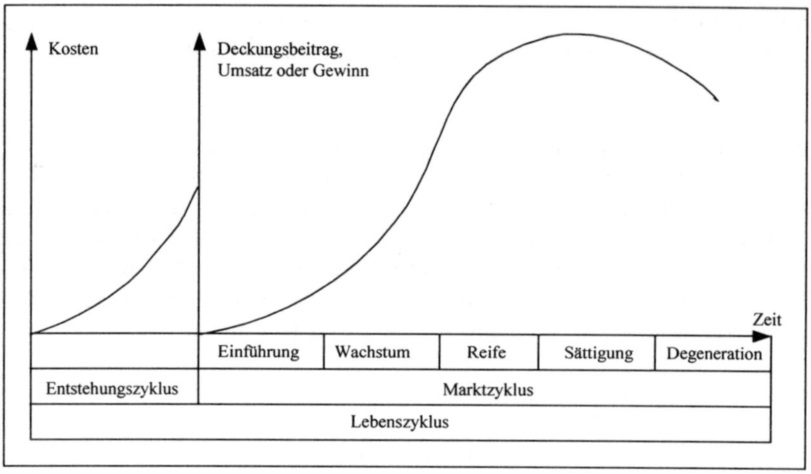

Abb. 1: Produktlebenszyklus

Vor dem Hintergrund dieses Phasenschemas lassen sich zumindest grobe Rückschlüsse auf das künftige Wachstum des Gesamtmarktes sowie der zeitlichen Kosten-, Umsatz- und Gewinnstruktur ziehen. So können Umsätze erst nach der Markteinführung realisiert werden, wobei die überproportionalen Umsatzzuwächse und die damit verbundenen Kosten in der zweiten Phase Gewinne erst für die Reifephase erwarten lassen. Die Sättigungsphase kennzeichnet das Absatz- und Umsatzmaximum, wobei sich durch eine sinkende Nachfrage auch die Gewinnsituation verschlechtert. In der Degenerationsphase sinkt die Nachfrage weiter, so daß allenfalls noch durch ein so genanntes „Relaunching" und zusätzliche Marketingaufwendungen Gewinne aufrechterhalten werden können.

Bei der Verwendung des Produktlebenszyklus ist man mit verschiedenen Problemen konfrontiert. Zu nennen sind hier die Produktdefinition (Was ist neu? Wie geht man mit marginalen Produktdifferenzierungen um?), Meßgrößen/Indikatoren (Berücksichtigung von Preisänderungen, Problem der Kostenreduzierung und der Deckungsbeitragsermittlung) oder auch die Phasenbestimmung (Durchläuft ein Produkt alle Phasen? Wie lang sind diese?). Diese ex ante nur schwer lösbaren Fragen schmälern den Aussagegehalt der Lebenszyklusanalyse. Auch ihre empirische Fundierung – gerade über eine allgemeine Verlaufsform – ist eher schwach, da höchst unterschiedliche Zyklustypen existieren.

Trotz dieser Kritikpunkte ist der Lebenszyklus für die Unternehmensanalyse zumindest als beschreibendes Instrument hilfreich: Er gibt Hinweise auf Absatzentwicklungen und die damit verbundenen Cashflow-Bedarfe/Überschüsse, zeigt Ansatzpunkte für den phasenspezifischen Einsatz des marketingpolitischen Instrumentariums auf, hilft das Gewinnpotential eines Produktes zu beurteilen, initiiert und unterstützt die langfristige Produktplanung (Einführungs- und Programmplanung). Die zentrale Voraussetzung für die Nutzung des Instruments ist dabei eine produktspezifisch ausgerichtete Analyse und Prognose der Rahmenbedingungen, um zu einem produktspezifischen Lebenslauf zu gelangen.

Aufgabe 3

Die Erfahrungskurvenanalyse ist aufgrund ihres intuitiven Zugangs sowie ihrer strategischen Implikationen ein bekanntes Instrument der strategischen Analyse. Der Begriff „Erfahrungskurve“ wurde von der Boston Consulting Group geprägt und betrifft den Zusammenhang von langfristigen Stückkosten und Gesamtproduktionsmenge eines Unternehmens. Die Basisaussage der Erfahrungskurve lautet: Mit jeder Verdopplung der kumulierten Produktionsmenge sinken die inflationsbereinigten Stückkosten potentiell um einen konstanten Prozentsatz (ca. 20 - 30 %).

Diese Beziehung zwischen Stückkosten und kumulierter Produktionsmenge läßt sich graphisch als fallende Hyperbel darstellen. Diese Visualisierung stößt aber insofern an Grenzen, als daß sich die kumulierte Produktionsmenge aus den bisher insgesamt produzierten Einheiten eines Produkts zusammensetzt. Deshalb kommt vor allem eine logarithmische Darstellungsweise in Frage, um dadurch die längerfristige Perspektive umzusetzen, wie sie mit der Verdopplung der kumulierten Produktionsmenge angesprochen ist. Somit läßt sich der Stückkostenrückgang aus dem Steigungsmaß der geradlinig verlaufenden Kurve ablesen (Siehe Abb. 2):

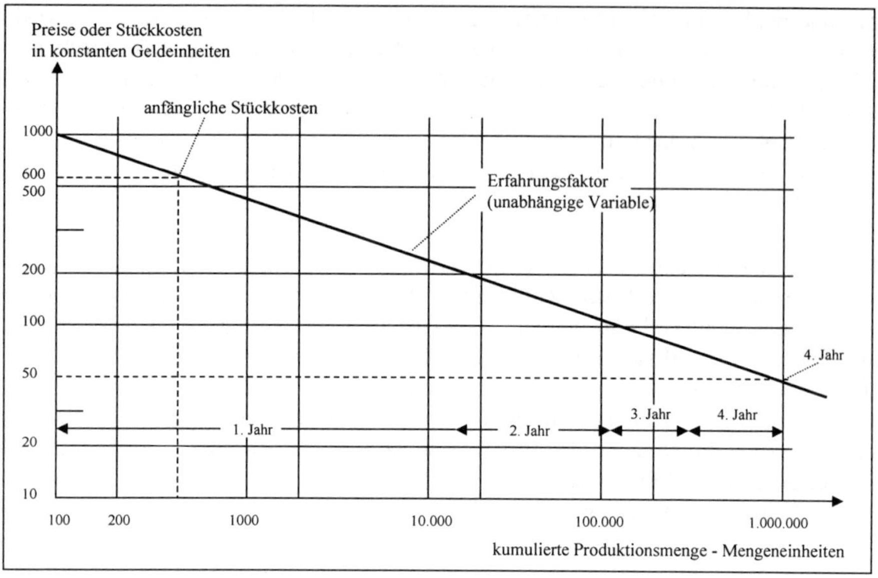

Abb. 2: Erfahrungskurve

Für diese potentielle und nicht automatisch eintretende Stückkostenreduktion werden vor allem vier Ursachen angeführt:

- Lernkurveneffekt: Dieser basiert auf der Annahme, daß jeder Mensch (und damit auch in der Arbeitnehmerrolle) während seiner Tätigkeiten seine Kompetenzen verbessert und Übungsgewinne realisieren kann. Ob und wie stark dies tatsächlich der Fall ist, kann kaum präzise und allgemeingültig bestimmt werden.
- Größendegression: Die Stückkosten eines Produktes sinken ceteris paribus mit einer Vergrößerung der Kapazität durch steigende Skalenerträge (so genannte „economies of scale"). Das heißt, Erhöhungen des Inputs führen zu einer überproportionalen Steigerung des Outputs. Dies darf dabei allerdings nicht mit der Beschäftigungs- oder Fixkostendegression verwechselt werden, die die Abnahme fixer Stückkosten bei steigender Ausbringung und konstanter Gesamtkapazität beschreibt. Fixkostendegression ist keine Ursache des Erfahrungskurveneffektes.
- Technischer Fortschritt: Insbesondere Prozeßinnovationen im Produktionsbereich, bspw. die Einführung von Fertigungsinseln, tragen ebenfalls zur Verschiebung der Kostenfunktion nach unten bei.
- Rationalisierungsmaßnahmen: Hiermit ist die Ausnutzung der Kostensenkungspotentiale in allen betrieblichen Bereichen (durchaus auch im Zusammenhang mit den bereits angegebenen Größen) angesprochen.

Die Erfahrungskurve stellt keine Gesetzmäßigkeit dar, zumal eine Verdopplung der kumulierten Produktionsmenge allenfalls in den ersten Jahren des Produktlebenszyklus und auch nur bei wachsenden Märkten einfach realisierbar sein kann. Es sind immer nur mögliche Kostensenkungspotentiale – jenseits von Mengenrabatten für Materialkosten – angesprochen, die erst durch bewußte Managementanstrengungen realisiert werden müssen.

Aus strategischer Perspektive impliziert die Erfahrungskurve eine Ausrichtung auf wachsende Märkte, bei denen mit höchster Anstrengung eine Ausdehnung der eigenen Marktanteile erreicht werden sollte. Dies ist in der Erfahrungskurvenlogik erforderlich, da eine kontinuierliche Kostensenkung nur unter der Voraussetzung eintreten kann, daß die Absatzmöglichkeiten und damit auch die Produktionsmengen um einen konstanten Prozentsatz wachsen. Ein hohes Marktwachstum eröffnet dabei nicht nur für alle Konkurrenten gute Absatzchancen, sondern erleichtert auch – relativ zu etablierten und weniger stark wachsenden Märkten – die Ausdehnung der eigenen Marktanteile. Dies bedeutet zusätzlichen Absatz. Nur unter diesen Bedingungen ist eine Verdopplung der kumulierten Produktionsmengen auch für Produkte erreichbar, die nicht ganz am Anfang ihres Produktlebenszyklus stehen. Dieser Zusammenhang wiederum erweitert die zentrale strategische Folgerung und führt dazu, nicht nur in schnell wachsende Märkte zu investieren, sondern dort auch eine beherrschende Marktposition zu erreichen. Nur dies erlaubt im Sinne der Erfahrungskurvenlogik die Realisierung von Kostenvorteilen gegenüber den Konkurrenten.

Dieser Zusammenhang läßt sich gut am Markt für Mobiltelefone veranschaulichen: Eine Verdopplung der kumulierten Produktionsmenge war zu Beginn des Handybooms in den Jahren 1997 und 1998 noch relativ leicht möglich, während dies aufgrund des deutlich geringeren Marktwachstums, der gefestigten Marktanteile und der großen Zahl bereits produzierter Mobiltelefone im Jahr 2002 gemäß der Erfahrungskurve erheblich länger dauern wird. Jene Hersteller mit der größten kumulierten Produktionsmenge verfügen entsprechend über eine besonders günstige Kostenposition, die sich in Qualität, Preis oder Service niederschlagen kann.

Verschiedene kritische Aspekte an der Erfahrungskurvenanalyse stellen jedoch deren unvoreingenommene Akzeptanz in Frage:

- Zunächst sind meß- und datentechnische Probleme zu nennen. Die Ermittlung und Bewertung der Kosten ist insofern unzureichend, als daß zum ersten das ausnutzbare Kostensenkungspotential von Vor- und Fremdleistungen nicht berücksichtigt wird. Zum zweiten wird der „shared experience-Effekt" (Lerneffekte durch ähnliche Produkte) nicht beachtet. Zum dritten scheitert eine exakte Stückkostenermittlung an den allgemeinen Problemen der Fix- und Gemeinkostenzurechnung. Zum Vierten werden im Allgemeinen Preis- und nicht Kostendaten verwendet, was problematisch ist, da sich Preise nicht automatisch analog zu den Kosten entwickeln.
- Die empirische Absicherung des Erfahrungskurveneffektes beschränkt sich vor allem auf stark standardisierbare Produkte wie PVC, integrierte Schaltkreise oder

Farbfernseher. Für diese Produkte bestehen allerdings keine einheitlichen Erfahrungsraten, sondern diese reichen vielmehr von ca. 6 bis 27 %. Damit kann der Erfahrungskurveneffekt keine umfassende empirische Gültigkeit beanspruchen, speziell nicht für den Dienstleistungsbereich. Theoretisch fehlt es an ausreichenden Erklärungen für den unterstellten Effekt sowie an Erkenntnissen über dessen genaue Wirkungszusammenhänge.

- Auch im Rahmen der angenommenen strategischen Implikation ist Kritik angebracht. Zunächst einmal empfiehlt die Erfahrungskurve, eine dominierende Marktposition anzustreben. Zur Ausnutzung aller Gewinnpotentiale ist damit eine weitgehende Produktstandardisierung und eine vertikale Integration verbunden. Dies wiederum reduziert die Flexibilität, auf Marktänderungen zu reagieren, und birgt große Risiken durch die Produktstandardisierung.

Begründet durch diese Kritik, stellt sich die Frage nach dem eigentlichen Wert der Erfahrungskurvenanalyse. Die Antwort liegt vor allem im heuristischen Wert des Instrumentes und ihrer Signalwirkung für das Management. Sie weist auf das Kostensenkungspotential bei hohen Stückzahlen und die Vorteile eines hohen Marktanteils mit entsprechend großem Umsatzvolumen hin. Zusammenhänge zwischen der Kostenposition als Erfolgspotential sowie dem Marktanteil und dem Marktwachstum werden sichtbar gemacht.

Da sich die Höhe der Erfahrungskurve je nach Produkt bzw. dessen Herstellungsprozeß und darüber hinaus auch je nach Branche stark unterscheidet, erfordert der Einsatz dieses Instrumentes zunächst eine einzelfallspezifische Analyse der Kostenstruktur und -entwicklung. Erst im Anschluß daran können berechtigterweise strategische Entscheidungen – möglicherweise auch im Einklang mit der Erfahrungskurve – geknüpft werden.

Aufgabe 4

Ein weiteres Instrument zur Unternehmensanalyse ist die so genannte Wertkette (synonym Wertschöpfungskette) nach *Porter*. Sie stellt Unternehmen als eine Kette wertsteigernder Aktivitäten dar und soll damit zeigen, welche Bereiche an der Werteschöpfung beteiligt sind.

Damit erfolgt automatisch eine wettbewerbs- und kundennutzenorientierte Unternehmensanalyse, denn alle betrieblichen Aktivitäten werden auf ihren Beitrag zur Befriedigung der Kundenbedürfnisse untersucht. Entsprechend muß ein Unternehmen zur Erlangung eines Wettbewerbsvorteils die Wertschöpfungsaktivitäten strategisch relevanter Funktionsbereiche entweder zu geringeren Kosten als die Konkurrenz ausführen oder sie so gestalten, daß sie zu einer Produktdifferenzierung bzw. zu größerem Kundennutzen führen.

Charakteristisch ist die Unterteilung der Wertschöpfungsaktivitäten in primäre und sekundäre bzw. unterstützende Kategorien. Die Wertschöpfungskette deckt sich dabei jedoch nicht mit den Standardkategorien der Kostenartenrechnung und nicht mit der üblichen Einteilung in betriebliche Funktionsbereiche.

Zu den erst genannten Aktivitäten zählen: Beschaffungslogistik, Produktion, Absatzlogistik, Marketing/Vertrieb und Kundendienst. *Porter* unterteilt die so genannten unterstützenden Aktivitäten in: Beschaffung, Technologieentwicklung, Personalbereich und Unternehmensinfrastruktur. Innerhalb jeder der neun Bereiche fallen unterschiedliche Aktivitäten an, die von den einzelfallspezifischen Gegebenheiten abhängen. Neben einer solchen Analyse kann auch ein Vergleich mit den Wertschöpfungsketten von Mitbewerbern durchgeführt werden und eröffnet dann weitergehende Einblicke in Quellen von Erfolgspotentialen (Siehe Abb. 3):

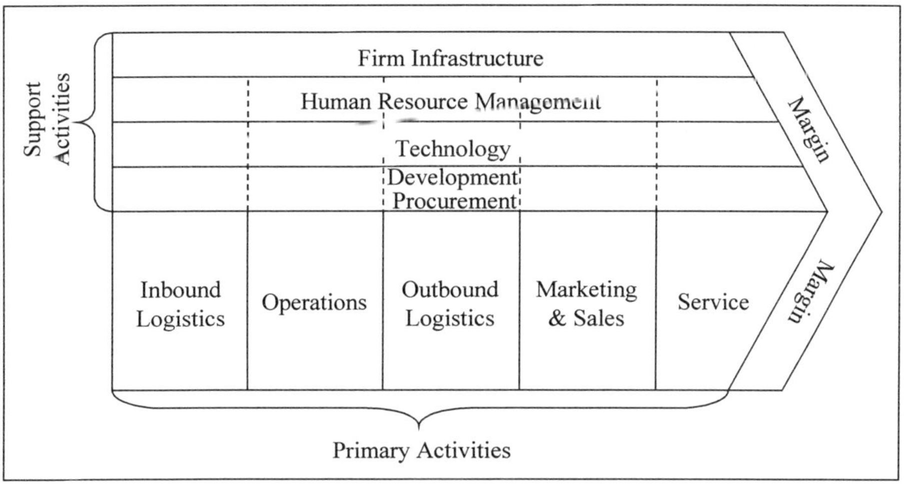

Abb. 3: Wertschöpfungskette

Insgesamt erlaubt es die Wertschöpfungskette, den Innenbereich von Unternehmen unter strategischen Gesichtspunkten als Quelle von Wettbewerbsvorteilen differenziert zu untersuchen. Dabei verbleiben die unterstellten Zusammenhänge jedoch auf dem Niveau reiner Plausibilitäten. Die vielfältigen qualitativen Aussagen behindern zudem eine empirische Überprüfung des Gesamtmodells. Dennoch liefert die Analyse der Wertschöpfungskette(n) wertvolle Anregungen zur Offenlegung der strategischen Hebelpunkte beim Aufbau von Wettbewerbsvorteilen.

Literaturhinweise

Becker, F. G./Fallgatter, M. J.: Unternehmungsführung. Einführung in das Strategische Management. Bielefeld 2002.

Buzzell, R. D./Gale, B. T.: The PIMS Principles: Linking Strategy to Performance. New York/London 1987.

Gälweiler, A.: Unternehmensplanung: Grundlagen und Praxis. Frankfurt/New York 1986.

Henderson, B. D.: Die Erfahrungskurve in der Unternehmungsstrategie. Frankfurt/New York 1974.

Hinterhuber, H. H.: Strategische Unternehmungsführung, Bd. I: Strategisches Denken. 6. Aufl., Berlin/New York 1996.

Kreikebaum, H.: Strategische Unternehmensplanung. 6. Aufl., Stuttgart u. a. 1997.

Macharzina, K.: Unternehmensführung: Das internationale Managementwissen. Konzepte, Methoden, Praxis. 3., Aufl., Wiesbaden 1999.

Porter, M.: Competitive Advantage: Creating and Sustaining Superior Performance. New York u. a. 1985.

Porter, M.: Wettbewerbsstrategie (Competitive Strategy). Methoden zur Analyse von Branchen und Konkurrenten. 10., Aufl., Frankfurt/New York 1999.

Welge, M. K./Al-Laham, A.: Strategisches Management: Grundlagen – Prozess – Implementierung. 2., Aufl., Wiesbaden 1999.

Wheelen, T. L./Hunger, J. D.: Strategic Management. 7. Aufl., New York u. a. 2000.

Zum Thema Frau
im Beruf!
Heute entscheidet
nicht nur die Höhe
des Lohnes über die
„Treue zur Firma",
sondern auch
die Atmosphäre
des Betriebs,
Faktoren
wird —
515
Diolen
Solida aus
Diolen-Baumwolle
vereint ein Maximum
an Trageeigenschaften
mit einem Minimum
an Pflegeaufwand.
Betriebseigene Kleidung wird
rentabel!
Informieren Sie sich über diese
neue Berufskleidung!

Michael Fallgatter

Portfolio-Analyse: Konzeption

Aufgabe 1

Beschreiben Sie ausführlich die generelle Vorgehensweise bei der Portfolio-Analyse und die Gemeinsamkeiten aller Portfolio-Varianten.

Aufgabe 2

Beschreiben Sie den Aufbau des Marktwachstum/Marktanteil-Portfolios.

Aufgabe 3

Diskutieren Sie die strategischen Implikationen des Markwachstum/Marktanteil-Portfolios.

Aufgabe 4

Beschreiben Sie den Aufbau des Marktattraktivität/Wettbewerbsvorteil-Portfolios. Gehen Sie dabei insbesondere auf die strategischen Implikationen ein.

Aufgabe 5

Diskutieren Sie die strategischen Implikationen des Marktattraktivität-/Wettbewerbsvorteil-Portfolio.

Lösung

Aufgabe 1

Die Grundidee der Portfolioanalyse entstammt dem finanzwirtschaftlichen Bereich. Dort bezeichnet ein Portfolio die optimale Mischung mehrerer Investitionsmöglichkeiten. Daran angelehnt geht es bei der strategischen Portfolio-Analyse des strategischen Managements um eine möglichst vorteilhafte Mischung verschiedener Einzelinvestitionen oder strategisch relevanter Ressourcen. Dies soll die Frage beantworten, für welche strategischen Geschäftseinheiten oder in welche Ressourcen Mittel in welcher Höhe eingesetzt werden müssen, um eine günstige Mischung sicherzustellen.

Aufgrund der Vielzahl strategisch relevanter Perspektiven wurden unterschiedliche Ansätze entwickelt. Sie unterscheiden sich in ihrer Ausrichtung und in den verwendeten Dimensionen. Primär auf den Absatzmarkt sind das Marktwachstum/Marktanteil-Portfolio sowie das Marktattraktivität/Wettbewerbsvorteil-Portfolio ausgerichtet. Andere Portfolio-Konzepte stellen demgegenüber stärker unternehmensbezogene Ressourcen in den Vordergrund, wie vor allem das Technologie-Portfolio.

Methodisch laufen alle Portfolio-Analysen weitgehend einheitlich ab. Sie spannen jeweils einen zweidimensionalen Beurteilungsraum in Form einer Matrix auf, wobei in der Regel eine Unternehmens- und eine Umweltdimension zum Einsatz kommen. In dieser Matrix werden dann die strategisch auszurichtenden Portfolio-Elemente abgetragen. Dieses Vorgehen führt zu einer Ist-Aufnahme über die Einzelinvestitionen bzw. über bestimmte Ressourcen jeweils aus einer ganz bestimmten Perspektive. Vielfach umfassen Portfolio-Analysen auch Normstrategien, so daß sich dann Aussagen ableiten lassen, wie sich die einzelnen Portfolio-Elemente entwickeln sollen und wo zusätzliche Investitionen erforderlich sind.

In einer solchen Matrix werden die Portfolio-Elemente durch Kreise dargestellt. Deren Größe soll die relative Bedeutung einer strategischen Geschäfteinheit bspw. anhand des Umsatzes, Deckungsbeitrages oder gebundenen Kapitals verdeutlichen. Unterschiede zwischen den einzelnen Portfolio-Varianten bestehen dabei nicht nur in den verschiedenen Umwelt- und Unternehmensdimensionen, sondern auch in den Unterteilungen (4, 9, 16 Felder-Matrizen) sowie in unterschiedlichen Normstrategien.

Aufgabe 2

Der „klassische" Portfolio-Ansatz stammt von der Boston Consulting Group (BCG). Als Beurteilungsdimensionen kommen das Marktwachstum und der relative Marktanteil eindimensional, also nicht weiter differenziert, zum Einsatz. Marktanteile sind insofern relativ, als daß sie die Stellung gegenüber dem wichtigsten oder den drei wichtigsten Konkurrenten angeben.

Beide Dimensionen werden jeweils in „niedrig" und „hoch" eingeteilt, so daß eine aus vier Feldern zusammen gesetzte Matrix (4-Felder-Matrix) entsteht. Als abhängige Variable einer gegebenen Konstellation dieser Dimensionen werden unter anderem der Cashflow und die Renditen gesehen. Der Cashflow bezeichnet dabei eine Kennziffer über den Mittelzufluß aus dem betrieblichen Umsatzprozeß, der Einblicke in die Liquiditätslage und die finanzielle Entwicklung eines Unternehmens gestattet.

Die Zusammenhänge werden aus dem Produktlebenszyklus sowie der Erfahrungskurve abgeleitet. Danach hängt die Cashflow-Erzeugung primär vom relativen Marktanteil und der Cashflow-Verbrauch vom Marktwachstum ab (Siehe Abb. 1).

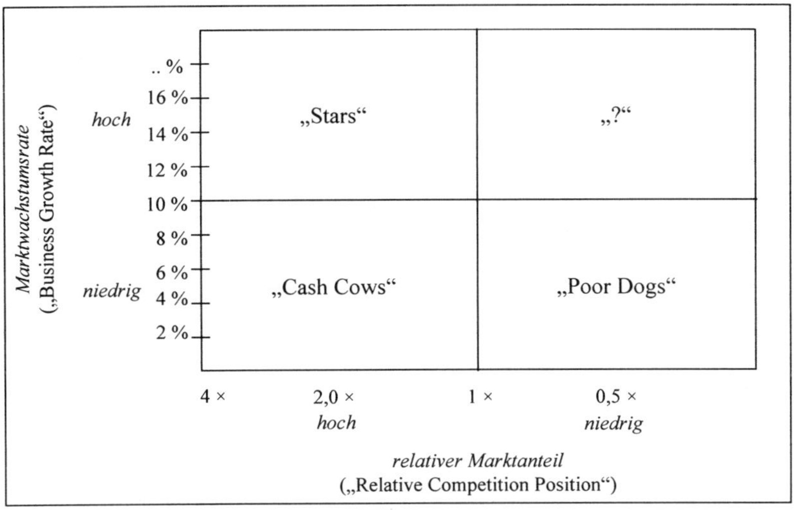

Abb. 1: Markwachstum/Marktanteil-Portfolio

Für die Dimensionen der 4 Felder-Matrix werden für das zukünftige Marktwachstum ein linearer Maßstab und für den gegenwärtigen Marktanteil ein logarithmischer Maßstab gewählt. Eine Verdopplung des relativen Marktanteils, bspw. von 0,5 auf 1, hat dann den gleichen Abstandswert wie eine Verdopplung von 2 auf 4. Dies ist insofern zutreffend, als daß beides auf der gleichen Kostenverbesserung basiert. Untersucht wird letztlich, wie sich die einzelnen strategischen Geschäftseinheiten auf den Cashflow eines Unternehmens und die beiden Variablen auf das Cashflow-Gleichgewicht des Unternehmens auswirken.

Aufgabe 3

Zwei Basishypothesen sind bei dem Marktwachstum/Marktanteil-Portfolio zu differenzieren: Erstens führe eine Erhöhung des Marktanteils aufgrund einer Erhöhung des Mengenabsatzes eines Unternehmens potentiell zu einer Senkung der Stückkosten sowie zu einer Erhöhung der Rendite und des Cashflow. Dies basiert auf dem unterstellten Erfahrungskurveneffekt. Die Höhe des Marktanteils bestimmt damit also das Cashflow-Potential einer strategischen Geschäftseinheit. Zweitens erfordere die Unternehmensentwicklung Investitionen, die zu dem Marktwachstum passen und damit einen Cashflow-Verbrauch mit sich bringen. Das Unternehmenswachstum sei prinzipiell am leichtesten und billigsten zu erreichen, wenn der Markt stark wachse. Die erwartete Marktwachstumsrate gilt demnach als Indikator für den Finanzmittelbedarf.

Die vier Portfoliofelder sind mit einprägsamen Bezeichnungen belegt, die sich jeweils auf den zu erwartenden Cashflow-Verbrauch oder -Überschuß ausrichten.

- „Stars“ stellen strategische Geschäftseinheiten mit einem hohen relativen Marktanteil auf einem schnell wachsenden Markt dar. Sie haben einen hohen Cashflow-Bedarf, den sie nur zum Teil selbst decken können.
- „Cash Cows“ bezeichnen Geschäftseinheiten mit einem hohen relativen Marktanteil in einem nur schwach wachsenden Markt. Die Marktführerschaft und die darauf aufbauende Niedrigkostenposition führt zu überdurchschnittlichen Gewinnen und zu einem Cashflow-Überschuß.
- Als „?“ („Question Marks“) gelten Geschäftseinheiten auf stark wachsenden Märkten, die nur über einen geringen relativen Marktanteil verfügen. Der generierte Cashflow reicht entsprechend nicht aus, um den Finanzmittelbedarf für weitere Investitionen zu decken.
- „Poor Dogs“ sind strategische Geschäftseinheiten mit einem niedrigen Marktanteil bei einem niedrigen Marktwachstum. Durch ihre ungünstige Kostenposition ist der Cashflow in der Regel negativ. Der Finanzmittelbedarf zum Erhalt der Marktposition ist größer als die freigesetzten finanziellen Mittel.

Wie oben angesprochen ist es das Ziel der Portfolio-Analyse, ein ausgewogenes Unternehmensportfolio aufzustellen. Ausgewogen heißt zum ersten, daß ausreichend „Cash Cows“ vorhanden sind, um die „Nachwuchs“-Produkte zu finanzieren, zum zweiten, daß „Stars“ mit der guten Möglichkeit zur Marktanteilsausweitung aufgebaut werden und daß zum dritten „Questionmarks“ so lange im Produktprogramm verbleiben, bis Klarheit über ihre Entwicklungsrichtung, entweder zu „Stars“ oder zu „Poor Dogs“, besteht. „Poor Dogs“ besitzen zum vierten keinerlei Potentiale und sollten nach dieser Logik sofort aus dem Programm entfernt werden.

In der Literatur wird mitunter ein Durchschreiten der verschiedenen Matrixfelder analog zum Lebenszyklus eines Produktes unterstellt. Demnach lassen sich anhand des jeweiligen Lebenszyklusstadiums eine Zuordnung zu den einzelnen Matrix-Feldern vornehmen und zudem Aussagen über die Entwicklungsrichtung folgern. Bei einer Unterstützung durch weitere Investitionen entwickeln sich Question Marks, die sich in einer frühen Lebensphase befinden demnach idealerweise zu Stars. Schreitet der Lebenszyklus weiter voran und läßt das Marktwachstum damit nach, entwickeln sich Stars wiederum zu Cash Cows. Deutlich wird dann auch, warum Poor Dogs kaum Chancen haben. Die niedrige Wachstumsrate verweist auf ein fortgeschrittenes Lebenszyklusstadium, so daß Konkurrenten einen sehr hohen relativen Marktanteil besitzen, der kaum noch aufzuholen ist. Eine solche Prozeßdarstellung sollte aber nicht als Gesetzmäßigkeit (miß)interpretiert werden.

Da die Überlegungen der Erfahrungskurve und des Produktlebenszyklus die Basis für die Portfolio-Analyse sind, gilt deren Kritik auch hier. Insgesamt werden auch die Prämissen, die Positionierungsbasen und die Ableitung der Normstrategien kritisiert:

Ein ursächlicher und wesentlicher Zusammenhang zwischen Marktanteil und Rentabilität ist nicht nachgewiesen. Zudem ist auch auf Wachstumsmärkten eine Marktanteilsausweitung nicht unbedingt leicht möglich. Es besteht zwar sicherlich ein Zusammenhang zwischen dem Cashflow einer strategischen Geschäftseinheit und seiner Position in der Matrix, jedoch existieren neben dem Marktwachstum und dem Marktanteil noch eine Vielzahl anderer Variablen, die insgesamt eine nicht minder große Bedeutung für die Cashflow-Erzeugung und dessen Verbrauch haben.

Zudem besteht das Problem, daß sich Unternehmen kaum in voneinander unabhängige strategische Geschäftseinheiten zerlegen lassen. So sind Interdependenzen häufig nicht nur finanzieller Natur, vielmehr bestehen oftmals auch produktions- und absatzmäßige Gemeinsamkeiten. Zudem stellt eine so starke Orientierung auf den Finanzmittelausgleich zwischen den Geschäftseinheiten zugleich auch eine Vernachlässigung des Kapitalmarktes dar, denn für renditeträchtige Bereiche finden sich meistens auch alternative Finanzierungsmöglichkeiten.

Trotz dieser Kritikpunkte stellt die 4-Felder-Matrix eine durchaus tragfähige Heuristik zur Analyse der Unternehmenssituation dar. Gerade der Einsatz im Analyseprozeß gewährt grundlegende Einblicke für die Strategieentwicklung.

Aufgabe 4

Von der Unternehmensberatung *McKinsey* wurde in Zusammenarbeit mit General Electric eine 9-Felder-Matrix entwickelt. Der gegenüber der 4-Felder-Matrix formulierten Kritik, daß der Erfolg einer strategischen Geschäftseinheit nicht nur vom Marktanteil und dem Marktwachstum abhängt, trägt sie mit einer Berücksichtigung der vielschichtigen Dimensionen „Marktattraktivität" und „relative Wettbewerbsvorteile" Rechnung.

Diese beiden multidimensionalen Achsen werden über umfangreiche Kriterienkataloge ermittelt. Ein zweiter wesentlicher Unterschied zur 4-Felder-Matrix besteht, da keine Hypothesen über den inhaltlichen Zusammenhang der Variablen enthalten sind. Durch die Dreiteilung der Dimensionen in „niedrig", „mittel" und „hoch" ergeben sich neun Felder. Die Darstellung der strategischen Geschäftseinheiten erfolgt ebenfalls durch Kreise. Je nach Positionierung der Geschäftseinheiten resultieren unterschiedliche Normstrategien (Siehe Abb. 2).

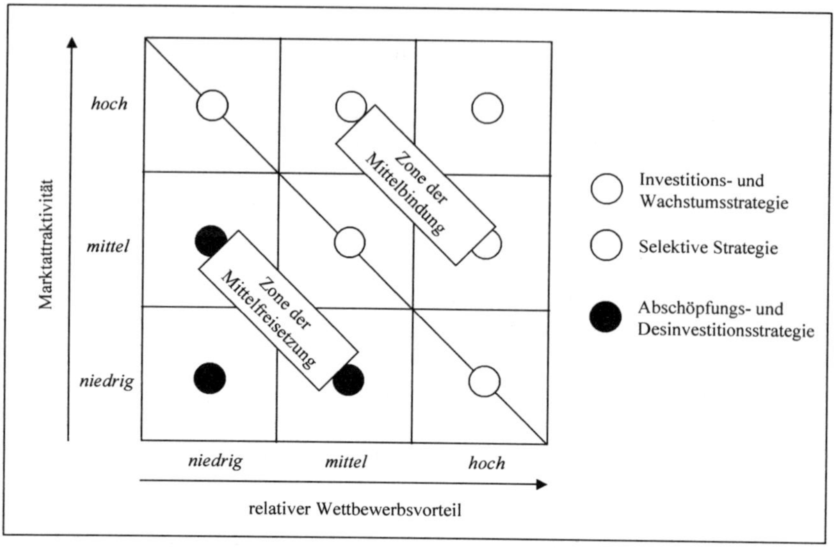

Abb. 2: Marktattraktivität/Wettbewerbsvorteil-Portfolio

Die 9-Felder-Matrix kennzeichnet eine weitgehende Unverbindlichkeit und Offenheit. So muß der Anwender aus umfangreichen Listen mit Einflußfaktoren die beiden Dimensionen unternehmensbezogen bestimmen, die jeweiligen strategischen Geschäftseinheiten bewerten und abschließend zu einem Gesamturteil zusammenfassen.

Das Ausmaß der Marktattraktivität kann anhand folgender Dimensionen ermittelt werden:
- Marktwachstum und -größe,
- Marktqualität und Rentabilität der Branche (Stellung im Marktlebenszyklus, Schutzfähigkeit des technischen Know-how, Wettbewerbsintensität, Anbieterstruktur, Lieferanten- und Abnehmermacht, Substitutionsmöglichkeiten),
- Energie- und Rohstoffversorgung (Störanfälligkeit, Kostenentwicklung),
- Umweltsituation (Konjunkturabhängigkeit, Abhängigkeit von öffentlichen Aufträgen).

Die Position des Unternehmens im Markt (relativer Wettbewerbsvorteil) soll anhand folgender Dimensionen deutlich werden:
- relative Marktposition (Marktanteil und dessen Entwicklung, Größe und Finanzkraft des Unternehmens, Marketingpotentiale durch Image, Service, Abnehmerloyalität),
- relatives Produktionspotential (Kostenvorteile, Innovationsfähigkeit, technisches Know-how, Lizenzbeziehungen, Standortvorteile, Produktionsstrukturen),

- relatives Forschungs- und Entwicklungspotential (Stand der Grundlagenforschung, Innovationspotential und Innovationskontinuität),
- relative Qualifikation der Führungskräfte und Mitarbeiter (Führungssystem, Professionalität, Unternehmenskultur).

Durch die Aufstellung eines unternehmensspezifischen Kriterienkataloges für die beiden Dimensionen sowie die Bewertung und Gewichtung der jeweiligen Faktoren auch mittels eines Scoring-Modells erfordert die Entwicklung des Ist-Portfolios und die Einordnung aller Geschäftseinheiten einen deutlich größeren Aufwand als die 4-Felder-Matrix.

Aufgabe 5

Für die strategische Analyse läßt sich aus den Ergebnissen der 9-Felder-Matrix wiederum die Flußrichtung des Cashflow darstellen. Es ergeben sich drei Zonen: Zone der Mittelbindung, Zone der Mittelfreisetzung und Zone der Selektion.

- Die Zone der Mittelbindung betrifft Investitions- und Wachstumsstrategien. Hohe Marktattraktivität sowie relative Unternehmensstärken sollen weiter „wachsen". Der Aufbau einer starken Marktstellung soll langfristig die Rentabilität verbessern helfen. Ein negativer Cashflow ist hierbei typisch, da die benötigten Finanzmittel höher sind als die selbst erwirtschafteten.
- Die Zone der Mittelfreisetzung bezieht sich auf Abschöpfungs- und Desinvestitionsstrategien. Den strategischen Geschäftseinheiten wird hierbei ein geringes mittelfristiges Erfolgspotential zugesprochen. Von daher wird eine kurzfristige Gewinnerzielung und Maximierung des Cashflow angestrebt („ernten"). Freigesetzte Mittel werden zur Innenfinanzierung eingesetzt und neue Investitionen kaum noch getätigt.
- Für die Zone der Selektion werden einzelfallbezogene Vorgehensweisen und Entscheidungen nahe gelegt.

Aufgrund der Ähnlichkeit zur 4-Felder-Matrix gelten auch einige der dort geäußerten Kritikpunkte gegenüber der 9-Felder-Matrix. Positiv sind jedoch die mehrdimensionalen Kriterien hervorzuheben, da sie eine genauere Situationserhebung erlauben. Das Problem der Auswahl und Bewertung bleibt jedoch bestehen. Zudem müssen alle strategischen Geschäftseinheiten zur Vergleichbarkeit anhand der gleichen Dimensionen bewertet werden, was eine möglicherweise problematische Vereinheitlichung mit sich bringt. Zudem unterstellt die multiplikative bzw. additive Ermittlung eines Gesamtwertes eine kaum gegebene Unabhängigkeit der Dimensionen.

Literaturhinweise

BECKER, F. G./FALLGATTER, M. J.: Unternehmungsführung. Einführung in das Strategische Management. Bielefeld 2002.

HEDLEY, B.: Strategy and the „Business Portfolio", in: Long Range Planning (LRP), 10 (1977), S. 9–15.

HINTERHUBER, H. H.: Strategische Unternehmungsführung, Bd. I: Strategisches Denken. 6. Aufl., Berlin/New York 1996.

KREIKEBAUM, H.: Strategische Unternehmensplanung. 6. Aufl., Stuttgart u. a. 1997.

MACHARZINA, K.: Unternehmensführung: Das internationale Managementwissen. Konzepte, Methoden, Praxis. 3., Aufl., Wiesbaden 1999.

WELGE, M. K./AL-LAHAM, A.: Strategisches Management: Grundlagen – Prozess – Implementierung. 2., Aufl., Wiesbaden 1999.

WHEELEN, TH. L./HUNGER, J. D.: Strategic Management. 7. Aufl., New York u. a. 2000.

Michael Ceyp

Portfolio-Analyse: Fallstudie

Die Speiche OHG ist einer der vier führenden Fahrradproduzenten in Deutschland. Die drei wesentlichen Hauptwettbewerber sind Bikers AG, Rideit KG und Easybike GmbH. Sitz der Speiche Fabrikation ist Celle in der Südheide. Die kaufmännischen Abteilungen agieren in Hamburg. Zur Zeit werden 400 Mitarbeiter beschäftigt.

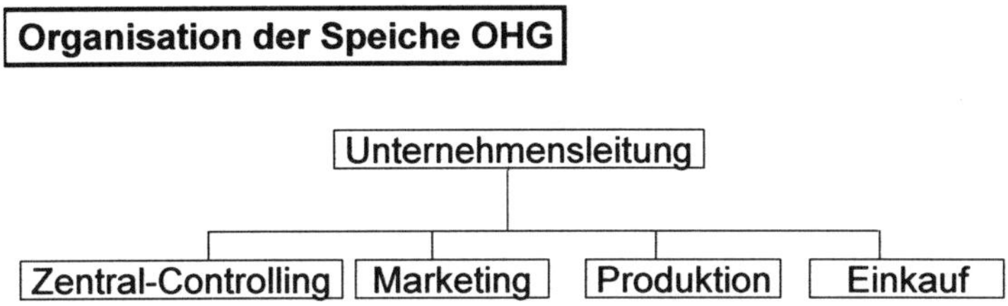

Abbildung 1-1: Organisationsstruktur des Hauses Speiche OHG

Die Marketingabteilung besteht aus einer Marketing-Direktorin (Frau Anneliese Müller), zwei Senior-Produktmanagern (Herr Werner Meier und Herr Sven Meyer) sowie einem Junior-Produktmanagern (Herr Ulrich Telefonn).

Auf der montäglichen Sitzung der Marketingabteilung vom 1. Oktober 2003 hat Frau Müller um 8:05 Uhr auf die Erstellung des Marketingplanes 2004 hingewiesen. Aufgrund erhöhter Auszahlungswünsche der Gesellschafter möchte Frau Müller in den nächsten drei Jahren den Marktanteil in den einzelnen Segmenten jährlich um 10% steigern. Deadline für die Erstellung des Marketingplanes 2004 ist der 24. Oktober 2003. Da Herr Meier und Herr Meyer über ein schlechtes Time-Management verfügen, gerät der Zeitplan allerdings nun ins Wanken. Es ist an Ulrich Telefonn, innerhalb der nächsten drei Tage den Marketingplan 2004 auszuarbeiten.

Von Herrn Meyer und Herrn Meier hat er folgende Unterlagen erhalten:

- eine Tabelle mit geschätzten Marktanteilen 2003 (Stand: 09-2003),
- eine leider nicht ausgefüllte Portfolio-Analyse (!),
- eine Branchenstudie von Rolando Burgos,
- die bekannte Imageanalyse Speiche OHG versus Bikers AG im Produktbereich Mountain-Bike,
- eine Positionierungsanalyse im Mountainbike Markt sowie
- Angaben mit relevanten Produktionskosten und Absatzdaten.

Tabelle der geschätzten Marktanteile im Jahr 2003: (Stand: 09-2003)

Unternehmen	*MA Herren*	*MA Damen*	*MA Kinderfahrrad*
Speiche	*10%*	*25%*	*50%*
Bikers	*25%*	*20%*	*10%*
Riedeit	*10%*	*15%*	*15%*
Easybike	*30%*	*15%*	*5%*

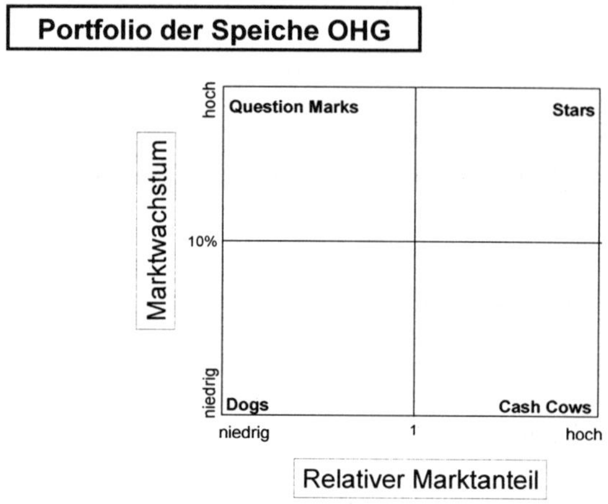

Abbildung 1-2: Portfolio-Analyse Speiche

Über die zukünftige Marktentwicklung liegt eine Studie von Rolando Burgos vor: (Stand: 08-2002)

Kriterium	Herren	Damen	Kinderfahrrad
Historisches Marktwachstum 1997 bis 2002	15% p.a.	10% p.a.	5% p.a.
Erwartetes Marktwachstum 2003 bis 2007	6% p.a.	20% p.a.	15% p.a.
Durchschnittlicher Endverkaufspreis pro Rad (Jahr 2003)	350 EURO	300 EURO	270 EURO
Durchschnittliche Preiserhöhung bis 2007 (pro Rad p.a.)	10 EURO	25 EURO	6 EURO
Absatz im Markt in 1000 Stück im Jahr 2003	500	600	60

Burgos hat sehr differenziert die unterschiedlichen Absatzkanalstrukturen der Wettbewerber ausgearbeitet. Er rechnet mit folgenden Handelsspannen (Anteil des Handels am Endverkaufspreis):

- Speiche OHG 45%
- Bikers AG 40%
- Rideit KG 60%
- Easybike GmbH 50%

Allerdings gewinnt nach Analysen von Burgos der Versandhandel und der Vertrieb über Factory Outlets deutlich an Bedeutung. Hier allerdings kann Speiche – im Gegensatz zu seinen Wettbewerbern – auf keine eigenen Aktivitäten verweisen, da die Speiche OHG auf seine Kooperation mit dem Einzelhandelsverband Zentralrad Rücksicht üben muß. Über Zentralrad laufen 93,75% aller Umsätze der Speiche OHG.

Burgos beziffert über alle Anbieter die durchschnittlichen Produktionskosten pro Fahrrad in den Segmenten und den Materialkostenanteil:

- Herrenrad 100 EURO (davon Materialkosten 38%)
- Damenrad 105 EURO (davon Materialkosten 35%)
- Kinderrad 95 EURO (davon Materialkosten 55%)

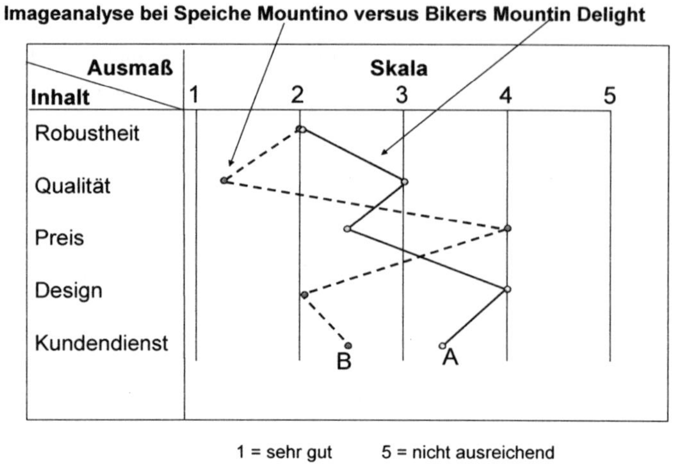

Abbildung 1-3:
Imageanalyse Speiche OHG versus Bikers AG im Produktbereich Mountain-Bike

Ulrich Telefonn weiß, daß 85% aller Mountain-Bikes Herrenfahrräder sind.

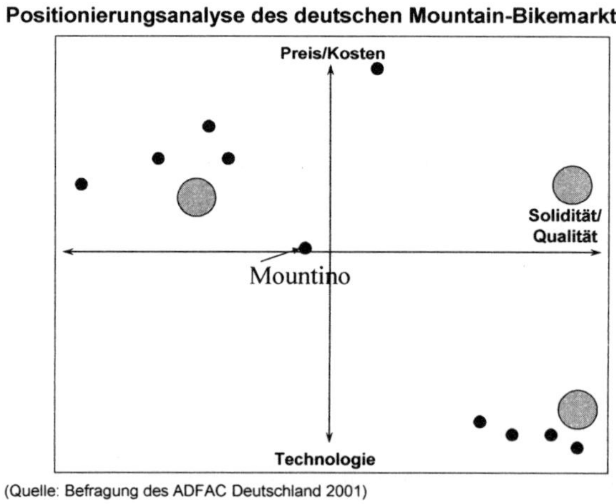

Abbildung 1-4: Positionierungsanalyse im Mountain-Bike Markt

Hinweis: große Kreise symbolisieren die Idealpositionen für drei Kunden-Segmente; kleine Kreise Realpositionen von Anbieterprodukten.

Aus der eigenen Kostenrechnungsabteilung erhält Ulrich Telefonn folgende Angaben:

Handelsspannen

- Herrenrad 45%
- Damenrad 40%
- Kinderrad 50%

Durchschnittlicher Materialkostenanteil pro Fahrrad (Rest Lohnkosten)

- Herrenrad 45%
- Damenrad 40%
- Kinderrad 50%

Erwartete Kostensteigerungen im Material: 10% p.a.

Marketingetat 2003

- Personalkosten 300 TEURO
- Werbung 100 TEURO

Aufgrund des scharfen Wettbewerbs und der weitgehenden Produktgleichheit zwischen den Wettbewerbern ist hausintern keine Budgeterhöhung in den nächsten Jahren durchsetzbar. Auch die F&E-Kosten sind mit einem Anteil von 5% auf die Materialkosten auf einen dauerhaft weit unter dem Branchendurchschnittsatz von 15% eingefroren worden.

(Hinweis: alle Angaben ohne direkte und indirekte Steuern.)

Aufgabe 1

Berechnen Sie aus Sicht der Speiche OHG jeweils den relativen Marktanteil für die drei Segmente (Herrenrad, Damenrad, Kinderrad)!

Aufgabe 2

Vervollständigen Sie das vorliegende Portfolio für die Speiche OHG! Verwenden Sie dabei als Kreisgröße den erzielten Umsatz!

Aufgabe 3

Diskutieren Sie die aus dem Portfolio abzuleitenden Normstrategien kritisch!

Lösung

Aufgabe 1

Berechnung des relativen Marktanteils aus der Absatzzahl gewichtet mit dem Marktanteil der Speiche OHG dividiert durch den Marktanteil der drei Hauptwettbewerber (Hinweis: offenkundig handelt es sich um einen oligopolistischen Markt).

Segment	Absatz Speiche	Absatz Wettbewerber	Gesamtabsatz (2003)	Rel. MA Speiche
Herren	50.000	325.000	500.000	0,1538
Damen	150.000	300.000	600.000	0,5
Kinder	30.000	18.000	60.000	1,6667

Aufgabe 2

Schritt 1:

Berechnung durchschnittlicher Stückverkaufspreise der Speiche OHG an den Handel (2003)

Herren 350 EURO minus 45% = 192,50 EURO
Damen 300 EURO minus 40% = 180 EURO
Kinder 270 EURO minus 50% = 135 EURO

Schritt 2:

Berechnung des Gesamtumsatzes der Speiche OHG in den jeweiligen Segmenten

Herren:

500000 (Absatz 2003) x 10% (MA 2003) x 192,50 = 9.625.000 EURO

Damen:

600000 (Absatz 2003) x 25% (MA) x 180 = 27.000.000 EURO

Kinder:

60000 (Absatz 2003) x 50% (MA) x 135 = 4.050.000 EURO

Schritt 3:

Marktwachstum (Studie von Rolando Burgos) Jahr 2003:

Herren 6%
Damen 20%
Kinder 15%

Es ergibt sich folgendes Portfolio:

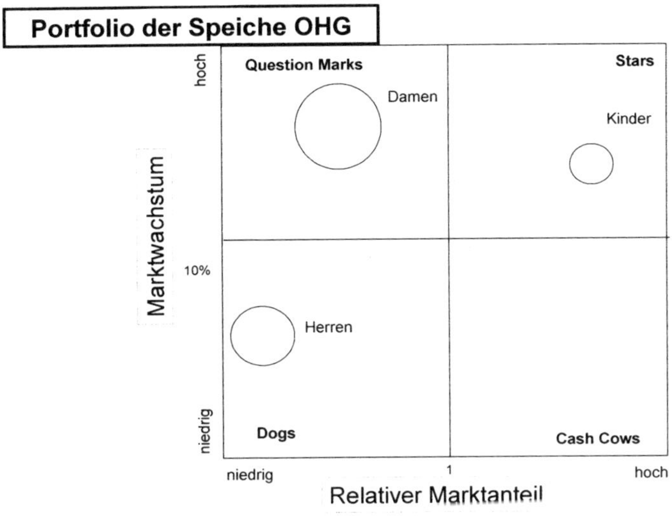

Aufgabe 3

Das Instrument der Portfolio-Analyse wurde in Anlehnung an die Portfolio-Theorie entwickelt und strebt nach einem ausgeglichenen Portfolio, in welchem sich Geschäftseinheiten mit einem Netto-Zufluß von finanziellen Mitteln und solchen mit einem Abfluß ungefähr die Waage halten. Die Portfolio-Methode der strategischen Planung empfiehlt nach der jeweiligen Lage der strategischen Geschäftseinheiten (hier: Herren, Damen und Kinder) bestimmte sog. „Normstrategien". Für die Speiche OHG ergeben sich folgende Normstrategien:

Segment:	**Position:**	**Normstrategie:**
Herren	Dogs	Desinvestition
Damen	Question Marks	Selektion
Kinder	Stars	Investition

(Hätte die Speiche OHG zusätzlich eine Geschäftseinheit in einer Cash-Cow-Position, so hätte die Empfehlung gelautet, diese Position zu halten und den Rückfluß finanzieller Mittel zu stabilisieren.)

Insgesamt liegt also ein höchst unausgegliches Portfolio vor. Im Herrenfahrrad-Bereich sollte die Speiche OHG damit das eigene Angebot einstellen. Im Damenfahrrad-Bereich sind Chancen und Risiken eines Markterfolges gründlich gegeneinander abzuwägen und nur bei einer positiven Beurteilung ist der weitere

Ausbau der eigenen Marktposition sinnvoll. Beim Kinder-Angebot sind weitere finanzielle Mittel einzusetzen, um eine starke Cash-Cow-Position zu erreichen.

Trotz aller Anschaulichkeit und Verbreitung in der Unternehmenspraxis ist die Portfolio-Methode auch kritikbehaftet. Die obigen Normstrategien vernachlässigen u.a.:

- (Kauf-/Image-)Verbundeffekte auf Seiten der Nachfrager
- Wettbewerbsreaktionen
- Starke Brüche im Marktwachstum und relativem Marktanteil (z.B. bei Fusionen)
- Relevanz weiterer Faktoren auf den Cash Flow
- Starke Abhängigkeit der Quadrantendefinition von subjektiven Einschätzungen (z.B. ist jedes Marktwachstum über 10% schon hoch?)
- Deckungsbeitragsaspekte

Literaturhinweise

MEFFERT, H.: Marketing, 9. Auflage, Wiesbaden 2000.

MEFFERT, H.: Marketing-Management, Wiesbaden 1994.

KOTLER, PH.: Marketing Management, New Jersey 1998.

Michael Koch

Methoden der Marktsegmentierung

Seit der Nachkriegszeit hat ein Wandel vom Verkäufer- zum Käufermarkt mit einer einhergehenden wachsenden Macht auf Seiten des Verbrauchers stattgefunden, dem die Unternehmensführung bei ihrer Strategieplanung berücksichtigen muß. Daher hat sich als Kernelement einer marketinggeprägten Managementkonzeption eine bewußte Absatz- und Kundenorientierung aller Unternehmensbereiche herausgebildet. Gibt es bei den Konsumenten unterschiedliche, mit dem Kauf von Produkten zu befriedigende Bedürfnisse, so kann der Gesamtmarkt in homogene Teilmärkte aufgeteilt werden, indem auf bestimmte Merkmale der Konsumenten zurückgegriffen wird. Die Konsumenten in diesen Teilmärkten (den sogenannten Marktsegmenten) unterscheiden sich bezüglich der ausgewählten Merkmale innerhalb eines Segmentes kaum noch. Für die einzelnen Teilmärkte kann das Unternehmen dann speziell ein einheitliches Produktangebot entwickeln. Durch dieses speziell zugeschnittene Angebot soll den Konsumenten einen höheren Nutzen geboten, dadurch Vorteile gegenüber der Konkurrenz erreicht und letztlich eine Maximierung des Unternehmensgewinns erzielt werden. Dazu müssen die Methoden der Marktsegmentierung zum einen die homogenen Teilmärkte entdecken können. Zum anderen muß die Analyse dieser Teilmärkte Hinweise auf die Gestaltung der Marketing-Instrumente geben können, damit ein speziell für diese Teilmärkte zugeschnittenes Produktangebot entwickelt werden kann. Hierfür müssen die Konsumentenprofile in den einzelnen Segmenten bekannt sein.

Aufgabe 1

Ausgangspunkt der Marktsegmentierung von Konsumenten sind die Merkmale der Konsumenten und ihre Ausprägungen. Stellen Sie die gebräuchlisten dieser *Segmentierungskriterien* mit ihren wesentlichen Vor- und Nachteilen vor.

Hat man die verschiedenen Kriterien (und damit die Segmentierungsbasis) ausgewählt, die man für eine Marktsegmentierung heranziehen möchte, dann muß man zwischen den unterscheidlichen mathematisch-statistischen Segmentierungsmethoden auswählen. Diese Entscheidung ist nicht unabhängig voneinander, denn je nach Segmentierungsbasis sind die verschiedenen Methoden unterschiedlich erfolgreich zu beurteilen. Die verschiedenen Segmentierungsmethoden kann man dabei grundsätzlich in A-Priori- und Post-hoc-Methoden unterteilen.

Aufgabe 2

Verdeutlichen Sie die möglichen Einsatzfelder von A-priori- und Post-hoc-Segmentierungsmethoden, indem Sie deren grundlegenden Unterschied aufzeigen.

Aufgabe 3

Stellen Sie einige *A-priori-Segmentierungsmethoden* und deren Anwendungsmöglichkeiten kurz vor.

Aufgabe 4

Neben Baumanalysen (z. B. CHAID oder CART) und Neuronalen Netzen sind die in der Praxis am meisten eingesetzten heuristischen Post-hoc-Segmentierungsverfahren die *clusteranalytischen Verfahren.* Stellen Sie deren am häufigsten verwendeten Verfahren mit deren Vor- und Nachteilen kurz vor.

Aufgabe 5

Diskutieren Sie, in wieweit sich die *Marktsegmentierung als gedankliche Methode* zur Vorbereitung von Managemententscheidungen tatsächlich eignet.

Lösung

Aufgabe 1

In der Literatur findet man eine Vielzahl von Segmentierungsvariablen. Daher werden diese Segmentierungsvariablen gerne in bestimmte Kategorien zusammengefaßt. Das wesentlichstes Unterscheidungskriterium bei der Bildung dieser Kategorien stellt die Tatsache dar, ob eine Segmentierungsvariable direkt beobachtet werden kann, d. h. direkt über Befragung und/oder Beobachtung der Konsumenten erhebbar ist, oder ob diese Variable nicht direkt und eindeutig zu erheben ist. Das hat zur Folge, daß diese daher auch als latente Größe oder Konstrukt bezeichnete Variable über sogenannte Indikatorvariablen erfaßt werden muß (z. B. beim im folgenden dargestellten AIO-Statement bei der Lifestyle-Segmentierung). Zudem lassen sich die direkt beobachtbaren Segmentierungsvariablen weiter in soziodemographische Kriterien und in die Kriterien des beobachbaren Kauf- und Informationsverhaltens unterteilen (vgl. Abbildung 1).

Die *soziodemographischen Kriterien* kann man wiederum in geographische, demographische und sozioökonomische Kriterien gliedern. Bei der geographischen Marktsegmentierung wird zwischen einer makro- und einer mirkogeographischen Segmentierung unterschieden. Bei der makrogeographischen Marktsegmentierung wird der Markt z.B. nach Bundesländern, Städte, Landkreise oder Gemeinden aufgeteilt. Bei der mikrogeographischen Segmentierung wird eine räumliche Aufteilung der Konsumenten in sogenannte Wohngebietszellen unterhalb des Stadt- bzw. Stadtviertelniveaus vorgenommen. Diese Aufteilungsmöglichkeit folgt der Grundidee der Nachbarschafts-Affinität, bei der angenommen wird, daß Personen mit ähnlichen sozialen Status und ähnlicher Lebensart sich in den gleichen Wohngebieten bzw.

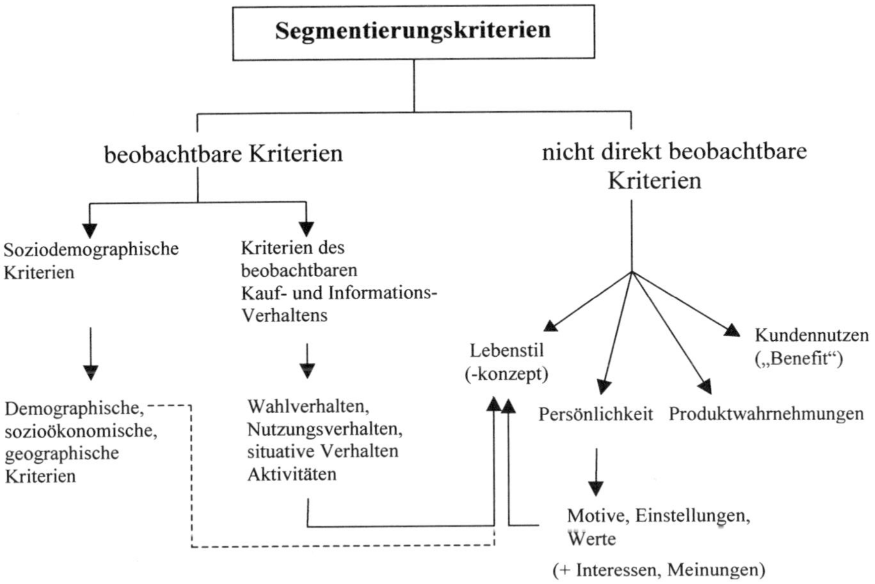

Abbildung 1: Überblick über die verschiedenen Segmentierungskriterien

Straßenzügen niederlassen, die daher zu Wohngebietstypen zusammengefaßt werden können. Bei den *demographischen Segmentierungskriterien* betrachtet man Merkmale wie Geschlecht, Alter, Familienstand, Haushaltsgröße und Anzahl der Kinder. Der Familienstand und die Anzahl der Kinder faßt man oft zum Merkmal Familienlebenzyklus zusammen, da viele Konsumentscheidungen einer Familie von der Phase abhängen, in der sich diese Familie gerade befindet (z. B. eine junge Familie mit einem Baby benötigt oft die erste eigene (babygerechte) Wohnungseinrichtung). Die *sozioökonomischen Merkmale* umfassen Kriterien wie Ausbildung, Beruf und Einkommen. Aus diesen drei Kriterien wird gerne als übergeordnetes Merkmal die soziale Schicht gemacht, da diese immer dann als interessant gilt, wenn der Konsumstil der Nachfrager Ausdruck der Zugehörigkeit zu einer bestimmten sozialen Schicht ist.

Zu der Kategorie des *direkt beobachtbaren Kauf- und Informationsverhaltens* gehören Variablen wie das Wahlverhalten, das Nutzungsverhalten, das situative Verhalten und die Aktivitäten der Konsumenten. Kriterien des *Wahlverhaltens* bilden ab, für welches Produkt sich der Konsument aus einer Anzahl von Produkten in einem bestimmten Zeitraum oder zu einem bestimmten Zeitpunkt entschieden hat. Z. B. haben markentreue Konsumenten eine höhere Wiederkaufwahrscheinlichkeit für das betrachtete Produkt als weniger markentreue Konsumenten. *Variablen des Nutzungsverhalten* erfassen die Nutzungs-frequenz bzw. -intensität eines Produkts, einer Einkaufsstätte, eines Mediums oder einer bevorzugten Packungsgröße. Konsumenten werden z. B. in den Kategorien „Vielnutzer“, „Gelegenheitsnutzer“, "Nicht-Nutzer" erfaßt. Die Nutzungsfrequenz beinhaltet, wie oft ein Produkt gekauft oder wann es wieder gekauft wird. Die Intensität kennzeichnet die durchschnittlich verbrauchte Menge eines Produkt durch eine Person (oder einen Haushalt) innerhalb eines bestimmten Zeitraumes. Beim Nutzungsverhaltens von Medien wird die Art und Zahl der genutzten Medien sowie deren Nutzungsintensität aufgezeichnet, um u. a. eine Werbeträgerauswahl treffen zu können. Das *situative Verhalten* ist für eine Segmentierung interessant, da dieselben Konsumenten sich in verschiedenen Situationen sehr unterschiedlich verhalten können. Ferner wird gerne festgehalten, welche verschiedenen *Aktivitäten* die Konsumenten (insbesondere in ihrer Freizeit) betreiben.

Zu den *nicht direkt beobachtbaren Segmentierungskriterien* gehören zum einen Motive, Einstellungen, Persönlichkeit, Werte und Lebenstil. Diese zählen eher zu den Eigenschaften eines Konsumenten. Zum anderen gibt es derartige Variablen, die eher dem betrachteten Produkt zugeordnet werden können. Dazu zählen Produktwahrnehmungen und der (wahrgenommene) Kundennutzen. Die *Persönlichkeit* eines Menschen äußert sich durch Merkmale wie Kontaktfähigkeit, Selbständigkeit, Ehrgeiz oder Risikofreude. Dabei wird Persönlichkeit als die Gesamtheit der für eine Person als typisch angesehenen, fest eingesprägten (und normalerweise nicht zu ändernden) Verhaltensmuster angesehen. Die verschiedenen Züge einer Persönlichkeit kommen in den Einstellungen, Werten und Motiven hinsichtlich bestimmter Situationen (z. B. Kaufsituationen) und Objekten (z. B. Produkten) zum Ausdruck. *Motive* stellen Beweggründe menschlichen Handels dar, wobei unter Motivation eine aktuelle Handlungsrichtung verstanden werden kann, die einen bestimmten vom Konsumenten empfundenen Mangelzustand beseitigen möchte. Demgegenüber stellen *Werte* allgemeine, nicht situationsspezifische Auffassungen von Wünschenwertem dar, die für ein Individuum oder für eine Gruppe kennzeichnet sind, ohne explizit ausgesprochen werden müssen. Werte beeinflussen die Auswahl der Art und Weise, wie ein Ziel erreicht werden soll, welche Mittel dazu eingesetzt werden sollen, und welche generellen Ziele überhaupt verfolgt werden sollen. Dabei lassen sich grundlegende Werte (wie z. B. Frieden oder Gerechtigkeit), bereichsspezifische Werte aus Wirtschaft, Konsum oder Politik (wie z. B. die generelle Bevorzugung von Qualität) und produktbezogene Werte (wie Preis-/Leistungsverhältnis und Umweltfreundlichkeit eines Produktes) unterscheiden. Werte im Vergleich zu manchen existenziellen Motiven werden gelernt und unterliegen daher einer zeitlichen Veränderung (= Wertewandel). *Einstellungen* sind relativ stabile, organisierte und erlernte innere Bereitschaften eines Konsumenten auf bestimmte Stimuli (d. h. Einstellungsobjekte wie z. B. Produkte) konsistent positiv oder negativ zu reagieren. Dieser vermutete Zusammenhang zwischen Einstellung und Verhalten der Konsumenten wird als E-V-Hypothese bezeichnet. Für die Untersuchung von Einstellungen findet die Drei-Komponenten-Theorie Anwendung, die neben der affektiven, gefühlsmäßigen Einschätzung auch eine kognitive Komponente, die das subjektive Wissen über das Objekt umfaßt, und eine konative Komponente, die die Handlungsabsicht (beabsichtigter Kauf oder Nicht-Kauf eines Produktes) beschreibt, beinhaltet. Als klassische Anwendung der Persönlichkeitsforschung kann das Lebenstilkonzept gelten. Das *Lebenstilkonzept* umfaßt die Art und Weise, in der Menschen leben, ihre Zeit verbringen und ihr Geld ausgeben. Hierbei werden Aktivitäten, Interessen und Meinungen der Konsumenten erhoben. Als eine konkrete Ausgestaltung des Lebenstil-Konzeptes wird beim „AIO"-Ansatz ein Beziehungssystem aus situativen Faktoren und beobachtbaren Handlungen („Activitites"), emotional bedingten Verhalten („Interests") und kognitiven Orientierungen und Wertvorstellungen („Opions") der Konsumenten betrachtet. Der Lebenstil ist also eine aus direkt und nicht direkt beobachtbaren Variablen zusammengesetzte Variable, was durch die Pfeile in Abbildung 1 ausgedrückt werden soll. Als Erweiterung dieses Ansatzes werden häufig auch demographische Daten bzw. Werte in das Konzept mit integriert (z. B. beim „value and lifestyle" (VALS)-Ansatz von Mitchell. Um die unterschiedlichen Lebenstile der Konsumenten anschaulich und nachvollziehbar beschreiben zu können, werden diese zu sogenannten Lebenstil-Typologien zusammengefaßt. Als kommerzielle Beispiele für solche Typologien können die Lebenstil-Typologie der Werbeagentur M. C. & Leo Burnett, die Typologie Sozialer Milieus der Sinus Marktforschung, die Euro-Styles der GfK Nürnberg auf europäischer Basis und die RISC-Eurotrends des Research Institute on Social Change dienen. Weitere nicht direkt beobachtbare Segmentierungsvariablen sind Produktnutzen und -wahrnehmung. Die Segmentierung auf Basis des *Produktnutzens* oder die sogenannte *„Benefitsegmentierung"* ruht auf der Idee, daß die Nutzenerwartungen der Konsumenten bezüglich eines Produktes oder des Kaufs bestimmter Produkte maßgeblich das Kaufverhalten beeinflussen. Ferner kann die *Wahrnehmung des Produkts* aus Sicht der Konsumenten ein wichtiges Segmentierungskriterium sein. Die Wahrnehmung als „kognitive Komponente" formt das subjektive Bild des einzelnen von seiner Umwelt und beeinflußt darüber sein Verhalten.

Die verschiedenen Segmentierungskriterien weisen unterschiedliche *Vor- und Nachteile* auf. So sind direkt beobachtete Variablen z. B. leicht erfaßbar und damit kostengünstig zu beschaffen, da auch oft sekundärstatistisches Material zur Verfügung steht; haben aber dafür oft nicht so viel mit dem Verhalten der Konsumenten zu tun, denn insbesondere bei den soziodemographischen Kritierien kann es gut sein, daß trotz gleichen Merkmalsausprägungen sich die Konsumenten unterschiedlich verhalten. Bei den direkt beobachtbaren Kriterien des Kauf- und Informationsverhaltens gilt es darüber hinaus zu bedenken, daß sie nur das Ergebnis und nicht die Ursache für das Konsumenverhalten sind, was deren Erklärungskraft einschränkt. Demgegenüber sind nicht direkt beobachtete Variablen nur sehr schwer und damit zu hohen Kosten zu erheben, da oft einige Erhebungen durchgeführt werden müssen und die nicht direkt beobachtbaren Variablen oft nur schwierig zu messen sind. Dafür können diese Segmentierungskriterien aber zumeist das Konsumentenverhalten besser erklären als die soziodemographischen Kriterien. Problematisch ist allerdings mit Hilfe der psychographischen Variablen wie Lebenstil, Persönlichkeit oder Werte konkrete Hinweise für die Gestaltung des Marketing-Mix für die einzelnen Segmente zu erhalten, da es diese Variablen keinen direkten Produkt- oder Markenbezug aufweisen. Demgegenüber weisen Kriterien wie Produktnutzen und -wahrnehmung eben diesen Produkt- bzw. Markenbezug auf und können so das Kaufverhalten gut prognostizieren. Ob sie aber über einen längeren Zeitraum als Segmentierungskriterien herangezogen werden können, ist einigermaßen fraglich. So müssen sie in regelmäßigen Abständen immer wieder erhoben werden, was deren Wirtschaftlichkeit einschränkt. Da die einzelnen Segmentierungskriterein unterschiedliche Vor- und Nachteile haben, wird zumeist eine Kombination der verschiedenen Marktsegmentierungskriterien für eine Segmentierung herangezogen, um die jeweiligen Vorteile gemeinsam nutzen und die entsprechenden Nachteile kompensieren zu können.

Aufgabe 2

Bei der *A-priori-Segmentierung* erfolgt im voraus eine Festlegung der gruppenbildenden Variablen. Die Aufteilung der Konsumenten in Gruppen findet dann auf der Basis dieser Variablen statt. Dadurch kennt man die Größe der Segmente und weiß, welcher Konsument in welchem Segment gehört. Das kann z. B. die Aufteilung in Männer und Frauen sein, da man der Meinung sein könnte, das Geschlecht habe einen wesentlichen Einfluß auf das Konsumentenverhalten. Zu dieser Ansicht könnte man aufgrund von Erfahrungen aus der Vergangenheit gekommen sein. Durch die A-priori-Segmentierungsverfahren werden zum einen die durch die gruppenbildenden Variable geschaffenen Segmente noch näher charakterisiert, d. h. man schärft das Bild, welches man von einem typischen Konsument eines Segmentes besitzt. Man kreiert damit ein „Profil eines durchschnittlichen Konsumenten" des betreffenden Segmentes. Darauf aufbauend kann das Unternehmen ein segmentspezifisches Produktangebot entwickeln, das dann auf diesen durchschnittlichen Konsumenten des betrachteten Segmentes zugeschnitten wird. Zum anderen kann überprüft werden, ob sich die so gebildeten Segmente überhaupt signifikant voneinander unterscheiden und damit die vermutete Segmentstruktur nicht nur rein zufällig ist. So kann es z. B. sein, daß sich Frauen und Männer bei einer betimmten Produktkategorie nicht signifikant hinsichtlich der wesentlichen nachfragerelevanten Variablen unterscheiden, obwohl das in der Vergangenheit bei anderen Produktkategorien der Fall war.

Bei der *Post-hoc-Segmentierung* weist man die einzelnen Konsumenten aufgrund ihrer Ähnlichkeit hinsichtlich der Segmentierungsbasis einzelnen Gruppen zu. Bei dieser Vorgehensweise ist die Anzahl der sich ergebenden Segmente und der Charakter dieser Segmente vorher nicht bekannt, sondern beide Aspekte müssen erst durch die Analyse bestimmt werden. Bei den Post-hoc-Segmentierungsmethoden kann man wiederum zwischen heuristischen und modellbasierten Methoden unterscheiden. Letztere treffen Verteilungsannahmen über die Segmentierungsvariablen und erlauben damit inferenzstatistische Aussagen über die entdeckte Segmentstruktur. Bei den heuristischen Methoden sind dagegen Plausibilitätsüberlegungen notwendig (wie z. B. die Interpretierbarkeit der gefundenen Segmentlösung), um die Güte der Segmentlösung beurteilen zu können.

Aufgabe 3

Zu den am häufigsten in der Praxis angewandten *A-priori-Segmentierungsmethoden* zählen die Kreuz- bzw. Kontingenztabellenanalyse, die Analyse der loglinearen oder Logit-Modelle, die multiple Regressions- und Diskriminanzanalyse und die Mehrgruppenanalyse von Strukturgleichungsmodellen, die eingesetzt wird, wenn nicht direkt beobachtbare Variablen bei der Segmentierung eine Rolle spielen. Ferner kommen heutzutage Neuronale Netze bei Fragestellungen zur Anwendung, bei denen ansonsten bislang die klassische Diskrimanzanalyse durchgeführt worden ist.

Die Analyse von *Kreuz- bzw. Kontingenztabellen* versucht, Zusammenhänge zwischen (zumeist) nominal skalierten Variablen aufzudecken. Eine typische Fragestellung für die Marktsegmentierung ist z. B. der Zusammenhang von Einkommensklasse oder Haushaltsgröße mit dem Verhalten der Konsumenten. Die aggregierten Konsumentendaten werden zur Überprüfung eines eventuellen Zusammenhanges derart in den Zellen einer Kreuztabelle zusammengefaßt, daß die Zeilen die Ausprägungen der einen Variable (z. B. Haushaltsgröße 1, 2, 3, 4, 5 und mehr Personen) und die Spalten die Ausprägungen der anderen Variablen (z.B. der Kaufintensität, die man durch die Kategorien "häufiger Kauf", "gelegentlicher Kauf" oder "kein Kauf" kennzeichnen kann) darstellen (vgl. Abbildung 2).

Kaufintensität / Haushaltsgröße	"häufiger Kauf"	"gelegentlicher Kauf"	"kein Kauf"	Zeilensumme
1	5	10	15	30
2	7	9	14	30
3	10	5	15	30
4	11	12	7	30
5 (und mehr)	20	8	2	30
Spaltensumme	53	44	53	N=150

Abbildung 2: Beispiel für eine Kontingenztabelle

Wenn die Haushaltsgröße eine Erklärung für die Kaufintensität sein soll, dann müßten sich die Häufigkeiten in den Zellen, die sich aus den verschiedenen Kategorien von Haushaltsgröße und Kaufintensität ergeben, eine bestimmte Struktur aufweisen. Es wird nun oft mit Hilfe des Chiquadrat-Tests der Frage nachgegangen, ob dieser vermeindliche Zusammenhang zwischen Zeilen- und Spaltenvariable nur zufällig ist oder nicht. Bei Variablen auf ordinalen Niveau sind sogar Aussagen über die Richtung dieses Zusammenhangs möglich, da man hier auch sogenannte Assoziationstests verwenden kann. In unserem Fall könnte der Zusammenhang lauten, daß mit steigender Haushaltsgröße auch die Kaufintensität zunimmt (bzw. die Kaufintensität mit fallender Haushaltsgröße zurückgeht). Sollen mehr als zwei Variablen oder deren Interaktionen der verschiedenen Variablen überprüft werden, dann greift man oft auf *loglineare Modelle oder Logit-Modelle* zurück, wobei Kreuztabellen als deren Spezialfall dargestellt werden können. Hier wird allgemein die beobachtete Zellhäufigkeit mit der Zellhäufigkeit verglichen, die sich gemäß eines vom Forscher angenommenen Modells ergeben müßte. Ein solches "Basismodell" könnte das sogenannte Unabhängigkeitsmodell sein, d. h. es wird angenommen, daß die im Modell berücksichtigten Variablen keinen Zusammenhang aufweisen. Zur Überprüfung, ob dieses Modell angenommen werden kann oder verworfen werden muß, wird zumeist der Likelihood-Ratio-Chiquadrat-Test herangezogen, da dieser auch den Test alternativer Modelle in Bezug auf ein Basismodell zuläßt.

Die *multiple Regressionsanalyse* dient zur Erklärung, in wieweit die Segmentierungskriterien das Konsumentenverhalten in Richtung und Stärke erklären können. Voraussetzung für die Anwendbarkeit dieses Verfahren ist, daß die berücksichtigten erklärenden Größen nicht selber untereinander im starken Zusammenhang stehen und die abhängige Größe auf metrischen Skalenniveau vorliegt. Beide Punkte dürften bei Segmentierungsfragestellungen nicht oft vorkommen, so daß meist andere Verfahren zur Anwendung kommen müssen. Für die Beschreibung bekannter Segmente wird gerne die *multiple Diskriminanzanalyse* eingesetzt. Sie versucht Segmentunterschiede aufzufinden, indem Konsumentensegmente durch eine Linearkombination von mehreren voneinander unabhängigen Segmentierungsvariablen optimal voneinander getrennt werden. Zum einen wird damit festgestellt, welchen Beitrag jede einzelne dieser Segmentierungsvariablen zur Trennung der Segmente leistet. Zum anderen kann damit ein bislang keinem Segment zugehöriger Konsument aufgrund seiner Merkmalsausprägungen einem Segment neu zugeordnet werden. Für diese Fragestellung der Klassifikation lassen sich auch sogenannte *Neuronale Netze* im Form des sogenannten "Multilayer Perceptron" einsetzen. Künstliche neuronale Netze sind an der Funktionsweise des menschlichen Gehirns angelehnt. Im Gehirn werden Reize und Signale durch Axonen über chemische Verbindungen, den sogenannten Synapsen in den Neuronen, die neue Signale senden, wenn sie genügend Eingabeaktivitäten registrieren, transferiert. Somit bilden Neuronen Übergangselemente, die in einem Netzwerk verbunden sind und Signale weiterleiten. Dabei werden die Neuronen in verschiedenen Schichten (Layer) angeordnet. Bei einem *Multilayer Perceptron* werden mehrere diese Schichten modelliert. Eine Input-Schicht weist für jede Segmentierungsvariable ein Neuron aus. Eine Output-Schicht besitzt für jedes Segment ein Neuron. Zwischen diesen beiden Schichten liegen ein oder zwei verborgene Schichten, die wiederum einige Neuronen ausweisen. Die Neuronen der einzelnen Schichten sind bei den häufig angewandten sogenannten Feed-Forward Netzen nur mit den Neuronen der jeweils nächstgelegenden Schicht verbunden;

Neuronen einer Schicht bleiben dagegen unverbunden. Diese Verbindungen können unterschiedliche Gewichte aufweisen, die ausdrücken sollen, wie ein Neuron der vorlagerten Schicht das Neuron der nachgelagerten Schicht aktiviert. Eben diese Verbindungsgewichte gilt es durch einem iterativen (Lern-)Prozeß zu schätzen. Gegenüber der multiplen Diskriminanzanalyse erweist sich als vorteilhaft, daß auch nicht-lineare Strukturen zwischen Input- und Outputschicht abgebildet werden können. Nachteilig ist der notwendige große Datenumfang, damit Neuronale Netze sinnvoll eingesetzt werden können.

Werden die zu untersuchenden Modellzusammenhänge komplexer, indem z. B. Ursache-Wirkungszusammenhänge von latenten Größen wie den nicht direkt beobachtbaren Konsumenteneigenschaften und -verhalten sowie Interaktionen von erklärenden latenten Größen für unterschiedliche Segmente simultan überprüft werden sollen, dann bietet sich bei bekannter Segmentanzahl die *Mehrgruppenanalyse von Strukturgleichmodellsmodellen* an, wie sie in Programmpaketen wie LISREL oder AMOS implementiert ist. Ein derart komplexes „Kausalmodell" würde sich z. B. ergeben, wenn man in einem einzigen Modell simultan untersuchen wollte, ob - je nach Geschlecht - Einstellungen das Einkaufs-verhalten unterschiedlich beeinflussen, wie es in Abbildung 3 schematisch dargestellt worden ist.

Modelle der Kausalanalyse stellen generell eine Kombination aus Faktorenanalyse zum Test von Meßhypothesen der nicht-beobachtbaren Größen und einem Strukturmodell dar. Das Strukturmodell bildet die Ursache-Wirkungsbeziehungen der nicht direkt beobachtbaren latenten Variablen untereinander ab und ist analog zu einem Regressionsmodell zu interpretieren.

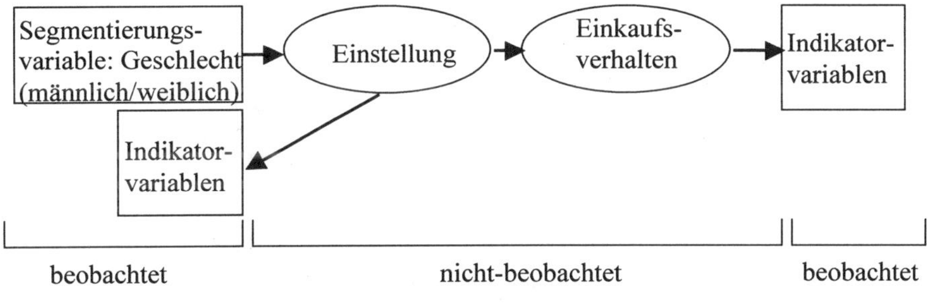

Abbildung 3: Kausalmodell (Beispiel)

Die latenten Größen stellen z. B. die Einstellungen und das Einkaufsverhalten in Abbildung 3 dar. Da sie nicht direkt beobachtet werden können, müssen Indikatorvariablen herangezogen werden, um diese Variablen erfassen zu können. Die Schätzung der Modellparameter eines Strukturgleichungsmodells erfolgt auf Basis der empirischen Kovarianzen der direkt beobachtbaren Variablen, wobei versucht wird den Unterschied der empirischen Kovarianzmatrix zur (theoretischen) Kovarianzmatrix, die sich gemäß dem postulierten Modell ergeben sollte, möglichst gering zu halten. Ein vollständiges Strukturgleichungsmodell besteht dabei aus drei Teilmodellen. Das erste Teilmodell beschreibt den Zusammenhang der beobachtbaren Indikatorvariablen $\boldsymbol{x}$ mit den ihnen zugrundeliegenden latenten Größen ξ. In unserem Beispiel ist das der Zusammenhang zwischen den Einstellungen und deren Indikatorvariablen. Die zugrundeliegenden latenten Größen ξ stellen die erklärenden Variablen im zweiten Modell, dem Strukturmodell, dar. Die dadurch erklärten latenten Variablen η (in unserem Beispiel das Einkaufsverhalten) müssen aber wiederum durch beobachtete Variablen $\boldsymbol{y}$ gemessen werden (das könnte das beobachtete Einkaufsverhalten z. B. in Form von Scannerdaten sein). Daher bildet das zweite Meßmodell den Zusammenhang von erklärten latenten Variablen und deren Indikatorvariablen ab. Die direkt beobachtbaren Variablen werden in Abbildung 4 in Rechtecken, die latenten Variablen in Ellipsen dargestellt.

Möchte man für das in Abbildung 3 dargestellte Beispiel untersuchen, ob das Einkaufsverhalten von Männern und Frauen unterschiedlich ist und als erklärende Variable Einstellungen heranziehen, muß man überprüfen, ob sich für Männer und Frauen zwei unterschiedliche (lineare) Strukturgleichungsmodelle ergeben oder nicht. Für eine derartige Fragestellung wird das normale Kausalmodell zu einem *Mehrgruppenmodell* für K Segmente (mit $k = 1, ..., K$) erweitert, wobei für das angeführte Beispiel die Segmentanzahl $K = 2$ (Frauen bzw. Männer bilden jeweils ein Segment) beträgt. Dazu werden unterschiedliche Segmentmittelwerte im Modell zusätzlich berücksichtigt, die die Niveauunterschiede zwischen den Segmenten erfassen sollen. In Abbildung 4 ist das zugehörige Pfadmodell für das Segment k dargestellt, wenn man zusätzlich aus Vereinfachungsgründen annimmt, daß die latenten Größen einfaktorielle Konstrukte sind.

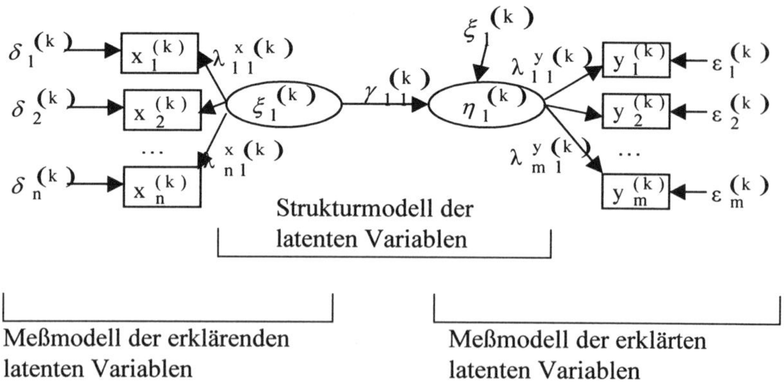

Abbildung 4: Pfaddiagramm für Segment k (Beispiel)

Die latente erklärende Variable $\xi_1^{(k)}$ des Segmentes k (in unserem Beispiel sind das die Einstellungswerte der Frauen bzw. Männer mit k = 1 oder 2) kommt in ihren Indikatorvariablen $x_1^{(k)}$, $x_2^{(k)}$, ..., $x_n^{(k)}$ zum Ausdruck. Der Zusammenhang zwischen diesen Indikatorvariablen und der latenten erklärenden Variable wird in den Koeffizienten $\lambda_{11}^{x(k)}$, $\lambda_{21}^{x(k)}$, ..., $\lambda_{n1}^{x(k)}$ (im Sinne einer Faktorenanalyse sind das die Faktorladungen) erfaßt. Analog sind die Koeffizienten für das Meßmodell der latenten erklärten Variablen $\eta_1^{(k)}$ (in unserem Beispiel das Kaufverhalten) mit den Koeffizienten $\lambda_{11}^{y(k)}$, $\lambda_{21}^{y(k)}$, ..., $\lambda_{m1}^{y(k)}$ und den zugehörigen Indikatorvariablen $y_1^{(k)}$, $y_2^{(k)}$, ..., $y_m^{(k)}$ zu interpretieren. Das Strukturmodell wird in dem ganz stark vereinfachten Beispiel nur durch den Pfeil von $\xi_1^{(k)}$ nach $\eta_1^{(k)}$ dargestellt, wobei der Koeffizient $\gamma_{11}^{(k)}$ die Stärke und Richtung des Einflusses von $\xi_1^{(k)}$ auf $\eta_1^{(k)}$ erfaßt. Wenn dieser Koeffizient zwischen den Segmenten der Frauen und der Männer signifikant unterschiedlich ist ($\gamma_{11}^{(1)} \neq \gamma_{11}^{(2)}$), dann bedeutet das, daß trotz gleichen Einstellungswerten bei Männern und Frauen unterschiedliche Werte bei der erklärten latenten Variable (dem Kaufverhalten) herauskommen und somit das Geschlecht als Erklärung für ein unterschiedliches Kaufverhalten herangezogen werden kann. Darüber hinaus werden in allen drei Teilmodell Fehlerterme ($\delta^{(k)}$, $\zeta^{(k)}$ und $\varepsilon^{(k)}$) berücksichtigt, die z. B. Meßfehler oder sonstige Störgrößen erfassen sollen.

Mit Hilfe der Mehrgruppenanalyse können die Daten aller Segmente gleichzeitig analysiert werden, indem simultan für jedes Segment ein eigenes Modell geschätzt wird. Alternativ könnte man für jedes Segment ein eigenes Strukturgleichungsmodell schätzen. Die simultane Schätzung hat aber immer dann einen Vorteil gegenüber der getrennten Schätzung, wenn nicht alle zu schätzenden Parameterwerte zwischen den verschiedenen Gruppen unterschiedlich sind, denn das kann bei einer getrennten Schätzung nicht berücksichtigt werden. Oftmals wieder z. B. angenommen, daß die Meßmodelle in den Segmenten gleich sind und sich nur die Strukturgleichungsmodelle unterscheiden.

Aufgabe 4

Die *clusteranalytischen Verfahren* haben im allgemeinen die Aufgabe die Teilsegmente, sofern sie vorhanden sind, zu entdecken. Sie versuchen dabei, Segmente zu identifzieren, die in sich homogen, untereinander aber heterogen sind, wobei sich die Homogenität auf die Ähnlichkeit in den Ausprägungen der Segmentierungsvariablen bezieht.

Die *heuristischen clusteranalytischen Verfahren* kann man danach klassifizieren, welches Proximitätsmaß und welcher Fusionsalgorithmus gewählt werden und welche Art der Partitionierung vorliegt. Für die Wahl des Proximitätsmaßes, um die Ähnlichkeit bzw. Unähnlichkeit (Distanz) zwischen Objekten zu erfassen, stehen zahlreiche Varianten zur Verfügung. Ihre Eignung hängt vom Skalenniveau der

Variablen ab. Für metrische Variablen ist eine spezielle Form der Minkowski-Metrik, die (quadratische) Euklidische Distanz, am gebräuchlisten. Man muß sich darüber hinaus für einen Fusionierungsalgorithmus entscheiden, d. h. in welcher Art die Objekte schrittweise gruppiert werden, da schon bei relativ kleinen Datensätzen eine vollständige Enumeration aller möglichen Gruppierungslösungen nicht mehr möglich ist. Die bekanntesten und am weistesten verbreiten beiden Varianten sind die hierarchisch-agglomerativen Verfahren und das partitionierende, zu den iterativen Minimal-Distanz-Methoden zählende K-Means-Verfahren. Nach Art der Partitionierung schließlich lassen sich die Verfahren der Clusteranalyse in nicht-überlappende (zu diesen gehören die letztgenannten beiden Varianten), überlappende und Fuzzy-Clustermethoden einteilen. Nicht-überlappende Cluster bestehen aus Elementen, die genau einem einzigen Cluster zugeordnet worden sind. Überlappende Cluster werden so gebildet, daß einzelne Elemente mehreren Clustern angehören können. Eine Clusterung wird als „fuzzy" bezeichnet, wenn jedes Element mit einer bestimmten Wahrscheinlichkeit zu einem Cluster gehört. Die Wahrscheinlichkeiten über alle Gruppen addieren sich bei der Fuzzy-Clustermethode im Unterschied zu der überlappenden Methode zu Eins. Als Segmentierungsvariablen kommen nur direkt beobachtbare Variablen zur Anwendung.

Bei den *agglomerativen hierarchischen Verfahren* läuft die Bildung der Segmente in mehreren Schritten ab. Zunächst stellt jeder Konsument ein eigenes Segment dar. Dann werden die zwei Segmente, die einander am ähnlichsten sind, d. h. den geringsten Abstand zueinander aufweisen, zusammengefaßt, wobei als Abstandsmaß bei metrischen Segmentierungsvariablen die Euklidische Distanz verwendet wird. Der letzte Schritt wird solange wiederholt, bis alle Konsumenten nur noch in einem einzigen Segment liegen. Für die agglomerativen hierarchischen Verfahren ist es dabei charakteristisch, daß einmal zu einem Segment zusammengefaßte Konsumenten immer in demselben Segment bleiben, d. h. es findet keine Umordnung der Konsumenten zu anderen Segmenten während des Verfahrens statt. Je nach dem, wie der Abstand zwischen zwei Segmenten berechnet und welcher Algorithmus zur Zusammenfassung von zwei Segmenten verwendet wird, ergeben sich unterschiedliche Varianten der agglomerativen hierarchischen Clusteranalyse. Als relativ robuste Varianten haben sich die Average-Linkage-Verfahren und das Ward-Verfahren herausgestellt. Die *Average-Linkage-Verfahren* gehört zu den sogenannten Mittelwertverfahren, bei denen Durchschnitte aus den Ähnlichkeiten bzw. Unähnlichkeiten der Objekte gebildet werden. Bei den Average-Linkage-Verfahren werden im allgemeinen die beiden Cluster auf jeder Stufe des Agglomerationsprozesses zusammengefaßt, die die durchschnittliche Distanz der neu entstehenden Cluster möglichst gering halten. Extreme Werte, die oft Ausreißer repräsentieren, werden durch die Mittelwertbildung nivelliert. Bei der *Ward-Methode* werden jeweils diejenigen Segmente vereinigt, die die Varianz (als Ausdruck der Heterogenität) in einem Segment möglichst wenig erhöhen. Als Maß für die Heterogenität wird die Fehlerquadratsumme für ein Segment herangezogen, wobei die Fehlerquadratsumme die

Summe der Euklidischen Distanzen der Ausprägungen der Konsumentenmerkmale von ihren jeweiligen Segmentmittelpunkten darstellt.

Zur *Bestimmung der optimalen Anzahl der Segmente* haben sich insbesondere zwei heuristische Methoden herausgebildet. Zum einen kann man sich am sogenannten *Elbow-Kriterium* orientieren. Dazu wird das jeweils verwendete Heterogenitätsmaß (z. B. die Fehlerquadratsumme) gegen die entsprechende Segmentanzahl in einem Koordinantensystem abgetragen. Beobachtet man dann bei Verringerung um ein Segment eine große Zunahme der Fehlerquadratsumme, greift man gerade die Segmentanzahl vor diesem starken Anstieg der Fehlerquadratsumme als zu betrachtende Anzahl heraus, denn man möchte eben diese Zunahme an Heterogenität in den Segmenten vermeiden. Zum anderen kann diejenige Segmentanzahl gewählt werden, die zu einer Fehlerquadratsumme führt, die höchstens *50 % der maximal möglichen Fehlerquadratsumme* beträgt, d. h. man verfolgt mit der Segmentbildung das Ziel, die Heterogenität in den Segmenten im Vergleich zum gesamten Datensatz um mindestens die Hälfte zu reduzieren. Diese maximale Fehlerquadratsumme erhält man, wenn alle Konsumenten sich in einem einzigen Segment befinden. Analog kann man auch bei anderen Heterogenitätsmaßen vorgehen. Ferner ist bei der Festlegung der Segmentanzahl auch zu bedenken, daß die gefundene Lösung vom Anwender auch zu interpretieren sein muß. Dazu werden die Segmente anhand von Mittelwert und Standardabweichung der metrischen Segmentierungsvariablen bzw. anhand der Verteilung der kategorialen Segmentierungsvariablen in den einzelnen Klassen beschrieben. Für die Interpretation der Segmente ist es interessant zu wissen, wie sich Mittelwert und Standardabweichung der Segmentierungsvariablen der Konsumenten aus einem Segment im Verhältnis zum Mittelwert und zur Standardabweichung aller Konsumenten verhalten. Hierzu können als Visualisierungstechnik Boxplots als explorative Analysetechnik eingesetzt werden, da mit deren Hilfe diese Lage- und Streuungsparameter in einer Grafik deutlich gemacht werden können. Hinsichtlich der Streuung einer Segmentierungsvariablen wird generell für eine gute Clusterlösung gefordert, daß die Ausprägungen einer Variablen in einem Segment weniger streuen als im gesamten Datensatz, d. h. das deren Standardabweichung für das betreffende Segment geringer ist als für den gesamten Datensatz. Für eine weitere Beschreibung der Segmente können aber vor allem die A-priori-Segmentierungsmethoden zur Anwendung kommen, wobei die weitere Analyse auch auf Variablen ausgeweitet werden kann, die nicht zur Segmentbildung herangezogen worden sind.

Da die agglomerativen hierarchischen Verfahren aufgrund des Rechenaufwandes sinnvoll nur bei kleinen Datensätzen angewendet werden können, wird bei großen Datensätzen eher die *K-Means-Clusteranalyse* (auch als Clusterzentrenanalyse bezeichnet) benutzt. Dabei werden die Konsumenten in Abhängigkeit eines bestimmten Trennkriteriums in eine vorgegebene Anzahl von Segmenten eingeteilt. Der Algorithmus mißt die Ähnlichkeit zwischen den Gruppen bei metrischen Variablen durch die Berechnung der (quadratischen) Euklidischen Distanz zwischen den

Zentren der Segmente (Clusterzentren). Dabei werden die Clusterzentren so berechnet, daß die Fehlerquadratsumme in den Clustern minimiert wird. Ausgehend von einer vorzugegebenen Aufteilung der Konsumenten auf die Segmente werden die Konsumenten solange umsortiert, bis sie sich in der Gruppe befinden, deren Zentrum ihnen am nächsten liegt. Dabei wird ein Konsument in einem anderen Cluster umverteilt, wenn die geringste Distanz, die seine Merkmalsausprägungen zu einem der bisherigen Clusterzentren aufweisen, kleiner ist als die geringste Distanz, die zwischen zwei der anderen bisherigen Clusterzentren liegt. Die bisherigen Clusterzentren müssen dann neu berechnet werden. In einer neuen Iteration werden ebenfalls die Distanzen zu den neuen Clusterzentren berechnet, und es wird erneut überprüft, ob es sich lohnt, einen Konsumenten umzugruppieren. Dieser Iterationsprozeß wird solange fortgesetzt, bis entweder eine vorzugegebene Höchstzahl an Iterationen bzw. eine bestimmte Untergrenze für die Veränderungen der Clusterzentren noch nicht erreicht ist. Zur Beurteilung, ob die gefundene Verteilung der Konsumenten auf die vorgebene Clusteranzahl zu dem wünschenwerten Ergebnis führt, daß die Segmente in sich homogen, aber untereinander heterogen sind, kann eine einfaktorielle Varianzanalyse durchgeführt werden. Erneut ist selbstverständlich zu prüfen, ob die gefundene Segmentlösung auch interpretiert werden kann.

Manchmal kann es sein, daß einige wenige Segmenticrungsvariablen (im Extremfall sogar eine einzige) das Ergebnis der Clusteranalyse total verfälscht. Um zu einer besseren Clusterlösung zu gelangen, ist es deshalb wichtig, diese *irreführende Segmentierungsvariablen* zu identifizieren und aus der weiteren Analyse auszuschließen bzw. deren Einfluß auf die Analyseergebnisse zu reduzieren. Insbesondere bei den beiden hier dargestellten heuristischen clusteranalystischen Verfahren können bereits ein oder zwei dieser sogenannten „masking variables" dazu führen, daß die wahre Clusterstruktur unentdeckt bleibt. Bei der Durchführung der Clusteranalyse sollte man sich dieser irreführenden Variablen gegenwärtig sein, indem die Segmentierungsvariablen unterschiedlich gewichtet oder entsprechende Variablen im Extremfall sogar eliminiert werden. Bei der *Variablengewichtung* wird versucht, die Variablen derart gewichtet (z. B. durch Skalierung oder Orientierung an einem STRESS-Kriterium) in die Analyse eingehen zu lassen, wie es ihrer Fähigkeit zur Entdeckung der wahren Clusterstruktur entspricht. Die *Variablenselektion* stellt diesbezüglich einen Extremfall der Variablengewichtung dar, da einige Variablen mit einem Gewichtungsfaktor von Null oder andere mit einem Faktor von 1 in die Analyse eingehen. Die Variablenselektion hat den Vorteil, daß diejenigen Variablen, die nicht zur Entdeckung der wahren Clusterstruktur beitragen, auch von zukünftigen Erhebungen ausgeschlossen werden können, wodurch einem Ausufern des zu analysierenden Datensatzes entgegengewirkt wird. Bei der Variablenselektion sind einige heuristische Methoden entwickelt worden, die auf Basis des sogenannten adjustierten Rand-Indizes, der die Homogenität der gefundenen Clusterlösung beurteilen soll, schrittweise überprüfen, ob eine Variable für die Gruppenbildung herangezogen werden sollte oder nicht. Darüber hinaus ist es lohneswert, *Ausreißer* in dem vorliegenden Datensatz zu identifizieren und aus der weiteren Analyse auszuschließen, denn diese führen ebenfalls bei den meisten clusteranalytischen Verfahren zu Problemen. Welchen Einfluß ein Datenpunkt auf eine Clusterlösung hat, sieht man, indem man die ursprüngliche Clusterlösung mit derjenigen vergleicht, die sich ergeben würde, wenn man diesen Datenpunkt aus der Analyse ausschließt.

Beide der hier dargestellten heuristischen clusteranalytischen Verfahren können auch kombiniert als ein *zweistufiges Verfahren* eingesetzt werden. Zunächst wird das Ward-Verfahren oder das Average-Linkage-Verfahren als hierarchisches clusteranalytisches Verfahren der K-Means-Clusteranalyse zur Bestimmung der Gruppenanzahl und einer Startlösung für die Clusterzentren vorgeschaltet. Anschließend wird mittels nicht-hierarchischem K-Means-Verfahren versucht, zur einer optimalen Verteilung der Beobachtungswerte auf die Cluster zu gelangen. Bei der Durchführung dieses zweistufigen Verfahrens sind zusätzlich noch eventuelle Ausreißer und irreführende Variablen zu entdecken und anschließend aus der weiteren Analyse auszuschließen oder nicht in vollem Umfang in die Analyse einfließen zu lassen. Bei großen Datensätzen können allerdings die hierarchisch-agglomerativen Verfahren aufgrund des Rechenaufwandes nur auf Basis einer Stichprobe des gegebenen Datensatzes durchgeführt werden. Zudem gilt es zu beachten, daß unterschiedliche Startlösungen für die K-Means-Clusteranalyse zu unterschiedlichen Endergebnissen führen können. Daher ist eine Wiederholung der K-Means-Clusteranalyse mit unterschiedlichen Startlösungen anzuraten. Die Ergebnisse der verschiedenen Wiederholungen sollten dann miteinander verglichen werden, wobei u. a. wieder die Interpretationsfähigkeit der gefundenen Clusterlösungen im Auge zu behalten ist.

Kritisiert wird an diesen heuristischen clusteranalytischen Verfahren zum einen, daß die Cluster nur durch univariate Kennzahlen wie Mittelwerte beschrieben werden, obwohl multivariate Kennzahlen wie Mittelwertvektoren und Kovarianzmatrizen der einzelnen Cluster notwendig sind, um eine hinreichende Beschreibung der Abhängigkeiten zwischen den Segmentierungskriterien zu gewährleisten. Die Clusteranalyse verschenkt dadurch wertvolle Informationen, die in einem Datensatz vorhanden ist. Zum anderen gibt es, wie bereits auch erwähnt wurde, keinen formalen Test für die Festlegung der Clusteranzahl, sondern nur heuristische Überlegungen dazu. Darüber hinaus können keine Schätzungen für die Standardabweichung der Clustergröße sowie der univariaten und multivariaten Kennzahlen eines Clusters erfolgen, da die dargestellten clusteranalytischen Verfahren eben nur heuristische Verfahren sind. Daher können im Prinzip keine Hypothesen über das Konsumentenverhalten statistisch überprüft werden.

Aufgabe 5

Als Ergebnis der in den vorhergehenden Aufgaben behandelten sogenannten „Markterfassungsseite" erhält man Marktsegmente, von denen jedes einzelne anhand der verwendeten Segmentierungskriterien (oder anderer Variablen) beschrieben werden kann, d. h. man erhält das Profil eines „durchschnittlichen Konsumenten" des jeweiligen Segmentes. Ferner kennt man nun in etwa die jeweilige Segmentgröße. Nun stellen sich für ein Unternehmen Aufgaben auf der *„Marktbearbeitungsseite"*. Bevor für eine bestimmte Gruppe von Konsumenten ein maßgeschneidertes Angebot entwickelt werden kann, muß das Unternehmen eine *Auswahl* der von ihm zu bearbeitenden Segmente treffen, d. h. es muß festlegen, in welchen Segmente es tätig sein will und in welchen nicht.

Zunächst einmal muß das Unternehmen die einzelnen Marktsegmente bewerten. Bei dieser *Segmentbewertung* spielen auf der einen Seite deren Größe und deren Wachstum eine Rolle. Große und stark wachsende Segmente sind per se als positiv zu beurteilen, da damit große Gewinnmöglichkeiten verbunden sind. Allerdings dürften sich viele Konkurrenzunternehmen auch um eben diese attraktiven Segmente bemühen, weshalb es für kleine Unternehmen oft empfehlenswerter ist, sich um die kleinen Segmente zu kümmern, die für Großunternehmen zu unattraktiv sind. Auf der anderen Seite sind die Ziele und die vorhandenen Ressourcen des Unternehmens bei der Bewertung von Segmenten zu beachten, denn um langfristig in einem Segment erfolgreich tätig zu sein, muß das Unternehmen in der Lage sein, eine führende Position in dem Segment erreichen zu können. Dabei müssen die eigene Finanzkraft, das technologische Know-how und die Qualität der Belegschaft, aber auch des eigenen Managements berücksichtigt werden.

So kann es letztendlich sein, daß es für ein Unternehmen nicht lohneswert ist, alle entdeckten Segmente gleichzeitig zu bearbeiten, d. h. das Unternehmen muß sich für eine *Segmentbearbeitungsstrategie* entscheiden. Manchmal ist es vielleicht gewinnbringender, lediglich ein einziges Segment zu bearbeiten. Als klassisches Beispiel ist für letzteren Fall Ferrari zu nennen, da Ferrari nur den Luxus-Sportwagenmarkt bedient. In diesem Fall spricht man von einem *konzentrierten Marketing*. Anders liegt der Fall z. B. bei einen Massen-Pkw-Hersteller wie Volkswagen, der mit den Marken Volkswagen, Seat, Skoda und Audi möglichst viele Segmente im Pkw-Bereich bearbeiten will und für jedes Marktsegment ein spezielles Pkw-Angebot entwickelt. Volkswagen betreibt damit ein *differenziertes Marketing*. Als letzte Möglichkeit kann ein Unternehmen die Marktsegmentierung völlig ignorieren und für den Gesamtmarkt nur ein einziges Produkt anbieten. Dieses *undifferenzierte Marketing* ist dann lohnenswert, wenn viele Konsumenten ein „Durchschnitts-angebot" akzeptieren, weil z. B. durch die dann mögliche Massenproduktion ein sehr niedriger Produktpreis möglich wird. In der Anfangszeit hat z. B. Coca-Cola ein einzige Cola-Sorte in einer einzigen Standardflasche angeboten und damit die Mehrheit der Konsumenten tatsächlich erreicht. Ein derartiges *Massenmarketing* gilt heute als nicht mehr zeitgemäß. Aber auch der im Vergleich zum Massenmarketing konsumentenorientiertere Ansatz der Marktsegmentierung hat seine Probleme.

Die Marktsegmentierung steckt zum einen zwischen der Forderung nach weitgehender Homogenität in den Segmenten und großer Heterogenität zwischen den Segmenten in einem *Dilemma*. Mit zunehmender Ausdifferenzierung der Segmente, d. h. mit einer immer feineren Segmentierung der Konsumenten, werden diese Segmente zwar intern homogener, verlieren aber an Trennschärfe zwischen den verschiedenen Segmenten. Der Forderung nach großer Heterogenität zwischen den Segmenten wird damit nicht mehr Genüge getan. Als Folge davon zeichnet sich der spezifische Produktvorteil für ein Segment nicht mehr so deutlich ab, d. h. auch Konsumenten anderer Segmente fühlen sich von diesem Angebot angesprochen bzw. die Konsumenten des konkret bearbeiteten Segmentes interessieren sich durchaus für andere Angebote. Somit sehen die Konsumenten nun eher, daß andere Produkte für sie vermehrt in Frage kommen, wodurch sie nicht mehr so bereit sind, für das für sie speziell entwickelte Produkt auch mehr zu zahlen.

Zum anderen ist das *Problem der optimalen Marktsegmentierung* ungelöst. Dieses Problem erwächst aus der Komplexität der Marktsegmentierung. Diese liegt in der gegenseitigen Abhängigkeit von Markterfassungs- und Marktbearbeitungsseite. Zum einen hängt von der Anzahl und Art der Marktsegmente ab, wie viele und wie intensiv die Marktsegmente bearbeitet werden können. Zum anderen ist die optimale Anzahl an Marktsegmenten, die festgelegt werden sollten, nicht unabhängig von der Gestaltung des Marketing-Mix, da die optimale Anzahl an Marktsegmenten von den zu erzielenden Umsätzen in den einzelnen Segmenten und den zugehörigen Kosten abhängt. Diese Größen sind aber sehr eng mit dem Einsatz der Marketing-Mix-Instrumente verbunden. Eine Lösung dieses Problems gilt es noch abzuwarten.

Zusätzlich ergibt sich noch das Problem, daß unterschiedliche Segmentierungsansätze, die sich jeweils aus Segmentbasis und Segmentierungsmethode ergeben, auch zu *unterschiedlichen Segmentlösungen* gelangen. Das läßt das Vertrauen seitens des Managements für eine gefundene Segmentlösung, auf deren Basis man seine strategischen Entscheidungen treffen möchte, nicht unbedingt steigen. Eine derartige Managemententscheidung findet daher nach wie vor unter starker Unsicherheit statt.

Des weiteren wird oft die Auffassung vertreten, daß es in der heutigen Zeit der Versuch nicht mehr ausreichend ist, die Heterogenität der Nachfrager mit einer relativ kleinen und damit für das Management handhabbaren Zahl von Marktsegmenten beschreiben zu wollen. Als Grund für diese Schwierigkeit wird die Tendenz zur Individualisierung der Gesellschaft angesehen, d. h. die Konsumenten suchen eine individuelle Befriedigung ihrer Bedürfnisse, wollen aber sich gleichzeitig von der Masse unterscheiden. Wollen nun die Unternehmen auf diese Tendenz reagieren, so müßten sie letztendlich von einer segmentweisen Marktbearbeitung, bei der für jedes einzelne Segment ein auf dieses Segment speziell zugeschnittene Angebot entwickelt worden ist, zu einem *Individualmarketing* (oder „*One-to-one Marketing*") übergehen, bei der jeder Kunde ein eigenes Segment repräsentiert und jeder Kunde dem Unternehmen persönlich bekannt ist.

Aber nicht nur die Individualisierung der Gesellschaft, sondern auch technologische Veränderungen ermöglichen erst eine Umsetzung einer Individualmarketingstrategie der Unternehmen. Zum einen haben sich flexible Fertigungssysteme entwickelt, die es ermöglichen, auch kleine Auftragsgrößen von Massengütern kostengünstig produzieren zu können. Zum anderen kann das Internet als Möglichkeit genutzt werden, kostengünstig einen direkten Kontakt zu allen Kunden aufzubauen. Für digitalisierbare Produkte wie Musik oder Software kann das Internet sogar als Distributionskanal genutzt werden. Zudem steht das Internet für alle Produkte als Kommunikationsmittel zur Verfügung, was den Informationsaustausch zwischen Unternehmen und Kunden erleichtert. Darüber hinaus ist die Marktforschung heutzutage methodisch in der Lage auch große Datensätze zu analysieren. Kundendatenbanken können dazu als zentrale Informationsquelle immer mehr eingesetzt werden, da nun Software und Hardware zur Verfügung stehen, die enorme Datenmengen verarbeiten können.

Die Weiterentwicklung der Informationstechnologie durch Internet und verbesserten Kundendatenbanken ermöglicht einen immer intensiveren Kontakt zwischen Anbieter und Konsumenten, da die damit verbundenen Kosten in betriebswirtschaftlich tragbare Größenordnungen gefallen sind. Aber trotz guter Software bleibt für einen Anbieter eine wirklich direkt kundenindividuelle Ansprache doch eher Wunschtraum als Realität. Das liegt nicht nur an den doch noch vorhandenen technischen Schwierigkeiten oder an der mangelhaften Datenverfügbarkeit, sondern auch an den kognitiven Grenzen der Entscheidungsträger und Kundenbetreuer im Unternehmen.

Bei diesen Punkt kommt wiederum die managementorientierte Bedeutung der Marktsegmentierung ins Spiel, denn Marktsegmente sind nicht in einem Markt natürlicherweise vorkommene Gebilde, sondern sie werden durch die Manager geschaffen, um den Markt besser begreifen zu können, um darauf aufbauend Strategien für den Markt zu entwickeln. Das fällt für individuelle Konsumenten wesentlich schwerer als für eine Gruppe von Konsumenten und somit Marktsegmenten. Daher ergibt sich für die Marktsegmentierung auch in Zukunft noch eine wichtige Rolle, denn durch Segmente werden die Masse der Konsumenten für das Management eines Unternehmens greifbar und bearbeitbar gemacht, da die *Segmente als Denkschema und Ordnungsraster* dienen, an denen sich das Management orientieren kann.

Ferner ist beim Individualmarketing zu bedenken, daß zwar durch die verfügbaren flexibleren Produktionstechnologien, günstigeren Informationstechnologien wie das Internet und besserer Ausnutzung von Kundeninformationen in Form von Kundendatenbanken zusätzliche Umsätze generiert werden können. Diesen Umsätzen müssen aber die noch nicht immer vernachlässigbaren Kosten für dieses Individualmarketing gegenübergestellt werden. Wenn durch die Zusammenfassung von Konsumentennachfrage Skaleneffekte entlang der Wertschöpfungskette realisiert werden können, dann könnte es sein, daß eine Segmentbearbeitung für das Unternehmen lohnender ist als das Individualmarketing. Beide Ansätze der Kundenorientierung (Marktsegmentierung und Individualmarketing) müssen die sogenannte *Wirtschaftlichkeitsbedingung* erfüllen, d. h. die zusätzlichen Umsätze müssen die zusätzlichen Kosten, die durch eine gegenüber dem Massenmarketing vermehrte Konsumentenorientierung entstehen, übersteigen. In manchen Fällen ist das Individualmarketing wirtschaftlicher, in anderen aber immer noch die Marktsegmentierung. Die Konzepte der Marktsegmentierung und des Individualmarketing müssen aber nicht notwendigerweise ausschließlich miteinander konkurrieren, sondern können sich auch ergänzen, denn mit Hilfe der Analyse von Kundendatenbanken (als Teil des Individualmarketing) ist eine weitergehende Differenzierung und Verfeinerung innerhalb eines Marktsegmentes möglich, wobei das betrachtete Segment den Ausgangspunkt für diese weitergehende Analyse bilden kann.

Literaturhinweise

Backhaus, K.; Erichson, B.; Plinke, W.; Weiber, R.: Multivariate Analysemethoden, 9. Auflage, Berlin 2000.

Brusco, M. J.; Cradit, J. D.: A Variable-Selection Heuristic for K-Means Clustering, in: Psychometrika, 2001, Vol. 66, No. 2, S. 249-270.

Freter, H.; Obermeier, O.: Marktsegmentierung, in: Herrmann, A.; Homburg, C. (Hrsg.): Marktforschung, 2. Auflage, Wiesbaden 2000, S. 739-763.

Kotler, P.; Bliemel, F.: Marketing Management - Analyse, Planung und Verwirklichung, 10. Auflage, Stuttgart 2001.

Meffert, H.: Marketing - Grundlagen marktorientierter Unternehmensführung, 9. Auflage, Wiesbaden 2000.

Pepels, W. (Hrsg.): Marktsegmentierung - Marktnischen finden und besetzen, Heidelberg 2000.

Schweitzer, A.; Müller-Peters, H.: Evolution der Marktsegmentierung, in: Planung und Analyse, 4/2001, S. 28-35.

Wedel, M.; Kamakura, W. A.: Market Segmentation - Conceptual and Methodological Foundations, 2. Auflage, AH Dordrecht: Kluwer Academic Publishers Group 2000.

Frank Keuper

Grenzen strategischer Marktanalyseinstrumente auf konvergierenden Märkten am Beispiel der Zeitungs- und Zeitschriftenbranche

Die Konvergenz stellt einen Prozeß der Interaktion zwischen der Unternehmensumwelt bzw. der Wettbewerbsstruktur und der Unternehmensstrategie dar. Dabei kommt es zur strukturellen Verbindung bislang getrennter Märkte. Dieser Prozeß bedingt für die TIME-Branche, daß eine strategische, marktorientierte Unternehmensführung immer mehr an Bedeutung gewinnt, um der Dynamik der Veränderung frühzeitig Rechnung tragen zu können. Andererseits ist es gerade die Dynamik der Konvergenz, die den Einsatz strategischer Marktanalyseinstrumente erschwert.

Aufgabe 1

Erläutern Sie zunächst allgemein das Five-Forces-Modell, das als Analyseinstrument dazu dient, Situationen und Entwicklungen von Märkten offenzulegen. Führen Sie anschließend eine Marktanalyse für das Verlagsgeschäftsfeld E-Business aus Sicht eines Zeitungs- und Publikumszeitschriftenverlages durch. Ist das Five-Forces-Modell für eine Marktanalyse auf konvergierenden Märkten geeignet?

Aufgabe 2

Erläutern Sie zunächst allgemein die Portfoliomatrix der Boston Consulting Group zur Ableitung von Normstrategien. Analysieren Sie die nachfolgende beispielhafte, aber typische BCG-Matrix für einen Zeitungs- und Zeitschriftenverlag unter Berücksichtigung der Cash-Flow-Entwicklung. Berücksichtigen Sie dabei die realen Entwicklungen im Markt für Zeitungen und Zeitschriften. Ist die BCG-Matrix für eine Marktanalyse auf konvergierenden Märkten geeignet?

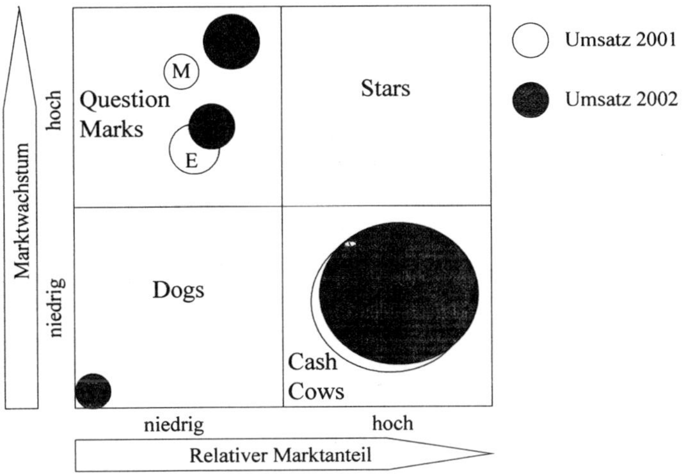

Abbildung 1: Beispielhafte BCG-Matrix

SGE	E-Business	M-Business	T-Business	Print
2001	– 9	– 8	– 15	15
2002	– 10	– 7	– 15	12

Tabelle 1: Beispielhafte Cash-Flow-Entwicklung in Mio. Euro

Aufgabe 3

Welche Marktbarrieren können Sie für potentielle Konkurrenten, die in den Online- und Offline-Markt für Zeitungen und Publikumszeitschriften eintreten wollen, identifizieren?

Lösung

Aufgabe 1

Bei dieser Analyse der fünf Wettbewerbskräfte – Rivalität unter den Wettbewerbern, Bedrohung durch potentielle neue Wettbewerber, Verhandlungsmacht der Abnehmer, Bedrohung durch Ersatzprodukte und -dienste und Verhandlungsmacht der Lieferanten – werden deren Situation und insbesondere strategische Bewegungen auf dem Markt betrachtet. Das Five-Forces-Modell von Porter zielt somit zum einen darauf ab, durch die Analyse der Wettbewerbsintensität grundlegende Aussagen über die Rentabilität bzw. das Gewinnpotential einer Branche zu treffen. Zum anderen sollen insbesondere Aussagen über die Bewegungen der Wettbewerbskräfte getroffen werden.

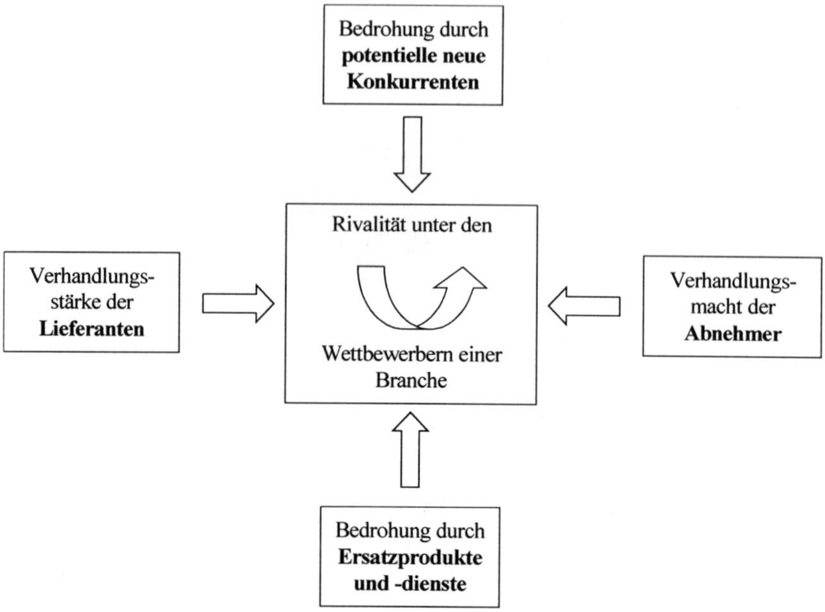

Abbildung 2: Five-Forces-Modell

Die von Porter ausgemachten relevanten Bewegungen sind:

- Bewegungen von Unternehmen, die zur Zeit im betrachteten Markt existieren: Die Rivalität unter den Wettbewerbern ist dann besonders hoch, wenn z. B. weitgehend homogene Produkte auf dem Markt angeboten werden oder das Branchenwachstum relativ gering ist.
- Bewegungen durch neue (potentielle) Konkurrenten, die versuchen, in den betrachteten Markt einzudringen: Die Bedrohung durch potentielle neue Wettbewerber ist dann besonders groß, wenn die Marktbarrieren sehr gering sind (z. B. geringe Know-how-Vorsprünge).
- Bewegungen im Substitutionsbereich im Sinne von Unternehmungen, die Ersatzprodukte mit ähnlichen Funktionen wie die der Wettbewerber im betrachteten Markt anbieten: Die Bedrohung durch Ersatzprodukte und -dienste ist dann besonders groß, wenn Substitutionsprodukte bereitstehen oder leicht zu entwickeln sind.
- Bewegungen der Lieferanten, die den Beschaffungsmarkt für die Unternehmen des betrachteten Marktes darstellen: Die Verhandlungsstärke der Lieferanten ist

dann besonders groß, wenn z. B. die Qualität der Vorleistungen entscheidend für die Qualität der Enderzeugnisse ist bzw. wenn eine Vorwärtsintegration möglich ist.

- Bewegungen der Kunden, die als Abnehmer im betrachteten Markt auftreten: Die Verhandlungsmacht der Abnehmer ist dann besonders groß, wenn die Abnehmer z. B. eine Rückwärtsintegration durchführen können.

Die Ergebnisse der Analyse dienen als Informationsbasis für die Positionierung der betrachteten Unternehmung als umfassender Kostenführer oder Differenzierer gegenüber den fünf Wettbewerbskräften.

Werden die fünf Wettbewerbskräfte aus Verlagssicht im Hinblick auf die dynamische Multimedia-Branche eingehender analysiert, so wird deutlich, daß einerseits die Marktmacht der Nutzer in der Summe weiter zunimmt und andererseits die Konzentrationstendenzen aufgrund horizontaler und vertikaler angebotsseitiger Konvergenz dazu führen, daß nur noch wenige Player im Markt in Zukunft erfolgreich agieren werden. Unter Berücksichtigung der spezifischen Kosten- und Erlösstrukturen (First-Copy-Cost-Charakter, Dual-Proceeds-Charakter) wird deutlich, daß eine am Markt umgesetzte Kostenführerschaftsstrategie in Form einer Preisführerschaftsstrategie wenig erfolgversprechend für die konvergierenden Player sein wird. Besonders offenkundig ist dies bei Verlagen auf dem Geschäftsfeld E-Business. Dabei wird von der Prämisse ausgegangen, daß der jeweilige Verlag bereits mit eigenen Inhalten und eigenen Portalen auf dem Geschäftsfeld E-Business agiert, d. h. es werden die beiden Wertschöpfungsstufen Formate und Portale des Multimedia-Wertschöpfungsnetzwerkes tangiert. Damit scheidet auch von vornherein der alleinige Fokus auf das Print-Produkt aus, so daß der erweiterte Aktionsraum des Verlages berücksichtigt wird.

Bedrohung durch neue Konkurrenten

- Allgemein ist die Bedrohung auf dem Markt für Medieninhalte als gering einzuschätzen, da die Fixkosten ca. 90 Prozent der Gesamtkosten ausmachen (Markteintrittsbarriere).
- Digitale Distribution erzeugt nahezu keine Grenzkosten, so daß etablierte Anbieter Skaleneffekte realisieren können, die hohe Markteintrittsbarrieren für potentielle Konkurrenten darstellen. Etablierte Medienmarken stellen ebenfalls Marktbarrieren dar, die für den Leser aufgrund der Typologie von Inhalten als Erfahrungsgüter ein Qualitätssignal zur Überwindung des Informationsparadoxons darstellen.
- Entsprechend müssen Newcomer stets hohe Marketingbudgets zum Branding einkalkulieren. Aufgrund fehlender Marktzugänge sowie der einzigartigen Kostenstruktur sind mithin innerhalb der inhalteerstellenden Industrie auch in Zukunft Konzentrationstendenzen zu erwarten.

- Im E-Business ist in Zukunft nur eine geringe Bedrohung durch neue Konkurrenten zu erwarten, da hier bereits in den vergangenen Jahren viele Versuche zur Etablierung von Portalen gescheitert sind.
- Die Verlage sind sowohl mit ihren Inhalten als auch durch die eigenen wertvollen Medienmarken gut gerüstet, um mit den bereits vorhandenen E-Business-Portalen die Gefahr von Markteintritten abzuwehren. Insofern ist die Bedrohung als gering einzuschätzen.

Rivalität unter den existierenden Wettbewerbern

- Die stetig steigende Internet-Nutzerzahl sowie das steigende Zeitbudget für die Internetnutzung legt den Schluß nahe, daß davon auch grundsätzlich ein Wachstumsimpuls für Internet-Medieninhalte ausgehen könnte.
- Der Online-Werbemarkt wächst im Vergleich zu anderen Werbeträgern überproportional, jedoch von einem sehr niedrigen Niveau ausgehend. Für das Jahr 2005 wird für die Online-Werbung ein Marktanteil von lediglich drei Prozent prognostiziert, was einem Marktvolumen von ca. 700 Millionen EUR entspricht. Diese Prognose kann aber nicht über die derzeitigen Fakten hinwegtäuschen, die verdeutlichen, daß fast alle Online-Medienangebote aufgrund hoher Konkurrenz um Online-Werbeetats auf dem Geschäftsfeld E-Business mit einem Verfall der Tausender-Kontakt-Preise zu kämpfen haben. Zu beachten ist ferner, daß in letzter Zeit auch Online-Werbung immer erfolgreicher wird. So gehört Online-Werbung fest in den Medienmix einer Werbekampagne. Natürlich immer noch im Vergleich zu klassischen Medien auf niedrigem Niveau.
- Die Konkurrenz resultiert vor allem daraus, daß neben vielen Portalen, die aus den verschiedenen Teilbereichen der Medienbranche hervorgegangen sind, auch noch aufgrund der Konvergenz der Märkte neu entstandene Multimedia-Unternehmen (Yahoo, Lycos) sowie Telekommunikations- und IT-Unternehmen mit ihren Portalen um Werbeetats konkurrieren, wobei ein Konsolidierungsprozeß von Internetportalen seit Beginn der Krise in der sogenannten New Economy bereits eingesetzt hat.
- Die Leerstandsquote der verfügbaren Werbefläche liegt dabei allgemein bei ungefähr 70 Prozent.
- Von dieser Entwicklung sind Special-Interest-Sites mit qualitativ auf eine bestimmte Zielgruppe zugeschnittenem hochwertigem Content weniger betroffen.
- Eine Kostenführerschaftsstrategie in Form einer Preisführerschaftsstrategie für Verlage in der konvergierenden Medienbranche ist auszuschließen, da die Erzeugung hochwertiger Inhalte und Medienprodukte eine potentiell höhere Verhandlungsmacht gegenüber den Werbekunden verleiht.
- Eine hohe Content-Qualität könnte auch eventueller Ansatzpunkt für kostenpflichtige Inhalte-Angebote an die Nutzer sein. In diesem Zusammenhang ist grundsätzlich zwischen Premium Content, der eine „Unique Selling Proposition“

einnimmt, sowie einfach zu erstellendem und austauschbarem Commodity Content zu unterscheiden. Entsprechend zeichnen sich alle hinter einer bekannten Medienmarke stehenden Inhalte, wie beispielsweise die des Spiegels, für den Rezipienten durch eine gewisse Unverwechselbarkeit aus, wohingegen standardisierte Kurzmeldungen oder auch Börsenticker eine sehr homogene Leistung sind.

- Zusammenfassend ist die Rivalität unter den Wettbewerbern als hoch einzustufen.

Verhandlungsmacht der Lieferanten

- Es ist eine verstärkte Vorwärtsintegration von Nachrichtenagenturen auszumachen, die ehemals nur die Hersteller von Medieninhalten beliefert haben, jetzt aber direkt auf den Markt für Medieninhalte drängen und beispielsweise große Internetportale mit Inhalten, wenn auch bisher vorwiegend Commodity Content, beliefern. In diesem Segment ist die Verhandlungsmacht der Lieferanten als hoch einzuschätzen, da sich ehemalige „Rohstofflieferanten" zum direkten Content Syndicator wandeln. Eventuell vorhandene Kompetenzlücken, z. B. im Hinblick auf die Technologiekompetenz beim Content Management, der Datenbankpflege oder dem Billing, können dabei durch Kooperationen geschlossen werden.
- Bezüglich der Journalisten als bestimmenden Lieferanten kreativer Medieninhalte ist grundsätzlich anzuführen, daß diese im Gegensatz zu den klassischen Medien ihre Inhalte selbständig verbreiten könnten. Dies erscheint jedoch unwahrscheinlich, da gerade das kostenintensive Branding (Markenaufbau) der Medieninhalte nur schwer von einzelnen Journalisten übernommen werden kann. Dennoch verfügen Journalisten insofern über Verhandlungsmacht gegenüber dem Verlag, als sie durch Urheberrecht und tarifvertragliche Gestaltungen eine geschützte Rechtsposition zur Weiterverbreitung ihrer Inhalte haben. Dies führt teilweise dazu, daß ganze Redaktionsteile beim Axel Springer Verlag glaubhaft damit gedroht haben, geschlossen abzuwandern, sollten die Inhalte ungefragt auf den digitalen Geschäftsfeldern weiterverbreitet werden. Da Verlag und Journalisten letztlich aber voneinander abhängig sind, ist vor diesem Hintergrund die Verhandlungsmacht als mäßig zu charakterisieren.
- Die Verhandlungsmacht der Rubrikenanzeigenkunden bei Tageszeitungen, die neben dem Kundenstatus auch gleichzeitig einen Lieferantenstatus von Medieninhalten einnehmen, ist dagegen als sehr hoch einzuschätzen. Beispielhaft ist im Bereich der Immobilienanzeigen auf Portale wie Immobilienscout24.de oder Planethome.de hinzuweisen, die als reine Online-Anbieter signifikant unter den Preisen von traditionellen Tageszeitungen liegen.

Verhandlungsmacht der Nachfrager

- Die heterogen-hybride Nachfragestruktur der Endkunden bedingt deren allgemein hohe Verhandlungsmacht. In der Erlebniswelt E-Business ist dies an der bisher üblichen Free-Launch-Mentalität ersichtlich, was eine Studie des Research-Instituts Jupiter MMXI untermauert, nach der 47 Prozent aller europäischen Internet-Nutzer nicht bereit sind, für Inhalte zu bezahlen. Entsprechend sind die meisten hochwertigen Medienangebote noch kostenlos abrufbar.

- Da aufgrund von Suchmaschinen die Suchkosten nach gleichwertigen Informationen gering sind, bewegen sich auch die Wechselbarrieren auf entsprechend niedrigem Niveau.
- Ein möglicher Ansatzpunkt ist die Registrierung des Nutzers und die damit verbundene Preisgabe von individuellen Informationen, so daß daraufhin im Rahmen von Mass Customization personalisierte Informationen und Serviceleistungen angeboten werden können, die dann die Kundenbindung entsprechend erhöhen (z. B. Yahoo). Allerdings scheint dies erst in etwas weiterer Zukunft ein probates Mittel für Kunden-Lock-ins zu sein, da Personalisierungsangebote vor allem aus Datenschutzmotiven und umständlicher Nutzerführung bislang bei den meisten Online-Angeboten im E-Business noch nicht die erhoffte Akzeptanz erlangt haben.
- Die Verhandlungsmacht der Werbekunden ist mit den seit 2001 stark gedrosselten Werbebudgets der Werbetreibenden für Verlage als hoch einzustufen, zumal im Bereich der Publikumszeitschriften die Konkurrenz mit privaten Fernsehsendern um Werbeetats stetig zunimmt. Ein starkes Branding auf den digitalen Erlebniswelten, deren Integration mit dem Print-Produkt sowie innovative Werbekonzepte, wie z. B. Sonderwerbeformen, können dabei möglicherweise die Kundenbindung der Werbekunden erhöhen (Crossmedia-Marketing).
- Bezüglich der Verhandlungsmacht der Rechtekunden ist zwischen Premium Content und Commodity Content zu unterscheiden. Qualitativ hochwertige und markengebundene Inhalte versprechen allgemein höhere Erlöspotentiale als standardisierter Commodity Content. Schließlich kommt es jedoch für die Kundenbindung auch ganz entscheidend auf die Breite und die Tiefe des angebotenen Content sowie auf die kundenspezifische Konfektionierung der Inhalte an.
- Letztlich ist anzuführen, daß unter Berücksichtigung möglicher Bündelungsstrategien die Position der relevanten Kundengruppen einerseits tendenziell dadurch geschwächt wird, daß durch die komplementäre Konvergenz der Märkte die Kundengruppen der etablierten Unternehmen erweitert werden. Andererseits wird die Position der Abnehmer dadurch gestärkt, daß diese leichter zu Anbietern wechseln können, die bisher auf einem anderen isolierten Markt tätig waren. Bildet sich beispielsweise ein Content Syndicator mit einem Inhalteportfolio, das gleichzeitig die Bereiche statischer und dynamischer Content abdeckt, so sind auf nur ein Segment spezialisierte Rechtehändler unter Zugzwang.

Substitutionsprodukte

- Subsitutionsprodukte sind für Verlage einerseits die originären Print-Produkte, andererseits Produkte und Dienste auf den neuen Geschäftsfeldern M- und T-Business. Gerade hinsichtlich der Multimedia-Angebote liegt die wesentliche Gefahr darin, daß in der Emergenzphase der elektronischen Geschäftsfelder andere Inhalte-Anbieter mit spezialisierten Plattformanbietern kooperieren und so ein zumindest teilweise substitutives Dienste-Angebot zum Geschäftsfeld E-Business schaffen bzw. pionierorientiert ein crossmediales und horizontal konvergentes Medienangebot etablieren.

- Die Substitutionsgefahr, bedingt durch die neuen elektronischen Geschäftsfelder M- und T-Business, ist somit als mittel bis hoch einzustufen.

Das Five-Forces-Modell, das jahrzehntelang das dominierende Marktanalyseinstrument war, ist jedoch für konvergierende Branchen, wie die TIME-Branche, nur äußerst bedingt geeignet. Hauptgründe hierfür sind:

- Dem Five-Forces-Modell liegt eine eindeutige Produkt- oder Geschäftsfelddefinition zugrunde. Dies ist aber auf konvergierenden Märkten häufig nicht möglich. So stellt sich z. B. zunehmend die Frage, wie ein modernes Mobiltelefon von einem Organizer oder einer digitalen Kamera abzugrenzen ist. Stellt eine Smart-Clothing-Jacke ein Kleidungsstück, ein Telekommunikationsinstrument, ein Entertainmentinstrument oder ein Smartphone dar?
- Dem Five-Forces-Modell liegt die Annahme eines statischen, sich in der Reifephase befindlichen Marktes zugrunde. Nur in einem statischen Markt können eindeutig die Wettbewerbskräfte definiert, identifiziert und für einen relativ langen Zeitraum als unveränderlich angesehen werden. Konvergierende Märkte sind häufig jedoch durch eine dauernde Emergenz gekennzeichnet, was bedingt, daß Aussagen hinsichtlich der Marktstruktur entweder nur schlecht oder gar nicht getroffen werden können oder aber das sie nur eine sehr geringe Halbwertzeit haben.
- Das Five-Forces-Modell berücksichtigt nicht die Marktmacht der Komplementierer. Gerade konvergierende Märkte sind durch vielfältige dauerhafte und temporäre Kooperationen gezeichnet (angebotsseitige Konvergenz), wodurch die Marktmacht der jeweils Kooperierenden wesentlich gestärkt und verändert wird.
- Das Five-Forces-Modell berücksichtigt nicht den auf konvergierenden Märkten häufig vorzufindenden Coopetition-Wettbewerb, bei dem Unternehmungen auf bestimmten Geschäftsfeldern kooperieren und gleichzeitig auf anderen Geschäftsfeldern in intensivem Wettbewerb miteinander stehen. Klassische Freund-Feind-Bilder erodieren, so daß eine Parzellierung der Wettbewerbsstruktur in fünf Kräfte wenig sinnvoll erscheint.
- Markteintrittsbarrieren haben in konvergierenden Branchen aufgrund der technologischen und der angebotsseitigen Konvergenz an Bedeutung verloren. Dies führt dazu, daß der Kostenführerschaftsstrategie, die im wesentlichen auf produktionsseitige Kostenvorteile und damit auf Markteintrittsbarrieren zurückzuführen ist, der Boden entzogen wird.

Aufgabe 2

Die wohl bekannteste Portfoliomatrix ist die „*BCG-Matrix*“, die von der Unternehmensberatung „*Boston Consulting Group*“ entwickelt worden ist. Hier werden als Dimensionen Marktwachstum und relativer Marktanteil gegenübergestellt, so daß eine Matrix mit vier Feldern und den Kategorien „Question Marks“, „Stars“, „Cash Cows“ und „Dogs“ entsteht.

Der relative Marktanteil stellt das Verhältnis vom eigenen Marktanteil zum Marktanteil des stärksten Konkurrenten dar. Die Idee, die dahinter steckt, ist der Erfahrungskurveneffekt. Der Erfahrungskurveneffekt besagt, daß bei Verdoppelung der kumulierten Ausbringungsmenge die auf die Wertschöpfung bezogenen Stückkosten um 20–30% (nicht automatisch, nur potentiell) sinken. Das bedeutet, je größer der relative Marktanteil, desto besser ist die Produktionskostensituation.

Die Idee, die hinter der Bezugnahme auf das Marktwachstum steckt, ist das Lebenszykluskonzept, das von zunächst steigenden, dann sinkenden Grenzumsätzen ausgeht. Das Marktwachstum ist somit ein Indiz für die Marktphase im Lebenszyklus des Geschäftsfeldes. Hohe Wachstumsraten sind folglich in frühen Lebenszyklusphasen zu erwarten, wohingegen niedrige oder sinkende Wachstumsraten in den Endphasen des Lebenszykluskonzeptes festgestellt werden können. Je nach Lebenszyklusphase, in der sich die strategischen Geschäftsfelder befinden, sind diese somit in der Lage, Cash Flow zu erwirtschaften, oder sie sind auf Zuführung von Cash Flow angewiesen.

Die strategischen Geschäftseinheiten werden in der BCG-Matrix als Kreise dargestellt und positioniert, wobei der auf die jeweilige Geschäftseinheit entfallende Umsatzanteil den Durchmesser des Kreises bestimmt (höherer Umsatzanteil = größerer Durchmesser). Da auf jeder Achsendimension jeweils nur ein Faktor im Vordergrund der Betrachtung steht, stellt die BCG-Matrix ein monoerfolgsfaktorzentriertes Modell dar.

Aus der Identifizierung und Positionierung der strategischen Geschäftseinheiten als Question Marks, Stars, Cash Cows und Dogs können schließlich Normstrategien für die jeweiligen Geschäftseinheiten abgeleitet werden.

Question Marks verzeichnen einen geringen relativen Marktanteil, dabei aber ein hohes Marktwachstum. Ihre Position ist ambivalent. Einerseits sind sie für die Unternehmung gefährlich, weil sie aufgrund ihres hohen Wachstums einen hohen Finanzmittelbedarf haben, ohne ihrerseits Finanzmittel zu erwirtschaften. Andererseits bieten Question Marks auch große Chancen, wenn es gelingt, den Marktanteil auszubauen. Normstrategie: Marktanteil steigern, falls dies gegenüber den Konkurrenten möglich ist; Marktanteil senken bzw. abstoßen, falls die Markterweiterung aussichtslos ist.

Stars sind strategische Geschäftseinheiten mit überdurchschnittlichem Marktwachstum und dem Potential zur dominierenden Marktposition bis in die Reifephase. Sie beanspruchen sehr große finanzielle Ressourcen und erwirtschaften in der Zeit des Wachstums kaum Finanzüberschüsse. Sie bilden die Geschäfte der Zukunft und erfordern somit die sofortige Reinvestition der erwirtschafteten Mittel. Normstrategie: Marktanteil halten, wenn möglich ausbauen.

Cash Cows sind strategische Geschäftseinheiten auf kaum wachsenden oder gar stagnierenden Märkten, für die allerdings gute Marktpositionen bestehen. Cash Cows liefern die Finanzüberschüsse, die zum Aufbau der Nachwuchsgeschäfte und zur Sicherung der Stars benötigt werden. Normstrategie: Marktanteil halten, gegebenenfalls sinken lassen, wenn ein weiterer Ausbau zu teuer ist.

Als Dogs werden die Geschäfte bezeichnet, die sowohl ein niedriges Marktwachstum als auch einen niedrigen Marktanteil aufweisen. Ihre relative Kostensituation ist unzureichend, und es werden zumeist kaum Finanzmittelüberschüsse erwirtschaftet, so daß jede Investition Gefahr läuft, in einer Falle – „Cash Trap“ – ohne Aussicht auf Gewinn zu verschwinden. Normstrategie: Solange noch positive Cash Flows erwirtschaftet werden, gilt es die strategischen Geschäftseinheiten zu halten; ansonsten sind sie abzustoßen.

Aus der Positionierung der strategischen Geschäftseinheiten E-Business, M-Business, T-Business und Print ergeben sich folgende grundlegende Erkenntnisse:

Der Print-Bereich stellt, wie in der Praxis zu verifizieren ist, eindeutig sowohl bei Zeitungen als auch bei Publikumszeitschriften eine Cash Cow dar. Der Marktanteil der etablierten Zeitungen und Publikumszeitschriften von Verlagshäusern wie z. B. Gruner und Jahr oder Axel Springer ist relativ stabil. Das allgemeine Marktwachstum ist jedoch eher gering, wobei hier Special-Interest-Zeitschriften noch am besten abschneiden. Aus der Tabelle ist ersichtlich, daß der Cash Flow stark gesunken ist. Dies liegt vorrangig an dem im letzten Jahr sowohl bei Zeitungen als auch bei Publikumszeitschriften massiv zu verzeichnenden Anzeigeneinbruch. Gleichwohl muß trotz gesunkenen Cash Flow investiert werden, da andernfalls der relative Marktanteil sinken würde, was über die Anzeigenauflagenspirale wiederum negative Konsequenzen auf die Gewinnsituation hätte.

T-Business stellt in dem Beispiel den „absolut armen Hund“ dar, was diese strategische Geschäftseinheit gegenwärtig auch in der Praxis ist. Grundsätzlich ist es nicht schwer einen relativ großen Marktanteil zu erzielen, da nur wenige Verlagshäuser sich im T-Business bewegen. Das Problem des T-Business besteht vielmehr darin, daß mittelfristig mit keinem oder nur äußerst geringem Wachstum zu rechnen ist. Langfristig kann es jedoch zu einem explosionsartigen Marktwachstum kommen. Das geringe Marktwachstum resultiert vor allem aus der Nicht-Interaktivität des Fernsehens in Deutschland sowie in weiten Teilen der Welt. Echtes interaktives Fernsehen (iTV), bei dem nicht nur auf den Programmverlauf Einfluß genommen (Lean-Back-Medium), sondern gleichzeitig auch mit Hilfe des Fernsehgerätes im Internet gesurft werden kann (Lean-Forward-Medium), ist derzeit in Deutschland lediglich in Pilotprojekten vorhanden. Insofern existiert insbesondere in Deutschland derzeit kein echtes T-Business. Gleichwohl ist im Gegensatz zu den Normstrategien ins T-Business zu investieren, um frühzeitg – quasi als First Mover – in allen Geschäftseinheiten (crossmedial) aktiv und präsent zu sein. Dies gilt insbesondere vor dem Hintergrund, daß interaktives Fernsehen eine kommerzielle „Killerapplikation“ ist.

E-Business und M-Business stellen in dem Beispiel Question Marks dar, wobei das M-Business sowohl massive Umsatzzuwächse als auch einen Rückgang des derzeit noch negativen Cashflows zu verzeichnen hat. Diese beispielhafte Entwicklung geht jedoch mit der derzeitigen Realität in weiten Teilen konform. Basis dieser positiven Entwicklung ist die Leistungsfähigkeit neuer Datenübertragungstechnologien bzw. das Angebot neuer mobiler Portale, wie z. B. i-mode, die den Kunden neue Funktionalitäten bieten. Aber auch die Free-Launch-Mentalität ist in der mobilen Welt weit geringer als im E-Business, so daß hier wesentlich leichter profitable Geschäftsmodelle, wie etwa kostenpflichtige SMS-Services, umzusetzen sind. Im Gegensatz dazu ist der E-Business-Bereich wesentlich stärker durch die Free-Launch-Mentalität gekennzeichnet. Zudem haben der Einbruch des anfänglichen Hype und die gegenwärtige allgemeine wirtschafliche Situation – massiver Rückgang der Werbeanzeigen – die strategische Geschäftseinheit E-Business stark in Mitleidenschaft gezogen. Beide strategische Geschäftseinheiten – E-Business und M-Business – sind ferner durch eine extrem unsichere Marktentwicklung gekennzeichnet, die eine Extrapolation der gegenwärtigen Entwicklung in die Zukunft nahezu unmöglich macht. Gleichwohl gilt auch hier für Zeitungs- und Zeitschriftenverlage die Maxime, massiv zu investieren, da andernfalls ein Multimedia-Engagement und ein crossmedialer Markentransfer nicht möglich ist.

Die BCG-Matrix, die jahrzehntelang das dominierende Portfolioanalyseinstrument war, ist jedoch für konvergierende Branchen, wie die TIME-Branche, nur äußerst bedingt geeignet. Hauptgründe hierfür sind:

- Als statisches Planungsinstrument ist sie für extrem dynamische Märkte wenig geeignet, was darin äußern kann, daß Entscheidungen auf Basis der gegenwärtigen Positionierung und Datensituation getroffen werden, die sich bereits in naher Zukunft als vollkommen unzureichend erweisen können.
- Die Unsicherheit der Marktentwicklung wird nicht berücksichtigt bzw. abgebildet.
- Normstrategien sind auf dynamischen, unsicheren und damit auf konvergierenden Märkten per se wenig aussagekräftig, da die Dynamik der Märkte z. T. rasches, unorthodoxes Wettbewerbsverhalten honoriert (z. B. Coopetition).

- Sich z. B. in der absoluten Emergenzphase befindliche strategische Geschäftseinheiten, wie z. B. das T-Business, können mit der BCG-Matrix nicht geplant oder gesteuert werden, da die Cash Flows langfristig negativ sein können und gleichzeitig kein Marktwachstum zu verzeichnen ist.

Aufgabe 3

Bei einer Entscheidung für oder gegen einen Markteintritt müssen vorhandene Marktbarrieren berücksichtigt werden, wobei zwischen Markteintritts- und Marktaustrittsbarrieren zu unterscheiden ist. Die Markteintrittsbarrieren sind beispielsweise Betriebsgrößen- und Erfahrungsvorteile, Kapitalerfordernisse, der Zugang zu Vertriebskanälen, politisch-rechtliche Vorgaben und Standortvorteile. Marktaustrittsbarrieren können Imagegründe, Konventionalstrafen, Verlustabschreibungen und gebundenes Kapital sein.

In der Regel bedeuten hohe Eintrittsbarrieren, daß die sich im Markt befindlichen etablierten Unternehmen sich vor neuen Konkurrenten schützen und die Eintrittsbarrieren daher für erstere einen hohen Zielerreichungsgrad, beispielsweise Gewinne, ermöglichen. Niedrige Eintrittsbarrieren führen dazu, daß viele neue Organisationen auf den Markt drängen, bis die Gewinnpotentiale erschöpft sind. Durch bestehende Austrittsbarrieren wird dagegen das Rückzugsrisiko vergrößert.

Markteintrittsbarrieren	**Marktaustrittsbarrieren**
▪ extrem hohe Fixkosten für Entwicklung, Produktion und Marketing ▪ hohe Kapitalerfordernisse ▪ Betriebsgröße (Global Player) ▪ dichtes Vertriebsnetz nötig (Print-Bereich) ▪ schon jetzt starker Wettbewerb unter den Konkurrenten ▪ Erfahrung im Soft- und Hardware-bereich notwendig ▪ Umfangreiche Kooperationen für cross-mediales Engagement notwendig ▪ Umfangreiche Kooperationen für konvergenzorientiertes Engagement notwendig ▪ Dual-Proceeds-Charakter	▪ langfristig ausgelegte Gewinnerwartungen (Break Even Point wird erst spät erreicht) ▪ Verbundeffekte (Vertrags-verpflichtungen mit Kooperationspartnern) ▪ Imageverlust

Tabelle 2: Markteintritts- und Marktaustrittsbarrieren

Literaturhinweise

BOGASCHEWSKY, R., ROLLBERG, R.: Prozeßorientiertes Management, Berlin et al. 1998.

KEUPER, F.: Fuzzy-PPS-Systeme – Einsatzmöglichkeiten und Erfolgspotentiale der Theorie unscharfer Mengen, Wiesbaden 1999.

KEUPER, F.: Strategisches Management, München/Wien 2001

KEUPER, F.: Convergence-based View – ein strategie-strukturationstheoretischer Ansatz zum Management der Konvergenz digitaler Erlebniswelten, in: Keuper, F. (Hrsg.), Electronic Business und Mobile Business – Ansätze, Konzepte und Geschäftsmodelle, Wiesbaden 2002, S. 603–654.

KEUPER, F.: Convergence-based View – Strategieplanung in der TIME-Branche, in: Brösel, G., Keuper, F. (Hrsg.), Medienmangement – Aufgaben und Lösungen, München/Wien, S. 3–28.

KEUPER, F., HANS, R..: Multimedia-Management – Strategien und Konzepte für Zeitungs- und Zeitschriftenverlage im digitalen Informationszeitalter, Wiesbaden 2003.

PORTER, M. E.: Wettbewerbsstrategie – Methoden zur Analyse von Branchen und Konkurrenten, 10. Auflage, Frankfurt/New York.

SCHOLZ, C., EISENBEIS, U.: Der Spielekonsolenmarkt – eine betriebswirtschaftliche Analyse, in: Brösel, G., Keuper, F. (Hrsg.), Medienmanagement – Aufgaben und Lösungen, München/Wien 2003, S. 433–457.

MEFFERT, H.: Marketing – Grundlagen marktorientierter Unternehmensführung, 9. Auflage, Wiesbaden 2000.

3. Strategische Marketingkonzepte

Sabine Fließ, Sabine Möller und Jan-Hendrik Völker-Albert

Die Strategische Positionierungsentscheidung in Abhängigkeit von der Marktanalyse

Fallstudie „Paula Perle und die Selbständigkeit in Klunkershausen“

Nach jahrelanger Tätigkeit bei einem Juwelierfilialisten in Klunkershausen überlegt Paula Perle, ein eigenes Juweliergeschäft zu eröffnen. Sie ist Goldschmiedin und möchte nicht immer nur Produkte aus standardisierten Sortimenten verkaufen, sondern auch kreativ und gestalterisch tätig sein. Auf der Grundlage ihrer Erfahrung überlegt Paula Perle, ob ihr Vorhaben lohnenswert ist.

Zunächst überlegt sich Paula Perle, welche Leistungen sie überhaupt anbieten möchte. Dabei stellt sich die Frage, ob sie sich auf die Schmuckanfertigung in Handarbeit beschränkt oder ob sie zusätzlich auch Schmuck in das Sortiment aufnimmt. Zusätzlich könnte sie ihr Angebot auf Reparaturen ausweiten. Dann müßte sich Paula Perle allerdings überlegen, ob sie nur Reparaturen von Schmuck oder auch von Uhren anbietet. Hierfür könnte sie einen Vertrag mit einem Uhrmacher abschließen. Zudem stellt sich für Paula Perle die Frage, ob sie nur für Konsumenten fertigen möchte oder ob sie auch Aufträge von anderen Juwelieren annimmt.

Freunde von Paula Perle, insbesondere Peter Pessimistisch und Volker Vorsichtig warnen Paule Perle vor den finanziellen Risiken, die ein solches Vorhaben mit sich bringt, wenn keine entsprechende Nachfrage auf dem Markt vorhanden ist. Paula Perle verfügt jedoch über betriebswirtschaftliche Kenntnisse und weiß daher über die Bedeutung der Preisbereitschaft und die Verteilung der Präferenzen der Kunden Bescheid. Sie weiß, daß hinsichtlich des Materials und der Größe der Schmuckstück die Präferenzen der Nachfrager sehr variieren. Sie hat aufgrund ihrer langjährigen Erfahrung in der Branche Kenntnisse über diese Determinanten gesammelt und macht sich dementsprechend nicht so viele Sorgen über die finanziellen Risiken ihrer Selbständigkeit. Natürlich ist Selbständigkeit immer mit solchen verbunden, Paula Perle glaubt jedoch fest daran, daß ihr Vorhaben gelingen wird.

Paula Perle weiß jedoch, daß nicht nur die Kunden, sondern auch die Wettbewerber einen Einfluß auf den Erfolg ihres Vorhaben haben. Daher überlegt sie, wie die Wettbewerbssituation auf dem Schmuckmarkt einzuschätzen ist. Sie startet eine Untersuchung, indem sie ein Schmuckstück zeichnet und dafür Angebote von verschiedenen

Juwelieren einholt. Dabei stellt sie fest, daß die meisten Juweliere keine individuellen Schmuckanfertigungen anbieten und die Juweliere, die es doch tun, überzogene Preisvorstellungen haben.
Zudem hat Paula Perle noch eine Uhr zu Hause, die leider schon seit längerem kaputt ist. Daher fragt sie bei mehreren Schmuckgeschäften nach einem Angebot für eine Uhrreparatur. Hier zeigt sich ein ganz anderes Bild. Fast alle Anbieter würden die Uhr reparieren und sogar recht günstig. Hinsichtlich der Schmuckreparaturen führt Paula Perle keine Untersuchung durch, da sie zum einen weiß, daß sehr viele Anbieter diese Dienstleistung anbieten und daß sie zum anderen dieses Angebot auf jeden Fall anbieten möchte. Sie hält dies - ungeachtet der Wettbewerber - für lohnenswert, allein um potentielle Kunden zu akquirieren. Paula Perle kann entsprechend Rückschlüsse auf die Wettbewerbsintensität auf dem Markt machen.

Aufgabe 1

Nehmen Sie mit Hilfe des strategischen Positionierungsrahmens nach *Abell* eine Abgrenzung des strategisch relevanten Marktes aus der Sicht von Paula Perle vor.

Aufgabe 2

Wie schätzt Paula Perle ihre potentiellen Kunden für Schmuckanfertigungen hinsichtlich der Präferenzstruktur und der Preisbereitschaft ein?

Aufgabe 3

Welche Rückschlüsse kann Paula Perle hinsichtlich der Wettbewerbsintensität ziehen, und welche Implikationen hat dies für die Positionierungsentscheidung?

Aufgabe 4

Zu welcher Positionierungsentscheidung raten Sie Paula Perle in Klunkershausen?

Lösung

Aufgabe 1

Die Bestimmung des relevanten Marktes wird auf der strategischen Ebene aus der Sicht der Anbieters vorgenommen. Sie kann als eine Art Absichtserklärung des Anbieters interpretiert werden, auf welchem Markt und mit welchen Wettbewerbern der Anbieter konkurrieren möchte. Auf der operativen Ebene wird ein relevanter Markt aus der Perspektive der einzelnen Nachfrager bestimmt und kann somit sehr heterogen sein. Dies hat zur Folge, daß die Grenzen des relevanten Marktes aus Sicht der Nachfrager nicht eindeutig bestimmbar sind und der relevante Markt auf der operativen Ebene somit nur in den Köpfen der Nachfrager existiert.

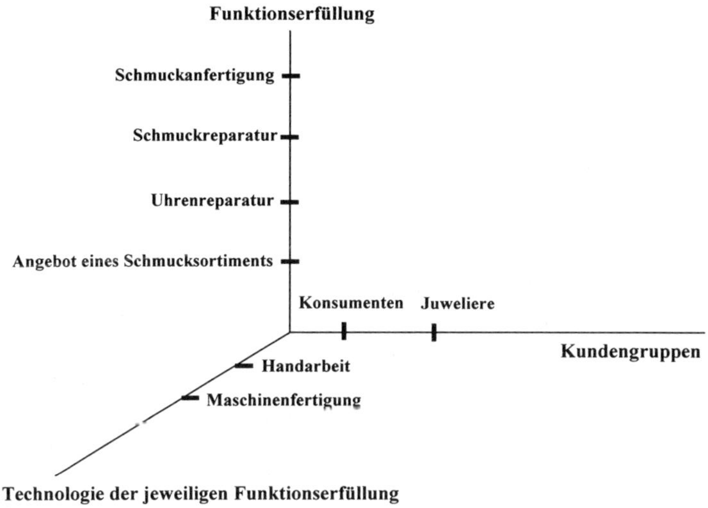

Abbildung 1: Strategischer Positionierungsraum nach Abell am Beispiel von Klunkershausen

Die Wettbewerbsstrategie eines Unternehmens bildet die Grundlage für eine strategische Positionierung und damit für die Auswahl des strategisch relevanten Marktes. Dabei soll in Anlehnung an *Barney* eine Strategie als Muster der Ressourcenallokation verstanden werden, das ein Unternehmen in die Lage versetzt, seine Überlebensfähigkeit auf dem Markt zu erhalten oder zu verbessern. Inhalt der strategischen Managementaufgabe ist die Erhaltung der Lebensfähigkeit des Unternehmens auf dem Markt. Die Auswahl der zu lösenden Kundenprobleme und die Positionierung in der Wettbewerbsarena stehen dabei im Vordergrund. Für die Darstellung einer Wettbewerbsarena hat *Abell* ein dreidimensionales Analyseraster entwickelt und unterscheidet zwischen den drei Dimensionen „Funktionserfüllung", „Technologie" und „Kundengruppen". Allerdings ist der Begriff „Technologie" nicht im rein technischen Sinne zu sehen, sondern bezeichnet in allgemeiner Form die Art und Weise der Problemlösung. Diese drei Dimensionen spannen einen Rahmen auf, innerhalb dessen sich ein Unternehmen strategisch positioniert. Jede strategische Positionierungsentscheidung eines Unternehmens kann als Quader in diesem dreidimensionalen Raum dargestellt werden, wobei dieser Quader je nach Positionierung unterschiedlich tief, hoch und breit sein kann. Dieser vom Anbieter in der Wettbewerbsarena ausgewählte dreidimensionale Raum entspricht dem Strategischen Geschäftsfeld.

Die Wettbewerbsarena, die Paula Perle für ihre Positionierungsentscheidung offen steht, entspricht dem in der obigen Abbildung dargestellten dreidimensionalen Positionierungsraum. Je nach Positionierung steht Paula Perle hinsichtlich der drei Dimensionen Funktionserfüllung, Kundengruppen und Technologie mit konkurrierenden Anbietern im Wettbewerb.

Funktionserfüllung: Schmuckanfertigung, Schmuckreparatur, Uhrenreparatur, Angebot von Schmucksortiment.
Kundengruppen: Konsumenten, Juweliere.
Technologie der Funktionserfüllung: Handarbeit, Maschinenfertigung.

Aufgabe 2

Einschätzung der Präferenzstruktur in Klunkershausen:
Auf der Ebene des operativen Managements wird die im Rahmen des strategischen Managements ausgewählte Strategie umgesetzt. Das bedeutet, daß das strategische Ziel, dem Kunden einen höheren Nettonutzen zu bieten, also einen Kundenvorteil gegenüber dem Wettbewerber zu erlangen, auf der operativen Ebene im Unternehmen umgesetzt werden muß. Damit findet ein Wechsel von der anbieter- bzw. wettbewerberdominierten strategischen Ebene zu der operativen Ebene statt, die sich auf die Sicht des Kunden fokussiert. Ist die Positionierung auf der strategischen Ebene eine aktiv vom Anbieter gesteuerte Entscheidung, so ist die operative Positionierung eine aktiv vom Kunden durchgeführte Bewertung der Leistungen des Anbieters im Vergleich zu den Wettbewerbern. Natürlich kann der Anbieter auf die Wahrnehmung des Kunden durch Konzeption der Leistung beispielsweise durch die Gestaltung der Distribution, der Kommunikation und der Gegenleistung des Kunden Einfluß nehmen. Auf der operativen Ebene wird jedoch davon ausgegangen, daß der Kunde letztendlich durch seine Vorstellung geeigneter Problemlösungen bestimmt, welche Anbieter zu dem individuell relevanten Markt gehören. Diese Vorstellung von geeigneten Problemlösungen wird von *Sheth* auch als „evoked set" bezeichnet.
Der Konsument verfügt entsprechend über ein Set von Leistungen und Anbietern dieser Leistungen, aus denen die Kaufentscheidung getroffen wird. Dabei kann dieses Set von Kunde zu Kunde variieren und muß nicht alle Leistungen beinhalten, die aus der strategischen Sicht des Anbieters zum relevanten Markt bzw. zu den relevanten Wettbewerbern dazugehören. So kann es beispielsweise sein, daß der Nachfrager nicht alle Anbieter oder alle Lösungsmöglichkeiten kennt und daher die für ihn relevanten Problemlösungen nur einen Ausschnitt aus den grundsätzlich geeigneten Problemlösungen darstellt.

Ein relevanter Markt aus der Perspektive der Nachfrager kann somit sehr heterogen sein, was zur Folge hat, daß seine Grenzen nicht eindeutig bestimmbar sind und der relevante Markt nur in den Köpfen der Nachfrager existiert. Um dies zu erfassen, muß der Anbieter Marktforschung durchführen, d.h. das „evoked set" der Kunden erheben.

Dabei werden verschiedenste Arten von Leistungen von den Nachfragern als Substitute angesehen, so daß die relevanten Wettbewerber durchaus auch außerhalb der Branche des Anbieters zu suchen sind. Letztendlich entscheidet der Käufer darüber, welche Leistungen er als Substitute zu anderen Leistungen ansieht und welche nicht. Der Kunde entscheidet somit als „Schiedsrichter“ über den Erfolg und Mißerfolg des Anbieters.

Auf einem Markt sollten nicht nur die Summe der Einzelpräferenzen betrachtet werden, sondern insbesondere auch die Verteilung der Präferenzen. *Kotler / Bliemel* unterscheiden hierfür drei Präferenzverteilungen: Homogene, gestreute und gebündelte Präferenzen. Unter homogenen Präferenzen wird verstanden, daß alle Konsumenten in etwa die gleichen Präferenzen haben und sich keine natürlichen Segmente feststellen lassen. Wohingegen gestreute Präferenzen das andere Extrem darstellen, da die Präferenzen über den gesamten Ereignisraum verstreut liegen und die Konsumenten demnach äußerst unterschiedliche Anforderungen an die Leistung stellen. Ein Markt, der die Struktur gebündelter Präferenzen aufweist, kann in klar abgegrenzte Präferenzbündel unterteilt werden, die auch als natürliche Marktsegmente bezeichnet werden können. Die folgenden Abbildung veranschaulicht diesen Zusammenhang graphisch.

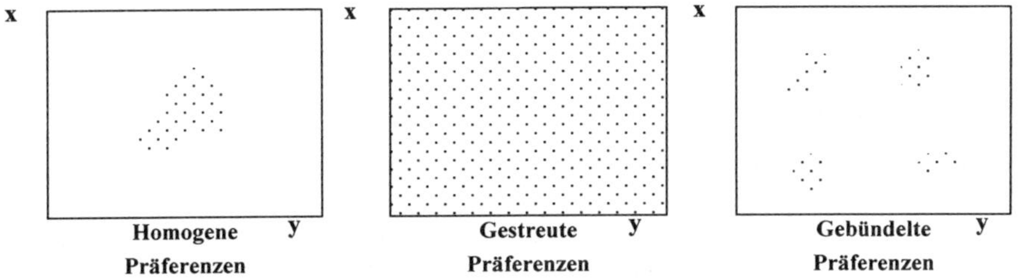

Abbildung 2: Grundformen der Präferenzstruktur der Nachfrager
Quelle: Kotler/Bliemel, 1999, S. 433

Hinsichtlich der Präferenzstruktur im Hinblick auf Schmuck geht Paula Perle davon aus, daß der Markt in Klunkershausen durch gestreute Präferenzen gekennzeichnet ist. Das bedeutet, die Vielfalt der Präferenzen der Nachfrager ist sehr groß und der Anbieter sollte individualisierte Leistungen anbieten.

Einschätzung der Preisbereitschaft vor dem Hintergrund von standardisierten und individualisierten Leistungen:
Häufig sind jedoch standardisierte Leistungen zu einem niedrigeren Preis erhältlich als individualisierte Leistungen. Somit kommt der Preisbereitschaft des Nachfragers eine besondere Bedeutung hinsichtlich der Leistungsgestaltung zu. Paula Perle glaubt aufgrund ihrer langjährigen Erfahrungen, daß die Konsumenten in Klunkershausen über die Bereitschaft verfügen, einen mittleren bis hohen Preis für ein individuali-

siertes Leistungsergebnis (ein individuell angefertigtes Schmuckstück) zu zahlen. Die Nachfrager in Klunkershausen lassen sich demnach in Quader I einordnen.

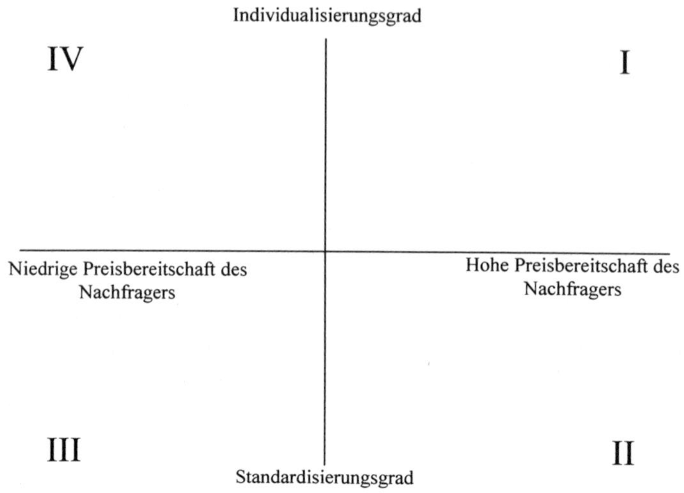

Abbildung 3: Präferenzraum im Hinblick auf den Standardisierungs- oder Individualisierungsgrad einer Leistung

Im Quadranten I verfügt der Nachfrager über die Bereitschaft, einen hohen Preis zu zahlen und wünscht ein individualisiertes Leistungsergebnis. Hier bietet sich die Individualisierungsstrategie an. Im Quadranten II ist der Nachfrager ebenfalls bereit, einen hohen Preis zu zahlen, wünscht aber ein standardisiertes Leistungsergebnis, da individuelle Leistungen auch immer mit Risiken verbunden sind. Hier bieten sich dem Anbieter unter Umständen Möglichkeiten, überdurchschnittliche Gewinne durch eine Standardisierungsstrategie zu realisieren. Im Quadranten III weist der Nachfrager eine niedrige Preisbereitschaft auf und wünscht ein standardisiertes Leistungsergebnis. Dem Anbieter ist daher eine Standardisierungsstrategie zu empfehlen. Die Leistung ist so zu gestalten, daß eine möglichst große Effizienz erreicht wird. Im Quadranten IV zeigt der Nachfrager ebenso eine niedrige Preisbereitschaft, präferiert aber ein individuelles Leistungsergebnis. Dieser Fall ist der schwierigste. Hier muß der Anbieter – i.d.R. durch weitere Marktbeobachtungen – klären, ob es möglich ist, ein standardisiertes Leistungsergebnis durch eine entsprechende Positionierung in den Augen der Nachfrager anzureichern und dadurch zu einem individualisierten Leistungsergebnis umzuwandeln, etwa durch das damit verbundene Erlebnis. Ist dies nicht möglich, so muß geprüft werden, ob trotz der niedrigen Preisbereitschaft noch Gewinne erzielbar sind.

Aufgabe 3

Der Markt für die Reparatur von Uhren zeichnet sich durch eine hohe Wettbewerbsintensität aus, daher ist der Markteintritt für Paula Perle nicht zu empfehlen. Der Markt für die Anfertigung von Schmuck zeichnet sich hingegen durch eine relativ niedrige Wettbewerbsintensität aus, daher ist der Markteintritt für Paule Perle durchaus zu empfehlen. Die Positionierungsentscheidungen der Wettbewerber können entsprechend folgendermaßen eingeordnet werden.
Nachdem Sie sowohl die Präferenzstruktur, die Preisbereitschaft als auch die Wettbewerbsintensität in Betracht gezogen haben, läßt sich folgenden Positionierungsentscheidung für Paula Perle in Klunkershausen empfehlen: Ein individualisiertes Leistungsangebot der Schmuckanfertigung sowie Angebot der Schmuckreparatur. Ihre Empfehlung an Paula Perle im Analyserahmen von *Abell*:

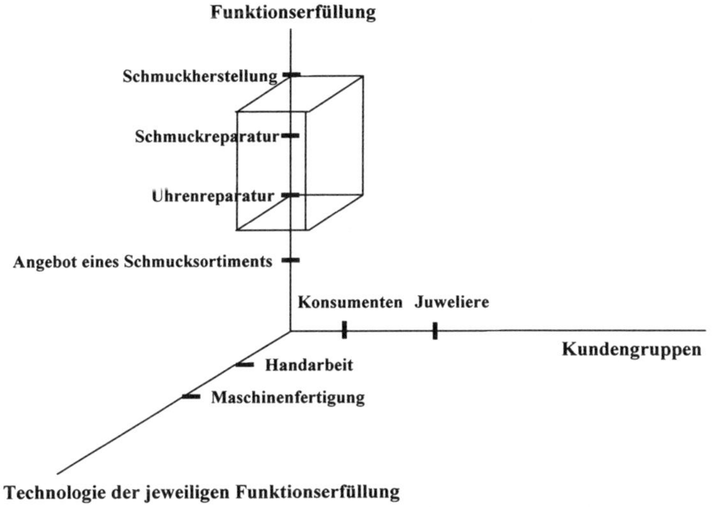

Abbildung 4: Empfehlung für die strategische Positionierungsentscheidung von Paula Perle in Klunkershausen

Literaturhinweise

ABELL, D. F.: Defining the business, The Starting Point of Strategic Planning, London u.a. 1980.

BARNEY, J. B.: Gaining and sustaining competitive advantage, Reading, Mass. u.a. 1997.

KOTLER, P., BLIEMEL, F.: Marketing Management, 9. Aufl., Stuttgart 1999.

SHETH, J. N.: A model of industrial buying behavior, in: Journal of Marketing, Vol. 37, (1973), S. 50-56.

Anja Schaulinski

Geschäftsfeldabgrenzung und Wahl der Marktabdeckungsstrategie

Sie sind Assistent der Geschäftsführung einer großen Reisebürokette. Im letzten Jahr kam es aufgrund eines veränderten Nachfragerverhaltens zu massiven Umsatzeinbrüchen, die eine strategische Neuausrichtung erfordern.

Aufgabe 1

Erläutern Sie drei zentrale Ansätze zur Identifikation strategischer Geschäftsfelder. Worin sehen Sie einen möglichen Vorteil des Ansatzes von Abell? Stellen Sie anschließend kurz Gemeinsamkeiten und Unterschiede zwischen der Geschäftsfeldabgrenzung und dem Konzept der Marktsegmentierung dar.

Aufgabe 2

Zeigen Sie den Zusammenhang zwischen der Geschäftsfeldwahl und der Wahl der Marktabdeckungsstrategie auf. Skizzieren Sie im Anschluß daran verschiedene Marktabdeckungsstrategien, und geben Sie jeweils ein Beispiel.

Lösung

Aufgabe 1

Unter dem Begriff strategisches Geschäftsfeld ist allgemein ein gedanklicher Ausschnitt aus dem gesamten Tätigkeitsfeld eines Unternehmens zu verstehen, der nach bestimmten Kriterien abgegrenzt wird. Als grundlegende Eigenschaft eines Geschäftsfeldes wird die Erfüllung einer eigenen und von anderen Geschäftsfeldern unabhängigen Marktaufgabe definiert („unique business mission"). Des weiteren soll jedes Geschäftsfeld einen eigenständigen Beitrag zur Steigerung des Erfolgspotentials des Unternehmens leisten. In der Literatur wird der Begriff des strategischen Geschäftsfeldes häufig von dem der strategischen Geschäftseinheit abgegrenzt. Während das strategische Geschäftsfeld nach unternehmensexternen Gesichtspunkten gebildet wird, bezeichnet man die unternehmensinterne, organisatorische Verankerung als strategische Geschäftseinheit. Strategische Geschäftsfelder und strategische Geschäftseinheiten *können, müssen* aber nicht übereinstimmen. Demzufolge ist es denkbar, daß ein Geschäftsfeld von mehreren Geschäftseinheiten bearbeitet wird und umgekehrt. Zunächst ist festzustellen, daß es sich bei der Geschäftsfeldabgrenzung um eine Aufgabe handelt, die im Rahmen der Identifikation der Unternehmensstrategie zu vollziehen ist. Die Unternehmensstrategie muß demnach die Frage beantworten, in welchen Geschäftsfeldern das Unternehmen zukünftig tätig sein will. Demgegenüber legt die Geschäftsfeldstrategie primär fest, wie der Wettbewerb auf einem bestimmten Markt bestritten werden soll. Sie wird deshalb auch als Wettbewerbsstrategie bezeichnet. Die Bildung strategischer Geschäftsfelder bedeutet ein Aufspalten des Gesamtmarktes in intern homogene und untereinander heterogene Segmente, die sich anhand verschiedener Charakteristika deutlich voneinander abgrenzen lassen sollten. In der Literatur werden zur Identifikation strategischer Geschäftsfelder drei zentrale Ansätze diskutiert. Sie werden im folgenden, nach einer kurzen Darstellung des Reisebüroprodukts, erläutert.

Zentrale Aufgabe des Reisebüros ist es, im Auftrag des jeweiligen Produzenten die entsprechende touristische Leistung (z.B. eine Pauschalreise als Produkt des Reiseveranstalters) an den Endverbraucher zu verkaufen. Dieses wird auch als „Vermittlungsleistung" bezeichnet, wobei Reisemittler eine typische Dienstleistung erbringen. Diese umfaßt insbesondere die Kundenberatung (z.B. bezüglich der Reiseangebote der Reiseveranstalter und Leistungsträger oder bezüglich der Ein- und Ausreisebestimmungen eines Urlaubslandes), die Buchung von Pauschalreisen, den Verkauf von Flug-, Bahn- und Schifftickets sowie die Hotelreservierung.

Ein erster Ansatz definiert das Betätigungsfeld des Reisebüros *eindimensional.* Die Abgrenzung kann bspw. anhand der zu vermittelnden Produkte vorgenommen werden. Eine Einteilung könnte z.B. danach erfolgen, ob dem Kunden lediglich eine Transportleistung (z.B. Verkauf einer Bahnfahrkarte) oder ein um Hotel- und/oder Mietwagennutzung erweitertes „Paket" vermittelt werden soll. Unterschieden werden können in diesem Fall also die Geschäftsfelder „Beförderung" und „Paket". Alternativ ist eine *eindimensionale* Abgrenzung auch bezüglich der Marktsegmente bzw. Abnehmergruppen denkbar, wobei hinsichtlich des Reiseanlasses bzw. der Reisemotive bspw. die Geschäftsfelder „Urlaubsreisende" und „Geschäftsreisende" differenziert werden können.

Anzumerken ist, daß die *eindimensionale* Definition strategischer Geschäftsfelder häufig als nicht ausreichend angesehen wird. Dies wird insbesondere damit begründet, daß diese Abgrenzung den Anforderungen an eine marktorientierte Unternehmensstrategie nicht genügt, da sie zu Kurzsichtigkeiten gegenüber Bedarfsentwicklungen und Marktänderungen führen kann.

Konzepte der *zweidimensionalen* Geschäftsfeldabgrenzung nach Produkten *und* Märkten bzw. Abnehmergruppen sind in der Regel auch im touristischen Bereich anwendbar. Eine Abgrenzung kann entlang einer *ersten* Dimension anhand der zu vermittelnden Produkte „Beförderung" und „Paket" erfolgen. Entlang der *zweiten* Dimension wird zwischen unterschiedlichen Abnehmergruppen, z.B. Urlaubsreisenden und Geschäftsreisenden, differenziert. Bei einer *zweidimensionalen* Abgrenzung, die jeweils anhand von zwei Kriterien erfolgt, ergeben sich somit *vier* mögliche Geschäftsfelder, wie folgende Abbildung zeigt:

	Urlaubsreisende	Geschäftsreisende
Paket	Touristik	Incentive-Reisen
Beförderung	Urlaubsreise	Geschäftsreise

Abbildung 1: Produkt-Markt-Kombinationen eines Reisebüros

In das Geschäftsfeld „Urlaubsreise“ fällt die Vermittlung von Transportleistungen an Urlaubsreisende (z.B. Verkauf eines Flugscheins), wohingegen das im Reisebüro üblicherweise als „Touristik“ bezeichnete Geschäftsfeld den Verkauf von Pauschalreisen an Urlaubsreisende umfaßt. Die Produkt-Markt-Kombination Beförderung und Geschäftsreisende kann als „Geschäftsreise“ bezeichnet werden. Gemeint ist hiermit die „klassische“ Geschäftsreise, die aufgrund wirtschaftlicher Beziehungen zwischen Unternehmen mit unterschiedlichen Standorten eine Beförderung des Reisenden erfordert. Hiervon abgrenzen lassen sich für den Bereich der Geschäftsreisenden Motivations- bzw. Anreizreisen für (erfolgreiche) Mitarbeiter („Incentive-Reisen“).

Auch eine *zweidimensionale* Geschäftsfeldabgrenzung wird häufig abgelehnt, da sie strategisch ebenfalls als nicht umfassend genug empfunden wird.

Vor diesem Hintergrund schlägt Abell ein *dreidimensionales* Such- und Klassifikationsraster zur Identifikation strategischer Geschäftsfelder vor, welches die Dimensionen Abnehmergruppe, Anwenderfunktionen und Technologie umfaßt. Entlang der Dimension Abnehmergruppe wird definiert, *welche* Zielgruppen mit dem Produkt angesprochen werden sollen. Die Dimension der Anwenderfunktionen bezieht sich auf die Funktion des Produktes und beschreibt, *welche* Bedürfnisse der

Nachfrager durch das Produkt befriedigt werden sollen. Die Technologiedimension zeigt auf, *wie* die Bedürfnisbefriedigung erreicht werden kann. Bei der Geschäftsfelddefinition nach Abell werden zusätzlich zu den Produkt-Markt-Kombinationen also noch die zur Leistungserbringung benötigten Technologien betrachtet. Deshalb ist zunächst zu überprüfen, ob der Ansatz von Abell, der häufig in industriellen Produktmärkten angewendet wird, auch auf den touristischen Bereich übertragbar ist. Dies ist grundsätzlich zu bejahen, wenn ein modifiziertes Technologieverständnis zugrunde gelegt wird. Im konkreten Fall des Reisebüros kann die Technologiekomponente bspw. durch die unterschiedlichen Kundenkontaktsitutationen (in der Filiale vor Ort, per Telefon oder per Internet) erfaßt werden.

Unter Berücksichtigung der Technologiedimension ergibt sich dann folgender *dreidimensionaler* Raum mit insgesamt *zwölf* möglichen Geschäftsfeldern:

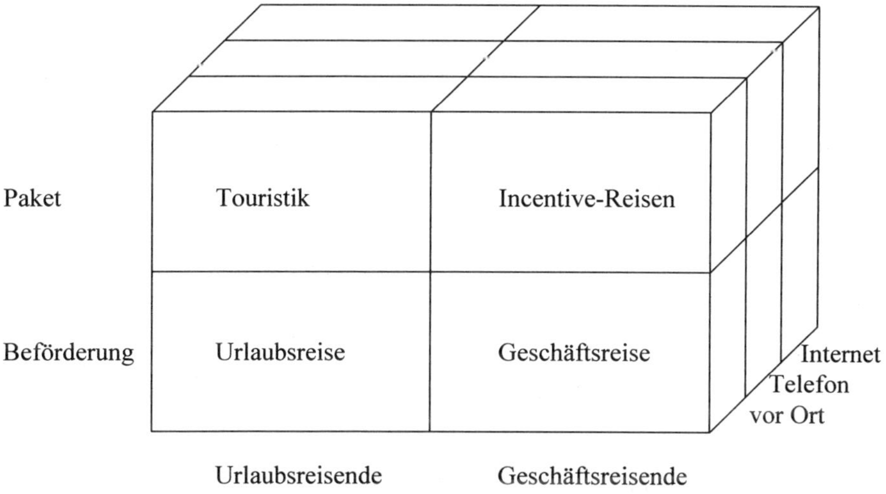

Abbildung 2: Produkt-Markt-Technologie-Kombinationen eines Reisebüros

Ein möglicher Vorteil der *dreidimensionalen* Geschäftsfeldabgrenzung kann darin liegen, daß die Gefahr der kurzfristigen Sichtweise, die den anderen Ansätzen unterstellt wird, reduziert wird. Dies kann insbesondere damit begründet werden, daß unterschiedliche Technologien bzw. Kundenkontaktsituationen, die der Funktionserfüllung dienen, explizit berücksichtigt werden.

Im folgenden werden die Unterschiede und Gemeinsamkeiten, die zwischen der Geschäftsfeldabgrenzung und dem Konzept der Marktsegmentierung bestehen, herausgearbeitet. Zuvor jedoch wird der Begriff der Marktsegmentierung näher erläutert.

Definiert man ein Marktsegment als eine potentielle Abnehmergruppe, die aufgrund homogen ausgeprägter Charakteristika durch den Einsatz absatzpolitischer Instrumente gezielt angesprochen werden kann, so besteht die Aufgabe der Marktsegmentierung in der Identifikation dieser Marktsegmente bzw. Abnehmergruppen. Hierzu erfolgt eine Zerlegung des Gesamtmarktes in untereinander heterogene, aber in sich homogene Marktsegmente, wobei sich die Marktsegmentierung unterschiedlicher Kriterien bedient. Im Tourismusbereich haben sich insbesondere demographische, verhaltensbezogene und psychographische Segmentierungskriterien herausgebildet. Folgende Tabelle verleiht einen Überblick über ausgewählte Erscheinungsformen des Tourismus in Abhängigkeit von den jeweiligen Segmentierungskriterien:

Segmentierungskriterium	**Touristische Erscheinungsformen**
Demographische Kriterien	**Beispiele**
Alter	Kinder-, Jugend- und Seniorentourismus
Familienstand	Single- und Familientourismus
Geschlecht	Frauen- und Männerreisen
Verhaltensorientierte Kriterien	**Beispiele**
Reisedauer	Ausflugs-, Kurzreise-, Wochenend-, Urlaubs- und Langzeittourismus
Reisepreis	Billig-, Luxus- und Exclusivtourismus, „Massentourismus“
Reisemotive	Erholungs-, Urlaubs-, Kur-, Kultur-, Bildungs-, Besuchs-, Geschäfts-, Aktiv- und Politikreisen
Psychographische Kriterien	**Beispiele**
Urlaubertypologien	Abenteuer-, Bewegungs-, Bildungs-, Erholungs-, Erlebnis- und Sporturlauber
Lebensstiltypologien	Aktive Genießer, Trendsensible, Familiäre, Nur-Erholer

Tabelle 1: Segmentierungskriterien und Erscheinungsformen des Tourismus

Die Vorgehensweise bei der Marktsegmentierung verdeutlicht den engen Bezug, der zur Geschäftsfeldabgrenzung besteht: Auch bei dieser erfolgt, wie bereits dargestellt, eine Zerlegung des Betätigungsfeldes des Unternehmens. Bei einem Vergleich der Konzepte fällt allerdings auf, daß die Identifikation der strategischen Geschäftsfelder mithin als ein der Marksegmentierung *vorgelagertes* Element verstanden werden kann. Innerhalb der definierten Geschäftsfelder erfolgt im Rahmen der Marktsegmentierung anschließend eine weitere Differenzierung dieser in in sich homogene und untereinander heterogene Abnehmergruppen. Von einer Marktsegmentierung kann demzufolge erst dann gesprochen werden, wenn die strategischen Geschäftsfelder des Unternehmens bereits identifiziert sind. Strategisches Geschäftsfeld und Marktsegment sind somit *nicht identisch.* Auf den spezifischen Fall des Reisebüros übertragen, können im Geschäftsfeld „Touristik" im Rahmen einer Marktsegmentierung also bspw. verschiedene Kundensegmente anhand des Reisepreises identifiziert werden. Hierin wird außerdem deutlich, daß ein grundsätzlicher Unterschied zwischen Geschäftsfeldabgrenzung und Marktsegmentierung im Aggregationsniveau gesehen werden kann. Unterschiede zur Geschäftsfeldabgrenzung nach Abell bestehen insofern, als diese nach drei festgelegten Dimensionen erfolgt, wohingegen die anschließende Marktsegmentierung anhand selbstbestimmter Kriterien möglich ist. Eine Gemeinsamkeit ist darin zu erkennen, daß man, wie im Beispiel erfolgt, bei der Bestimmung der Achse „Abnehmergruppen" nach Kriterien vorgehen kann, die aus der Marktsegmentierung bekannt sind, um so verschiedene Gruppen von Abnehmern zu finden.

Zusammenfassend kann festgehalten werden: Zur Identifikation von strategischen Geschäftsfeldern stehen dem Entscheidungsträger drei zentrale Ansätze zur Verfügung, von denen keiner generell als zweckmäßig oder nicht zweckmäßig anzusehen ist: Die Entscheidung, welcher Ansatz zur Anwendung gelangen soll, ist in der Regel von der individuellen Unternehmens- und Marktsituation abhängig und ist deshalb im Einzelfall abzuwägen.

Aufgabe 2

Zwangsläufig ergibt sich die Notwendigkeit einer Auswahl bestimmter strategischer Geschäftsfelder, wenn der betrachtete Markt als sehr breit definiert werden kann. Dies ist bspw. dann der Fall, wenn zu viele Abnehmergruppen und/oder Anwenderfunktionen bzw. Technologien existieren. Beschränkungen können sich bspw. hinsichtlich der dem Unternehmen intern zur Verfügung stehenden Ressourcen (z.B. Personal) ergeben. Für die Unternehmensführung bedeutet die Auswahl bestimmter Geschäftsfelder, eine Entscheidung über den Grad der Marktabdeckung zu treffen. Als unternehmensstrategische Optionen stehen dem Entscheidungsträger im Hinblick auf die Unterschiedlichkeit der unternehmerischen Aktivitäten grundsätzlich zwei Möglichkeiten offen: Diversifikation und Spezialisierung.

Abbildung 3: Kontinuum unternehmensstrategischer Optionen

Die diesen beiden Extrempunkten eines Kontinuums zuordenbaren Strategien lassen sich als Gesamtmarktabdeckungsstrategie einerseits und Teilmarktabdeckungsstrategie andererseits bezeichnen. Sofern nicht die Gesamtmarktabdeckungsstrategie verfolgt wird, bedeutet die Auswahl bestimmter Geschäftsfelder zugleich einen Ausschluß anderer Bereiche. Im Rahmen der Teilmarktabdeckungsstrategie kann weiterhin nach der Art der Spezialisierung unterschieden werden. Eine Fokussierung auf Abnehmergruppen (z.B. Geschäftsreisekunden), Anwenderfunktionen (z.B. Auftritt als Spezialreisebüro) oder Technologien (z.B. ausschließlicher Verkauf der Reisen über das Internet) erscheint denkbar. Auch eine Kombination der genannten Spezialisierungskriterien (z.B. Auftritt als Spezialreisebüro mit ausschließlichem Verkauf der Reisen über das Internet) ist möglich.

Literaturhinweise

Abell, D.F.: Defining the business. The starting point of strategic planning. Englewood Cliffs, New Jersey 1980.

Freyer, W.: Tourismus: Einführung in die Fremdenverkehrsökonomie. 7. Auflage. München, Wien 2001.

Hinterhuber, H.H.: Strategische Unternehmensführung. Band 1. Strategisches Denken. 6. Auflage. Berlin, New York 1996.

Hinterhuber, H.H.: Strategische Unternehmensführung. Band 2. Strategisches Handeln. 6. Auflage. Berlin, New York 1997.

Meffert, H.: Marketing: Grundlagen marktorientierter Unternehmensführung. 9. Auflage. Wiesbaden 2000.

Meffert, H. und Bruhn, M.: Dienstleistungsmarketing: Grundlagen-Konzepte-Methoden. 4. Auflage. Wiesbaden 2002.

Olbrich, R.: Marketing: eine Einführung in die marktorientierte Unternehmensführung. Heidelberg, Berlin, New York 2001.

Ringlstetter, M.: Die strategische Neuausrichtung einer Reisebürokette. In: *Seitz, E. und Wolf, J.* (Hrsg.): Tourismusmanagement und –marketing. Landsberg/Lech 1991. S. 15-28.

Schreyögg, G.: Unternehmensstrategie: Grundfragen einer Theorie strategischer Unternehmensführung. Berlin, New York 1984.

Steinmann, H. und Schreyögg, G.: Management. Grundlagen der Unternehmensführung. 5. Auflage. Wiesbaden 2000.

Blutwurst + Bouletten Blutwurst + Bouletten
twurst + Bouletten Blutwurst + Bouletten
urst + Bouletten Blutwurst + Bouletten
+ Bouletten Blutwurst + Bouletten Blutwurst +
ouletten Blutwurst + Bouletten Blutwurst
Bouletten Blutwurst + Bouletten Blutwurst
en Blutwurst + Bouletten Blutwurst + Bouletten
Bouletten Blutwurst + Bouletten Blutwurst
Heute: +
Blutwurst
Bouletten
Blutwurst
+Bouletten
Bouletten

Bernhard Swoboda und Sandra Schwarz

Gestaltung von Internet-Geschäftsmodellen am Beispiel der freenet.de AG

Einleitung

Im Rahmen des Bedeutungswachstums des Internet, der sich an den steigenden Zahlen der Haushalte mit Internetzugang oder den zunehmenden Online-Minuten pro Nutzer festmachen lässt, ist ein weites Betätigungsfeld entstanden, in dem Unternehmen ihre Geschäftsgrundlage haben. Diese Fallstudie fokussiert auf solche Geschäfts- und Erlösmodelle im Internet; sie werden am Beispiel der freenet.de AG veranschaulicht. Die freenet.de AG ist ein junges, erfolgreiches Unternehmen der New Economy, das verschiedene Dienstleistungen rund um das Internet anbietet.

Die Anfänge von freenet.de

Nach dem Start des Internetzugangs 01019freenet im Jahr 1998, lauten die Schlüsselfaktoren des Geschäftsmodells zur Zeit des Börsengangs 1999: der Internetzugang sowie die Internet-Basisdienste wie E-Mail-Accounts, Homepages und Community Dienste, Navigation, Inhalte und E-Commerce. Die Mehrzahl der Nutzer (Kunden) gelangt über den von MobilCom angebotenen Zugangsdienst 01019freenet zum Portal der freenet.de AG, wobei für den Nutzer nur Telefongebühren anfallen und die Internetdienste an sich „kostenfrei" sind. Diese „kostenfreie" Nutzung des Portals ist auch bei Einwahl über jeden anderen Internetzugangsdienst (Internet Service Provider/ISP) durch Aufruf der Internetadresse www.freenet.de möglich. Die Erträge der Gesellschaft bestehen aus Verbindungsentgelten (Konnektivität), Werbeeinnahmen sowie Provisionen aus E-Commerce. Die *Erträge aus Konnektivität* betreffen den der Gesellschaft vertraglich zustehenden Anteil an den Einnahmen der MobilCom AG aus der telefonischen Zugangsvermittlung. Die *Einnahmen aus Werbung* entstehen, indem auf den Internet-Seiten der Gesellschaft angebrachte Werbeflächen an Werbekunden vermarktet werden. Berechnungsbasis ist meistens die Anzahl der Seitenaufrufe (Page Impressions). Daneben findet die so genannte Clickthrough-Berechnung Anwendung, bei der die Anzahl der Betätigungen der Werbefläche durch die Nutzer die Basis für die Höhe der Einnahmen darstellt. Die *Erträge im E-Commerce-Bereich* stammen von E-Commerce-Partnern der Gesellschaft und werden auf Grund von Partnerschaftsverträgen gezahlt, wobei Umsatzprovisionen für die von Nutzern über freenet.de getätigten E-Commerce-Umsätze im Vordergrund stehen. Darüber hinaus werden Prämien für die Weiterleitung und Gewinnung neuer E-Commerce-Kunden generiert. Zum Ende des dritten Quartals 1999 erzielt freenet.de rund 80 % der Einnahmen aus der Internet-Konnektivität und annähernd 20 % aus Werbeeinnahmen.

Diese Einnahmenstruktur wird durch die ab dem vierten Quartal 1999 eingeschlagene Strategie, ein die gesamte Wertschöpfungskette abdeckendes horizontales Portal zu betreiben, wesentlich verändert. So werden seit Oktober 1999 auch Provisionseinnahmen aus E-Commerce erzielt und es ist beabsichtigt, durch eine zunehmende Anzahl von E-Commerce-Partnern und eine wachsende Akzeptanz dieser Vertriebsschiene durch die Internet-Nutzer diese Einnahmen deutlich zu steigern. Zusätzlich geht freenet.de davon aus, dass durch die Abdeckung der gesamten Wertschöpfungskette und das Anbieten attraktiver Inhalte die Nutzer zukünftig einen größeren Anteil ihrer Internetnutzungszeit innerhalb des Online-Dienstes von freenet.de verbringen werden, so dass die Anzahl der Page Impressions deutlich steigen wird, was einen Anstieg der Werbeeinnahmen zur Folge hätte. Insgesamt geht die freenet.de AG zu diesem Zeitpunkt davon aus, in Zukunft einen deutlich höheren Umsatzanteil aus den Bereichen E-Commerce und Werbung zu generieren. Abbildung 1 fasst wichtige Entwicklungsstufen von freenet.de bis heute zusammen.

IV. Quartal 1998	Einführung des 01019freenet Internet-Call-by-Call-Dienstes
IV. Quartal 1999	Einführung des freenet.de Online-Dienstes und Beginn des Markenaufbaus „freenet.de“
	Die freenet.de AG geht an die Börse und verfügt über ca. 820.000 aktive Einwahlhaushalte, d. h. Kunden, die sich über freenet.de ins Internet einwählen
I. Quartal 2000	Start zahlreicher strategischer Kooperationen und diverser Special-Interest-Portale in strategisch bedeutenden Bereichen wie Finanzen, Gaming, Erotik
IV. Quartal 2000	Re-Design des Portals www.freenet.de sowie Einführung einer eigenen Zeitschrift im stationären Handel für Internet-Einsteiger (pro Ausgabe wird diese über 100.000 mal verkauft)
	Über 1,6 Mio. aktive Haushalte wählen sich über freenet.de ins Internet ein
I. Quartal 2001	Launch eines großen Community-Channels mit zahlreichen interaktiven Tools
III. Quartal 2001	Start eines neuen „E-Mail Office“ mit Integration neuer Funktionalitäten wie Web-Organizer, virtuelle Festplatte
	freenet.de läutet die „Next-Generation im Online-Advertising“ ein, d. h. TV-Spots können ohne Zusatzaufwand und Plug-Ins im Web ausgestrahlt werden und neben themenspezifischem wird auch lokales Targeting möglich
IV. Quartal 2001	Ca. 3 Mio. aktive Haushalte wählen sich über freenet.de ins Internet ein
I. Quartal 2002	Start zahlreicher neuer Bezahldienste im Internet, unter anderem das „E-Mail Office Premium Paket“
	Start des freenet Live-Studios: Stars und Prominente im Live-Talk
	Intensivierung der politischen Meinungsforschung durch Kooperation mit dem Marktforschungsinstitut Speedfacts und Launch des Portals „freenet kontrovers“ als Diskussions- und Informationsplattform zu aktuellen Themen aus Politik und Wirtschaft
II. Quartal 2002	Früher als vom Kapitalmarkt erwartet, erreicht freenet.de die EBITDA-Profitabilität
III. Quartal 2002	Erneut starkes Kundenwachstum und erstmalige Realisierung eines positiven Konzernergebnisses in Höhe von 1,29 Mio. Euro
IV. Quartal 2002	Über 3,6 Mio. aktive Haushalte wählen sich über freenet.de ins Internet ein

Abbildung 1: Milestones der Entwicklung der freenet.de AG

Die aktuelle Unternehmenstätigkeit der freenet.de AG

Das Unternehmen verfolgt die Vision, der „umfassende, benutzerfreundlichste Online-Dienst im deutschsprachigen Internet mit Unterstützung sämtlicher Zugangstechnologien zu sein“ (vgl. freenet.de AG 2003a). Die angebotenen Dienstleistungen werden in ein aus drei Bereichen zusammengesetztes Geschäftsmodell eingeordnet: Ein virtuelles Telekommunikationshaus, ein virtuelles Medienhaus und ein virtuelles Kaufhaus.

- *Virtuelles Telekommunikationshaus:* Im Rahmen dieses Geschäftsfeldes bietet freenet.de Zugangsdienste zum Internet und zahlreiche Mehrwertdienste an. Unter den Zugangsdiensten werden Call-by-Call-Tarife ohne Vertragsbindung und Mitgliedertarife angeboten, jeweils ohne Grund- und Einwahlgebühren. Zusätzlich stehen DSL-Tarife zur Auswahl, die in einem monatlichen Grundpreis eine gewisse Onlinezeit bzw. Datenmenge umfassen und darüber hinausgehende Einheiten zusätzlich berechnen. Bislang ist ein DSL-Anschluss der Deutschen Telekom Nutzungsvoraussetzung. Allerdings wurden im Februar 2003 Vorverträge zur Übernahme der Festnetzsparte der MobilCom AG unterzeichnet, wodurch freenet.de nicht mehr nur „Reseller" in diesem Bereich wäre. Freenet belegt mit ca. 3,5 Millionen Kunden in Deutschland zum Jahresende 2002 Platz zwei im Ranking der Online-Dienste; hinter T-Online (mit über 9 Millionen Kunden) und vor AOL Deutschland (mit ca. 2,6 Millionen Kunden) (vgl. Heise Zeitschriften Verlag 2002). Im Jahre 2002 wurden insgesamt 22,49 Milliarden Online-Minuten über freenet.de generiert, was einem Anstieg von knapp 40 % gegenüber dem Vorjahr entspricht. Auch das Angebot, Homepages bei freenet.de zu hinterlegen und E-Mail-Konten einzurichten, fällt in dieses Tätigkeitsfeld. Bis Ende des Jahres 2002 wurden 457.000 Homepages (+ 17 % im Vergleich zum Vorjahr) und ca. 4,77 Millionen Accounts (+ 28 % im Vergleich zum Vorjahr) erreicht.
- *Virtuelles Medienhaus:* Im Rahmen der Bedeutungszunahme des Internet als tägliche Nachrichtenquelle (ab 18 Uhr Platz zwei hinter dem Fernsehen und Motiv Nummer eins des Surfens, gefolgt von Unterhaltung) bietet freenet.de ein umfassendes Angebot an Informationen und Unterhaltung. Eine eigene Redaktion mit über 100 Redakteuren, ca. 150 Content-Partner und ein Netzwerk bestehend aus ca. 100 Experten sind hierfür zuständig. Informationen werden neben aktuellen Newsmeldungen auch über Online-Interviews, Rededuelle, Live-Ticker und Newsletter vermittelt. Interessenspezifische Portale bieten Inhalte zu speziellen Themengebieten, aktuell in 20 Themenchannels. Das Online-Spieleangebot wird erweitert, unter anderem durch Partnerschaften mit Gambas Entertainment AG oder meOme AG. Filmstarts von Blockbusterfilmen wie z. B. James Bond werden durch Medienpartnerschaften unterstützt. Speziell für Musikinteressierte gibt es das music@liens-Angebot. Das Thema Aktien und Wertpapiere wird durch eine Mehrheitsbeteiligung an der aktiencheck.de AG abgedeckt. Neben diesen Kommunikationsformen, die eher klassisch vom Medienhaus zum Nutzer verlaufen, ist es den Nutzern durch Chats oder Communities möglich, untereinander zu kommunizieren. In den freenet-Communities, die es z. B. speziell für Singles gibt, können Mitglieder sich in Chatrooms austauschen, Foren nutzen oder sich über Newsgroups informieren. Dieses Angebot im Rahmen des Medienhauses trägt dazu bei, Mitglieder und Page Impressions auf den freenet.de-Seiten zu generieren, was als ein wichtiger Maßstab für die Preise bei der Vermarktung von Werbeflächen dient. Im Jahre 2002 wurden 5,37 Milliarden Page Impressions gezählt, fast eine Ver-

dopplung gegenüber dem Vorjahr und 5,68 Millionen Mitglieder in den verschiedenen Diensten.

- *Virtuelles Kaufhaus:* Hierunter fasst die freenet.de AG ihre E-Commerce-Aktivitäten zusammen. Dies ist insbesondere die Shopping Mall, die mittlerweile über 400 Partnershops sowohl der Old als auch New Economy (z. B. Mexx, Esprit, Plus und amazon, eBay) umfasst. Freenet erzielt als Betreiber Umsatzprovisionen, Monatsgebühren und/oder Kundenakquisitionsprämien für die für Partnerunternehmen gewonnen Neukunden über die freenet-Shopping Mall. In diese Mall integriert ist der Service uCompare, der Recherche, Preis- und Ausstattungsvergleich von ca. 1,5 Millionen Produkten ermöglicht – die hier angeschlossenen Shops sind zumeist auch in der Shopping Mall vertreten. Zunächst war freenet.de mit dem comtech-Shop auch selbst als E-Commerce-Händler aktiv, zum Jahresende 2002 wurde dieser eingestellt. Neu in 2002 gestartet ist das freenet-eigene Online-Reisebüro, das Informationen zu Reisezielen (aus der freenet.de-Redaktion) und Online-Buchungsmöglichkeit bietet. Ebenso wird ein Ticketshop betrieben, der auf dem Angebot des Online-Tickethändlers getgo.de basiert. Ferner wurde durch eine Kooperation mit der fluxx.com AG ein interaktiver Lottokiosk realisiert, über den die Teilnahme an Lotto, Oddset und Glücksspirale möglich ist. Ebenfalls durch eine Kooperation mit der Kirch Gruppe können freenet-Nutzer vergünstigt Premiere TV-Abonnements erwerben. Aus diesen Vertriebspartnerschaften erhält freenet.de in der Regel Provisionszahlungen. Ebenfalls im Jahr 2002 wurden zahlreiche kostenpflichtige Mehrwertdienste eingeführt, vorwiegend in den Bereichen des E-Mail-Office, Domain Hosting, Erotik und Games, die weitere E-Commerce-Umsätze ermöglichten. Im Rahmen des E-Mail-Office-Premium stehen den Nutzern gegen eine monatliche Gebühr mehr Funktionalitäten als in der Standardversion zur Verfügung; das Domain Hosting wird ebenfalls über monatliche Grundgebühren und (gegebenenfalls) nutzungsabhängige Zusatzgebühren bei Überschreitung des Kontingents abgerechnet.

Kennzahlen zum Unternehmen

Im Jahre 2002 erzielte freenet.de einen kumulierten Umsatz von 42,22 Millionen Euro – ein Plus von 51 % gegenüber dem Jahr 2001 mit 27,95 Millionen Euro. Dieser basiert auf vier Tätigkeitsbereichen, die in dem zuvor vorgestellten „3-Säulen-Geschäftsmodell" enthalten sind – die „Virtuellen Häuser" umfassen jeweils mehr Dienste von freenet.de, diese bringen zum Teil aber keine Umsätze, da sie kostenlos angeboten werden. Stärkster Bereich bleibt *Konnektivität* (als Teil des „Virtuellen Telekommunikationshaus", neben z. B. E-Mail-Funktionalitäten) mit einem Umsatz von 17,58 Millionen Euro (2001: 13,02 Millionen Euro) und einem Anteil von 42 % (2001: 47 %) an den Gesamterlösen. Der Bereich *Advertising* (dem „Virtuellen Medienhaus" zugeordnet) verdoppelte fast den Umsatz auf 13,41 Millionen Euro (2001: 6,78 Millionen Euro) und steigerte damit seine Quote am Gesamtumsatz von 24 % in 2001 auf 32 %. Die Erlöse im *E-Commerce* (aus dem „Virtuellen Kaufhaus" und allen weiteren kostenpflichtigen Diensten außer dem Internetzugang) legten um 60 % auf 10,18 Millionen Euro fürs Gesamtjahr zu (2001: 6,35 Millionen Euro); sie erhöhten damit ihre Umsatzquote leicht um einen Prozentpunkt auf jetzt 24 %. Der Bereich *B2B-Services* (freenet.de bietet sein Know-how bezüglich Internetauftritten und entsprechenden Applikationen anderen Unternehmen an; dieses Tätigkeitsfeld ist nicht dem „3-Säulen-Geschäftsmodell" zugeordnet und wird separat geführt) reduzierte seinen Anteil von 6 % 2001 auf jetzt 2 % bei einem Umsatz von 1,05 Millionen Euro (2001: 1,80 Millionen Euro).

Aufgabe 1

Definieren Sie die Begriffe E-Business sowie E-Commerce und stellen Sie diese zueinander in Beziehung!

Aufgabe 2

Nennen und beschreiben Sie die Akteure des E-Commerce. Wenden Sie dieses Konzept auf freenet.de an und beschreiben Sie, welche Rollen freenet.de einnimmt.
Wie lassen sich die Tätigkeitsfelder der Akteure hinsichtlich der Kriterien „Nähe zur Kundenschnittstelle" und „Angebotsbreite bzw. -tiefe" unterscheiden? Wie ist die Rolle von freenet.de diesbezüglich?

Aufgabe 3

a) Definieren Sie den Begriff Geschäftsmodell und beschreiben Sie die Basisgeschäftsmodelle im Internet.
b) Wie sind die heutigen Aktivitäten von freenet.de diesen zuzuordnen?
c) Betrachten Sie auch die Anfänge von freenet.de. Wie waren zu dieser Zeit die Geschäftsfelder besetzt? Welche Tendenz ist hier erkennbar? Kennen Sie im Internetbereich andere Unternehmen, die eine ähnliche Entwicklung durchlaufen haben?

Aufgabe 4

Beschreiben Sie die Erlösmodellsystematik im Internetbereich. Wie setzt freenet.de diese um, bzw. welche davon nutzt freenet.de?

Aufgabe 5

a) Wie beurteilen Sie die Situation der freenet.de AG? Anhand welcher quantitativen Größen können Sie eine solche Aussage treffen?
b) Welche Daten wären darüber hinaus nötig, um die Marktstellung zu beurteilen?

Lösung

Aufgabe 1

Aus den vielen Definitionen des E-Business kann die Begriffsfassung von Weiber (2002, S. 10) herausgegriffen werden: „Electronic Business ist die Gesamtheit der aufeinander abgestimmten Verfahrensweisen, die durch den Einsatz von E-Technologien eine ressourcensparende Koordination und Integration von Geschäfts-, Kommunikations- und Transaktionsprozessen auf der Markt- und der Unternehmensebene mit dem Ziel der Effizienz- und Effektivitätssteigerung im Wettbewerb ermöglicht". Ebenso unterliegt der Begriff des E-Commerce unterschiedlichen Betrachtungsweisen und Definitionen. Gemäß Albers/Peters (1997, S. 71) handelt es sich hierbei um „Transaktionen auf elektronischen Marktplätzen", so „the buying and selling of information, products, and services via computer networks" oder „the use of electronic tools, which are tied into the relevant business applications, to extend the supply chain to suppliers and customers" (Gartner Group 1997, S. 2). Diese können sowohl von Konsumenten, also im Business to Consumer-Bereich, als auch im Business to Business-Bereich von Unternehmen getätigt werden, wobei das B2B-Potenzial höher einzuschätzen ist – trotz der oft im Vordergrund stehenden Diskussion des B2C-Bereichs (vgl. Swoboda/Janz 2002, S. 302 ff.). E-Commerce ist daher mehr als der Verkauf von Gütern und Dienstleistungen. Wesentliche Elemente sind die Integration unterschiedlicher Wertschöpfungsketten und unternehmensübergreifender Geschäftsprozesse, basierend auf dem schnellen, plattformunabhängigen Informationsaustausch über Informations- und Kommunikationstechnologien. Daher kann E-Commerce als dem E-Business untergeordnet angesehen werden (siehe Abbildung 2). E-Business kann als Oberbegriff für den gesamten Bereich der elektronischen Geschäfts- und Austauschprozesse aufgefasst werden, während E-Commerce auf den elektronischen Geschäftsverkehr zwischen Wirtschaftssubjekten, deren Handlungen (primär) im kommerziellen Bereich angesiedelt sind, fokussiert (vgl. Zentes/Swoboda 2001, S. 113).

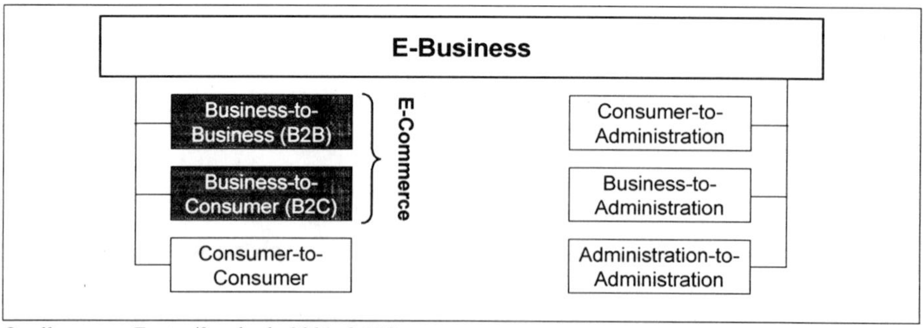

Quelle: Zentes/Swoboda 2001, S.113.

Abbildung 2: E-Business und E-Commerce

Aufgabe 2

In traditionellen Distributionssystemen ist die Wertschöpfung überwiegend auf Hersteller und Händler verteilt. Im E-Commerce lassen sich dagegen weitere und vor allem neue Akteure identifizieren (siehe Abbildung 3).

Akteure	Aktivitäten	Unternehmen und Angebote
Infrastrukturanbieter	Angebot technologisch notwendiger Infrastrukturen für den E-Commerce als Provider für Kunden und andere Anbieter	Telekommunikationskonzerne oder spezialisierte Dienste (T-Online, Cisco), Internetzugang
Medienanbieter	Angebot von Informationsdienstleistungen (Content-Provider)	Zeitschriftenverlage (Spiegel, Gruner & Jahr), Unterhaltungsanbieter (Disney, AOL Time Warner)
IT-Anbieter	Entwicklung und Einführung von E-Commerce-Angeboten und -Applikationen für Handels- und Herstellerunternehmen	IBM, Oracle, SAP
Handelsunternehmen	Heimlieferdienste als Zusatzangebot zum stationären Sortiment Versandhandel mit Gebrauchs- und Konsumgütern über das Internet	Lebensmittelsortiment durch Tesco Direct, Warenhaussortiment von Karstadt, Katalogangebot von Otto und Quelle
Hersteller	Direkter Vertrieb an Endkunden	Lufthansa, Dell und Apple, Benetton und Esprit, Nike
Neue Player	Innovative Distributionssysteme, ohne Anbindung an traditionelle Vertriebsformen	Bücher von Amazon, CD´s von CDNOW, Lebensmittel durch Netgrocer
Serviceunternehmen	Support in Wertaktivitäten wie Transport, Lagerhaltung oder auch Zahlungsverkehr	Paketdienste von FedEx und DHL, Kreditkartenanbieter wie Visa, Mastercard

Quelle: In Anlehnung an: Zentes/Swoboda 2000, S. 694.

Abbildung 3: Akteure im E-Commerce

Bezogen auf die freenet.de AG kann folgende Zuordnung vorgenommen werden:

- freenet.de tritt mit der ursprünglichen Aktivität des Internetserviceproviders als *Infrastrukturanbieter* auf, der Kunden die Einwahl ins Internet ermöglicht.
- Auch eine Rolle eines *Medienanbieters* bzw. Content-Providers wird mittlerweile wahrgenommen, realisiert im Rahmen des „Virtuellen Medienhauses“, unter anderem mit der eigenen Redaktion, die für die Inhaltegenerierung zuständig ist.
- Seit dem vierten Quartal 2000 werden im Rahmen der B2B-Services Know-how zur Umsetzung von Internetauftritten und entsprechende Web-Applikationen anderen Unternehmen angeboten, was der Rolle eines *IT-Anbieters* entspricht.
- Das Agieren als *Handelsunternehmen* ist durch die Einstellung des vormals eigenen comtech-Online-Shop für PC´s und Zubehör aufgegeben worden.
- In den aufgeführten Bereichen wie Transport, Lagerhaltung oder Zahlungsverkehr der *Serviceunternehmen* ist freenet.de nicht tätig, sondern greift auf andere Unternehmen zurück. Betrachtet man die freenet-Shopping Mall als einen Service für andere Unternehmen, deren Produkte auf einer großen Plattform bereitzustellen, so kann man diese Aktivität hier zuordnen.
- freenet.de kann auch als ein *Neuer Player* bezeichnet werden, da das Unternehmen neu mit seinen Aktivitäten im Internet aufgetreten ist und zuvor bzw. außerhalb des Internet noch nicht existierte. Alle Aktivitäten wie die Shopping Mall, die E-Mail-Konten oder Internetzugang können auch hier zugeordnet werden.

Die Tätigkeitsfelder von Internetakteuren können gemäß der Kriterien „Nähe zur Kundenschnittstelle“ und Umfang der Aktivitäten wie in Abbildung 4 eingeordnet werden.

Quelle: Schögel/Birkhofer/Tomczak 2000, S. 14.

Abbildung 4: Tätigkeitsfelder im E-Commerce

Hinsichtlich der Providertätigkeit des Internetzugangs ist freenet.de nah an der Kundenschnittstelle, direkt gefolgt vom Angebot der Shopping-Mall, den Themenchannels und dem gesamten Content-Bereich, der durch eigene Redakteure zusammen mit zahlreichen Kooperationspartnern und Experten realisiert wird. Letztere werden unter dem Begriff „Portal“ vereint. Hierunter fallen damit die meisten Aktivitäten der freenet.de AG, wodurch sich sowohl die Breite (z. B. durch Abdeckung aller Themenbereiche) als auch Tiefe des Angebots (in den einzelnen Special Interest-Channels wie z. B. Wirtschaft mit Angliederung des Angebots von aktiencheck.de) ergibt. Die einzelnen, an das Portal angeschlossenen Partnershops, decken jeder für sich zumeist ein begrenztes Sortiment ab, auch unterschiedlich in Breite und Tiefe. Beispielsweise bietet Quelle ein sehr breites Sortiment aus den Bereichen Unterhaltung, Elektronik, Bekleidung, Wohnen, Heimwerken, u. a., während Mexx auf Bekleidung fokussiert. Durch die zahlreichen Shops und Händlerkooperationen kann so vom Portal ausgehend sowohl in Breite als auch Tiefe ein umfangreiches Angebot abgedeckt werden.

Aufgabe 3

a) Der Begriff Geschäftsmodell widmet sich insbesondere den unternehmerischen Aktivitäten, also dem Material-, Arbeits- und Informationsfluss sowohl zwischen einem Unternehmen und seiner Umwelt als auch innerhalb eines Unternehmens, und auch den generierten Erlösströmen. Aus einem Geschäftsmodell geht hervor, durch welche Ressourcenkombination die unternehmerische Geschäftsstrategie umgesetzt werden soll und welche Funktionen den Akteuren dadurch zukommen. Ein integriertes Geschäftsmodell wird durch die Partialmodelle, so die Markt-, Beschaffungs-, Leistungserstellungs-, Leistungsangebots-, Distributions- und Kapitalmodelle, gebildet. Im Internet können die zahlreichen Geschäftsmodelle durch das Merkmal „Leistungsangebot“ in die vier Basismodelle Content, Commerce, Context und Connection klassifiziert werden (siehe Abbildung 5 und nachfolgend Wirtz 2001, S. 409 ff.).

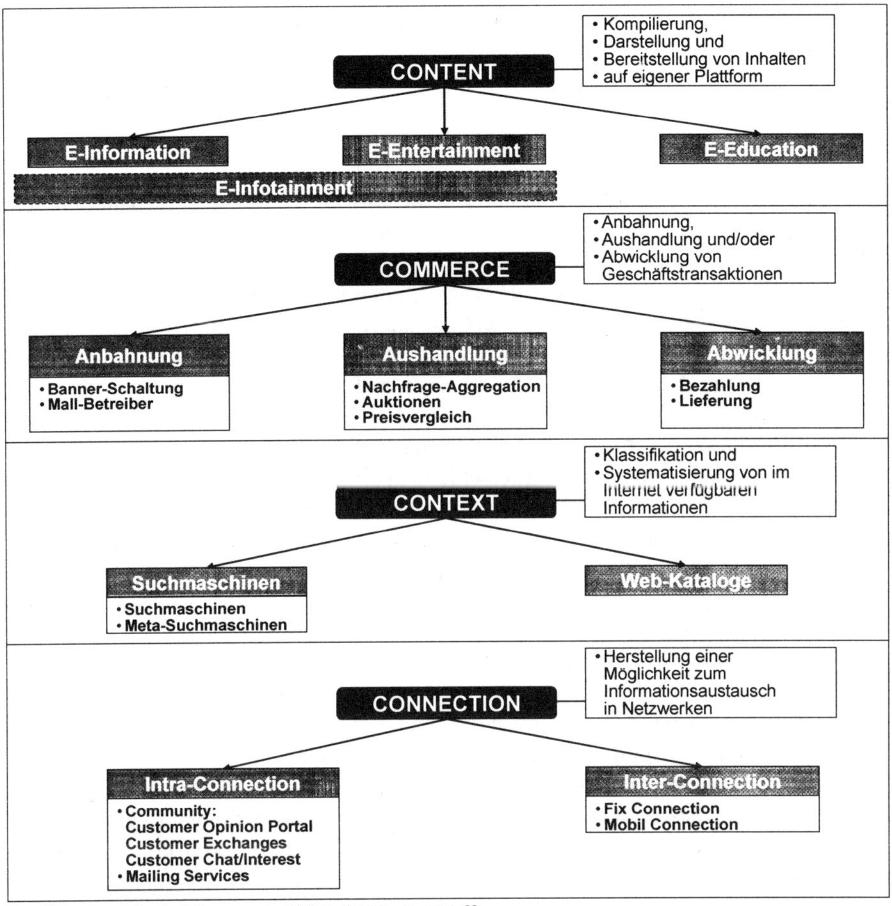

Quelle: In Anlehnung an: Wirtz 2001, S. 414 ff.

Abbildung 5: Geschäftsmodelle im Internet

Das *Internet-Geschäftsmodell Content* beinhaltet die Sammlung, Selektion, Systematisierung, Kompilierung (Packaging) und Bereitstellung von Inhalten auf der eigenen Internet-Plattform. Inhalte einfach, bequem, visuell ansprechend aufzubereiten und online den Nutzern bereitzustellen ist das Ziel dieses Geschäftsmodells. Da Inhalte informierend, bildend oder unterhaltender Natur sein können, können die Geschäftsmodellvarianten E-Information, E-Education und E-Entertainment unterschieden werden (siehe Abbildung 5). Im Rahmen der E-Information können z. B. thematische Inhalte aus den Bereichen Politik, Gesellschaft oder Wirtschaft bereitgestellt werden; dies kann themenübergreifend geschehen, meist einhergehend mit einer hohen Reichweite wegen der Informationsbreite (z. B. www.focus.de) oder spezialisiert auf einen engen Themenbereich mit höherer Informationstiefe (z. B. www.wallstreetonline.de). Die Variante E-Entertainment kann ein Musik-, Film- oder Spieleangebot beinhalten

(z. B. www.cdnow.com, www.gamechannel.de, www.movies.com). E-Infotainment stellt eine Verknüpfung aus den beiden vorgegangenen Geschäftsmodellvarianten dar, eine Hybridform der Bereiche Information und Entertainment. E-Education setzt auf die Vermittlung von Wissen bis hin zur Verleihung von Zertifikaten für erfolgreich angewandtes Wissen (z. B. Virtuelle Universitäten, www.vu.org).

Das *Internet-Geschäftsmodell Commerce* steht für die Anbahnung, Aushandlung und Abwicklung von Geschäftstransaktionen mit dem Ziel der Unterstützung, Ergänzung oder Substitution von traditionellen Phasen einer Transaktion durch die Abbildung der Geschäftsprozesse im Internet. Hierbei können die Untervarianten Aufmerksamkeitsgenerierung bzw. Anbahnung, Verhandlung und Transaktion bzw. Abwicklung unterschieden werden (siehe Abbildung 5). Die Variante Anbahnung steht für das Management von Bannerwerbung im Internet und für das Betreiben von Shopping Malls, die über eine virtuelle Plattform einen Marktplatz für Anbieter und Nachfrager bieten. Im Rahmen der Aushandlung steht die Verhandlung der Geschäftsbedingungen im Mittelpunkt, wobei drei unterschiedliche Methoden der Preisfindung unterschieden werden können: Nachfrage-Aggregatoren bündeln die Nachfrage, indem sie ihren Kunden ausgewählte Produkte anbieten, für die in der Regel mit dem Hersteller mehrstufige Rabattsysteme vereinbart wurden. Sie nehmen eine Vermittlerfunktion ein, wie www.letsbuyit.com dies realisiert hat(te). Die Auktion als Instrument der Preisfindung, bei der sich Nachfrager jeweils überbieten und so den Preis bis zum Auktionsende steigern, wird unter anderem von eBay realisiert. Ein Price Seeking-Anbieter ermittelt für seine Kunden für ausgewählte Produkte das günstigste Angebot im Internet (z. B. www.preisvergleich.de). Die Variante Abwicklung kann differenziert werden in die Zahlungsabwicklung und die Produktauslieferung.
Wird das *Internet-Geschäftsmodell Context* verfolgt, so umfasst dies die Klassifikation und Systematisierung von elektronisch verfügbaren Informationen. Begründet liegt dies im rasanten Wachstum des Internets und damit einhergehend der verfügbaren Informationen. Ziele sind die Erhöhung der Transparenz und eine verbesserte Orientierung für die Nutzer, denen Zugriff auf logisch und inhaltlich strukturierte Informationen gewährt wird (siehe Abbildung 5). Suchmaschinen, wie beispielsweise google.com, sind Computersysteme, die vollautomatisch Webseiten durchsuchen und Nutzeranfragen mit einem Linkverzeichnis beantworten. Metasuchmaschinen nutzen die Ergebnisse mehrerer Suchmaschinen, greifen auf diese zu, um ein umfassenderes Linkverzeichnis bieten zu können (z. B. www.metacrawler.com). Webkataloge dagegen sind von Redakteuren zusammengestellte Verzeichnisse, deren Links nach Qualität und Relevanz bewertet wurden (z. B. www.yahoo.com).
Das *Internet-Geschäftsmodell Connection* verfolgt den Informationsaustausch im Netzwerk und ermöglicht dadurch die Interaktionen zwischen verschiedenen Akteuren (siehe Abbildung 5). Die Variante der Intra-Connection stellt kommunikative Dienstleistungen zum Informationsaustausch innerhalb des Internet zur Verfügung, während die Inter-Connection Zugang zu den physischen Netzwerken bereitstellt. Erstere bietet Community-Services in Form von Portalen zum Meinungsaustausch

(z. B. www.epinions.com), zum Datenaustausch (z. B. www.gnutella.com) oder zum Chatten (z. B. www.chatcity.de) und Mailing-Services (z. B. gmx.com). Inter-Connection-Anbieter sind Internet-/Online Service Provider (z. B. T-Online oder AOL), die stationären Internetzugang (Fix Connection) oder nicht ortsgebundenen Netzzugang über mobile Endgeräte (Mobile Connection), wie Handys oder Organizer (oder PDAs, Personal Digital Assistents), ermöglichen.

b) Durch die Ausweitung der Geschäftsfelder im Zeitablauf und die zahlreichen Händlerkooperationen besetzt freenet.de heute alle Geschäftsmodelltypen. Bei der Zuordnung zu den genannten „idealtypischen" Geschäftsmodellen ist darauf zu achten, dass die Begrifflichkeiten in der Praxis anderes definiert werden (können)! Die Zuordnung ist auf die Angaben im Geschäftsbericht 2002 (vgl. freenet.de AG 2003b) sowie den Webseiten des Unternehmens (vgl. freenet.de AG 2003a) gestützt.

- Im Kern wird der Geschäftsmodelltypus *Connection* verfolgt, d. h. als Leistungskern bietet freenet.de im Rahmen der „Intra-Connection", also innerhalb des Internet, eigene Mailing Services, die neben der gängigen E-Mail-Funktion auch SMS-Versand und Mail-to-Voice Dienste umfassen, sowie Kalenderdienste und Verwaltung weiterer E-Mail-Konten. Weitere Kommunikationsmöglichkeiten bestehen durch das Angebot von Chaträumen und Diskussionsforen. Durch den Internetzugang über das Festnetz und die Mobilfunknetze und das DSL-Angebot in Zusammenarbeit mit der Muttergesellschaft MobilCom AG wird auch die „Inter-Connection" als Zugang zu physikalischen Netzwerken abgedeckt. Dieser Bereich soll durch die Übernahme der Festnetzaktivitäten von MobilCom im Laufe des Jahres 2003 komplett an freenet.de übergehen.
- Im Bereich *Content*, definiert als Sammlung, Aufbereitung und Darstellung von Inhalten auf einer eigenen Plattform, bietet das freenet-eigene Hauptportal sowohl Informationen als auch Unterhaltung, unter anderem durch Webgames in der Spielezone, die von der Gambas Entertainment AG, eine hundertprozentige Beteiligung, entwickelt werden. Auch werden Inhalte z.B. von der 100 %-Beteiligung an der meOme AG geliefert, die durch ein Redaktionssystem automatisch eingepflegt werden. Weitere Themenchannels werden durch Tochtergesellschaften und Beteiligungen betrieben, so auch das Musikportal musicaliens.de durch die 100 %-Beteiligungen an Music-Aliens AG und Music-Aliens Content GmbH. Freenet arbeitet in diesem Bereich mit ca. 150 Partnern zur Contentgenerierung zusammen und verfügt über rund 100 eigene Redakteure, die diese Informationen aufarbeiten.
- Das Geschäftsmodell *Context* ist durch die Klassifikation und Systematisierung der im Internet vorhandenen Datenmengen mittels Suchmaschinen und Web-Kataloge gekennzeichnet. Im freenet-Portal findet man beides, wobei insbesondere für professionelle Nutzer das Portal dino-online.de angeboten wird. Zusätzlich können aber auch Datenbestände von Inktomi (Suchmaschinen-Hersteller und -Betreiber) durchsucht werden, die durch eine Kooperation zur Verfügung stehen.
- Der Geschäftsmodellbereich *Commerce* befasst sich mit Vorgängen rund um Geschäftstransaktionen, also deren Anbahnung, Aushandlung und Abwicklung. Hier

ist freenet.de unter anderem durch Bannerschaltung auf den Portalseiten aktiv, die neben dem Connection-Geschäft zur wichtigen Einnahmequelle geworden sind. Durch zahlreiche Kooperationen mit Partnershops, die in der freenet.de-Shopping Mall integriert werden, umfasst das Angebot Produkte aus den meisten Bereichen und generiert für freenet.de Einnahmen aus Provisionen. Als eigenes Angebot in diesem Geschäftsfeldtypus wurde bis 2001 der comtech-Online Shop mit den Segmenten Computer, Hard- und Software betrieben. Allerdings blieben Angebot, Lagerhaltung und Logistik beim Kooperationspartner comtech, zurzeit Deutschlands zweitgrößtes PC-Handelshaus. Des Weiteren ist uCompare.de als eigenes Produkt am Start, das in Kooperation mit Inktomi entwickelt wurde und Preisvergleiche zwischen Produkten ermöglicht.

Abbildung 6 visualisiert zusammenfassend die Zuordnung der Tätigkeitsbereiche der freenet.de AG zu den vier Internet-Geschäftsmodellen.

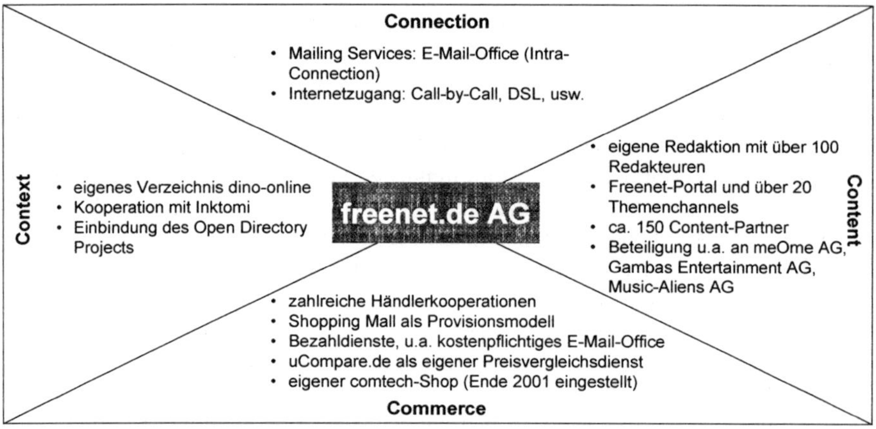

Abbildung 6: Integrationsstrategien auf Geschäftsmodellebene am Beispiel der freenet.de AG

c) Das Beispiel zeigt, wie weit die Kooperationen in den Geschäftsmodellbereichen vorangeschritten sind, sowie die Tatsache, dass eine trennungsscharfe Unterscheidung von eigenständigen und kooperativen Angeboten oft nur schwer möglich ist. Zudem unterstützt es die von Wirtz (2001, S. 527) aufgezeigte Entwicklungstendenz zu Multi-Funktionalen- und Multi-Access-Mega-Portalen, deren Leistungsspektrum die vier Geschäftsbereichstypen beinhaltet und die über verschiedenste Wege – Internet, Online-Dienste, mobile Kommunikation, usw. – zugänglich sind. Auch viele andere Internetunternehmen starteten als so genannte Pure-Player, indem sie nur ein einzelnes Geschäftsmodell verfolgten und im Zeitverlauf zunehmend weitere integriert haben. So wie freenet.de mit dem Schwerpunkt Connection startete und mittlerweile alle Bereiche abdeckt, startete auch Yahoo! mit der Tätigkeit in nur einem Geschäftsfeld, dem Context. Die anderen Geschäftsfelder wurden im Laufe der Zeit durch Kooperationen und Akquisitionen besetzt: Der Bereich Content wurde durch die Akquisition von broadcast.com und die Zusammenarbeit mit Reuters, u. a. ausgebaut; der Bereich Commerce wird wie bei freenet.de durch Händlerkooperationen zum Yahoo! Marketplace ausgebaut. Tätigkeiten im Bereich der Connection erfolgen durch Kooperationen mit Motorola, Sprint, u. a. sowie durch die Akquisition von GeoCities.

Aufgabe 4

Die Erlösmodellsystematik im Internet kann nach den unterschiedlichen Erlösformen zum einen in die direkte versus indirekte und zum zweiten in die transaktionsabhängige versus -unabhängige Erlösgenerierung unterteilt werden (siehe Abbildung 7).

	Direkte Erlösgenerierung	**Indirekte Erlösgenerierung**
Transaktions-abhängig	▪ Transaktionserlöse i.e.S. ▪ Verbindungsgebühren ▪ Nutzungsgebühren	▪ Provisionen
Transaktions-unabhängig	▪ Einrichtungsgebühren ▪ Grundgebühren	▪ Bannerwerbung ▪ Data-Mining-Erlöse ▪ Sponsorship

Quelle: Wirtz 2001, S. 410.

Abbildung 7: Erlösmodellsystematik im Internet

Direkte transaktionsabhängige Erlöse sind Verbindungs- und Nutzungsentgelte für den Zugang oder die Nutzung von Dienstleistungen, wie z. B. der Internetzugang, für den Gebühren in Abhängigkeit der Nutzungsdauer erhoben werden. Transaktionserlöse im engeren Sinne sind Kosten, die für ein Produkt oder eine Dienstleistung erhoben werden, wobei die Zahlung nach quantitativen Kriterien erfolgt, z. B. abhängig von der Trefferanzahl einer Datenbankrecherche. Einrichtungs- und Grundgebühren zählen zu den *direkten transaktionsunabhängigen Erlösen*, da sie unabhängig von der tatsächlichen Nutzung fix für einen bestimmten Zeitraum oder Bereitstellung eines gewissen Dienstes anfallen, z. B. einmalige Einrichtungsgebühr für den Telefonanschluss. Zu den *indirekten transaktionsabhängigen Erlösen* zählen die Provisionen, die von einem dritten Unternehmen, an welches Kunden oder Aufträge vermittelt wurden, für diesen Dienst gezahlt werden. *Indirekte und transaktionsunabhängige Erlöse* entstehen aus der Schaltung von Bannerwerbung, dem Verkauf von Nutzerprofilen und Sponsoring als exklusive Werberaumvermietung im Internet.

Freenet.de generiert aus den Standard-Internetzugangsservices direkte transaktionsabhängige Erlöse, die für die genutzten Online-Minuten anfallen. Verbindungsgebühren entstehen bei diesen Diensten keine. Beim DSL-Zugang fallen monatliche Grundgebühren, also direkte, aber transaktionsunabhängige Gebühren, an. Je nach DSL-Tarif und Nutzung entstehen gegebenenfalls weitere transaktionsabhängige direkte Gebühren, wenn z. B. das monatliche Kontingent ausgeschöpft ist. Indirekt transaktionsabhängig generiert freenet.de Erlöse aus Shops, die der Mall angeschlossen sind sowie den Partnerunternehmen, mit denen z. B. das freenet-Reisebüro, der Lottoservice oder der Ticketservice realisiert ist. Indirekt transaktionsunabhängig entstehen

Erlöse aus den zahlreichen Werbeformen (z. B. Banner, Commercial Spot Streaming, Sticky Ad), die dritte Unternehmen auf den Webseiten von freenet.de buchen können.

Aufgabe 5

a) Eine quantitative Analyse bei freenet.de muss auf die vier Tätigkeitsfelder gestützt werden, da die gesamte Gewinn- und Verlustrechnung bzw. Segmentberichterstattung anhand dieser Einteilung geführt wird und nicht nach den drei „Virtuellen Häusern“. Eine Möglichkeit der Situationsbeurteilung liegt darin, diese vier Tätigkeitsfelder anhand ihres jeweiligen Beitrags zum Gesamtunternehmensumsatz bzw. -ertrag zu analysieren. Neben den aktuellen Daten bietet die Zuhilfenahme vergangener Werte die Möglichkeit, sich bereits abzeichnende Trends in den Feldern zu erkennen und dadurch gegebenenfalls eine Prognose zu ermöglichen (siehe Abbildung 8). Diese Berechnungen sind gerundet und basieren auf den Angaben der jeweiligen Geschäftsberichte; die Wertanteile wurden aus den Angaben der Segmentberichtserstattung ohne die nicht zugeordneten Kosten (z. B. Werbung, Personal, Abschreibungen) erstellt.

	2002		2001		2000		1999	
Geschäftsfeld	**Umsatz**	**Ertrag**	**Umsatz**	**Ertrag**	**Umsatz**	**Ertrag**	**Umsatz**	**Ertrag**
Konnektivität	42 %	58 %	47 %	61 %	51 %	61 %	66 %	79 %
Advertising	32 %	7 %	24 %	18 %	32 %	36 %	32 %	21 %
E-Commerce	24 %	37 %	23 %	17 %	16 %	2 %	2 %	Verlust
B2B-Services	2 %	- 2 %	6 %	4 %	--	--	--	--
Gesamt (€)	42,22 Mio.	30,4 Mio	27,95 Mio	20,9 Mio	21,7 Mio	17,5 Mio	3,5 Mio	2,36 Mio

Abbildung 8: Umsatz- und Ertragsanteile der Tätigkeitsfelder der freenet.de AG

Hieraus geht hervor, dass das bei Gründung wichtigste Tätigkeitsfeld Konnektivität nach wie vor das umsatz- und gewinnstärkste ist. Das Feld Advertising nimmt bis auf einen Rückgang in 2001 relativ konstant ca. ein Drittel des Umsatzes ein, allerdings ist hier der Ertragsbeitrag schwächer und wächst auch in absoluten Zahler langsamer. Das Feld E-Commerce hat sich dagegen von einem Verlustbringer (ca. 0,5 Millionen €) 1999 positiv entwickelt und bringt bei einem Umsatzanteil von 24 % in 2002 37 % des Ertrages ein. Der jüngste Bereich B2B-Services hat sich schlecht entwickelt: er weist auf einem niedrigen Niveau Umsatz- und Ertragsrückgänge auf und erzielte im letzten Jahr einen Verlust. Das wichtigste Geschäftsfeld bleibt für die freenet.de AG damit das Basisgeschäft Konnektivität. In den letzten Jahren ist es aber insbesondere durch die positive Entwicklung des E-Commerce-Bereichs gelungen, diese Abhängigkeit von einem Bereich etwas zu reduzieren und zwei weitere Ertragsquellen als Standbeine zu etablieren. Allerdings sind alle Tätigkeiten im Internet angesiedelt, so dass das Unternehmen alleine von der weiteren Entwicklung dieses Mediums abhängig ist. Weitere Kennzahlen im Internetbereich, die zu einer Bewertung der Marktstellung eines Unternehmens herangezogen werden können, sind exemplarisch in Abbildung 9 für die freenet.de AG dargestellt. Natürlich existieren weitere wichtige Kennzahlen wie beispielsweise die Reichweite, Bekanntheit, u. a.

	2002		2001		2000		1999
aktive Haushalte	3,68 Mio.	+ 21 %	3,05 Mio.	+ 85 %	1,65 Mio.	+ 101 %	820.000
Mitglieder	5,68 Mio.	+ 29 %	4,39 Mio.	+ 86 %	2,36 Mio.		k.A.
Online-Minuten	22,5 Mrd.	+ 38 %	16,3 Mrd.	+ 87 %	8,8 Mrd.		12 Mio.
Page Impressions	5,37 Mrd.	+ 96 %	2,74 Mrd.	+ 137 %	1,16 Mrd.	+ 626 %	k.A.
E-Mail-Konten	4,77 Mio.	+ 28 %	3,74 Mio.	+ 169 %	1,4 Mio.	+ 298 %	353.000

Abbildung 9: Entwicklung einzelner Kennzahlen der freenet.de AG

b) Aus diesen Daten kann dennoch nur die „historische" Entwicklung eines Unternehmens abgelesen werden, es bleibt bei einer unternehmensinternen Sicht, wobei andere wichtige Faktoren (z. B. Konkurrenten, relevanter Markt oder Branche und deren jeweilige Entwicklung) unberücksichtigt bleiben. Zu einer umfassenden Beurteilung der Marktstellung, also einer unternehmensübergreifenden Analyse, würden zumindest zusätzlich die Marktanteile in den Tätigkeitsbereichen sowohl von freenet.de als auch deren Konkurrenten und die aktuelle und künftig geschätzte Markt- oder Branchenentwicklung benötigt, damit es kein rein vergangenheitsbezogener Rückblick bleibt, sondern Hinweise für künftige Verhaltensweisen geben kann. Als Bewertungsverfahren wäre z.B. die Portfolio-Analyse geeignet.

Literaturhinweise

ALBERS, S., PETERS, K.: Die Wertschöpfungskette des Handels im Zeitalter des Electronic Commerce, in: Marketing ZFP, 19. Jg. (1997), Nr. 2, S. 69-80.

FREENET.DE AG (HRSG.): freenet.de AG – Herzlich Willkommen, http://www.freenet-ag.de/ag/deutsch/index.html [04.03.2003], 2003a.

FREENET.DE AG (HRSG.): Geschäftsbericht 2002, Hamburg 2003b.

GARTNER GROUP: Defining EC, EMs and other terms, in: Price Waterhouse (Hrsg.): Global Enterprise Advisor, Heft Oktober/1997, S. 2-3.

HEISE ZEITSCHRIFTEN VERLAG (HRSG.): heise online - Freenet wünscht sich Hochzeit mit AOL, online unter: http://www.heise.de/newsticker/data/tol-02.12.02-000/ [03.03.2003], Hannover 2002.

SCHÖGEL, M., BIRKHOFER, B., TOMCZAK, T.: E-Commerce im Distributionsmanagement – Status Quo und Entwicklungstendenzen, Thexis. Fachbericht für Marketing, St. Gallen, Nr. 2/2000.

SWOBODA, B., JANZ, M.: Electronic Commerce im Handel – Anwendungen und Entwicklungsperspektiven, in: Schögel, M., Tomczak, T., Belz, C. (Hrsg.): Roadm@p to E-Business, St. Gallen 2002, S. 302-326.

WIRTZ, B.: Medien- und Internetmanagement, 2. Aufl., Wiesbaden 2001.

WEIBER, R.: Herausforderung Electronic Business – Mit dem Informations-Dreisprung zu Wettbewerbsvorteilen auf den Märkten der Zukunft, in: Weiber, R. (Hrsg.): Handbuch Electronic Business, 2. Aufl., Wiesbaden 2002, S. 1-37.

ZENTES, J., SWOBODA, B.: Auswirkungen des Electronic Commerce auf den Handel, in: Die Betriebswirtschaft, 60. Jg. (2000), Nr. 6, S. 687-706.

ZENTES, J., SWOBODA, B.: Grundbegriffe des Marketing, 5. Aufl., Stuttgart 2001.

Sabine Fließ, Sabine Möller und Jan-Hendrik Völker-Albert

Bewertung von Auslandsmärkten und Strategien der Markterschließung eines internationalen Lifestyle-Konzerns

Fallstudie „Let's drink Wodka"

Sie sind von Ihrem alten Freund Henning zum Skifahren in dessen Ferienhaus nach Kitzbühel eingeladen worden und genießen gerade nach einem herrlichen Tag auf der Piste einen traumhaften Sonnenuntergang, als Henning sich mit zwei gut gefüllten Gläsern Wodka zu Ihnen setzt. Henning ist Vorstandsvorsitzender eines mit über 18.000 Mitarbeitern und über 1.500 Fachgeschäften führenden europäischen „Lifestyle-Konzerns". Zu Hennings Konzern gehört neben den Geschäftsbereichen Schmuck, Mode/Sport, Bücher und Süßwaren auch die Parfümeriekette Duftlas.

Duftlas ist eine organisch gewachsene und zur Zeit in elf zumeist europäischen Ländern vertretene erstklassige Parfümeriekette. Duftlas zeichnet sich besonders durch hervorragende Servicequalität aus, mit der die Duftlas-Mitarbeiter ihre Kunden in allen Ländern an jedem Ort Tag für Tag aufs neue begeistern. Die Duftlas-Atmosphäre ist das Ergebnis einer gewachsenen Unternehmenskultur und die Basis einer einzigartigen Lifestyle-Philosophie.

Henning erzählt Ihnen, daß er in Zukunft das internationale Wachstumstempo bei Duftlas deutlich stärker forcieren möchte. Er möchte in diesem Jahr unbedingt über 42 neue Duftlas-Parfümerien außerhalb von Europa eröffnen. Trotz seiner exzellenten Ausbildung und seines MBA-Studiums an einer renommierten amerikanischen Universität ist ihm bis jetzt allerdings noch kein interessanter Auslandsmarkt für Duftlas eingefallen. Er hofft, daß Sie ihm die zündende Idee liefern können.

Die Auswahl eines geeigneten Auslandsmarktes ist für Sie natürlich kein Problem. Nach einem beherzten Schluck aus einem der beiden Wodka-Gläser fällt Ihnen spontan Rußland ein. Henning ist sehr begeistert von Ihrer Idee. Nachdem Sie gemeinsam angestoßen haben, möchte er natürlich noch mehr über den von Ihnen empfohlenen Markteintritt in Rußland wissen.

Aufgabe 1

Henning fragt Sie, was er generell bei der Auswahl eines Auslandsmarktes beachten muß, und möchte darüber hinaus wissen, welche speziellen Chancen sich für ihn bieten und welche Risiken er auf dem russischen Markt beachten sollte.

Aufgabe 2

Henning hat Ihnen gut zugehört und möchte nun wissen, welche Markterschließungsform Sie ihm für Duftlas in Rußland empfehlen würden. Sie erklären Henning zuerst, welche verschiedenen Möglichkeiten sich ihm eröffnen, und erläutern ihm anschließend die Vor- und Nachteile der von Ihnen empfohlenen Markterschließungsform.

Lösung

Aufgabe 1

Sie erklären Henning, daß er sich generell bei der Auswahl eines Auslandsmarktes darüber im klaren sein muß, daß Duftlas bereits mehrere Ländermärkte in Europa bearbeitet. Er sollte beachten, daß es zu negativen Rückkopplungen zwischen dem neu zu erschließenden Markt außerhalb von Europa und den von Duftlas schon erschlossenen Märkten kommen kann. Diese negativen Rückkopplungen können zu einem so hohen Koordinationsbedarf für Duftlas führen, daß eine Markterschließung des russischen Marktes nicht mehr erstrebenswert erscheint. Sie weisen Henning darauf hin, daß es beispielsweise in Rußland zu negativen Rückkopplungen aufgrund eines deutlich geringeren Preisniveaus von Parfümerieprodukten kommen kann und die Gefahr bestünde, daß Duftlas sich bei einer Anpassung an dieses niedrige Preisniveau sein Image als führende Lifestyle-Parfümeriekette mit hoher Servicequalität zerstören könnte. Darüber hinaus warnen Sie Henning vor weiteren möglichen negativen Rückkopplungseffekten durch eine ungeschickte Wahl der Markteintrittsstrategie, der Organisationsform und der von Duftlas in Rußland eingesetzten Marketinginstrumente.

Unabhängig von möglichen negativen Rückkopplungen klären Sie Henning darüber auf, daß die Auswahl eines Auslandsmarktes anhand einer Chancen- und Risikobetrachtung getroffen werden kann. Sie empfehlen Henning eine Bewertung der Marktattraktivität und der Marktbarrieren des russischen Marktes. Abhängig von einer solchen Bewertung zeigen Sie Henning anhand der unten gezeigten und von Ihnen mit unterschiedlich gefüllten Wodka-Gläsern nachgestellten Grafik, daß sich ein interessanter Markt für Duftlas durch eine hohe Marktattraktivität auszeichnet. Henning beschließt spontan, daß er nur in ein gefülltes Glas Wodka investieren möchte und fragt Sie interessiert, durch welche Faktoren eine hohe Marktattraktivität bestimmt werden könne.

Sie klären Henning zuerst darüber auf, daß die Bestimmung der Marktattraktivität von subjektiven Faktoren abhängen kann, die auf der einen Seite sehr stark vom jeweiligen Markt und auf der anderen Seite auch stark von der jeweiligen Position des Unternehmens beeinflußt werden können. Die generellen Faktoren, die dabei die Attraktivität eines Marktes bestimmen, bestehen aus dem Marktpotential, dem Marktvolumen, dem Marktwachstum und der strategischen Bedeutung des Marktes für das Unternehmen. Sie erklären Henning, daß es für Duftlas unbedingt notwendig ist, das Marktpotential einer erstklassigen Lifestyle-Parfümerie zu analysieren. Sie empfehlen Henning, sich auch außerhalb von Moskau neben den Bedürfnissen und dem Kaufverhalten der potentiellen Duftlas Kunden die rechtlich-politischen und die geographischen Bedingungen in Rußland anzusehen. Sie weisen Henning auf eine deutlich geringere Kaufkraft außerhalb von Moskau hin und warnen ihn vor möglicherweise vorhandenen Vorbehalten gegenüber ausländischen Investoren, die mit inländischen Anbietern konkurrieren könnten. Darüber hinaus geben Sie Henning den Rat, sich ebenfalls über das potentielle Marktvolumen, beispielsweise über die sozio-ökonomischen Bedingungen, d.h. das frei verfügbare Einkommen der potentiellen Kunden in Rußland zu informieren. Weiterhin empfehlen Sie Henning, sich über die Konkurrenzsituation im Parfümeriebereich genau zu informieren. Da Henning schon leicht gelangweilt in sein Wodka-Glas schaut, weisen Sie in noch kurz auf die strategische Bedeutung einer Markterschließung in Rußland hin.

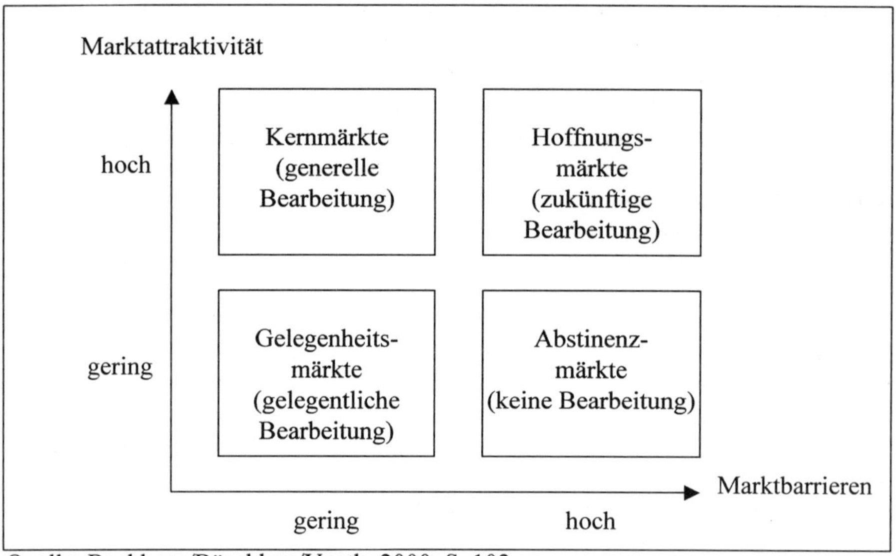

Quelle: Backhaus/Büschken/Voeth, 2000, S. 102

Hier bietet sich für Duftlas die Möglichkeit, durch eine Erschließung des russischen Marktes einen Wettbewerbsvorteil gegenüber anderen Konkurrenten zu erlangen, die noch nicht auf dem russischen Markt aktiv sind. Darüber hinaus erklären Sie Henning, daß Rußland eine ideale Plattform darstellen könnte um von dort aus den Zugang zu weiteren osteuropäischen Staaten zu erlangen.

Diese Ausführungen leuchten Henning ein, und er fragt Sie interessiert, welche Risiken er bei einer Markerschließung aufgrund von hohen Marktbarrieren generell in Kauf nehmen müßte. Sie erklären Henning, daß Marktbarrieren vielfältige Ausprägungen besitzen können. Allgemein versteht man unter Marktbarrieren alle Aufwendungen eines Anbieters, die dieser für eine bedarfsgerechte Marktbearbeitung aufwenden muß. Dies bedeutet, daß es für Duftlas nur Sinn macht, in den russischen Markt zu investieren, wenn die Ertragschancen, die sich in Rußland bieten, höher sind als die Kosten der Markterschließung.

Zuerst lassen sich Marktbarrieren in strukturelle, d.h. natürliche, und in strategische, d.h. bewußt aufgebaute Marktbarrieren unterscheiden. Marktbarrieren können darüber hinaus entweder institutioneller oder verhaltensbedingter Natur sein. Sie erklären Henning, daß institutionelle Markteintrittsbarrieren sowohl tarifäre als auch nicht-tarifäre Barrieren darstellen können. Unter tarifären Barrieren versteht man dabei Zölle und unter nicht tarifären institutionellen Barrieren beispielsweise Importquoten, Devisen- und Kapitalverkehrsbeschränkungen, Mindest- oder Höchstpreise oder spezielle Normen und Standards.

Verhaltensbedingte Marktbarrieren teilen sich demgegenüber in marktseitige und unternehmensseitige Barrieren auf. Marktseitige Barrieren könnten sich besonders in Rußland in Form von administrativen Hemmnissen oder auch in Form von sprachlichen Barrieren deutlich machen. Darüber hinaus bestehen unternehmensseitige Markteintrittsbarrieren beispielsweise in Form von psychischen Barrieren des Managements oder aber auch in nur mangelhaft verfügbaren Informationen über den Auslandsmarkt. Weiterhin weisen Sie Henning darauf hin, daß er sich ebenfalls die besonderen Länderrisiken in Rußland ansehen sollte. Neben möglichen Handelshemmnissen und Wechselkursrisiken gehören hierzu ebenfalls mögliche politische und soziale Unruhen, die im schlimmsten Fall zu Enteignungen führen könnten.

Henning hat Ihnen gut zugehört und gleichzeitig die Wodka-Gläser aus der von Ihnen erstellten Grafik geleert. Alles was Sie ihm bis jetzt erzählt haben, leuchtet Henning vollkommen ein, trotzdem fragt er Sie abschließend noch, welche speziellen Chancen und Risiken Sie persönlich auf dem russischen Markt für Duftlas sehen. Sie erklären Henning, daß eine Bewertung der Chancen und Risiken des russischen Marktes nicht bei ein paar Gläsern Wodka getroffen werden kann, sondern daß es einer sehr sorgfältigen Analyse der von Ihnen vorher beschriebenen Faktoren der Marktattraktivität und der Marktbarrieren bedarf und es sehr empfehlenswert wäre, vor einer abschließenden Bewertung die relevanten Sekundärquellen beispielsweise in bezug auf die besonderen Länderrisiken genau zu studieren.

Unabhängig von einer solchen detaillierten Analyse sehen Sie Rußland als Hoffnungsmarkt, der sich sowohl durch große Chancen als auch verhältnismäßig hohe Risiken auszeichnet. Die Risiken, die Sie auf dem russischen Markt sehen, zeichnen sich dabei durch verhältnismäßig hohe Kosten der Markterschließung, eine schlechte Infrastruktur und mögliche administrative Probleme aus. Sie empfehlen Henning, speziell Möglichkeiten der Korruption sowie einen erhöhten Aufwand für die Anstellung von Mitarbeitern aus Deutschland in seine Kalkulation mit einzubeziehen. Die Chancen, die Sie für Duftlas in Rußland sehen, sind Ihrer Meinung nach höher zu bewerten. Besonderes Potential sehen Sie in einer in Zukunft weiter wachsenden Nachfrage nach Parfümerieprodukten. Dies wird unterstützt durch ein großes Potential von gut ausgebildeten Fachkräften, geringere Arbeits- und Lohnkosten und längeren Arbeitszeiten der Mitarbeiter. Abschließend empfehlen Sie Henning dementsprechend eine Investition in Rußland, weil es Duftlas einen Markt der Zukunft sichert und Henning die Möglichkeit bietet, seinen Umsatz zu erhöhen und seinen Marktanteil zu vergrößern. Daneben weisen sie Henning auf die Signalwirkung einer solchen Investition hin, mit der Duftlas auch über Europa hinaus seine Position als führende Lifestyle-Parfümeriekette behaupten könnte. Nach diesen Ausführungen hat Henning leuchtende Augen bekommen. Er ist fest entschlossen, Investitionen in Rußland zu tätigen, ist allerdings noch unschlüssig in bezug auf die optimale Markterschließungsform für den russischen Markt.

Aufgabe 2

Sie verdeutlichen Henning, daß sich die Markterschließungsformen, die sich Henning auf dem russischen Markt eröffnen, auf der einen Seite in bezug auf die mögliche Kapitalbindung von Duftlas und auf der anderen Seite in bezug auf die Einflußmöglichkeiten, die sich Duftlas bei seinem Engagement in Rußland bieten, unterscheiden. Sie erklären Henning wiederum mit aufsteigend gefüllten Wodka-Gläsern und entsprechend der unten gezeigten Grafik, wie sich die Intensität der Marktbearbeitung der unterschiedlichen Organisationsformen bei einer Markterschließung erhöht.

Sie zeigen Henning, daß die geringste Intensität der Markbearbeitung den indirekten Export darstellt. Hier würde Duftlas nur indirekt über rechtlich und wirtschaftlich unabhängige Vertragspartner sein Produktsortiment vertreiben. Ähnlich wie beim direkten Export, bei dem Duftlas den Vertrieb seiner Leistungen über eine Repräsentanz in Rußland vornehmen würde, zeichnen sich diese beiden Organisationsformen durch eine sehr geringe Kapitalbindung, aber auch durch sehr geringe Einflußmöglichkeiten auf die Vertragspartner aus. Diese Form der Markterschließung stellt Henning noch nicht zufrieden. Henning sieht hier das Problem, daß er weder die Vorteile seines einzigartigen Lifestyle-Konzeptes nutzen noch direkten Einfluß auf die Servicequalität seiner Vertragspartner ausüben könnte.

Alternativ schlagen Sie Henning den Abschluß von Lizenzverträgen vor. Lizenz- und Know-how-Verträge bieten im Vergleich eine höhere Einflußmöglichkeit auf den Markt, bedeuten jedoch auch eine höhere Kapitalbindung. Sie erklären Henning, daß Duftlas beispielweise das Lifestyle-Konzept seiner Parfümeriekette im Rahmen eines Lizenzvertrages an einen Lizenznehmer übertragen und im Gegenzug Lizenzgebühren erhalten würde. Eine Vertragsproduktion als Markterschließungsstrategie schließt Henning, nachdem er das entsprechende Wodka-Glas ausgetrunken hat, aus. Als Handelskonzern sieht Henning die Kernkompetenz seines Konzerns nicht in der Produktion, sondern in dem Top-Service, der Top-Qualität und dem Top-Ambiente, die Duftlas seinen Kunden in seinen Lifestyle-Parfümerien bietet.

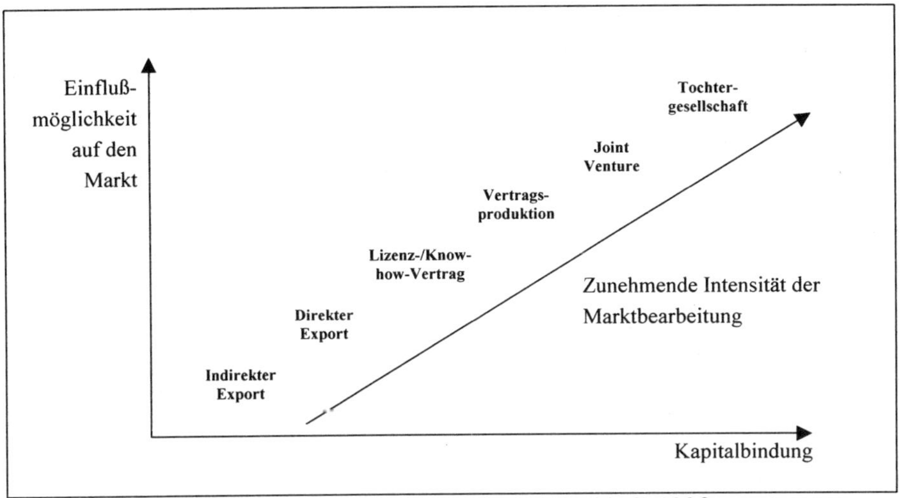

Quelle: in Anlehnung an Backhaus/Büschken/Voeth, 2000, S. 138f.

Eine deutlich höhere Kapitalbindung, die Duftlas allerdings auch größere Einfluß- und Kontrollmöglichkeiten bieten würde, stellt demgegenüber die Gründung eines Joint-Ventures mit einem oder mehreren russischen Partnern dar. Hier würden die Eigentums- und Kontrollrechte von dem Anteil an Kapital und Know-how abhängen, das Duftlas in das Joint-Venture mit dem einen oder mehreren Partnern einbringen würde. Abhängig von diesem Anteil unterscheidet man Majority-, Equity- und Minority-Joint-Ventures.

Die größten Kontrollmöglichkeiten bieten sich Duftlas jedoch bei der Gründung einer Tochtergesellschaft, die wiederum auch die höchste Kapitalbindung nach sich zieht. Der Vorteil einer Tochtergesellschaft liegt dabei in der wirtschaftlichen Unabhängigkeit und in der uneingeschränkten Einflußmöglichkeit auf die geschäftliche Entwicklung.

Diese Aussichten gefallen Henning sehr gut. Sie erklären ihm, daß er eine Tochtergesellschaft in Rußland entweder neu gründen kann und anschließend Duftlas-Parfümerien neu eröffnet oder aber durch geeignete Akquisitionen schon bestehende Parfümerien aufkauft. Sie weisen ihn allerdings darauf hin, daß sein Ziel, im nächsten Jahr insgesamt 42 neue Duftlas Parfümerien zu eröffnen, sehr hoch gesteckt ist. Sie warnen ihn vor dem hohen Investitionsvolumen und dem damit verbundenen hohen Risiko, wenn er sofort die Markterschließungsform einer Tochtergesellschaft in Rußland auswählt.

Dieses Argument zählt für Henning nicht. Er sagt Ihnen, daß der Duftlas-Konzern in den letzten Jahrzehnten nur deshalb zu stark gewachsen ist, weil sein Vater als ehemaliger Vorstandsvorsitzender immer bereit war, wirtschaftliches Risiko auf sich zu nehmen und nicht immer nur den sicheren und einfachen Weg gewählt hat. Darüber hinaus wirft Henning ein, daß seine Taschen aufgrund von Restrukturierungsmaßnahmen in den anderen Bereichen des Duftlas-Konzerns voll sind. Nach einem kurzen Abwägen der Vor- und Nachteile kommt Henning zu dem Schluß, daß er in Rußland Tochtergesellschaften gründen und neue Duftlas-Filialen eröffnen möchte.

Da Sie Henning für den nächsten Sommer in Ihr Ferienhaus an der Cote d'Azur eingeladen haben, geht Henning davon aus, daß er Ihnen zu diesem Zeitpunkt schon über seine ersten Erfolge in Rußland berichten kann. Bei einem weiteren Glas Wodka genießen Sie es, die Sonne dabei zu beobachten, wie sie hinter den Berggipfeln untergeht, und hoffen, daß sich Henning auch in den nächsten Tagen noch an Ihre Hinweise erinnern kann.

Literaturhinweis

Backhaus, Klaus/Büschken, Joachim/Voeth, Markus: Internationales Marketing, 3. Auflage 2000, Stuttgart.

Sabine Fließ, Sabine Möller und Jan-Hendrik Völker-Albert

Strategien der Markterschließung und Marktbearbeitung einer internationalen Kaffeehauskette

Fallstudie „Superbucks"

Als Partner einer international operierenden Strategie-Beratung verbringen Sie nach einem erfolgreich beendeten Projekt Ihren wohlverdienten Urlaub mal wieder in Ihrem Ferienhaus an der Cote d'Azur. Sie sitzen gerade auf Ihrer Terrasse, als Ihr Freund und Nachbar Howard auf einen „kurzen" Drink vorbeikommt.

Howard ist Besitzer von Superbucks, einer US-Kaffeehauskette mit über 50.000 Beschäftigten und zur Zeit rund 4000 Lokalen, davon fast 3400 in den USA. Howard hat vor über 14 Jahren sein Geschäft mit 11 Superbucks-Lokalen in Seattle begonnen und hat nach stetiger Expansion im März diesen Jahres in Zürich das erste Superbucks-Lokal auf dem europäischen Kontinent in einem Joint Venture mit einem führenden Schweizer Lebensmittelhändler eröffnet.

Superbucks wird täglich von ungefähr 15 Millionen Menschen weltweit besucht und zeichnet sich durch ein Sortiment von 20 verschiedenen hochwertigen Kaffeespezialitäten und einem Angebot von jeweils unterschiedlichen Gebäckwaren aus, die sich Kunden am Tresen als „Take away" oder zum Verzehr im Superbucks kaufen können. Die Kunden von Superbucks sind überwiegend jung und urban. Wahre „Superbucker" kommen in den USA durchschnittlich bis zu 18-mal pro Monat in eines der Lokale. Hier hat sich Superbucks zu einer Ikone der amerikanischen Populärkultur entwickelt und bezeichnet sich selber als den „dritten Ort" zwischen Arbeitsplatz und daheim.

Genauso wie bei den letzten Malen, als Howard nur auf einen „kurzen" Drink vorkommen wollte, liegt ihm auch dieses Mal wieder etwas auf dem Herzen. Er hat sich bis jetzt noch keine Gedanken gemacht, wie er in Zukunft die sehr hochgesteckten Expansionsziele von Superbucks auf dem europäischen Kontinent erreichen soll.

Aufgabe 1

Howard bittet Sie, ihm die Vor- und Nachteile von unterschiedlichen Timingstrategien bei einem Markteintritt von Superbucks auf dem europäischen Kontinent zu erläutern.

Aufgabe 2

Superbucks gründet bei seiner Expansion häufig Joint Ventures. Howard erkundigt sich außerdem nach alternativen Organisationsformen für das Auslandsgeschäft sowie deren Vor- und Nachteilen. Insbesondere interessiert es Howard, ob die Gründung von Joint Ventures Auswirkungen auf die Wahl seiner Timingstrategie haben kann.

Aufgabe 3

Howard fragt Sie, ob Sie ihm empfehlen würden, sein gesamtes Produktsortiment den lokalen Gegebenheiten der europäischen Märkte anzupassen.

Lösung

Aufgabe 1

Zunächst erklären Sie Howard, daß es grundsätzlich zwei unterschiedliche Timingstrategien für einen Markteintritt in die verschiedenen europäischen Ländermärkte gibt. Man unterscheidet die Wasserfall-Strategie von der Sprinkler-Strategie.

Unter ersterem, der Wasserfall-Strategie, versteht man die sukzessive Bearbeitung der unterschiedlichen Ländermärkte, wobei hier üblicherweise mit dem/den Ländermarkt/-märkten begonnen wird, die dem Heimatmarkt im Hinblick auf bestimmte erfolgsrelevante Kriterien am ähnlichsten sind. Die Vorgehensweise der Wasserfall-Strategie hat damit den Vorteil, daß der Markteintritt mit geringerem Risiko verbunden ist. Dies liegt vor allem darin begründet, daß geringere Ressourcenaufwendungen bzw. Investitionen für den Markteintritt aufgebracht werden müssen. Des weiteren wird das Risiko des Markteintritts auf den europäischen Marktes verringert, da die Erfahrungen, die Howard bei Eintritt in die ersten Ländermärkte gesammelt hat, bei den weiteren Markteintritten berücksichtigt werden können. Somit können Referenzmärkte aufgebaut werden, die dazu dienen, die weitere Markterschließung des europäischen Marktes erfolgreich zuwege zu bringen. Für den Fall, daß die ersten Markterschließungen nicht erfolgreich waren, kann im Rahmen der Wasserfall-Strategie die gesamte Markterschließung abgebrochen werden. Verfolgt Howard die Wasserfall-Strategie, kann er nicht nur sukzessive Erfahrungen hinsichtlich der europäischen Nachfrager sammeln und berücksichtigen, sondern ebenso hinsichtlich der Mitarbeiter auf den Ländermärkten. Die Vorgehensweise der Wasserfall-Strategie hat nämlich den Vorteil, daß das Unternehmen „natürlich" wächst und somit kulturelle Unterschiede berücksichtigt werden können.

Howard ist begeistert, diese vielen Vorteile erscheinen ihm einleuchtend. Er ist schon fast fest entschlossen, diese Strategie zu verfolgen. Sie müssen ihn jedoch warnen. Die Wasserfall-Strategie hat auch gravierende Nachteile. Der bedeutendste Nachteil ist die Tatsache, daß eine sukzessive Erschließung des europäischen Marktes sehr lange dauert und somit bei erfolgreicher Einführung der Produkte eine Nachahmung durch Konkurrenten auf den noch nicht erschlossenen Märkten erfolgen kann. Für den Fall, daß die ersten Markterschließungen nicht so erfolgreich waren wie Howard es sich erträumt hat, besteht des weiteren die Gefahr, daß Howard zu schnell aufgibt und die Markterschließung des europäischen Marktes ganz abbricht. Howard erkennt die Problematik der Wasserfall-Strategie. Natürlich will er keinesfalls seinen Konkurrenten das Feld bestimmter europäischer Ländermärkte „kampflos" überlassen. Nicht mehr so fest entschlossen, die Wasserfall-Strategie für die Marktbearbeitung anzuwenden, fällt dem ratlosen Howard ein, daß es ja noch eine zweite Alternative der Marktbearbeitung gibt, und er fragt ungeduldig nach.

Sie erklären Howard, daß die zweite Timing-Strategie, die sogenannte Sprinkler-Strategie bedeutet, daß alle Ländermärkte gleichzeitig erschlossen werden. Howard bemerkt, daß mit einer schnellen Markterschließung die Gefahr der Nachahmung durch Konkurrenten ausgeschlossen ist, da Superbucks dann bereits auf dem Markt etabliert sei. Dadurch könnte er außerdem viel schneller einen höheren Umsatz erreichen und seine Investitionen in die Superbucks Filialen würden sich möglicherweise schneller amortisieren. Howard freut sich. Wieder müssen Sie Howards Freude etwas bremsen, denn auch die Sprinkler-Strategie ist mit Nachteilen verbunden. Sicherlich ist die Schaffung von Markteintrittsbarrieren und die schnelle Amortisation vorteilhaft für Howard, jedoch ist mit der Sprinkler-Strategie auch ein höheres Risiko verbunden, weil die gleichzeitigen Erschließung aller europäischen Ländermärkte ein viel höherer Ressourceneinsatz bzw. viel höhere Kapitalaufwendungen erfordert. Des weiteren kann Howard die Erfahrungen, die er auf den unterschiedlichen Ländermärkten gesammelt hat, nicht bei der weiteren Marktbearbeitung berücksichtigen, was wiederum das Risiko der Internationalisierung von Superbucks erhöht. Außerdem wenden Sie ein, daß Howard den Zeitdruck sowie Koordinations- und Organisationsaufwand der Sprinkler-Strategie nicht unterschätzen sollte.

Die Vor- und Nachteile der beiden Timing-Strategie-Alternativen sind so gravierend, daß Howard noch ratloser ist als vorher und nun gar nicht mehr weiß, was er machen soll, und er fragt Sie, wie er bei der Markterschließung des europäischen Marktes vorgehen soll. Sie erklären ihm, daß eine solche Entscheidung nicht bei einem Drink gefällt werden kann. Hierzu müßten Sie noch weitere Informationen über die unternehmensinterne Situation von Superbucks, bspw. über die finanziellen Rahmenbedingungen, die Situation auf den europäischen Ländermärkten, wie bspw. die Kaffeekultur, Konkurrenten und die potentiellen Nachfrager sowie über die Organisationsform für das Auslandsgeschäft für den jeweiligen Markt beschaffen und auswerten. Sie empfehlen Howard daher, nichts zu überstürzen und erst einmal eine Unternehmensberatung mit einer Marktstudie zu beauftragen und gleichzeitig die unternehmensinternen Rahmenbedingungen für die Markterschließung des europäischen

Marktes zu analysieren sowie sich Gedanken über mögliche Organisationsformen für das Auslandsgeschäft zu machen.

Aufgabe 2

Sie erläutern Howard, daß die Bildung von Joint Ventures erhebliche Auswirkungen auf die Timing-Strategie hat, da die Vor- und Nachteile der oben aufgeführten Strategien bzw. deren Risiken teilweise vermindert werden können. Bevor Sie allerdings mit Howard über die konkreten Auswirkungen des Joint Ventures auf seine Timing Strategie sprechen, zeigen Sie ihm die grundsätzlichen Vor- und Nachteile eines Joint Ventures sowie dessen alternative Organisationsformen auf.

Die Minimierung des Markteintrittsrisikos bei der Gründung eines Joint Ventures ist darauf zurückzuführen, daß bei einem Joint Venture zwei oder mehr Partner ein gemeinschaftlich geführtes Unternehmen gründen, in welchem von den Partnern Ressourcen inklusive eventuell bereits bestehender Unternehmensteile eingebracht werden, wobei die Eigentums- und die Kontrollrechte anteilig zwischen den Partnern aufgeteilt werden. Howard überlegt, daß es sicherlich sinnvoll ist, das Risiko des Markteintritts auf dem europäischen Markt auf mehreren Schultern zu verteilen. Sie geben allerdings zu bedenken, daß auch Joint Ventures differenziert betrachtet werden müssen. Durch die Einbeziehung eines Joint Venture Partners ist zwar eine geringere Kapitalbindung für Superbucks verbunden, aber die Einflußmöglichkciten für Superbucks werden auch verringert, da Superbucks bzw. Howard sich mit seinem Partner / seinen Partnern abstimmen muß.

Falls Howard über uneingeschränkte Einflussmöglichkeiten bei Superbucks verfügen möchte, steht ihm neben der Möglichkeit einer Joint Venture Gründung zudem noch die alternative Organisationsform der Tochtergesellschaft offen. Wobei es sich bei einer Tochtergesellschaft um ein direktes Kapitalengagement ohne Partner handelt. Somit sind bei der Organisationsform der Tochtergesellschaft Howards Einflußmöglichkeiten unbeschränkt, was allerdings auch mit erheblichen Investitionen verbunden ist. Falls Howard nicht über die nötigen Ressourcen verfügen kann, um den gesamten europäischen Markt über die Gründung von Tochtergesellschaften zu erschließen, bleibt ihm wohl nichts anderes übrig als auf Einflußnahme zu verzichten.

Je nachdem, wie stark die Bereitschaft von Howard ist, auf Einflußnahme bei Superbucks Europa zu verzichten, ohne zugleich auf eine schnelle europäische Markterschließung zu verzichten, stünde ihm beispielsweise der Weg der Vergabe von Lizenzverträgen auf dem Ländermarkt offen. Sie erläutern Howard, daß man darunter die entgeltliche Übertragung von Nutzungsrechten am intellektuellen Eigentum des Lizenzgebers an den Lizenznehmer versteht. Der Lizenzvertrag als alternative Organisationsform für die Internationalisierung hätte den Vorteil, die Investitionen der Markterschließung auf den Lizenznehmer, nämlich Superbucks Europa zu übertragen.

Dies hätte allerdings auch zur Folge, daß die Erträge für Superbucks Amerika entsprechend geringer ausfallen.

Falls Howard weder über die nötige finanzielle Ressourcenausstattung verfügt, um die Markterschließung über die Gründung von Tochtergesellschaften zu vollziehen noch den Einfluß auf die Nutzung seiner Superbucks Idee verlieren möchte, ist die Gründung von Joint Ventures für die Markterschließung am besten geeignet.

Sie bemerkten, daß grundsätzlich die Entscheidung, welches Vorgehen bei der Marktbearbeitung gewählt wird, neben den von Howard gewünschten Eigentums- und Kontrollrechten, den vorhandenen Ressourcen von Superbucks sowie Howards Risikoneigung insbesondere auch von den situativen Bedingungen auf dem Ländermarkt abhängig ist. Howard seufzt, da er eine Internationalisierungsstrategie für ein nicht so komplexes Problem gehalten hat. Sie wenden ein, daß die situativen Bedingungen auf dem jeweiligen Ländermarkt jedoch erheblichen Einfluß auf den Erfolg seines Expansionsvorhabens haben. Zu beachten ist hier zunächst, ob auf dem zu erschließenden Ländermarkt ein geeigneter Joint Venture Partner ausfindig gemacht werden kann und wenn ja, inwieweit sein Know-how für die Markterschließung des jeweiligen Ländermarktes von Bedeutung ist. Daneben sollte Howard Faktoren, wie beispielsweise der erforderliche Koordinationsaufwand zwischen Superbucks und dem Joint Venture Partner sowie den erforderlichen Investitionsaufwand auf jeden Fall berücksichtigen.

Aufgabe 3

Die dritte Frage, die Howard quält, ist die Frage nach der Anpassung des Produktsortiments an die lokalen Gegebenheiten. Dies macht ihm insbesondere Sorge, da er gehört hat, daß die Europäer untereinander kulturell sehr unterschiedlich sein sollen, vor allem im Hinblick auf deren Kaffeekultur. Howard hat beispielsweise gehört, daß die Italiener sehr viel Kaffee trinken, während die Engländer – für Howard unverständlicherweise – scheinbar nur Tee trinken, während die Iren Instant Kaffee bevorzugen.

Sie erklären ihm, daß in Europa die Kaffeekulturen länderspezifisch tatsächlich sehr unterschiedlich sind und daher die Vorteile der Produktsortiments-Differenzierung auf der Hand liegen. Unter Einbeziehung des lokalen Joint Venture Partners könnte Superbucks mittels einer Differenzierungsstrategie die lokalen Bedürfnisse besser befriedigen. Außerdem geben Sie zu bedenken, daß teilweise amerikanische Anbieter, die ein standardisiertes amerikanisches Produktsortiment auf dem europäischen Markt angeboten haben, mit Akzeptanzproblemen zu kämpfen hatten, was ebenso für die länderspezifische Anpassung auf dem Markt sprechen würde.

Neben diesen Vorteilen warnen Sie Howard auch vor den Nachteilen der Produktsortiment-Differenzierung. Mit einer Produktsortiment-Differenzierung ist nämlich ein größerer Koordinations- und Organisationsaufwand verbunden, was auch dazu führt, daß Kostensenkungspotentiale und Skaleneffekte der Standardisierungsstrategie nicht in vollem Umfang ausgeschöpft werden können. Des weiteren geben Sie zu bedenken, daß die Kernkompetenz von Superbucks gerade die hohe Qualität eines weitestgehend standardisierten Produktes ist und eine Differenzierung dem entgegen wirken würde. Howard entgegnet, daß seine Superbucks Produktpalette von Espresso über Cappuccino bis zum Latte Macchiato so reichhaltig und von so hoher Qualität ist, daß damit eigentlich der Geschmack eines jeden Europäers getroffen werden müßte.

Da Sie letztes Jahr in Ihrem Urlaub alle Kaffeespezialitäten von Howard probiert haben, geben Sie ihm recht und empfehlen Howard eine Mischstrategie. Das imageträchtige Kernprodukt von Superbucks, nämlich die breite Palette an unterschiedlichen Kaffeespezialitäten, wird nicht an länderspezifische Gegebenheiten angepaßt. Sie empfehlen allerdings, die Snacks, die die Kunden zusätzlich zu den Kaffeespezialitäten bei Superbucks kaufen können, an die lokalen Gegebenheiten anzupassen. Dies bedeutet, daß je nach länderspezifischem Geschmack in Frankreich Baguette, Pains au chocolat und Croissants, in England Sandwiches und Scones sowie in Deutschland belegte Vollkornbrötchen und Schwarzbrot etc. angeboten werden.

Bei untergehender Sonne und am Fuße des „kurzen" Drinks dankt Howard Ihnen für Ihre guten Ratschläge hinsichtlich seiner Internationalisierungsstrategie. Sie verabreden sich schon jetzt für nächstes Jahr, und Howard verspricht, Ihnen genauestens von den Fortschritten seiner Superbucks-Expansion zu berichten.

Literaturhinweis

BACKHAUS, K.; BÜSCHKEN, J.; VOETH, M.: Internationales Marketing, 3. Auflage 2000, Stuttgart.

Margit Enke, Anja Geigenmüller und Urs-Peter Schmidt

Strategien der Markenführung – Positionierung einer Pralinenmarke

Auf dem Pralinenmarkt hat sich zwischen 1998 und 2001 das Umsatzwachstum stetig verlangsamt. Besonders in den Jahren 2000 und 2001 ist eine deutliche Stagnation der Umsätze zu beobachten. Bei gleichbleibenden Durchschnittspreisen und steigenden Kosten verändert sich damit für viele Markenhersteller in diesem Segment die Gewinnsituation.

Zusätzlich beobachten Markenhersteller eine verstärkte Aktivität von Handelsmarken (Eigenmarken) im Pralinenmarkt sowie Veränderungen in den Verbrauchsgewohnheiten der Konsumenten. Der Eigenverbrauch von Pralinen bzw. der Verbrauch im eigenen Haushalt und die Vorratshaltung sind über den Zeitablauf relativ stabil geblieben. Allerdings ist immer häufiger ein intensives Markenwechselverhalten zu verzeichnen, d. h. die Treue zu einzelnen Herstellermarken ist rückläufig. Gleichzeitig wachsen die Anteile der Handelsmarken in diesem Bereich. Damit erhöht sich der Wettbewerbsdruck nicht nur seitens anderer Markenhersteller, sondern auch seitens des Handels.

Weiterhin zeigt sich eine leichte Zunahme beim Kauf als Geschenk. Typische Verwendungsanlässe sind auch weiterhin Geburtstage, Weihnachten und andere Feiertage (Muttertag, Valentinstag). Daraus ergibt sich die typische Saisonalität des Pralinenmarktes, d. h. höhere Umsätze zu Jahresbeginn bzw. zum Jahresende und ein Absinken der Umsätze in den Sommermonaten.

Neben dieser generellen Marktentwicklung liegen dem Unternehmen zur Marke „Lieblingsmischung" weitere Informationen vor. Während sich die Werte für funktionale Imagedimensionen kaum verändert haben, sind die folgenden Imagedimensionen in 2000 und 2001 deutlich niedriger bewertet worden als in den davor liegenden Jahren:

- „Die Marke ist sympathisch",
- „Die Marke ist unverwechselbar",
- „Die Marke ist exklusiv",
- „Die Produkte der Marke sind zeitgemäß",
- „Mit Produkten dieser Marke kann man sich verwöhnen",
- „Diese Marke ist etwas für Genießer",
- „Diese Marke ist etwas für junge Leute".

Der Wettbewerb ist neben der Marke „Lieblingsmischung“ durch die Hauptwettbewerber A bis D gekennzeichnet. Marke A ist Marktführer im Pralinenmarkt, die Marke erreicht den höchsten ungestützten Bekanntheitsgrad von allen betrachteten Marken und einen zweistelligen Marktanteil. Dagegen besitzt die „Lieblingsmischung“ den niedrigsten ungestützten Bekanntheitsgrad. Ihr Marktanteil bewegt sich wie der der übrigen Wettbewerber zwischen zwei und drei Prozent. Die Marken A und B sind als eher exklusive Marken im Hochpreissegment positioniert. Die Marken C und D sowie die „Lieblingsmischung“ bewegen sich dagegen eher im mittleren Preissegment. Aus der Marktforschung ist schließlich bekannt, wie Konsumenten typische Verwendungsanlässe für die Marke „Lieblingsmischung“ im Vergleich zu den wichtigsten Wettbewerbsmarken A bis D einschätzen *(vgl. Tabelle 1).*

Tabelle 1: Typische Verwendungsanlässe der Marke „Lieblingsmischung“ im Vergleich zum Wettbewerb (Skala von 5 = „stimme voll zu“ bis 1 = „stimme überhaupt nicht zu“; Mittelwerte)

Marke	um sich zu verwöhnen	zum Naschen zwischendurch	für Gäste	zum Verschenken
Lieblingsmischung	***2,2***	***2,3***	***2,5***	***4,0***
A	3,3	2,4	3,7	4,6
B	2,6	2,3	3,3	4,5
C	1,9	2,9	2,8	2,0
D	2,4	2,8	2,2	3,4

Quelle: Marktforschung „Lieblingsmischung”

Aufgabe 1

a) Erklären Sie den Begriff der Marke sowie der Herstellermarke und der Eigenmarke des Handels!

b) Welche Ziele verfolgt die Markenführung von Herstellermarken? Leiten Sie aus Ihren Antworten ab, welche Ziele Handelsunternehmen mit ihrer Markenführung verfolgen können! Worin sehen Sie dabei besonderes Konfliktpotenzial zwischen Markenherstellern und dem Handel?

Aufgabe 2

a) Welche Elemente kann das Vorstellungsbild von Konsumenten zu einer Marke umfassen? Welche Möglichkeiten gibt es, diese Elemente zu gruppieren? Nennen Sie jeweils Beispiele dazu!

b) Marken können anhand ihres Vorstellungsbildes positioniert werden. Was versteht man unter Markenpositionierung? Welche Kriterien sind bei der Markenpositionierung wichtig?

c) Wie gestaltet sich der Prozess der Markenpositionierung und –profilierung?

Aufgabe 3

a) Welche Bedeutung hat die Kommunikation für die Umsetzung einer angestrebten Markenpositionierung? Unterstützen Sie Ihre Erläuterungen mit Beispielen!
b) Erläutern Sie in diesem Zusammenhang den Begriff und die Bedeutung von integrierter Kommunikation!

Aufgabe 4

a) Diskutieren Sie die Ausgangssituation der Marke „Lieblingsmischung" im Vergleich zu den Wettbewerbsmarken! Wie sollte die Marke „Lieblingsmischung" positioniert werden?
b) Wie setzen Sie Ihr Positionierungskonzept in der Markengestaltung um?
c) Welche Konsequenzen haben Ihre Positionierungsvorschläge für die Kommunikationspolitik? Entwickeln Sie ein integriertes Kommunikationskonzept!

Lösung

Aufgabe 1a)

Die Marke stellt ein in der Psyche des Konsumenten verankertes, unverwechselbares Vorstellungsbild von einem Produkt oder einer Dienstleistung dar. Sie wird dabei in einem möglichst großen Absatzraum über längere Zeit in gleichartigem Auftritt und gleichbleibender oder verbesserter Qualität angeboten. Aktiviert wird das Vorstellungsbild zu einer Marke durch einen Namen, ein Begriff, Zeichen, Symbol, eine Gestaltungsform bzw. eine Kombination aus diesen Elementen. Sie dienen der warenrechtlichen Identifikation und der Differenzierung der Marke gegenüber dem Wettbewerb.

Eine Herstellermarke ist das Waren-/Firmenzeichen eines Herstellerunternehmens. Demgegenüber ist die Eigenmarke des Handels als Waren-/Firmenkennzeichen von Artikeln eines Handelsunternehmens zu verstehen. Sie verdeutlicht das rechtliche Eigentum eines Handelsunternehmens an den derartig markierten Artikeln. Im Unterschied zu Herstellermarken liegt die Kompetenz des Inhabers einer Handelsmarke in der Distribution und nicht in der Produktion. Weitere Merkmale von Eigenmarken des Handels sind:

- ähnliche Ausstattungsmerkmale im Erscheinungsbild, in der Produktgestaltung, Verpackung etc.,
- ein im Vergleich zu Herstellermarken ähnlich wahrgenommenes Qualitätsniveau,
- ein Preisvorteil gegenüber Herstellermarken.

Angesichts der Entwicklung von Handelsmarken kann nicht ausgeschlossen werden, dass Handelsmarken ebenso wie Herstellermarken eigene Vorstellungsbilder über einen bestimmten Handelsartikel und damit über das Handelsunternehmen aufbauen. Damit wäre es der Handelsmarke möglich, in zweifacher Hinsicht Markenloyalität zu erzeugen: zum einen gegenüber dem eigentlichen Markenartikel und zum anderen gegenüber der Einkaufsstätte selbst. Damit generieren Handelsmarken einen positiven Unternehmenswert für das jeweilige Handelsunternehmen.

Aufgabe 1b)

Hauptsächliche Konfliktfelder zwischen Herstellerunternehmen und dem Handel entfalten sich im Bereich der Sortimentspolitik, der Preis- und Konditionenpolitik sowie der Kommunikationspolitik. Die parallele Markenführung des Handels verstärkt die Wettbewerbsintensität für Markenhersteller. Während der Handel starke Herstellermarken als Frequenzbilder benötigt, besteht für schwächere Zweit- und Drittmarken die Gefahr der Substitution durch Handelsmarken. Damit lassen sich Produktinnovationen von Herstellern über den Handel schwerer durchsetzen (*vgl. Tabelle 2*).
Da der Handel vor allem preispolitische Instrumente einsetzt, ergibt sich daraus ein zweites wichtiges Konfliktfeld. Die Preis- und Konditionenpolitik des Handels erschwert es, den preispolitischen Spielraum für Herstellermarken aufrecht zu erhalten. Häufige Niedrigpreisaktionen des Handels können die Wahrnehmung und damit das Image von Herstellermarken negativ beeinflussen. Da der Handel vor allem durch Rückwärtsintegration seine Wertschöpfungskette auch weiterhin verlagert, wird seine Macht zunehmen. Durch eine stärkere Verhandlungsposition kann der Handel damit seine Preis- und Konditionenvorstellungen zu Lasten der Hersteller realisieren.
Schließlich betreibt der Handel eine eigenständige Kommunikationspolitik für seine entsprechende Profilierung im Wettbewerb. Angefangen mit der Bestimmung der Warenpräsentation am Point of Sale führt er losgelöst vom Hersteller eigene Verkaufsförderungsmaßnahmen durch. Dabei werden Handelsmarken bis hin zu einem direkten Preisvergleich den gelisteten Herstellermarken gegenübergestellt. Folglich intensiviert sich dadurch der Kommunikationswettbewerb sowie der Druck auf die Hersteller seitens des Handels.

Tabelle 2: Gegenüberstellung der Ziele der Markenpolitik von Hersteller- und Handelsunternehmen

Ziele der Markenpolitik von Herstellerunternehmen	*Ziele der Markenpolitik von Handelsunternehmen*
absatzfördernde Wirkung	absatzfördernde Wirkung, Absatzsteigerung starker Eigenmarken zu Lasten schwacher Herstellermarken (Kostensenkung der Beschaffung durch Reduktion der Lieferantenzahl)
Realisierung eines preispolitischen Spielraums	Verbesserung der Verhandlungsposition gegenüber dem Hersteller, Verbesserung der Handelsspanne
Präferenzbildung, Markentreue	Präferenzbildung und Treue zur Einkaufsstätte, Maßnahme zur Kundenbindung und Neukundengewinnung; außerdem stärkere Bindung von Mitgliedern von Verbundgruppen an die Zentrale (interne Identifikation)
differenzierte Marktbearbeitung	Prägung eines „Sortimentsbildes"; Ansprache verschiedener Kundenerwartungen bezüglich des Qualitäts- und Preisniveaus
Differenzierung gegenüber dem Wettbewerb	Profilierung der eigenen Betriebsform gegenüber dem Wettbewerb, Entzug aus einer unmittelbaren Vergleichbarkeit
positives Unternehmensimage	positives Image der Betriebsform
Wertsteigerung des Unternehmens	Wertsteigerung des Handelsunternehmens

Aufgabe 2a)

Das Vorstellungsbild von Konsumenten zu einer Marke umfasst sowohl physische als auch emotionale Eigenschaften einer Marke. Physische Eigenschaften sind Eigenschaften des Produktes, seine Gestaltung, Verpackung, Qualitäts- und Servicemerkmale bis hin zum Preis. Emotionale Bestandteile umfassen Assoziationen des Konsumenten, innere Bilder und Einstellungen zu einer Marke. Besonders im Bereich des täglichen Bedarfs herrscht eine hohe wahrgenommenen Qualitätsgleichheit zwischen verschiedenen Marken. Daher kommt der Differenzierung von Marken über emotionale Imagedimensionen eine tragende Rolle zu. Man kann die verschiedenen Bestandteile eines Vorstellungsbildes u. a. wie folgt gruppieren (*vgl. Tabelle 3*):

Tabelle 3: Dimensionen des Vorstellungsbildes einer Marke

Merkmalsgruppe	*Ausprägung*	*Beispiel*
Marke als Produkt	Qualität	Persil, Audi
	Design	Rolf Benz, Porsche
	Preisgestaltung	MediaMarkt, Ryan Air
	geographische Verankerung	Radeberger, Florena
	Markenpräsentation am PoS	Tchibo, L'Oréal
Marke als Symbol	Name, Zeichen	Milka, Mercedes-Benz
	Markenhistorie	Tempo, Bärenmarke
	Kommunikation	Red Bull, Nike
Marke als Person	kulturelle Verankerung	McDonald's, IKEA
	Markteintrittszeitpunkt (Pionier)	bruno banani, Sony
	typischer Verwender	Malboro, Chanel
Marke als Organisation	Branchenzugehörigkeit	Allianz, Amazon
	Unternehmenszugehörigkeit	Weißer Riese, BOL
	Mitarbeiterpotenzial	Lange&Söhne, Dallmayr Prodomo

Quelle: In Anlehnung an Meffert, H. (2000): Marketing, S. 880.

Aufgabe 2b)

Unter Markenpositionierung versteht man die aktive zielorientierte Gestaltung der Stellung einer Marke im Markt. Durch Maßnahmen der Markenführung soll auf das Vorstellungsbild von Konsumenten zu einer Marke Einfluss genommen werden.

Wichtige Kriterien für eine Markenpositionierung sind, dass die Positionierung
- für den Kunden wahrnehmbar ist,
- auf für den Kunden relevanten Eigenschaften beruht,
- sich von anderen Marktteilnehmern unterscheidet,
- (soweit erforderlich) der Positionierung des Unternehmens entspricht,
- langfristig und kontinuierlich ausgerichtet ist.

Aufgabe 2c)

Der Prozess der Markenpositionierung und Profilierung basiert auf der Analyse von Bedürfnissen, Einstellungen und Verhaltensweisen der Kunden. Ziel ist es herauszufinden, welche offenen, latenten bzw. neuartigen Bedürfnisse bei Konsumenten, sogenannte „Consumer Insights“ bestehen und mit welchen Leistungen diesen Bedürfnissen begegnet werden kann. Daraus lassen sich Annahmen über die „ideale Marke“ aus Kundensicht treffen. Aus einem Vergleich mit einer differenzierungsfähigen Positionierung im Vergleich zum Wettbewerb leiten sich Positionierungsziele ab. Zum einen kann die Entscheidung für die Beibehaltung der aktuellen Positionierung getroffen werden. Alternativ kann ein Ziel in der Veränderung der Positionierung bestehen. Eine solche Veränderung umfasst die Neupositionierung ebenso wie die Erweiterung eines Positionierungsraumes, beispielsweise durch Hinzufügen weiterer Imagedimensionen. Schließlich ist zu entscheiden, welche Normziele die Positionierung erfüllen soll, d. h. ob sie sachorientiert, emotions- und erlebnisorientiert bzw. aktualisierend gestaltet wird.

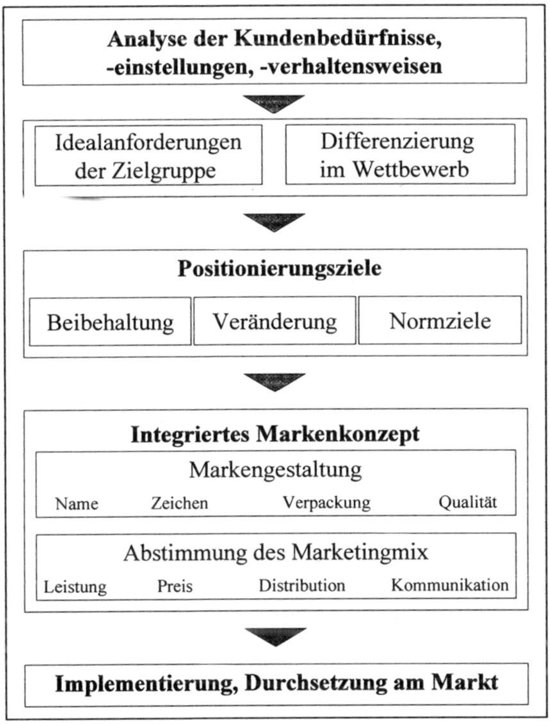

Abbildung 1: Prozess der Markenpositionierung und –profilierung
Quelle: (In Anlehnung an Meffert, H. (2000): Marketing, S. 852.)

Daraus folgt ein Markenkonzept aus Markengestaltung und Umsetzung in einem entsprechenden Marketingmix. Daraus wird deutlich, dass Entscheidungen zur Markengestaltung mixübergreifend sind und folglich die Umsetzung mittels Marketinginstrumente ein hohes Maß an Integration erfordert. Die Implementierung am Markt und die Durchsetzung der Marke entsprechend der Positionierungsziele geht einher mit einer permanenten Kontrolle und eventuellen Adaption der Markenposition. Wichtig ist, dass durch eine solche Adaption grundlegende Entscheidungen zum Kern und zu den differenzierenden Eigenschaften der Marke nicht revidiert werden. Vielmehr handelt es sich um eine Feinabstimmung (*vgl. Abbildung 1*).

Aufgabe 3a)

Kommunikation hat zum Ziel, hohe Markenbekanntheit zu erzielen, positive Einstellungen zu einer Marke auszubilden und beim Konsumenten zu einem positiven Markenverhalten, d. h. zur Markenpräferenz und zur Markenloyalität zu führen. Die Realisierung eines beabsichtigten Vorstellungsbildes ist zum großen Teil von Kommunikation abhängig. Somit sind Markenaktivitäten eines Unternehmens immer auch Kommunikationsaktivitäten. Daraus folgt die überragende Bedeutung von Kommunikation für die Markenpositionierung. Beispiele für den Einsatz von Kommunikationsinstrumenten zur Markenpositionierung sind u. a. (*vgl. Tabelle 4*):

Tabelle 4: Beispiele für den Einsatz von Kommunikationsinstrumenten zur Markenpositionierung

Instrument	*Beispiel*
TV-Werbung	Warsteiner, Spee
Eventmarketing	Red Bull
Sponsoring - TV-Sponsoring - Event-Sponsoring	 Rotkäppchen Nivea
Product Placement	BMW (Film "James Bond")

Aufgabe 3b)

Integrierte Kommunikation bezeichnet die inhaltliche und formale Abstimmung aller Maßnahmen der Markenkommunikation. Um zu einem widerspruchsfreien und einprägsamen Vorstellungsbild zu gelangen, dürfen sich Kommunikationsinhalte in verschiedenen Medien nicht widersprechen. Sie müssen sich stattdessen gegenseitig verstärken.

Die Forderung nach integrierter Kommunikation wird angesichts eines Anstiegs an verfügbaren Kommunikationsmedien, an Kommunikationstreibenden und demgegenüber einer sinkenden Aufnahmebereitschaft von Konsumenten immer wichtiger. Eine hohe Informationsbelastung erschwert den Auf- und Ausbau von Vorstellungsbildern. Die Realisation einer beabsichtigten Markenpositionierung hängt damit entscheidend von der Integration von Kommunikationsmaßnahmen und -medien ab.

Aufgabe 4a)

Die Marke „Lieblingsmischung“ sieht sich einer nachlassenden Imageschärfe gegenüber. Vor allem in den differenzierenden emotionalen Imagedimensionen wird die Marke weniger deutlich wahrgenommen als noch vor ein paar Jahren. Hinzu kommt, dass der „typische Verwender“ der Marke weniger in genussorientierten Konsumenten und jungen Zielgruppen gesehen wird. Verwendungsanlässe der Marke bestehen vor allem im Verschenken, allerdings wird sie von den Konsumenten auch für andere Anlässe als geeignet angesehen. Dagegen zeigt sich bei anderen Marken aus dem Pralinenmarkt, dass häufig eine Zuordnung zu bestimmten Verwendungsmotiven erfolgt. Besonders die eindeutige Positionierung entweder zum Naschen/Verwendung im eigenen Haushalt oder zur Verwendung für Gäste/außerhalb des eigenen Haushalts wird von vielen Wettbewerbsmarken erreicht. Bei „Lieblingsmischung“ ist das nicht der Fall. Dies deutet erneut auf eine fehlende Imageschärfe hin.

Die Positionierung zur eigenen Verwendung im Haushalt hat durch die Aktivitäten von Handelsmarken nur geringe Erfolgsaussichten. Eine Positionierung im Bereich der Verwendung außerhalb des Haushalts muss ausreichende Differenzierungsmöglichkeiten aufweisen. Auch hier wird die Problematik durch die Aktivitäten des Handels verstärkt. Die zunehmende Akzeptanz von Handelsmarken und die damit einhergehende Preissituation machen eine eindeutige und differenzierende Positionierung von „Lieblingsmischung“ noch dringender.

Aufgabe 4b)

Im Vergleich zu den Wettbewerbsmarken wird offensichtlich, dass das Motiv des Verschenkens bei allen Pralinenmarken eine wichtige Rolle spielt. Allerdings wird die Dimension des „Naschens“ bzw. „sich Verwöhnens“ vom Wettbewerb kaum bedient. Hier bietet sich eine Positionierungslücke, die die Marke „Lieblingsmischung“ für ihre Positionierung und Profilschärfung nutzen kann. In Abgrenzung zu Familien- und Kinderprodukten lässt sich die Marke emotionsorientiert auf junge Erwachsene ausrichten. Diese beiden Aspekte des Markenkerns und der Zielgruppe müssen in der Produktgestaltung, der Verpackung sowie der Gestaltung der Marke und einer entsprechenden Kommunikation umgesetzt werden.

Für die Produktgestaltung empfiehlt sich der Ausbau der Geschmacksvarianten, um den Aspekt „Naschen“ zu betonen. Im Gegensatz zum Wettbewerb soll eine gewisse Vielfalt im Sortiment mit teilweise ungewöhnlichen Geschmacksrichtungen eine Differenzierung schaffen.

In der Verpackung sollte sich ebenfalls der Markenkern widerspiegeln: Neben einer eindeutigen und von anderen Herstellern unterscheidenden Farbgebung wird als Verpackung eine Herzform gewählt. Sie symbolisiert die gefühlsbetonte Ausrichtung des

Markenkerns. Der Markenname „Lieblingsmischung“ wird dazu genutzt, diese Ausrichtung noch zu unterstreichen, indem der Wortbestandteil „Liebling“ stilisiert und mehr als bisher hervorgehoben wird. Gleichzeitig wird damit erreicht, dass sich die Marke am Point of Sale sowohl von anderen Herstellermarken als auch von den Handelsmarken abhebt.

Aufgabe 4c)

Die Kommunikationspolitik soll sowohl durch die Art der Botschaft als auch durch die Wahl der Medien die emotionsorientierte Positionierung stützen. Beispielsweise wäre denkbar, zu Anlässen wie Valentinstag oder Muttertag spezielle Display-Aktionen im Handel durchzuführen, die durch TV-und Kinowerbung begleitet werden. In Kinos könnten ebenfalls verkaufsfördernde Maßnahmen stattfinden, die an die Kinowerbung gekoppelt werden und unmittelbar eine Reaktionsbeobachtung beim Konsumenten zulassen. Außerdem ist Kinowerbung bei der Zielgruppe der jungen Erwachsenen teilweise wirksamer als Werbung über TV.
Die Kommunikationsstrategie ließe sich dahingehend ausbauen, dass die Marke „Lieblingsmischung“ das TV-Sponsoring für eine Partnershow im Fernsehen übernimmt. Der Moderator der Show gilt als Sympathieträger bei der relevanten Zielgruppe, daher bemüht sich der Hersteller, ihn als Testimonial für die Marke zu gewinnen. Auch dadurch soll sie emotional aufgeladen werden.

Schließlich setzt die Marke die Internetkommunikation ein, um ihre Zielgruppe gezielt anzusprechen. So können auf der Homepage der Marke elektronische Grußkarten versendet werden. Ein Chatroom bietet die Möglichkeit, dass User untereinander in Verbindung treten. Zum Valentinstag startet eine Fotoaktion „Mein Liebling“. Im Rahmen des Direktmarketing werden Konsumenten aufgerufen, Fotos einzusenden bzw. darüber abzustimmen. Aufgrund des hohen Involvement, das durch diese Aktion erzeugt werden soll, kann die Marke in der beabsichtigten Positionierung stärker verankert werden.

Die Integration aller kommunikationspolitischen Maßnahmen muss auf inhaltlicher, formaler, organisatorischer und zeitlicher Ebene erfolgen. Inhaltlich müssen die kommunizierten Botschaften ein konsistentes Markenbild aussenden. Der Markenhersteller sollte die Wahrnehmungen der Konsumenten dahingehend überprüfen, ob dieses Markenbild sich auch so etabliert hat. Formale Integration wird erreicht, indem trotz unterschiedlicher Medien die Gestaltung der Markenbotschaften konsistent gehalten werden. Sowohl die Farbgebung als auch der Einsatz von Bildern soll einheitlich sein. Über das Testimonial kann eine Integrationsfigur geschaffen werden, die eine formale Übereinstimmung unterstützt.

Organisatorisch integrativ bedeutet für die Marke, dass das Briefing an die beauftragten Agenturen genau formuliert ist und für die Umsetzung keine Interpretationsspielräume bietet, die der Marke schaden können. Außerdem sollen Agenturen ausgewählt werden, die sowohl im Bereich klassischer Medien als auch in modernen Medien wie dem Internet ausgewiesen sind und eine formale Integration über mehrere Medien herstellen können.

Zeitliche Integration verlangt bei der Planung der Kommunikation, die Markenbotschaft auch über einen längeren Zeitraum konstant zu halten. Beispielsweise können bestimmte Anlässe wie Valentinstag wiederholt genutzt werden, die Marke stetig zu aktualisieren. Über diese Wiederholungen wird das Markenbild gefestigt und profitiert aus der gedanklichen Verbindung zwischen dem Anlass und der Marke. Die Kontrolle der Wahrnehmung seitens der Konsumenten ist ebenfalls kontinuierlich vorzunehmen. Von der Wahrnehmung der Marke ist abhängig, ob sich das beabsichtigte Vorstellungsbild verankert und die Marke eine ausreichend differenzierende Position im Wettbewerb aufbauen kann.

Literaturhinweise

AHLERT, D., KENNING, P., SCHNEIDER, D.: Markenmanagement im Handel. Strategien - Konzepte – Praxisbeispiele. 2000.

ESCH, F.-R. (HRSG.): Moderne Markenführung. Grundlagen - Innovative Ansätze - Praktische Umsetzungen. 3., akt. und erw. Aufl. 2001.

HOMBURG, CH., KROHMER, H. Marketingmanagement. Strategie - Instrumente - Umsetzung – Unternehmensführung. 2003.

MEFFERT, H.: Marketing. Grundlagen marktorientierter Unternehmensführung. Konzepte - Instrumente - Praxisbeispiele. Mit neuer Fallstudie VW Golf. 9., überarb. u. erw. Aufl. 2000.

MEFFERT, H., BURMANN, CH., KOERS, M. (HRSG.): Markenmanagement. Grundfragen der identitätsorientierten Markenführung. Mit Best Practice – Fallstudien. 2002.

II. Operative Marketingplanung

Stefan Mirschel

Kurzfristige Absatzprognose bei saisonalen Absatzschwankungen

Aufgabe 1

Warum ist die Berücksichtigung saisonaler Einflüsse auf die Absatzerwartung von Bedeutung? Welche anderen betrieblichen Planungsbereiche nutzen diese Prognosedaten als Grundlage? Worin können saisonale Schwankungen begründet sein?

Aufgabe 2

Nennen Sie Voraussetzungen zur Eignung von Zeitreihenanalysen zur Prognose zukünftiger Absatzmengen! Welche Komponenten lassen sich bei einer Zeitreihe unterscheiden? Welche zwei prinzipiell unterschiedlichen saisonalen Verläufe werden durch Ausprägungen des Verfahrens von WINTERS erfaßt? Welche weniger aufwendigen Zeitreihenanalysen existieren für die Prognose zukünftiger Absatzmengen, wenn keine saisonalen Einflüsse vorhanden sind?

Aufgabe 3

Der Hustenpastillenproduzent KATHARRO hat die Absatzmengen seiner Premium-Hustenpastille „Bella" in den letzten fünf Jahren quartalsweise erfaßt (Angaben in tausend Verpackungseinheiten). Diese tabellarisch erfaßten Daten stellt er Ihnen zur Verfügung, damit Sie die Absatzmenge für das 1. Quartal 2004 prognostizieren können.

	Jan. – März	Apr. – Juni	Juli – Sep.	Okt. – Dez.
1999	250	150	100	300
2000	300	190	120	400
2001	350	150	170	400
2002	450	200	150	500
2003	450	190	210	550

a) Legen Sie die geeignete Ausprägung des Verfahrens von WINTERS fest, mit dem Sie die Prognose wagen wollen, indem Sie die gegebenen Werte in einem Diagramm abbilden! Erläutern Sie die Vorgehensweise des von Ihnen gewählten Verfahrens, wenn nur für die jeweils folgende Periode prognostiziert werden soll!

b) Initialisieren Sie das Verfahren mit Hilfe der Zeitreihendekomposition! Ermitteln Sie zunächst anhand des zentrierten gleitenden Durchschnitts die Saisonfaktoren, und normieren Sie diese anschließend! Warum muß die Normierung erfolgen? Führen Sie danach eine Regressionsanalyse durch, um die Startwerte für Achsenabschnitts- und Steigungsparameter zu ermitteln!

c) Ermitteln Sie anhand des Verfahrens von WINTERS für alle vergangenen Quartale den Prognosewert, indem Sie immer nur für die Folgeperiode eine Schätzung vornehmen! Verwenden Sie dabei folgende Glättungsparameter: $\alpha = 0{,}3$ (Achsenabschnitt), $\beta = 0{,}15$ (Steigungsparameter) und $\gamma = 0{,}25$ (Saisonfaktor)! Wie hoch fällt die Prognose für die Absatzmenge des ersten Quartals 2004 aus?

Aufgabe 4

Welche Aufgabe haben die Glättungsparameter, und in welcher Weise wirkt eine Veränderung auf das Prognoseergebnis? Wie können Sie auf einfache Weise die Güte Ihrer Prognose veranschaulichen?

Lösung

Aufgabe 1

Saisonale Schwankungen wirken nicht nur unmittelbar auf die Absatzmengen und dadurch auf den Umsatz, sie beeinflussen auch alle anderen Bereiche des Unternehmens. Die Planung des Absatzes wirkt unmittelbar auf die Planung des Produktionsprogramms, dessen Festlegung der erste Schritt im Rahmen der sukzessiven Produktionsplanung und -steuerung (PPS) ist. Daher bilden die Prognosedaten die Grundlage für die Mengen- und Auftragsgrößenplanung sowie die Grobterminierung. Während die Mengenplanung die Bedarfsmengen für den vorgesehenen Absatz ermittelt, legt die Auftragsgrößenplanung die Fertigungslosgrößen und die Bestellmengen fest. Die Grobterminierung widmet sich hingegen der Durchlaufterminierung der Aufträge und dem Abgleich der Kapazitäten. Die Festlegung der Fertigungs- und Beschaffungstermine und deren Mengen und somit auch die Belastung von Kapazitäten werden also von den vorgesehenen Absatzterminen und -mengen beeinflußt. Dabei bewegt sich die PPS im Spannungsfeld von Durchlaufzeitverkürzung, hoher Kapazitätsauslastung, Verringerung von Lagerbeständen und Einhaltung vereinbarter Liefertermine. Diese Ziele stehen wegen der interdependenten Planungsbeziehungen teilweise in Konflikt zueinander („Dilemma der Ablaufplanung“).

Die Absatzprognose beeinflußt aber nicht nur die PPS, sie stellt auch für weitere Bereiche der Betriebsplanung eine wesentliche Grundlage dar. So kann die Planung der Finanzen, vor allem der Liquidität eines Unternehmens, nicht ohne Kenntnis des zu erwartenden Umsatzes erfolgen, und die Preis- und Kommunikationspolitik als Mittel zur Beeinflussung des Absatzes ist im besonderen von der Prognose abhängig. Letztlich wirkt sie auch auf Bereiche wie die Investitions-, Personal- und Logistikplanung. Bleiben die saisonalen Schwankungen unberücksichtigt, kann dies zu erheblichen Fehlplanungen in allen Bereichen des Unternehmens führen, die in letzter Konsequenz sogar existenzgefährdend sein können.

Saisonale Schwankungen haben verschiedene Ursachen, die sich in produkt- und marktabhängige Gründe unterscheiden lassen, wobei letztere überwiegen. So wird ein Hersteller von Sonnencreme verstärkten Absatz während der sonnenreichen Monate im Sommer und der Wintersportsaison registrieren, obgleich er das ganze Jahr produzieren kann. Hingegen ist ein feldwirtschaftlicher Landwirt auch bei der Produktion von den Jahreszeiten abhängig, und die Absatzzeit beschränkt sich im wesentlichen auf die Erntemonate.

Aufgabe 2

Die Zeitreihenanalyse zählt zu den quantitativen Entwicklungsprognosen, da die Prognosewerte in Abhängigkeit der Variablen „Zeit" gesetzt werden, die das Unternehmen nicht zu beeinflussen vermag. Sofern nur das zeitliche Verhalten unter Ausschluß weiterer Einflußgrößen untersucht wird, handelt es sich um eine univariate Analyse. Voraussetzung ist also die Unterstellung eines Zusammenhangs zwischen Zeit und Absatzmenge. Des weiteren sollte bei Anwendung der Zeitreihenanalyse davon ausgegangen werden können, daß die aus dem historischen Verlauf gewonnenen „Gesetzmäßigkeiten" der Entwicklung auch in Zukunft gelten werden und der Absatz nicht durch Strukturbrüche am Markt oder geänderte Produktkonzeptionen gestört wird. Letztlich ist bei Wahl des geeigneten Zeitreihenmodells darauf zu achten, ob die Annahmen, die an das zugrunde gelegte Modell zu stellen sind, vom beobachteten Verlauf tatsächlich erfüllt werden. Diese Eignung ist letztlich auch in der Prognosegüte für bereits vorliegende Beobachtungen erkennbar.

Grundsätzlich werden vier verschiedene Komponenten einer Zeitreihe unterschieden:

- Die Trendkomponente, die die langfristige Entwicklung einer Zeitreihe angibt.
- Die zyklische Komponente, die mittelfristige Schwankungen erfaßt. Trend- und zyklische Komponente sind oftmals nicht sauber zu trennen und werden daher zur glatten Komponente zusammengefaßt.
- Die saisonale Komponente, die das saisonale Muster innerhalb einer konstanten Periode (Saisonzyklus) wiedergibt und von der glatten Komponente überlagert wird.
- Die zufällige Restkomponente, die alle Schwankungen enthält, die nicht von den anderen Komponenten erfaßt werden. Sie wird bei absoluter Angabe als in der Summe um null, bei relativer Angabe im Produkt um eins schwankend angenommen.

Neben der Art der zu berücksichtigenden Komponenten spielt auch deren Verknüpfung untereinander eine Rolle. So lassen sich die additive und die multiplikative Verknüpfung unterscheiden. Während bei der erstgenannten die Größe der Saisonkomponente unabhängig von der glatten Komponente ist, wird bei der zweitgenannten Verknüpfung unterstellt, daß die Größe der Saisonkomponente vom Niveau der glatten Komponente abhängt. Die beiden Verknüpfungsarten sind in Abbildung 1 dargestellt. Das Verfahren von WINTERS weist eine Ausprägung mit additiver und eine mit multiplikativer Verknüpfung der beiden Komponenten auf.

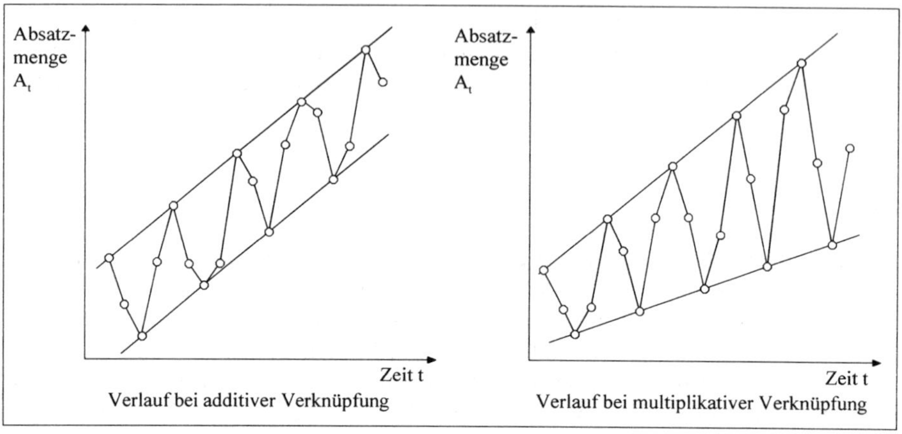

Abbildung 1: Verknüpfungsarten der glatten und saisonalen Zeitreihenkomponente

Sofern keine saisonalen Einflüsse vorhanden sind, braucht nur die glatte Komponente der Zeitreihe ermittelt zu werden, alle anderen Abweichungen verlagern sich in die Restkomponente. Recht einfach handhabbare Modelle zur Ermittlung der glatten Komponente einer Zeitreihe sind:

- die gleitende Durchschnittsbildung,
- die gewichtete gleitende Durchschnittsbildung,
- die Ermittlung einer Trendgeraden durch die Methode der kleinsten Quadrate,
- die exponentielle Glättung erster Ordnung und
- die exponentielle Glättung zweiter Ordnung.

Aufgabe 3

a) Da, wie in Abbildung 2 zu erkennen ist, offensichtlich ein zunehmender Trend vorliegt, bei dem sich gleichzeitig die saisonalen Abweichungen verstärken, ist das multiplikative Verfahren von WINTERS anzuwenden.

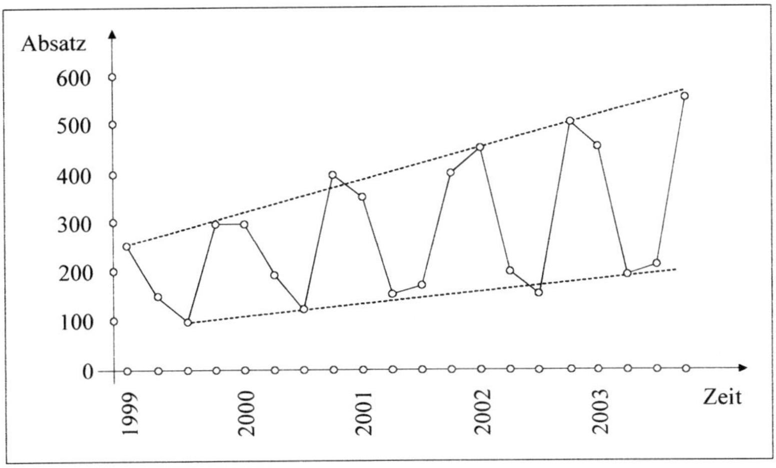

Abbildung 2: Grafische Darstellung der Zeitreihe

Der Verlauf der Zeitreihe wird demnach wie folgt angegeben:

$$A_t = \underbrace{(a + b \cdot t)}_{\text{glatte Komponente}} \cdot \underbrace{s_t}_{\text{Saisonkomponente}} + \underbrace{z_t}_{\text{Zufallskomponente}}$$

Während die glatte und die Saisonkomponente zu jedem Zeitpunkt neu geschätzt werden, wird die Zufallskomponente als um den Wert null schwankend angenommen und im weiteren Verlauf vernachlässigt. Deshalb erfolgt die Schätzung der Absatzmenge nach der Beziehung:

$$\hat{A}_{t,t+i} = \left(\hat{a}_t + \hat{b}_t \cdot i\right) \cdot \hat{s}^n_{t+i-j}$$

Die Prognose des Achsenabschnittes $\hat{a}_t$ und der Steigung $\hat{b}_t$ der Absatztrendgeraden (= glatte Komponente) erfolgt zu jedem Zeitpunkt t in Anlehnung an das Verfahren von HOLT, einer exponentiellen Glättung zweiter Ordnung mit den Glättungsparametern α für den Achsenabschnitt und β für die Steigung der Trendgeraden. Zusätzlich muß der Saisonfaktor prognostiziert werden, dessen Glättung durch den Parameter γ erfolgt. Da für die Folgeperiode geschätzt werden soll, ist $i = 1$, und die folgenden Gleichungen gelten nur für diese auch als „one-step-ahead forecast" (Ein-Schritt-Prognose) bezeichnete Verfahrensversion. Beachtenswert ist, daß für den neuen Prognosewert des Absatzes immer der entsprechende, einen Saisonzyklus zurückliegende Saisonfaktor verwandt wird.

Die Gleichung zur Prognose des Achsenabschnittparameters $\hat{a}_t$ lautet:

$$\hat{a}_t = \alpha \cdot \frac{A_t}{\hat{s}^n_{t-j}} + (1-\alpha) \cdot \left(\hat{a}_{t-1} + \hat{b}_{t-1}\right)$$

Hierbei wird die zuletzt beobachtete Absatzmenge durch den zugehörigen Saisonfaktor bereinigt, dessen letzte Prognose genau einen Saisonzyklus von j Perioden (z. B. j = 4 Quartale) zurückliegt. Der historische Verlauf ist durch die Trendparameter der Vorperiode berücksichtigt.

Die Gleichung zur Prognose des Anstiegsparameters $\hat{b}_t$ lautet:

$$\hat{b}_t = \beta \cdot (\hat{a}_t - \hat{a}_{t-1}) + (1 - \beta) \cdot \hat{b}_{t-1}$$

Zu erkennen ist, daß die Schätzung einerseits die Veränderung der Achsenabschnitte zwischen dem eben geschätzten und dem vorperiodigen Parameter berücksichtigt und andererseits der Anstiegsparameter der Vorperiode enthalten ist, der den historischen Verlauf repräsentiert.

Letztlich erfolgt die Prognose des Saisonfaktors durch die Beziehung:

$$\hat{s}_t^p = \gamma \cdot \frac{A_t}{\hat{a}_t} + (1 - \gamma) \cdot \hat{s}_{t-j}^n$$

Es wird also die Abweichung des aktuellen Wertes vom soeben prognostizierten Achsenabschnitt dem Saisonfaktor hinzugerechnet und durch den einen Saisonzyklus zuvor geschätzten Saisonfaktor der historische Verlauf beachtet. Dabei ist zu berücksichtigen, daß die neu prognostizierten Saisonfaktoren innerhalb eines Saisonzyklus wieder normalisiert werden sollten, um eine Verzerrung der Faktoren und damit der Prognoseergebnisse zu vermeiden.

Zu jedem Zeitpunkt t kann nun anhand der aktualisierten Parameter nach obiger Gleichung die Absatzmenge $\hat{A}_{t,t+i}$ der i Perioden vom Zeitpunkt t entfernt liegenden Saison prognostiziert werden.

b) Mit Hilfe der Zeitreihendekomposition ist es möglich, einerseits eine von den Saisoneinflüssen bereinigte Zeitreihe zu ermitteln, mit deren Hilfe die Startregression zur Initialisierung des Verfahrens erfolgen kann, und andererseits die Saisonfaktoren selbst aus der Zeitreihe herauszufiltern. Dazu sollten jedoch ausreichend Daten zur Verfügung stehen, die mindestens zwei volle Saisonzyklen wiedergeben. Die Dekomposition der Zeitreihe ist notwendig, da die exponentielle Glättung zweiter Ordnung nur die glatte Komponente einer Zeitreihe zu berechnen vermag.

Anhand des zentrierten gleitenden Durchschnitts lassen sich provisorische Saisonfaktoren ermitteln, indem die relative Abweichung des beobachteten Absatzes vom errechneten Durchschnitt gebildet wird:

$$\hat{s}_t^p = \frac{A_t}{D_{t,n}^z}$$

Die Vorschrift zur Berechnung des zentrierten gleitenden Durchschnitts bei n zu berücksichtigenden Gliedern lautet:

$$D^z_{t,n} = \begin{cases} \frac{1}{2 \cdot k + 1} \cdot \sum_{i=t-k}^{t+k} A_i & \text{mit } k = \frac{n-1}{2} \text{ und für ungerade n,} \\ \frac{1}{2 \cdot k} \cdot \left[\frac{1}{2}(A_{t-k} + A_{t+k}) + \sum_{i=t-k+1}^{t+k-1} A_i \right] & \text{mit } k = \frac{n}{2} \text{ und für gerade n.} \end{cases}$$

Da der zentrierte gleitende Durchschnitt einen Beobachtungswert als Mittelpunkt aufweisen muß, unterscheidet er sich in die Ausprägung mit gerader und die mit ungerader Anzahl der zu berücksichtigenden Werte. Da bei vier Quartalen die Durchschnittsbildung anhand von n = 4 Gliedern naheliegt, muß die Ausprägung für gerade n angewandt werden, die die am Rand liegenden Werte der Durchschnittsbildung nur zur Hälfte, insgesamt aber n+1 Größen berücksichtigt, um somit einen zentral liegenden Wert zu besitzen. Tabelle 1 enthält die auf diese Weise ermittelten provisorischen Saisonfaktoren.

Jahr	Zeitpunkt t	Absatz A_t	Zentrierter gleitender Durchschnitt $D^z_{t,n}$	provisorischer Saisonfaktor $\hat{s}^p_t$
1999	1	250		
	2	150		
	3	100	206,25	0,4848
	4	300	217,5	1,3793
2000	5	300	225	1,3333
	6	190	240	0,7917
	7	120	258,75	0,4638
	8	400	260	1,5385
2001	9	350	261,25	1,3397
	10	150	267,5	0,5607
	11	170	280	0,6071
	12	400	298,75	1,3389
2002	13	450	302,5	1,4876
	14	200	312,5	0,64
	15	150	325	0,4615
	16	500	323,75	1,5444
2003	17	450	330	1,3636
	18	190	343,75	0,5527
	19	210		
	20	550		

Tabelle 1: Ermittlung der provisorischen Saisonfaktoren

Da die provisorischen Saisonfaktoren zwar ein eindeutiges Saisonmuster wiedergeben, die Werte jedoch erheblich schwanken, ist es für die weitere Analyse ratsam, durchschnittliche Saisonfaktoren zu bilden. Diese müssen sich innerhalb des Saisonzyklus zur Anzahl j der Saisonperioden addieren, bzw. ihr Produkt muß eins ergeben, da ansonsten Mengen ins Nichts verschwänden (< j bzw. < 1) bzw. aus dem Nichts entstünden (> j bzw. > 1). Sollte also die Summe der durchschnittlichen Saisonfaktoren von j abweichen, so sind sie auf j zu normalisieren (in diesem Beispiel müssen sie mit 4/3,972 multipliziert werden). Tabelle 2 enthält die durchschnittlichen und normalisierten Saisonfaktoren.

	1. Quartal	2. Quartal	3. Quartal	4. Quartal	Zeilensumme
1999			0,4848	1,3793	
2000	1,3333	0,7917	0,4638	1,5385	
2001	1,3397	0,5607	0,6071	1,3389	
2002	1,4876	0,6400	0,4615	1,5444	
2003	1,3636	0,5527			
Summe	5,5243	2,5451	2,0173	5,8011	
durchschnittlicher Saisonfaktor	1,3811	0,6363	0,5043	1,4503	3,9720
normalisierter Saisonfaktor s^n	1,3908	0,6408	0,5079	1,4605	4,0000

Tabelle 2: Ermittlung der normalisierten Saisonfaktoren

Anhand der normalisierten Saisonfaktoren ist es nun möglich, aus den gegebenen Absatzmengen den Saisoneffekt herauszulösen (siehe Tabelle 3), um die lineare Regressionsanalyse anwenden zu können. Als Ergebnisse der Regression erhält man als Initialisierungswerte für das Verfahren von WINTERS für den Achsenabschnittsparameter $\hat{a}_0 = 184{,}9055$ und für den Steigungsparameter $\hat{b}_0 = 9{,}1344$.

	1. Quartal	2. Quartal	3. Quartal	4. Quartal
1999	179,7496	234,0903	196,8947	205,4074
2000	215,6995	296,5144	236,2736	273,8765
2001	251,6494	234,0903	334,7210	273,8765
2002	323,5493	312,1204	295,3421	342,3456
2003	323,5493	296,5144	413,4789	376,5802

Tabelle 3: Saisonbereinigte Absatzmengen

c) Mit den in Aufgabe 3 b) ermittelten Regressionsparametern und normalisierten Saisonfaktoren kann nun das Verfahren von WINTERS gestartet werden. Beispielhaft seien hier die Prognosewerte der ersten (Initialisierung), zweiten, dritten und letzten Periode (nur Absatzprognose) vorgerechnet.

Prognose für die 1. Periode (in t = 0):

$\hat{a}_0 = 184{,}9055 \qquad \hat{b}_0 = 9{,}1344 \qquad \hat{s}^n_{-3} = 1{,}3908$

$$\hat{A}_{0,1} = (184{,}9055 + 9{,}1344 \cdot 1) \cdot 1{,}3908 = 269{,}8707$$

Prognose für die 2. Periode (in t = 1):

$$\hat{a}_1 = 0{,}3 \cdot \frac{250}{1{,}3908} + 0{,}7 \cdot (184{,}9055 + 9{,}1344) = 189{,}7537$$

$$\hat{b}_1 = 0{,}15 \cdot (189{,}7537 - 184{,}9055) + 0{,}85 \cdot 9{,}1344 = 8{,}4915$$

$$\hat{s}^p_1 = 0{,}25 \cdot \frac{250}{189{,}7537} + 0{,}75 \cdot 1{,}3908 = 1{,}3725$$

$$\hat{s}^n_{-2} = \frac{4}{0{,}6408 + 0{,}5079 + 1{,}4605 + 1{,}3725} \cdot 0{,}6408 = \frac{4}{3{,}9817} \cdot 0{,}6408 = 0{,}6437$$

$$\hat{s}^n_{-1} = \frac{4}{3{,}9817} \cdot 0{,}5079 = 0{,}5102$$

$$\hat{s}^n_0 = \frac{4}{3{,}9817} \cdot 1{,}4605 = 1{,}4672$$

$$\hat{s}^n_1 = \frac{4}{3{,}9817} \cdot 1{,}3725 = 1{,}3788$$

$$\hat{A}_{1,2} = (189{,}7537 + 8{,}4915 \cdot 1) \cdot 0{,}6437 = 127{,}6104$$

Prognose für die 3. Periode (in t = 2):

$$\hat{a}_2 = 0{,}3 \cdot \frac{150}{0{,}6437} + 0{,}7 \cdot (189{,}7537 + 8{,}4915) = 208{,}68$$

$$\hat{b}_2 = 0{,}15 \cdot (208{,}68 - 189{,}7537) + 0{,}85 \cdot 8{,}4915 = 10{,}0567$$

$$\hat{s}^p_2 = 0{,}25 \cdot \frac{150}{208{,}68} + 0{,}75 \cdot 0{,}6437 = 0{,}6625$$

$$\hat{s}^n_{-1} = \frac{4}{0{,}5102 + 1{,}4672 + 1{,}3788 + 0{,}6625} \cdot 0{,}5102 = \frac{4}{4{,}0187} \cdot 0{,}5102 = 0{,}5078$$

$$\hat{s}^n_0 = \frac{4}{4{,}0187} \cdot 1{,}4672 = 1{,}4604$$

$$\hat{s}_1^n = \frac{4}{4{,}0187} \cdot 1{,}3788 = 1{,}3724$$

$$\hat{s}_2^n = \frac{4}{4{,}0187} \cdot 0{,}6625 = 0{,}6594$$

$$\hat{A}_{2,3} = (208{,}68 + 10{,}0567 \cdot 1) \cdot 0{,}5078 = 111{,}0745$$

Prognose für die Absatzmenge der 21. Periode (in t = 20):

$$\hat{A}_{20,21} = (368{,}7299 + 9{,}9955 \cdot 1) \cdot 1{,}37 = 518{,}8538$$

t	A_t	$\hat{a}_t$	$\hat{b}_t$	$\hat{s}_t^p$	$\hat{s}_t^n$	$\hat{A}_{t,t+1}$
-3				*1,3908*	*1,3908 (0)*	
-2				*0,6408*	*0,6437 (1)*	
-1				*0,5079*	*0,5078 (2)*	
0		*184,9055*	*9,1344*	*1,4605*	*1,4637 (3)*	*269,8707*
1	250	189,7537	8,4915	1,3725	1,3822 (4)	127,6104
2	150	208,6800	10,0567	0,6625	0,6655 (4)	111,0745
3	100	212,1941	9,0753	0,4987	0,5000 (4)	323,8720
4	300	216,3766	8,3414	1,4444	1,4473 (4)	310,6052
5	300	222,4162	7,9961	1,3739	1,3653 (4)	153,3394
6	190	246,9385	10,4750	0,6915	0,6887 (4)	128,7068
7	120	252,1895	9,6914	0,4940	0,4988 (4)	379,0202
8	400	266,2296	10,3437	1,4611	1,4651 (4)	377,6055
9	350	270,5075	9,4338	1,3474	1,3638 (4)	192,7956
10	150	261,2994	6,6375	0,6600	0,6612 (4)	133,6469
11	170	289,8012	9,9171	0,5208	0,5188 (4)	439,1173
12	400	291,7085	8,7156	1,4416	1,4479 (4)	409,7184
13	450	309,2850	10,0447	1,3866	1,3779 (4)	211,1408
14	200	314,2749	9,2865	0,6550	0,6558 (4)	167,8637
15	150	313,2316	7,7370	0,5088	0,5111 (4)	464,7304
16	500	328,2763	8,8332	1,4667	1,4622 (4)	464,5032
17	450	333,9518	8,3595	1,3703	1,3700 (4)	224,4878
18	190	326,5347	5,9930	0,6373	0,6359 (3)	169,9549
19	210	356,0329	9,5188	0,5308	0,5272 (2)	534,5097
20	550	368,7299	9,9955	1,4696	1,4669 (1)	518,8538

Tabelle 4: Ergebnisse des Verfahrens von WINTERS

Die Ergebnisse aller Berechnungen enthält Tabelle 4, darin sind die Initialisierungswerte kursiv angegeben. Da die Werte auf vier Nachkommastellen gerundet sind, können die Resultate einer exakten Berechnung geringfügig abweichen. Es ist zu beachten, daß die Werte der normalisierten Saisonfaktoren nach ihrer letzten Änderung angegeben worden sind. Bei j = 4 Perioden eines Saisonzyklus ändert sich jedoch ein provisorischer Saisonfaktor noch viermal durch die Normalisierung nach jeder Periode, bevor er tatsächlich für die Schätzung einer zukünftigen Absatzmenge verwandt wird. Danach findet jedoch keine Normalisierung dieses Wertes mehr statt. Man sollte sich also nicht davon irritieren lassen, daß die normalisierten Werte in der Tabelle nicht gleich nach der ersten Normalisierung eines provisorischen Saisonfaktors übereinstimmen. Zudem sind die letzten drei normalisierten Saisonfaktoren nicht mehr viermal normalisiert worden, da ja weitergehende Prognoseberechnungen fehlen. Der Wert in Klammern zeigt jeweils die Anzahl der erfolgten Normalisierungen eines Saisonfaktors an.

Ob eine solche rollierende Normalisierung vorgenommen wird, ist abhängig davon, wie stark die Verzerrungen bei Verwendung der provisorischen Saisonfaktoren sind. Dies kann nur fallweise und unter Berücksichtigung der geforderten Genauigkeit entschieden werden. In diesem Beispiel erhält man als Prognose für das 1. Quartal des Jahres 2004 eine Absatzmenge von $\hat{A}_{20,21} = 518{,}8538$ bei einer rollierenden Normalisierung, bei Nutzung der provisorischen Saisonfaktoren (die Werte sind hier nicht angegeben) wird hingegen ein Absatz von $\hat{A}_{20,21} = 520{,}6718$ vorausgesagt. Eine unterlassene Normalisierung führt demnach nur zu einer geringfügigen Überschätzung. KATHARRO sollte damit rechnen, im kommenden Quartal etwa 519.000 Verpackungseinheiten der Hustenpastille „Bella" absetzen zu können.

Aufgabe 4

Je größer die Glättungsparameter α, β, und γ gewählt werden, desto mehr Gewicht wird auf die aktuellen Größen gelegt. Mit anderen Worten geben die Glättungsparameter an, wie stark aktuelle Veränderungen das Prognoseergebnis beeinflussen sollen.

Eine Erhöhung des Glättungsparameters für den Achsenabschnitt führt zu einer stärkeren Gewichtung des beobachteten und saisonbereinigten Absatzes bei der Prognose des neuen Achsenabschnitts. Ebenso führt eine Erhöhung des Glättungsparameters für den Anstieg der Trendgeraden zu einer stärkeren Betonung der aktuellen Differenz der Achsenabschnitte im Vergleich zum bisherigen Anstieg der Trendgeraden. Letztlich wirkt eine Erhöhung des Glättungsparameters für den Saisonfaktor in der Weise, daß die aktuelle relative Differenz zwischen beobachtetem Absatz und neuem Achsenabschnittswert stärker als der für die Periode bislang gültige Saisonfaktor berücksichtigt wird.

Durch geschickte Wahl der Glättungsparameter kann die Prognosegüte gesteigert werden, so daß Prognose- und Beobachtungswert dicht beieinander liegen. Grafisch erkennt man die Güte daran, daß die Prognoselinie nah an der Linie der beobachteten Absatzmengen liegt (siehe dazu Abbildung 3). Während Prognose 1 mit den in der

Aufgabenstellung gegebenen Glättungsparametern erfolgte, sind in Prognose 2 höhere gewählt worden ($\alpha = 0{,}7$, $\beta = 0{,}5$, $\gamma = 0{,}6$), was zu einer wesentlich ungenaueren Voraussage führt.

Statistisch kann auch der mittlere absolute Fehler ermittelt werden. Dieser berechnet sich wie folgt:

$$MAA = \frac{1}{n}\sum_{i=1}^{n}\left|A_i - \hat{A}_{i-1,i}\right|$$

Die Reduzierung dieses Fehlermaßes zeigt dann ebenso eine Verbesserung der Prognosegüte an. So beträgt der MAA = 25,4556 bei Prognose 1 und MAA = 37,3721 bei Prognose 2, die somit nicht nur grafisch wesentlich schlechter abschneidet. Wünscht man eine stärkere Gewichtung besonders großer Prognosefehler, so empfiehlt sich beispielsweise die Anwendung der mittleren quadratischen Abweichung.

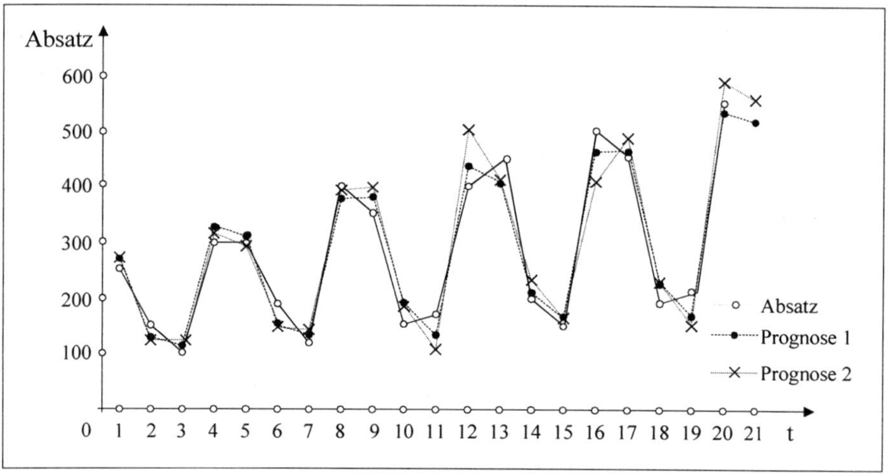

Abbildung 3: Grafischer Vergleich zwischen den beobachteten Absatzmengen und zwei mit unterschiedlichen Glättungsparametern vorgenommenen Prognosen

Für den interessierten Leser sei an dieser Stelle auch die MAA der Prognose 1 bei Verwendung lediglich der prognostizierten Saisonfaktoren angegeben, die zeigt, daß das Prognoseergebnis bei unterlassener Normalisierung nur geringfügig schlechter ist. Sie beträgt MAA = 25,9161.

Symbole

$\hat{a}_t$	prognostizierter Achsenabschnitt der Trendgeraden in t
α	Glättungsparameter für den Achsenabschnitt der Trendgeraden
A_t	in t beobachtete Absatzmenge
$\hat{A}_{t,t+1}$	in t für t+1 prognostizierte Absatzmenge
$\hat{b}_t$	prognostizierter Anstieg der Trendgeraden in t
β	Glättungsparameter für den Anstieg der Trendgeraden
$D^z_{t,n}$	zentrierter gleitender Durchschnitt in t für n zu berücksichtigende Glieder
γ	Glättungsparameter für den Saisonfaktor
i	Laufindex
j	Zahl der Perioden eines Saisonzyklus
k	Laufindex
MAA	mittlere absolute Abweichung
n	Anzahl von Werten
$\hat{s}^n_t$	normalisierter Saisonfaktor
$\hat{s}^p_t$	prognostizierter provisorischer Saisonfaktor
t	Zeitpunkt

Literaturhinweise

ADAM, D.: Produktionsmanagement, 9. Aufl., Wiesbaden 1998, S. 597–607.

BUSCHER, L., BUSCHER, U.: Verbrauchsorientierte Ermittlung von saisonal schwankendem Materialbedarf, in: *BURCHERT, H., HERING, T., ROLLBERG, R.* (Hrsg.): Produktionswirtschaft, München/Wien 2000, S. 64–72.

GAYNOR, P. E., KIRKPATRICK, R. C.: Introduction to Time-Series Modeling and Forecasting in Business and Economics, New York et. al. 1994, S. 372–404.

HANSMANN, K.-W.: Prognoseverfahren, in: *TIETZ, B., KÖHLER, R., ZENTES, J.*: Handwörterbuch des Marketing, Stuttgart 1995, Sp. 2171–2183.

HOCHSTÄDTER, D.: Statistische Methodenlehre, 8. Aufl., Frankfurt a. M. 1996, S. 285–338.

MEFFERT, H.: Marketing, 9. Aufl., Wiesbaden 2000, S. 164–180.

NAHMIAS, S.: Production and Operations Analysis, 4. Aufl., Boston et al. 1993, S. 87–92.

NIESCHLAG, R., DICHTL, E., HÖRSCHGEN, H.: Marketing, 19. Aufl., Berlin 2002, S. 537–560.

ROLLBERG, R.: Integrierte Unternehmensplanung, Wiesbaden 2001, S. 33–70.

Roland Rollberg

Simultane Absatz- und Produktionsprogrammplanung

Ein Industriebetrieb steht vor der Aufgabe, sein Absatz- und Produktionsprogramm für die nächsten T Perioden festzulegen. Hierbei sind unterschiedliche Produkte n zu berücksichtigen, die das Unternehmen selbst herstellen, fremdbeziehen und verkaufen kann. Die Produktion einer Mengeneinheit führt zu fertigungsbedingten variablen Auszahlungen pro Stück sowie zum Einsatz möglicherweise knapper Repetier- und Potentialfaktoren. Mengeneinheiten eines Produkts können zu einem gegebenen Einkaufspreis fremdbezogen und zu einem gegebenen Verkaufspreis abgesetzt werden. Ein- und Verkaufsmengen dürfen dabei das jeweilige Beschaffungs- bzw. Absatzpotential nicht überschreiten. Alle Größen seien periodenspezifisch. Von bestellfixen Kosten ist zu abstrahieren.

Erzeugnisse, die in der Periode, in der sie produziert oder beschafft wurden, nicht weiterverkauft werden, gelangen in ein gemeinsames Lager vorgegebener Größe. Lagerraumbeanspruchung und lagerbedingte variable Auszahlungen pro Stück variieren mit dem jeweiligen Lagerobjekt, letztere zudem mit der jeweiligen Lagerperiode. Es ist von einer kontinuierlichen Lagerbestandsentwicklung in den einzelnen Perioden auszugehen.

Aufgabe 1

Skizzieren Sie die Aufgaben der Absatzplanung und der Produktionsprogrammplanung! Erläutern Sie die zwischen den beiden Teilplänen der Unternehmensplanung bestehenden Interdependenzen, und begründen Sie darauf aufbauend die Notwendigkeit eines simultanen Planungsansatzes!

Aufgabe 2

Formulieren Sie, zunächst unter Vernachlässigung absatzpolitischer Fragestellungen, einen allgemeinen Ansatz zur simultanen Absatz- und Produktionsprogrammplanung auf Basis der linearen Optimierung, der den Gewinn des obigen Unternehmens in einem T Perioden umfassenden Planungszeitraum maximiert! Von der Zeitpräferenz des Geldes ist zu abstrahieren (keine Zinsen!). Erläutern Sie alle verwendeten Symbole!

Aufgabe 3

Wie ist der entwickelte Planungsansatz zu erweitern, wenn die maximal mögliche Absatzmenge je Produkt und Periode durch auszahlungswirksame Maßnahmen der *Distributions- und/oder Kommunikationspolitik* kontinuierlich gesteigert werden kann? Es ist davon auszugehen, daß sich jede absatzpolitische Maßnahme immer nur auf das Absatzpotential eines bestimmten Produkts auswirkt, und zwar unmittelbar in der Periode, in der sie auch ergriffen wird. Gemessen am jeweiligen Zuwachs des Absatzpotentials mögen die erforderlichen absatzpolitischen Anstrengungen und damit die zu tätigenden Auszahlungen überproportional steigen, was in einem linearen Modell selbstverständlich nur ansatzweise abgebildet werden kann.

Aufgabe 4

Angenommen, für die einzelnen Produkte des Unternehmens seien sogenannte Preis-Absatz-Funktionen gegeben. Wie ist der Planungsansatz aus Aufgabe 2 zu erweitern, wenn der zu verlangende Preis je Produkt als Hauptinstrument der *Kontrahierungspolitik* nicht als Datum in das Modell eingehen, sondern simultan mit den Variablenwerten im Rahmen der Optimierung erst bestimmt werden soll?

Lösung

Aufgabe 1

Der *Absatzplanung* kommt die Aufgabe zu, die in den einzelnen Perioden des Planungszeitraums zu veräußernden Produkte nach Art und Menge (Absatzprogrammplanung) sowie die zur Realisierung des geplanten Absatzprogramms erforderlichen absatzpolitischen Instrumente nach Art und Umfang (Absatzpolitik) festzulegen. Gegenstand der *Produktionsprogrammplanung* ist die zielsetzungsgerechte Bestimmung der in den einzelnen Perioden des Planungszeitraums zu erzeugenden Produkte nach Art und Menge einschließlich der gebotenen Fertigungstiefe. Absatz- und Produktionsprogramm stehen somit in enger Beziehung zueinander, sind aber nicht miteinander zu verwechseln, weil Lagerhaltung, Fremdbezug zu veräußernder Produkte und Fertigung für den Eigenbedarf zu Unterschieden zwischen in einer Periode zu produzierenden und zu verkaufenden Erzeugnissen führen können. Zwischen der Absatz- und der Produktionsprogrammplanung bestehen zahlreiche wechselseitige Abhängigkeitsverhältnisse (Interdependenzen), von denen die wichtigsten im folgenden kurz erläutert werden sollen.

Die Produktionsprogrammplanung geht von gegebenen Absatzpreisen und zugehörigen Absatzhöchstmengen aus, die nur bekannt sein können, wenn zuvor im Rahmen der Absatzplanung Art und Umfang des einzusetzenden absatzpolitischen Instrumentariums bestimmt worden sind. Eine zielsetzungsgerechte Absatzplanung ist aber nur möglich, wenn neben den Zahlungswirkungen absatzpolitischer Maßnahmen auch produktionsbedingte Auszahlungen pro jeweiliger Leistungseinheit und die verfügbaren Fertigungskapazitäten berücksichtigt werden. Anderenfalls besteht die Gefahr, knappe Zahlungsmittel dafür zu verschwenden, ein Absatzpotential zu schaffen, das weit über dem ökonomisch gebotenen oder kapazitiv möglichen Absatzvolumen liegt. Es lohnt sich aber nur, die Nachfrage anzukurbeln, wenn sie anschließend auch gewinnbringend befriedigt werden kann. *Absatzpolitik* und künftig zu realisierendes *Produktionsprogramm* sind folglich simultan festzulegen.

Darüber hinaus besteht die Möglichkeit, nicht nur Fertigungskapazitäten und produktionsbedingte Auszahlungen, sondern auch Fremdbezugspotentiale und -preise mit in die Planungsüberlegungen einzubeziehen, wenn das *Produktionsprogramm* durch Zukauf von Enderzeugnissen ergänzt werden kann. Sieht man von der Möglichkeit einer Fertigung für den Eigenbedarf ab, müssen in diesem Falle *Absatzprogramm* einerseits sowie Produktions- und entsprechendes *Fremdbezugsprogramm* andererseits hinsichtlich Art und Menge der eingeplanten Leistungen langfristig übereinstimmen.

Um gewinnschmälernde Lager-, Fehl- und Verzugsmengen möglichst zu vermeiden, ist ferner die *zeitliche Verteilung der Absatz- und Produktionsmengen* zu koordinieren. Hierzu reicht es nicht aus, lediglich darüber nachzudenken, inwieweit die Produktion an eine vorgegebene Absatzentwicklung angepaßt werden sollte (Synchronisation oder Emanzipation). Vielmehr sind gleichzeitig auch die Möglichkeiten einer geschickten Absatzpolitik zur Anpassung der Absatzentwicklung an produktionstechnische Erfordernisse zu erwägen (z.B. Glättung der Nachfrage zur Gewährleistung einer gleichmäßigen Kapazitätsauslastung).

Ob sich auszahlungswirksame absatzpolitische Maßnahmen für ein ausgewähltes Erzeugnis lohnen, ist unter anderem von der produktspezifischen Deckungsspanne abhängig, die durchaus unterschiedlich ausfallen kann, je nachdem, welche Komponenten und Bauteile selbst hergestellt oder fremdbezogen werden. Die Eigenfertigung spezifischer Produktbestandteile ist aber erst ab einer bestimmten Produktionsmenge wirtschaftlich, die entsprechende, unter Umständen nur mit Hilfe einer adäquaten Absatzpolitik zu erreichende Verkaufszahlen der übergeordneten Produkte voraussetzt. Folglich existieren auch zwischen *Absatzplanung* und *Fertigungstiefenplanung* nicht zu vernachlässigende Interdependenzen.

Zusammenfassend läßt sich die Notwendigkeit einer *simultanen Absatz- und Produktionsprogrammplanung* also damit begründen, daß eine zielsetzungsgerechte Absatzplanung auf Informationen aus der Produktionsprogrammplanung und eine zielsetzungsgerechte Produktionsprogrammplanung auf Informationen aus der Absatzplanung angewiesen ist. Mithin sind die in den einzelnen Perioden des Planungszeitraums zu veräußernden und zu produzierenden Produkte, Baugruppen und Komponenten nach Art und Menge sowie die zur Umsetzung des geplanten Absatzprogramms erforderliche Absatzpolitik unter Berücksichtigung gegebener Kapazitäts-, Beschaffungs- und ggf. Budgetbedingungen simultan festzulegen.

Aufgabe 2

Symbolverzeichnis (inklusive der für Aufgabe 3 und 4 benötigten Symbole)

Indizes

b	Absatzmengenintervall; $b \in \{0, 1, 2, ..., B\}$
c	Absatzmengenintervall; $c \in \{1, 2, ..., C\}$
j	Potentialfaktor; $j \in \{1, 2, ..., J\}$
m	Repetierfaktor; $m \in \{1, 2, ..., M\}$
n	Produkt; $n \in \{1, 2, ..., N\}$
t	Periode; $t \in \{1, 2, ..., T\}$

Variable

G	Zielvariable „Gewinn" oder „kumulierter Zahlungsüberschuß"
x^A	Absatzmenge
x^E	Eigenfertigungsmenge
x^F	Fremdbezugsmenge
x^L	Lagerendbestand

Konstante

a^{AP}	variable Auszahlungen der Absatzpolitik pro verkaufte Mengeneinheit
a^E	variable Auszahlungen pro eigengefertigte Mengeneinheit
a^F	variable Auszahlungen pro fremdbezogene Mengeneinheit (Preis)
a^L	variable Auszahlungen pro Lagermengeneinheit und Periode
e	variable Einzahlungen pro abgesetzte Mengeneinheit (Preis)
Kap^L	Lagerkapazität
Kap^P	Produktionskapazität
LK	Lagerkoeffizient
PK^P	Produktionskoeffizient für Potentialfaktoren
PK^R	Produktionskoeffizient für Repetierfaktoren
X^A	Absatzobergrenze
X^F	Fremdbezugsobergrenze
X^L	gegebener Lagerbestand
X^R	Beschaffungsobergrenze für Repetierfaktoren

Die zu maximierende **Zielfunktion** setzt sich aus Einzahlungen aus dem Verkauf (e) sowie Auszahlungen für die Eigenfertigung (a^E), den Fremdbezug (a^F) und die Lagerung (a^L) von Produkten (Index n) in den einzelnen Perioden (Index t) des Planungszeitraums zusammen und unterscheidet folglich Absatz- (x^A), Eigenfertigungs- (x^E), Fremdbezugs- (x^F) und Lagermengen (x^L):

$$\max. G; \quad G := \sum_{nt} e_{nt} \cdot x_{nt}^A - \sum_{nt} a_{nt}^E \cdot x_{nt}^E - \sum_{nt} a_{nt}^F \cdot x_{nt}^F - \sum_{nt} a_{nt}^L \cdot \frac{x_{nt-1}^L + x_{nt}^L}{2}$$

Da von einer kontinuierlichen Lagerbestandsentwicklung auszugehen ist, entspricht der durchschnittliche Lagerbestand einer Periode t der Hälfte aus Lageranfangsbestand (x_{nt-1}^L) und Lagerendbestand (x_{nt}^L).

Unter den **Nebenbedingungen** sind zunächst für alle Produkte und Perioden Absatz- (X^A) und Fremdbezugsbeschränkungen (X^F) zu finden:

$$x_{nt}^A \leq X_{nt}^A \quad \forall\, n, t \qquad \text{und} \qquad x_{nt}^F \leq X_{nt}^F \quad \forall\, n, t$$

Die Kapazitäten der Potentialfaktoren (Index j) müssen in jeder Periode ausreichen, um die ihnen zugeordneten Eigenfertigungsmengen herstellen zu können:

$$\sum_n PK_{jn}^P \cdot x_{nt}^E \leq Kap_{jt}^P \quad \forall\, j, t$$

Kap_{jt}^P beschreibt die Gesamtkapazität aller Anlagen des Typs j in Periode t. Der Produktionskoeffizient PK_{jn}^P mit der Dimension ZE/ME für „Zeiteinheiten pro Mengeneinheit“ entspricht dem reziproken Wert der konstanten Intensität [ME/ZE], mit der Produkt n auf Aggregaten des Typs j hergestellt werden kann.

Der Verbrauch an Repetierfaktoren (Index m) darf in keiner Periode die zur Verfügung stehenden Mengen (X^R) überschreiten:

$$\sum_n PK_{mn}^R \cdot x_{nt}^E \leq X_{mt}^R \quad \forall\, m, t$$

PK_{mn}^R steht für den Verbrauch des Repetierfaktors m pro erzeugter Produkteinheit und hat folglich die Dimension FE/ME für „Faktoreinheiten pro Mengeneinheit“.

Und schließlich darf die Summe der mit den entsprechenden Lagerkoeffizienten (LK) gewichteten produktspezifischen Lagerendbestände (x^L) in keiner Periode die verfügbare Lagerkapazität (Kap^L) übersteigen:

$$\sum_n LK_n \cdot x_{nt}^L \leq Kap_t^L \quad \forall\, t$$

Während die vorangegangenen Restriktionen isoliert den Zulässigkeitsbereich einzelner Variablenarten beschränken, verknüpfen Lagerfortschreibungs- oder Mengenkontinuitätsbedingungen die verschiedenen Variablentypen und damit auch die zugehörigen Entscheidungsprobleme miteinander. Der Lagerendbestand (x^L_{nt}) eines bestimmten Produkts n in Periode t hat dem Lageranfangsbestand (x^L_{nt-1}) zuzüglich der in Periode t produzierten und fremdbezogenen und abzüglich der in ihr veräußerten Mengeneinheiten ebendieses Produkts zu entsprechen:

$$x^L_{nt-1} + x^E_{nt} + x^F_{nt} - x^A_{nt} - x^L_{nt} = 0 \quad \forall\, n, t$$

Die zu Beginn des Planungszeitraums ($t = 0$) vorhandenen produktspezifischen Lageranfangsbestände sind als Konstante (X^L_{n0}) vorzugeben (z. B. null):

$$x^L_{n0} = X^L_{n0} \quad \forall\, n$$

Alle Variablen unterliegen der Nichtnegativitätsbedingung:

$$x^A_{nt} \geq 0 \quad \forall\, n, t; \qquad x^E_{nt} \geq 0 \quad \forall\, n, t; \qquad x^F_{nt} \geq 0 \quad \forall\, n, t; \qquad x^L_{nt} \geq 0 \quad \forall\, n, t$$

Aufgabe 3

Wenn die maximal mögliche Absatzmenge eines Erzeugnisses n in der Periode t vom Umfang in t ergriffener auszahlungswirksamer Maßnahmen der **Distributions- und/ oder Kommunikationspolitik** abhängt, dann sind sowohl die Zielfunktion als auch das Restriktionssystem entsprechend zu erweitern. Angenommen, das aus der Marktforschung bekannte Absatzpotential X^A_{0nt} sei nur zu überschreiten, wenn zuvor absatzpolitische Investitionen getätigt werden. Der zu maximierende kumulierte Zahlungsüberschuß ist in diesem Falle um alle absatzpolitisch bedingten Auszahlungen zu reduzieren, die in den T Perioden für die N Produkte zu tätigen sind:

$$\max.\ G; \quad G := \sum_{bnt}(e_{nt} - \mathbf{a^{AP}_{bnt}}) \cdot x^A_{bnt} - \sum_{nt} a^E_{nt} \cdot x^E_{nt} - \sum_{nt} a^F_{nt} \cdot x^F_{nt} - \sum_{nt} a^L_{nt} \cdot \frac{x^L_{nt-1} + x^L_{nt}}{2}$$

a^{AP}_{bnt} steht für fällige variable Auszahlungen der Absatzpolitik pro in Periode t zu verkaufende Mengeneinheit des Produkts n im Absatzintervall b, wobei die Anzahl der Intervalle vom jeweiligen Erzeugnis n abhängen kann. Das optimale absatzpolitische Budget ergibt sich simultan mit dem optimalen Absatz- und Produktionsprogramm als Summe aller mit den entsprechenden variablen Auszahlungsgrößen a^{AP}_{bnt} multiplizierten optimalen Absatzmengen x^A_{bnt}.

Für alle intervallspezifischen Absatzmengenvariablen gelten Obergrenzen und Nichtnegativitätsbedingungen:

$$x^A_{bnt} \leq X^A_{bnt} \quad \forall\, b, n, t \qquad \text{und} \qquad x^A_{bnt} \geq 0 \quad \forall\, b, n, t$$

Für Verkaufszahlen bis zur Absatzgrenze X^A_{0nt} (Absatzintervall 0) müssen keine absatzpolitischen Maßnahmen ergriffen werden. Mithin sind die korrespondierenden stückbezogenen Auszahlungen der Absatzpolitik gleich null ($a^{AP}_{0nt} = 0$). Jede zu verkaufende Mengeneinheit über X^A_{0nt} bis maximal $X^A_{0nt} + X^A_{1nt}$ (Intervall 1) setzt indes absatzpolitisch bedingte Auszahlungen in Höhe von $a^{AP}_{1nt} > 0$ voraus. Allgemein gilt, daß jede in einer ausgewählten Periode abzusetzende Mengeneinheit eines bestimmten Produkts über $X^A_{0nt} + X^A_{1nt} + X^A_{2nt} + ... + X^A_{b-1nt}$ bis maximal $X^A_{0nt} + X^A_{1nt} + X^A_{2nt} + ... + X^A_{b-1nt} + X^A_{bnt}$ (Intervall b) Auszahlungen in Höhe von a^{AP}_{bnt} erfordert.

Das Absatzpotential möge mit zunehmenden Investitionen in die Absatzpolitik innerhalb eines Intervalls proportional und intervallübergreifend unterproportional steigen ($a^{AP}_{bnt} < a^{AP}_{b+1nt}$), weil der Marktwiderstand mit zunehmender Absatzmenge tendenziell wächst. Diese realistische Prämisse hat die erfreuliche „Nebenwirkung", daß die einzelnen Absatzvariablen automatisch in der richtigen Reihenfolge belegt werden, um möglichst geringe absatzpolitisch bedingte Auszahlungen verbuchen zu müssen: $x^A_{b^*nt}$ wird nur dann größer null und kleiner/gleich $X^A_{b^*nt}$ sein, wenn $x^A_{bnt} = X^A_{bnt} \; \forall \; b < b^*$ gilt. Im Falle aktiver Absatzpolitik entspricht also die periodenspezifische Gesamtabsatzmenge eines Produkts exakt der durch absatzpolitische Maßnahmen hochgeschraubten Absatzhöchstmenge und damit der Summe $X^A_{0nt} + X^A_{1nt} + X^A_{2nt} + ... + X^A_{b^*-1nt} + x^A_{b^*nt}$.

Bis auf die Absatznebenbedingungen gelten die Restriktionen des zuvor beschriebenen, von absatzpolitischen Überlegungen abstrahierenden Modells auch für den vorliegenden erweiterten Ansatz. Allerdings sind in den Lagerfortschreibungsbedingungen die früheren Absatzmengenvariablen x^A_{nt} durch die Summen der entsprechenden intervallspezifischen Variablenwerte x^A_{bnt} zu substituieren:

$$x^L_{nt-1} + x^E_{nt} + x^F_{nt} - \sum_{\mathbf{b}} \mathbf{x^A_{bnt}} - x^L_{nt} = 0 \quad \forall \; n, t$$

Aufgabe 4

Soll der tatsächlich zu verlangende Preis als Hauptinstrument der **Kontrahierungspolitik** nicht als Datum in das Modell eingehen, sondern simultan mit den Variablenwerten im Rahmen der Optimierung erst bestimmt werden, so ist das in den Grenzen eines linearen Modells nicht ohne weiteres möglich. Eine multiplikative Verknüpfung der Absatzmenge eines Produkts mit seinem Preis in Abhängigkeit von ebendieser Menge ist nicht erlaubt. Daher muß auf eine intervallweise Formulierung des Sachverhalts zurückgegriffen werden, die wenigstens eine approximative Problemlösung gestattet.

Ist aus der Marktforschung für ein bestimmtes Produkt eine lineare Preis-Absatz-Funktion bekannt, so lassen sich hieraus durch Multiplikation mit der Absatzmenge die zugehörige quadratische Umsatzfunktion und durch Ableitung dieser die wieder linear mit der Absatzmenge fallende Grenzumsatzfunktion herleiten. Die Fläche unter dieser Grenzumsatzfunktion bis zu einer gegebenen Absatzmenge entspricht dem Gesamtumsatz mit ebendieser Menge. Dieser Sachverhalt läßt sich in einem linearen

Modell näherungsweise abbilden, wenn die Grenzumsatzgerade durch eine „Treppenfunktion" approximiert wird. Für Absatzmengen aus dem Mengenintervall unterhalb einer bestimmten „Treppenstufe" gilt dann ein einheitliches, konstantes Grenzumsatzniveau, das auch als „Quasipreis" pro Mengeneinheit bezeichnet werden kann. Der intervallspezifische konstante Grenzumsatz ergibt sich als arithmetisches Mittel aus den Grenzumsätzen, die sich für Absatzmengen an der Ober- und Untergrenze des jeweiligen Intervalls mit Hilfe der linear fallenden Grenzumsatzfunktion berechnen lassen (durchschnittlich im jeweiligen Intervall geltender Grenzumsatz). Folglich nimmt die Genauigkeit der Approximation mit der Größe der gebildeten Stufen ab.

Die Zielfunktion des ursprünglichen Beispiels ohne Berücksichtigung absatzpolitischer Maßnahmen ändert sich bei einer Bewertung der einzelnen Produkte mit intervallspezifischen Quasipreisen nur geringfügig, weil es lediglich erforderlich ist, die Konstanten für die Verkaufspreise e_{nt} und die Variablen für die Absatzmengen x^A_{nt} mit einem zusätzlichen Absatzmengenintervallindex c zu versehen und über c entsprechend zu summieren:

$$\text{max. } G; \quad G := \sum_{\mathbf{cnt}} e_{\mathbf{cnt}} \cdot x^A_{\mathbf{cnt}} - \sum_{nt} a^E_{nt} \cdot x^E_{nt} - \sum_{nt} a^F_{nt} \cdot x^F_{nt} - \sum_{nt} a^L_{nt} \cdot \frac{x^L_{nt-1} + x^L_{nt}}{2}$$

Erneut kann die Zahl der Intervalle vom jeweiligen Erzeugnis n abhängen.

Für alle intervallspezifischen Absatzmengenvariablen gelten Obergrenzen und Nichtnegativitätsbedingungen:

$$x^A_{cnt} \leq X^A_{cnt} \quad \forall\, c, n, t \qquad \text{und} \qquad x^A_{cnt} \geq 0 \quad \forall\, c, n, t$$

Zusätzlicher Reihenfolgebedingungen bedarf es wie im Falle distributions- und/oder kommunikationspolitischer Maßnahmen nicht, weil auf Grund stufenweise fallender Grenzumsätze mit steigendem Index c die zugehörigen Quasipreise abnehmen ($e_{cnt} > e_{c+1nt}\ \forall\, c, n, t$) und folglich die einzelnen Absatzvariablen automatisch in der richtigen Reihenfolge belegt werden, um möglichst hohe Einzahlungen verbuchen zu können: $x^A_{c^*nt}$ wird also nur dann größer null und kleiner/gleich $X^A_{c^*nt}$ sein, wenn $x^A_{cnt} = X^A_{cnt}\ \forall\, c < c^*$ gilt. Die periodenspezifische Gesamtabsatzmenge eines Produkts entspricht somit der Summe $X^A_{1nt} + X^A_{2nt} + \ldots + X^A_{c^*-1nt} + x^A_{c^*nt}$.

Schließlich müssen noch in den Lagerfortschreibungsbedingungen die früheren Absatzmengenvariablen x^A_{nt} durch die Summen der entsprechenden intervallspezifischen Variablenwerte x^A_{cnt} substituiert werden:

$$x^L_{nt-1} + x^E_{nt} + x^F_{nt} - \sum_{\mathbf{c}} \mathbf{x^A_{cnt}} - x^L_{nt} = 0 \quad \forall\, n, t$$

Alle übrigen Restriktionen des absatzpolitische Maßnahmen vernachlässigenden Modells aus Aufgabe 2 behalten unverändert ihre Gültigkeit.

Literaturhinweise

ADAM, D.: Produktionsmanagement, 9. Auflage, Wiesbaden 1998.

JACOB, H.: Investitionsplanung und Investitionsentscheidung mit Hilfe der Linearprogrammierung, 3. Auflage, Wiesbaden 1976.

JACOB, H.: Die Planung des Produktions- und Absatzprogramms, in: *JACOB, H.* (Hrsg.), Industriebetriebslehre, 4. Auflage, Wiesbaden 1990, S. 401–590.

ROLLBERG, R.: Simultane Produktions- und Beschaffungsplanung, in: *BURCHERT, H., HERING, TH., ROLLBERG, R.* (Hrsg.), Logistik, München/Wien 2000, S. 62–75.

ROLLBERG, R.: Integrierte Unternehmensplanung, Wiesbaden 2001.

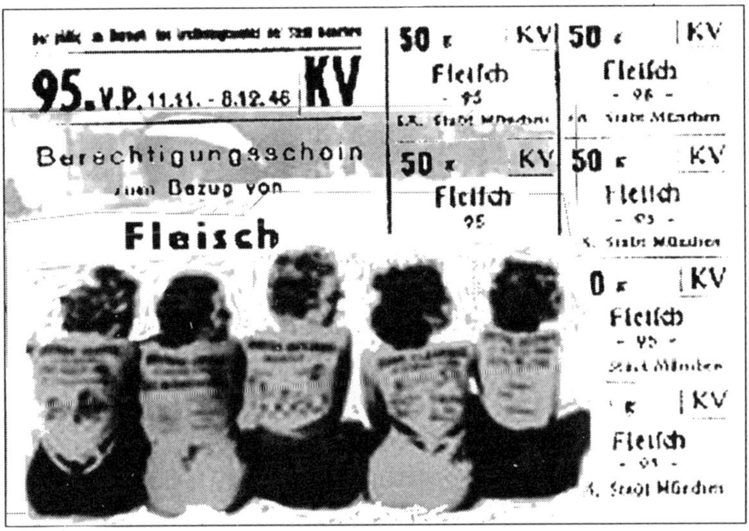
95. V.P. 11.11. - 8.12.46
KV
Berechtigungsschein
zum Bezug von
Fleisch
50 g
KV
Fleisch
50 g
KV
Fleisch
50 g
KV
Fleisch
50 g
KV
Fleisch
KV
Fleisch
KV
Fleisch

Stefan Dierkes und Stephanie Hanrath

Absatzmarktorientierte Erfolgsplanung und -kontrolle von Profit Centern

Eine Profit Center-Organisation ist im wesentlichen durch eine vielfach auf operative Entscheidungen begrenzte Entscheidungsautonomie und eine Erfolgsverantwortung gekennzeichnet. Insofern kommen dem Leiter eines Profit Centers insbesondere die Aufgaben zu, den Erfolg der Produktarten eines Profit Centers in Abhängigkeit von der Absatzmarktform zu planen und zu kontrollieren. Das Absatzprogramm des im weiteren betrachteten Profit Centers umfaßt die drei Produktarten A, B und C.

Produktart A wird auf einem polypolistischen Absatzmarkt vertrieben. Der Profit Center-Leiter rechnet für den nächsten Monat mit einem Brutto-Absatzpreis von $p_A^p = 50,-$ € je Mengeneinheit und einer Absatzmenge von $x_A^p = 10.000$ Mengeneinheiten. Sofern ein Kunde mehr als 500 Mengeneinheit kauft, erhält er einen Rabatt in Höhe von 5 % ($r_A^p = 0{,}05$) auf den Kaufpreis. Aus Erfahrungen weiß man, daß im Durchschnitt auf 50 % ($R_A^p = 0{,}5$) des Gesamtumsatzes dieser Rabatt gewährt wird; hiervon soll auch im folgenden Monat ausgegangen werden. Auf den Rechnungsbetrag (Brutto-Absatzpreis – Mengenrabatt) wird darüber hinaus ein Skonto in Höhe von 2 % ($s_A^p = 0{,}02$) gewährt, sofern der Kunde innerhalb von 14 Tagen bezahlt. Es wird für den kommenden Monat damit gerechnet, daß für 30 % ($S_A^p = 0{,}3$) der Gesamtabsatzmenge Skonto in Anspruch genommen wird. Die geplanten variablen Kosten betragen $k_A^p = 30,-$ € je Mengeneinheit. Fixkosten sind für diese Produktart nicht zu berücksichtigen.

Die Absatzmenge des auf einem monopolistischen Absatzmarkt abgesetzten **Produktes B** bestimmt sich für den nächsten Monat in Abhängigkeit vom Absatzpreis p_B und den Werbeausgaben W_B gemäß folgender Funktion:

$$x_B(p_B, W_B) = 2.000 - 10 \cdot p_B + \sqrt{W_B}$$

Der Profit Center-Leiter plant für den nächsten Monat eine Werbeausgabe in Höhe von $W_B^p = 2.500,-$ € und einen Absatzpreis in Höhe von $p_B^p = 100,-$ € je Mengeneinheit. Die geplanten variablen Stückkosten betragen $k_B^p = 10,-$ €.

Die **Produktart C** wird auf einem oligopolistischen Markt angeboten; auf diesem Markt konkurriert das Profit Center mit mehreren Konkurrenten. Geplant ist bei der Produktart ein Absatzpreis p_C^p in Höhe von 9,- € je Mengeneinheit. Damit legt der Leiter einen Absatzpreis fest, der unterhalb des Branchenpreises P_C^p als der durchschnittliche Absatzpreis der Konkurrenten in Höhe von 10,- € je Mengeneinheit liegt. Der Marktanteil im nächsten Monat ma_C ergibt sich in Abhängigkeit vom relativen Preis pr_C als Quotient von Absatzpreis p_C und Branchenpreis P_C gemäß der Funktion:

$$ma_C\left(\frac{p_C}{P_C}\right) = ma_C(pr_C) = 0{,}1 \cdot (pr_C)^{-1{,}1}$$

Bezüglich des geplanten Gesamtmarktvolumens X_C^P des Produktes wird im nächsten Monat von 100.000 Mengeneinheiten ausgegangen. Die geplanten Stückkosten belaufen sich für den nächsten Monat auf $k_C^p = 6$,- €. Es sind keine produktartspezifischen Fixkosten zu berücksichtigen.

Etwaige zu berücksichtigende Ganzzahligkeitsbedingungen für die Absatzmengen können bei der Lösung der nachfolgenden Aufgaben vernachlässigt werden.

Aufgabe 1

Bestimmen Sie den nach Produktarten differenzierten Erfolg des Profit Centers für den nächsten Monat.

Aufgabe 2

Am Ende des in Aufgabe 1 geplanten Monats soll für die drei Produktarten eine Erfolgskontrolle mittels eines Ist-Plan-Vergleichs durchgeführt werden. Sofern eine Zerlegung von Abweichungen in Teilabweichungen mit multiplikativ verknüpften Einflußgrößen durchzuführen ist, ist die differenzierte bzw. differenziert-kumulative Abweichungsanalysemethode auf Planbasis anzuwenden. Bei dieser Methode werden den Einflußgrößen nur die Teile einer Abweichung als Teilabweichungen 1. Ordnung zugerechnet, die diese alleinig verursacht haben; alle nicht eindeutig zurechenbaren Teile einer Abweichung werden den Einflußgrößen hingegen nicht zugerechnet, sondern als Abweichungen höherer Ordnung im Block ausgewiesen.[1] Die Verwendung der Planbasis bei einer Kontrolle ist insbesondere dann zweckmäßig, wenn die Verhaltenssteuerungsfunktion im Vordergrund steht.

a) Ermitteln Sie zunächst die Gesamtabweichung des Periodengewinns der **Produktart A** und zerlegen Sie diese in eine Absatzmengen- und eine Stückdeckungsbeitragsabweichung. Spalten Sie dann die Stückdeckungsbeitragsabweichung in eine Netto-Preisabweichung (nach Rabatt und Skonto) und eine Stückkostenabweichung auf. Isolieren Sie ferner bei der Netto-Preisabweichung (nach Rabatt und Skonto) die Teilabweichungen, die eindeutig auf eine Abweichung des Brutto-Absatzpreises bzw. auf Abweichungen bei den Preiskonditionen bzw. deren Inanspruchnahme zurückzuführen sind. Gehen Sie dabei von folgenden Istgrößen aus:

   $x_A^i = 12.000,\quad p_A^i = 45,\quad r_A^i = 0{,}06,\quad R_A^i = 0{,}1,\quad s_A^i = 0{,}025,\quad S_A^i = 0{,}8,\quad k_A^i = 35$

   Interpretieren Sie Ihre Ergebnisse ökonomisch.

1 Der Ausweis der Abweichungen höherer Ordnung kann im Rahmen der differenzierten bzw. differenziert-kumulativen Abweichungsanalysemethode auch in differenzierter Form erfolgen.

b) Für die **Produktart B** werden am Ende des Monats nachstehende Erfolgseinflußgrößen im Ist ermittelt:

$$x_B^i = 1.000, \quad p_B^i = 107, \quad W_B^i = 3.025, \quad k_B^i = 12$$

Ermitteln Sie zunächst die Gesamtabweichung des Gewinns. Spalten Sie diese dann in eine Erlösabweichung, eine Abweichung der variablen Kosten und eine Werbeausgabenabweichung auf. Zerlegen Sie im Anschluß daran die Abweichung der variablen Kosten in eine Stückkostenabweichung und eine Absatzmengenabweichung sowie die Erlösabweichung unter Berücksichtigung des Zusammenhangs zwischen Absatzpreis, Werbeausgaben und Absatzmenge in eine absatzpreis- und werbeausgabenbedingte Erlösabweichung und eine sonstige Absatzmengenabweichung. Abschließend ist die absatzpreis- und werbeausgabenbedingte Erlösabweichung in eine Absatzpreisabweichung und eine werbausgabenbedingte Absatzmengenabweichung aufzuspalten. Untersuchen Sie auf der Grundlage der ermittelten Teilabweichungen, ob die Erhöhung der Werbeausgaben für das Profit Center vorteilhaft war!

c) Die realisierten Erfolgseinflußgrößen der **Produktart C** sind nachfolgend aufgeführt:

$$x_C^i = 13.200, \quad p_C^i = 9{,}5, \quad P_C^i = 12, \quad X_C^i = 120.000, \quad k_C^i = 5$$

Gehen Sie davon aus, daß der relative Preis und der Marktanteil von dem Profit Center-Leiter als interne Erlöseinflußgrößen beeinflußt werden kann, währenddessen sich der Branchenpreis und das (preisunelastische) Marktvolumen als externe Erlöseinflußgrößen der Einflußnahme des Leiters entziehen. Spalten Sie die Gesamtabweichung des Gewinns zunächst in eine Erlösabweichung und eine Abweichung der variablen Kosten auf. Zerlegen Sie die Erlösabweichung dann in eine (relative absatzpreis- und marktanteilsbedingte) interne Erlösabweichung und in eine (branchenpreis- und marktvolumenbedingte) externe Erlösabweichung auf. Spalten Sie hieran anschließend die interne Erlösabweichung in eine relative Absatzpreis- und eine Marktanteilsabweichung sowie die externe Erlösabweichung in eine Branchenpreis- und eine Marktvolumenabweichung auf. Interpretieren Sie die Ergebnisse der Aufspaltung der Erlösabweichung!

Lösung

Aufgabe 1

Die geplanten Erfolgseinflußgrößen und Gewinne des Profit Centers sind nach Produktarten differenziert in der nachfolgenden Tabelle angegeben:

Produktart	A	B	C
Absatzpreis	48,46*	100	9
Stückkosten	30	10	6
Absatzmenge	10.000	1.050	11.228,80
Erlöse	484.575	105.000	101.059,18
Variable Kosten	300.000	10.500	67.372,78
Werbeausgaben	–	2.500	–
Gewinn	184.575	92.000	33.686,39
		310.2621,39	

* Hierbei handelt es sich um den durchschnittlichen Netto-Absatzpreis nach Rabatt und Skonto:

$$p_A^p \cdot (1 - R_A^p \cdot r_A^p) \cdot (1 - S_A^p \cdot s_A^p) = 50 \cdot (1 - 0{,}5 \cdot 0{,}05) \cdot (1 - 0{,}3 \cdot 0{,}02) = 48{,}4575$$

Aufgabe 2 a)

Analog zur Berechnung des Plan-Gewinns der Produktart A kann zunächst ihr Istgewinn ermittelt werden:

$$\begin{aligned} G_A^i &= \left[p_A^i \cdot (1 - R_A^i \cdot r_A^i) \cdot (1 - S_A^i \cdot s_A^i) - k_A^i\right] \cdot x_A^i \\ &= \left[45 \cdot (1 - 0{,}1 \cdot 0{,}06) \cdot (1 - 0{,}8 \cdot 0{,}025) - 35\right] \cdot 12.000 \\ &= 8{,}8345 \cdot 12.000 = 106.024{,}80 \end{aligned}$$

Da der geplante Periodengewinn größer war als der tatsächlich realisierte, ergibt sich eine negative Gesamtabweichung in Höhe von:[2]

$$\Delta G_A = G_A^i - G_A^p = 106.024{,}8 - 184.575 = -78.550{,}20$$

Möchte man zunächst analysieren, inwieweit diese Abweichung auf eine Abweichung bei der Absatzmenge oder auf eine Abweichung des pro Stück erzielten Deckungsbeitrags $db_A = p_A \cdot (1 - R_A \cdot r_A) \cdot (1 - S_A \cdot s_A) - k_A$ zurückzuführen ist, läßt sich diese Gesamtabweichung unter zu Hilfenahme der Beziehungen

2 Δ steht im Folgenden für die Differenz zwischen der jeweiligen Ist- und Plan-Ausprägung einer Ergebnis- oder Einflußgröße.

$$db^i_A = db^p_A + \Delta db_A \quad \text{und} \quad x^i_A = x^p_A + \Delta x_A$$

in eine Mengen- und eine Stückdeckungsbeitragsabweichung sowie in eine Abweichung höherer Ordnung zerlegen:

$$\begin{aligned}
\Delta G_A &= db^i_A \cdot x^i_A - db^p_A \cdot x^p_A \\
&= \left(db^p_A + \Delta db_A\right) \cdot \left(x^p_A + \Delta x_A\right) - db^p_A \cdot x^p_A \\
&= db^p_A \cdot \Delta x_A && \textit{Mengenabweichung} \\
&\quad + \Delta db_A \cdot x^p_A && \textit{Stückdeckungsbeitragsabweichung } \Delta DB_A \\
&\quad + \Delta db_A \cdot \Delta x_A && \textit{Abweichung höherer Ordnung}
\end{aligned}$$

$$\begin{aligned}
\Rightarrow \Delta G_A &= 18{,}4575 \cdot 2.000 + (-9{,}6221) \cdot 10.000 + (-9{,}6221) \cdot 2.000 \\
&= 36.915 + (-96.221) + (-19.244{,}20)
\end{aligned}$$

Aus dieser Analyse läßt sich unmittelbar erkennen, daß die Abweichung des Ist- vom Plangewinn maßgeblich auf eine Verringerung des Stückdeckungsbeitrags zurückzuführen ist. Diese Abweichung wird daher weiter in eine Netto-Preis- und eine Stückkostenabweichung aufgespaltet:

$$\Delta DB_A$$

$$= db^i_A \cdot x^p_A - db^p_A \cdot x^p_A$$

$$= \left(p^i_A \cdot (1 - R^i_A \cdot r^i_A) \cdot (1 - S^i_A \cdot s^i_A) - k^i_A\right) \cdot x^p_A - \left(p^p_A \cdot (1 - R^p_A \cdot r^p_A) \cdot (1 - S^p_A \cdot S^p_A) - k^p_A\right) \cdot x^p_A$$

$$\begin{aligned}
&= \Big(p^i_A \cdot (1 - R^i_A \cdot r^i_A) \cdot (1 - S^i_A \cdot s^i_A) \\
&\qquad - p^p_A \cdot (1 - R^p_A \cdot r^p_A) \cdot (1 - S^p_A \cdot S^p_A)\Big) \cdot x^p_A && \textit{Netto-Preisabweichung } \Delta NP_A \\
&\quad - \left(k^i_A - k^p_A\right) \cdot x^p_A && \textit{Stückkostenabweichung}
\end{aligned}$$

$$\Rightarrow \Delta DB_A = -46.221 - 50.000$$

Aus der Netto-Preisabweichung in Höhe von –46.221 ist jedoch noch nicht ersichtlich, inwieweit diese auf einen zu geringen Brutto-Absatzpreis oder auf Abweichungen bei den Preiskonditionen und ihrer Inanspruchnahme zurückzuführen ist. Daher wird diese Abweichung nun weiter in einzelne Teilabweichungen zerlegt:[3]

3 Die im Block ausgewiesenen Abweichungen höherer Ordnung können stets aus der Differenz der jeweiligen Gesamtabweichung und der Summe der Teilabweichungen 1. Ordnung bestimmt werden.

$\Delta NP_A = \Delta p_A \cdot \left(1 - R_A^p \cdot r_A^p\right) \cdot \left(1 - S_A^p \cdot s_A^p\right) \cdot x_A^p$ *Brutto-Absatzpreisabweichung*

$- p_A^p \cdot R_A^p \cdot \Delta r_A \cdot \left(1 - S_A^p \cdot s_A^p\right) \cdot x_A^p$ *Rabattsatzabweichung*

$- p_A^p \cdot \Delta R_A \cdot r_A^p \cdot \left(1 - S_A^p \cdot s_A^p\right) \cdot x_A^p$ *Abweichung der Rabatt-Inanspruchnahme*

$- p_A^p \cdot \left(1 - R_A^p \cdot r_A^p\right) \cdot S_A^p \cdot \Delta s_A \cdot x_A^p$ *Skontosatzabweichung*

$- p_A^p \cdot \left(1 - R_A^p \cdot r_A^p\right) \cdot \Delta S_A \cdot s_A^p \cdot x_A^p$ *Abweichung der Skonto-Inanspruchnahme*

\+ *Abweichungen höherer Ordnung*

$$\Rightarrow \Delta NP_A = -48.457{,}5 - 2.485 - (-9.940) - 731{,}25 - 4.875 + 387{,}75$$

Die Nettopreisabweichung kann also hauptsächlich auf den im Vergleich zur Planung deutlich gesunkenen Brutto-Absatzpreis zurückgeführt werden.

Aufgabe 2 b)

Die Gesamtabweichung des Gewinnes ΔG_B bei der Produktart B bestimmt sich wie folgt:

$$\Delta G_B = (p_B^i - k_B^i) \cdot x_B^i - W_B^i - ((p_B^p - k_B^p) \cdot x_B^p - W_B^p)$$

$$\Rightarrow \Delta G_B = 91.975 - 92.000 = -25$$

Für deren Aufspaltung in eine Erlösabweichung, eine Abweichung der variablen Kosten und eine Werbeausgabenabweichung gilt:

$\Delta G_B = (p_B^i - k_B^i) \cdot x_B^i - W_B^i - ((p_B^p - k_B^p) \cdot x_B^p - W_B^p)$

$= p_B^i \cdot x_B^i - p_B^p \cdot x_B^p$ *Erlösabweichung* ΔE_B

$- (k_B^i \cdot x_B^i - k_B^p \cdot x_B^p)$ *Abweichung der variablen Kosten* ΔKV_B

$- (W_B^i - W_B^p)$ *Werbeausgabenabweichung*

$$\Rightarrow \Delta G_B = 2.000 - 1.500 - 525$$

Die Abweichung der variablen Kosten ΔKV_B ist bei Verwendung der differenzierten Abweichungsanalysemethode auf Planbasis wie folgt in eine Stückkostenabweichung und eine Absatzmengenabweichung zu zerlegen:

$$\Delta KV_B = k_B^i \cdot x_B^i - k_B^p \cdot x_B^p$$

$$= \Delta k_B \cdot x_B^p \quad \textit{Stückkostenabweichung}$$

$$+ k_B^p \cdot \Delta x_B \quad \textit{Absatzmengenabweichung}$$

$$+ \Delta k_B \cdot \Delta x_B \quad \textit{Abweichung höherer Ordnung}$$

$$\Rightarrow \Delta KV_B = 2.100 + (-500) + (-100)$$

Bei der weiteren Aufspaltung der Erlösabweichung ΔE_B ist zu beachten, daß die Absatzmengenänderung auch auf die Änderungen des Absatzpreises und der Werbeausgaben zurückzuführen ist. Aus diesem Grund ist es zweckmäßig, die Absatzmengenänderung zunächst in eine absatzpreis- und werbeausgabenbedingte Änderung $\Delta_1 x_B$ und eine sonstige Absatzmengenänderung $\Delta_2 x_B$ zu zerlegen:

$$\Delta x_B = x_B^i - x_B^p = x_B^i - x(p_B^i, W_B^i) + x(p_B^i, W_B^i) - x_B^p = \Delta_2 x_B + \Delta_1 x_B$$

Damit ergibt sich dann $x_B^i = x_B^p + \Delta_2 x_B + \Delta_1 x_B$, so daß man unter Berücksichtigung von $p_B^i = p_B^p + \Delta p_B$ nachfolgende Aufspaltung der Erlösabweichung in eine absatzpreis- und werbeausgabenbedingte Erlösabweichung und eine sonstige Absatzmengenabweichung, die (unter der Annahme einer planungsfehlerfreien Funktion $x(p_B, W_B)$) mit der Änderung des Absatzpreises und der Werbeausgaben nicht erklärt werden kann und somit auf den veränderten Einsatz oder die veränderte Wirkung der sonstigen absatzmarktpolitischen Instrumente zurückzuführen ist, vornehmen kann:

$$\Delta E_B = (p_B^p + \Delta p_B) \cdot (x_B^p + \Delta_2 x_B + \Delta_1 x_B) - p_B^p \cdot x_B^p$$

$$= \Delta p_B \cdot x_B^p + p_B^p \cdot \Delta_1 x_B + \Delta p_B \cdot \Delta_1 x_B$$

$$+ p_B^p \cdot \Delta_2 x_B$$

$$+ \Delta p_B \cdot \Delta_2 x_B$$

$$= p_B^i \cdot x(p_B^i, W_B^i) - p_B^p \cdot x_B^p \quad \textit{Absatzpreis- und werbeausgabenbedingte Erlösabweichung } \Delta PW_B$$

$$+ p_B^p \cdot \Delta_2 x_B \quad \textit{Sonstige Absatzmengenabweichung}$$

$$+ \Delta p_B \cdot \Delta_2 x_B \quad \textit{Abweichung höherer Ordnung}$$

$$\Rightarrow \Delta E_B = 395 + 1.500 + 105$$

Die absatzpreis- und werbeausgabenbedingte Erlösabweichung ΔPW_B kann abschließend in eine Absatzpreisabweichung und eine werbeausgabenbedingte Absatzmengenabweichung wie folgt zerlegt werden:

$$\Delta PW_B = p_B^i \cdot x(p_B^i, W_B^i) - p_B^p \cdot x_B^p$$

$$= p_B^i \cdot x(p_B^i, W_B^p) - p_B^p \cdot x_B^p \qquad \textit{Absatzpreisabweichung}$$

$$+ p_B^p \cdot x(p_B^p, W_B^i) - p_B^p \cdot x_B^p \qquad \textit{Werbeausgabenbedingte Absatzmengenabweichung}$$

$$+ \textit{Abweichungen höherer Ordnung}$$

$$\Rightarrow \Delta PW_B = -140 + 500 + 35$$

Der Vergleich der werbeausgabenbedingten Absatzmengenabweichung in Höhe von +500 mit der Werbeausgabenabweichung in Höhe von +525 zeigt, daß die Erhöhung der Werbeausgaben insgesamt zu einer Gewinnminderung geführt hat und somit nicht vorteilhaft war.

Aufgabe 2 c)

Die Gesamtabweichung des Gewinnes ΔG_C bei der Produktart C ergibt sich gemäß:

$$\Delta G_C = (p_C^i - k_C^i) \cdot x_C^i - ((p_C^p - k_C^p) \cdot x_C^p)$$

$$\Rightarrow \Delta G_C = 59.400 - 33686{,}40 = 25.713{,}60$$

Die Aufspaltung der Gewinnabweichung in eine Erlösabweichung und eine Abweichung der variablen Kosten kann wie bei der Produktart B vorgenommen werden. Es gilt:

$$\Delta G_C = (p_C^i - k_C^i) \cdot x_C^i - ((p_C^p - k_C^p) \cdot x_C^p)$$

$$= p_C^i \cdot x_C^i - p_C^p \cdot x_C^p \qquad \textit{Erlösabweichung } \Delta E_C$$

$$- (k_C^i \cdot x_C^i - k_C^p \cdot x_C^p) \qquad \textit{Abweichung der variablen Kosten}$$

$$\Rightarrow \Delta G_C = 24.340{,}83 - 1.372{,}78$$

Die positive Erlösabweichung zeigt eine Erlöserhöhung an; diese kann nun einerseits auf Veränderungen des relativen Preises und des Marktanteils als interne Erlöseinflußgrößen und andererseits auf Veränderungen des Branchenpreises und des Marktvolumens als externe Erlöseinflußgrößen zurückzuführen sein. Eine diesbezügliche Aufspaltung der Erlösabweichung in eine interne und externe Erlösabweichung ist wie folgt durchzuführen:

$$\Delta E_C = p_C^i \cdot x_C^i - p_C^p \cdot x_C^p$$

$$= \frac{p_C^i}{P_C^i} \cdot P_C^i \cdot \frac{x_C^i}{X_C^i} \cdot X_C^i - \frac{p_C^p}{P_C^p} \cdot P_C^p \cdot ma_C^p \cdot X_C^p$$

$$= pr_C^i \cdot ma_C^i \cdot P_C^i \cdot X_C^i - pr_C^p \cdot ma_C^p \cdot P_C^p \cdot X_C^p$$

$$= (pr_C^i \cdot ma_C^i - pr_C^p \cdot ma_C^p) \cdot P_C^p \cdot X_C^p \qquad \textit{interne Erlösabweichung } \Delta EI_C$$

$$+ pr_C^p \cdot ma_C^p \cdot (P_C^i \cdot X_C^i - P_C^p \cdot X_C^p) \qquad \textit{externe Erlösabweichung } \Delta EE_C$$

$$+ \textit{Abweichungen höherer Ordnung}$$

$$\Rightarrow \Delta E_C = -13.975{,}84 + 44.466{,}04 + (-6.149{,}37)$$

Das Ergebnis der Abweichungsanalyse zeigt, daß die positive Erlösabweichung auf den ersten Blick nur auf die Änderungen der externen Erlöseinflußgrößen zurückzuführen ist, während die vom Profit Center-Leiter zu verantwortenden Änderungen der internen Erlöseinflußgrößen zu einer Erlösminderung geführt haben. Es stellt sich nun allerdings die Frage, in welchem Maße die negative interne Erlösabweichung auf die Änderung des relativen Preises und die Änderung des Marktanteils zurückzuführen ist. Analog zur Zerlegung der Absatzmengenabweichung in eine absatzpreis- und werbeausgabenbedingte Erlösabweichung und eine sonstige Absatzmengenabweichung in der Aufgabe 2b) kann die Änderung des Marktanteils wie folgt in eine absatzpreisbedingte Marktanteilsänderung $\Delta_1 ma_C$ und eine sonstige Marktanteilsänderung $\Delta_2 ma_C$ aufgespaltet werden

$$\Delta ma_C = ma_C^i - ma_C^p = ma_C^i - ma_C(pr_C^i) + ma_C(pr_C^i) - ma_C^p = \Delta_2 ma_C + \Delta_1 ma_C,$$

welche dann bei der Zerlegung der internen Erlösabweichung in eine relative Absatzpreisabweichung und eine sonstige Absatzmengenabweichung genutzt werden kann und letztlich zu folgendem Ergebnis führt:

$$\Delta EI_C = (pr_C^i \cdot ma_C^i - pr_C^p \cdot ma_C^p) \cdot P_C^p \cdot X_C^p$$

$$= (pr_C^i \cdot ma_C(pr_C^i) - pr_C^p \cdot ma_C^p) \cdot P_C^p \cdot X_C^p \qquad \textit{Absatzpreisabweichung}$$

$$+ pr_C^p \cdot (ma_C^i - ma_C(pr_C^i)) \cdot P_C^p \cdot X_C^p \qquad \textit{Sonstige Absatzmengenabweichung}$$

$$+ \textit{Abweichungen höherer Ordnung}$$

$$\Rightarrow \Delta EI_C = 1.304{,}46 + (-17.371{,}31) + 2.090{,}99$$

Die negative Erlösabweichung ist demnach nur auf die veränderte Wirkung oder den veränderten Einsatz der sonstigen absatzmarktpolitischen Instrumente zurückzuführen. Demgegenüber hat die Änderung des relativen Preises zu einer Erlöserhöhung geführt.

Die positive externe Erlösabweichung kann schließlich noch in eine Branchenpreisabweichung und eine Marktvolumenabweichung zerlegt werden. Die nachstehenden Ergebnisse zeigen, daß die externe Erlösabweichung in gleichem Maße auf die Branchenpreisänderung und die Marktvolumenänderung zurückzuführen ist.

$$\Delta EE_C = pr_C^p \cdot ma_C^p \cdot (P_C^i \cdot X_C^i - P_C^p \cdot X_C^p)$$

$$= pr_C^p \cdot ma_C^p \cdot (P_C^i - P_C^p) \cdot X_C^p \qquad \textit{Branchenpreisabweichung}$$

$$+ pr_C^p \cdot ma_C^p \cdot P_C^p \cdot (X_C^i - X_C^p) \qquad \textit{Marktvolumenabweichung}$$

$$+ \textit{Abweichungen höherer Ordnung}$$

$$\Rightarrow \Delta EE_C = 20.211{,}84 + 20.211{,}84 + 4.042{,}37$$

Literaturhinweise

ALBERS, S.: Ein System zur IST-SOLL-Abweichungs-Ursachenanalyse von Erlösen, in: Zeitschrift für Betriebswirtschaft, 59. Jg., Heft 6, 1989, S. 637–654.

ALBERS, S.: Ursachenanalyse von marketingbedingten IST-SOLL-Deckungsbeitragsabweichungen, in: Zeitschrift für Betriebswirtschaft, 62. Jg., Heft 2, 1992, S. 199–223.

BETZ, S.: Operatives Erfolgscontrolling, Wiesbaden 1996.

BETZ, S.: Funktionales Erfolgscontrolling bei mehrstufiger Fertigung, in: Betriebswirtschaftliche Forschung und Praxis, 51. Jg., Heft 1, 1998, S. 35–47.

DIERKES, S.: Erlöscontrolling, in: Zeitschrift für Betriebswirtschaft, 71. Jg., Ergänzungsheft 2, 2001, S. 1–17.

EWERT, R., WAGENHOFER, A.: Interne Unternehmensrechnung, 5. Aufl., Berlin u. a. 2003.

KLOOCK, J., BOMMES, W.: Methoden der Kostenabweichungsanalyse, in: Kostenrechnungspraxis, 26. Jg., Heft 5, 1982, S. 225–237.

KLOOCK, J., DIERKES, S.: Erlöskontrollmanagement, in: Jahrbuch für Controlling und Rechnungswesen 2001, hrsg. von *G. SEICHT*, Wien 2001, S. 201–224.

LENGSFELD, S.: Kommentar zu „Funktionales Erfolgscontrolling bei mehrstufiger Fertigung“ von *S. BETZ*, in: Betriebswirtschaftliche Forschung und Praxis, 51. Jg., Heft 1, 1998, S. 48–52.

Stefan Kram

Zielplanung und -steuerung in Kreditinstituten

Die BANK ANHALT unterteilt ihr Geschäftsgebiet in drei Marktbereiche. Für jeden der drei Marktbereiche möchte sie aufgrund der unterschiedlichen Rahmenbedingungen zunächst die volumen- und anschließend die ertragsbezogene Zielplanung für das nächste Geschäftsjahr vornehmen. Die BANK ANHALT hat an die Erfüllung der Marktziele ein für jeden Marktbereich gültiges Prämienanreizsystem gekoppelt.

Aufgabe 1

Vorbereitend für die Zielplanung hat das Kreditinstitut nachfolgende Kennziffern ermittelt (siehe Tabelle): Hinsichtlich der Einwohner im jeweiligen Marktbereich konnte auf die Bevölkerungsstatistik der Gemeinden zurückgegriffen werden, während der jeweilige Kaufkraftindex über das Statistische Landesamt zur Verfügung steht. Um das im Bundesdurchschnitt monatlich verfügbare Einkommen ausfindig zu machen, wird auf die Statistiken der Europäischen Zentralbank zurückgegriffen.

Die schwierigen Fragen, in welche Anlageformen die Einwohner der Marktbereiche ihre freien finanziellen Mittel im nächsten Jahr anlegen werden (Verwendung der Sparquote), in welchem Umfang eine Kreditaufnahme erfolgen wird und wie groß der Marktanteil der BANK ANHALT ist, wurden im Rahmen einer repräsentativen Befragung der Bevölkerung durch ein Marktforschungsunternehmen ermittelt. Ein weiteres Ergebnis dieser Marktforschungsstudie war die Bestimmung der Sparquote.

Die geplanten prozentualen Marktanteilsausweitungen in den vier Zielfeldern resultieren aus geschäftspolitischen Überlegungen der BANK ANHALT.

Ermitteln Sie auf der Grundlage des vorhandenen Datenkranzes die Zielvolumina (mit und ohne Marktanteilsausweitung) für das nächste Geschäftsjahr. Die Planung ist für jeden Marktbereich der BANK ANHALT bezüglich der folgenden Bankmarktleistungen durchzuführen:

Sparkapital,
Investmentfonds,
Kapitallebensversicherung,
Kredite.

Beachten Sie bei der Lösung der Aufgabe, daß Sie für die Berechnung der Zielvolumina hinsichtlich Sparkapital, Investmentfonds und Kapitallebensversicherungen zunächst das verfügbare Einkommen je Marktbereich herleiten müssen.

Nachfolgende Tabelle liefert Ihnen die marktbereichsbezogenen Daten:

	Marktbereich 1	**Marktbereich 2**	**Marktbereich 3**
Bevölkerung im Marktbereich	2.547	3.382	10.568
Sparquote	10,30%	9,70%	10,90%
Kaufkraftindex	102,30%	99,80%	107,70%
monatl. verfügbares Einkommen im Bundesdurchschnitt je Einwohner in Euro	1.150,00	1.150,00	1.150,00
Anlage in... **Sparkapital**	16,00%	21,00%	10,00%
Marktanteil	*47,00%*	*51,00%*	*43,00%*
geplante Marktanteilsausweitung	*3,00%*	*1,50%*	*5,00%*
Anlage in... **Investmentfonds**	20,00%	14,00%	18,00%
Marktanteil	*21,00%*	*26,00%*	*19,00%*
geplante Marktanteilsausweitung	*2,00%*	*1,00%*	*3,00%*
Anlage in... **Kapitallebensversicherung**	14,00%	15,00%	22,00%
Marktanteil	*12,00%*	*15,00%*	*11,00%*
geplante Marktanteilsausweitung	*2,00%*	*1,00%*	*3,00%*
Kreditvolumen (in TEUR)	700	370	2.200
Marktanteil	*49,00%*	*52,00%*	*46,00%*
geplante Marktanteilsausweitung	*1,00%*	*0,00%*	*2,00%*

Aufgabe 2

Die Geschäftsleitung der BANK ANHALT geht auf der Grundlage der bereits erwähnten Marktforschungsstudie für alle drei Marktbereiche beim Sparkapital und im Kreditgeschäft von folgender struktureller Nachfrage aus:

SPARKAPITAL:

Position	Strukturanteil:	Laufzeit:	Kundenzins:
Spareinlagen	35%	3 Monate	2,25%
Termingeld	15%	1 Jahr	2,75%
Sparbrief	30%	5 Jahre	3,50%
Kapitalbrief	20%	10 Jahre	4,75%

KREDITGESCHÄFT

Position	Strukturanteil:	Laufzeit:	Kundenzins:
Betriebsmittelkredit	10%	1 Jahr	4,00%
Personaldarlehen	30%	5 Jahre	5,00%
Realdarlehen	60%	10 Jahre	5,75%

Um eine Ertragsplanung vornehmen zu können, muß die Bank eine Prognose der Zinssätze am Geld- und Kapitalmarkt für das nächste Jahr abgeben. Zu diesem Zweck hat der Bereich Unternehmenssteuerung der BANK ANHALT für den Geld- und Kapitalmarkt folgende Einschätzung zur Zinsstruktur erarbeitet:

Laufzeit	Zinssätze am Geld- und Kapitalmarkt
3 Monate	3,00%
1 Jahr	3,50%
5 Jahre	4,00%
10 Jahre	5,00%

Die BANK ANHALT beurteilt ihr bilanzwirksames Geschäft nach der Marktzinsmethode. Laufzeitüberhänge auf der Aktiv- oder Passivseite (Fristentransformation) in den einzelnen Marktbereichen werden durch die Zentraldisposition (Treasury) gesteuert und bleiben bei der weiteren Betrachtung unberücksichtigt.

Bitte berechnen Sie den zu erwartenden Ertrag je Marktbereich auf der Grundlage der geplanten Volumina (inkl. Marktanteilsausweitung) in den Bereichen Sparkapital, Investmentfonds, Kapitallebensversicherung und Kredite. Für das bilanzwirksame Geschäft ermitteln Sie dabei bitte jeweils die Zinsmargen und die Zinskonditionsbeiträge.

Aufgabe 3

Nach Ablauf des Geschäftsjahres stellt die BANK ANHALT fest, daß die geplanten Geschäftsvolumina nicht wie vorgesehen eingetreten sind. Auch die von der Bank für den Geld- und Kapitalmarkt unterstellten Zinssätze, die der Ertragsplanung zugrunde gelegt wurden, sind nicht wie erwartet eingetreten. Die Bank will nunmehr den tatsächlichen Ertrag aus dem Kundengeschäft berechnen, um daraus auch die Ausschüttung im Rahmen des Prämienanreizsystems vornehmen zu können.

In den einzelnen Marktbereichen konnten im abgelaufenen Jahr Abschlüsse zu folgenden Konditionen getätigt werden:

Anlage 2003 in...	Marktbereich 1	Kundenzins
Sparkapital (in EUR)	275.500	
Spareinlagen (3 Monate)	*96.425*	2,00%
Termingeld (1 Jahr)	*41.325*	2,60%
Sparbrief (5 Jahre)	*82.650*	3,90%
Kapitalbrief (10 Jahre)	*55.100*	5,35%
Investmentfonds (in EUR)	181.500	
Provision	0,60%	
Kapitallebensversicherung (in EUR)	62.500	
Provision	0,40%	
Kreditvolumen (in EUR)	375.000	
Betriebsmittelkredit (1 Jahr)	*37.500*	4,00%
Personaldarlehen (5 Jahre)	*112.500*	5,00%
Realdarlehen (10 Jahre)	*225.000*	6,75%

Anlage 2003 in...	Marktbereich 2	Kundenzins	Marktbereich 3	Kundenzins
Sparkapital (in EUR)	527.300		795.200	
Spareinlagen (3 Monate)	*184.555*	2,25%	*278.320*	2,30%
Termingeld (1 Jahr)	*79.095*	2,75%	*119.280*	2,80%
Sparbrief (5 Jahre)	*158.190*	4,10%	*238.560*	4,05%
Kapitalbrief (10 Jahre)	*105.460*	5,20%	*159.040*	5,40%
Investmentfonds (in EUR)	155.600		695.400	
Provision	0,60%		0,60%	
Kapitallebensversicherung (in EUR)	135.900		412.000	
Provision	0,40%		0,40%	
Kreditvolumen (in EUR)	210.000		1.210.000	
Betriebsmittelkredit (1 Jahr)	*21.000*	3,90%	*121.000*	3,80%
Personaldarlehen (5 Jahre)	*63.000*	5,00%	*363.000*	4,90%
Realdarlehen (10 Jahre)	*126.000*	6,60%	*726.000*	6,50%

Das Prämienanreizsystem der BANK ANHALT stellt ausschließlich auf einen Vergleich zwischen geplanten und erzielten Gesamterträgen je Marktbereich ab. Es sieht vor, daß eine Prämienausschüttung erst ab 90% Zielerreichung erfolgt. Für Zielerreichungen zwischen 90% und 100% wird für jeden Prozentpunkt, der 90% übersteigt, 1% vom Ertrag ausgeschüttet. Bei Zielerreichungen über 100% bis maximal 120% werden für jeden Prozentpunkt Zielerreichung 1,5% des Gesamtertrages ausgeschüttet. Die Grenze von 120% übersteigende Zielerreichungen werden nicht zusätzlich vergütet.

Die Ist-Zinssätze am Geld- und Kapitalmarkt stellten sich dabei wie folgt dar:

Laufzeit	Zinssätze am Geld- und Kapitalmarkt
3 Monate	2,75%
1 Jahr	3,25%
5 Jahre	4,50%
10 Jahre	5,75%

Ermitteln Sie die auszuschüttende Prämie für jeden einzelnen Marktbereich. Beachten Sie dabei, daß Sie zunächst die Erträge auf Basis der Istwerte berechnen müssen, um anschließend die Zielerreichung feststellen zu können.

Lösung

Aufgabe 1

Es ist bei der Ermittlung der Volumenziele insbesondere zu berücksichtigen, daß in allen drei Marktbereichen ein unterschiedlicher Kaufkraftindex Gültigkeit besitzt und sich die Marktbereiche durch uneinheitliche Sparquoten auszeichnen.

Für den Marktbereich 1 ergibt sich folgender Lösungsansatz:

Verfügbares Einkommen im Marktbereich p. a.

$$= \frac{2.547 \text{ Einwohner} \cdot 102{,}30\% \cdot 1.150 \text{ EUR} \cdot 12 \text{ Monate}}{100} = 35.957.018 \text{ EUR}$$

Verfügbares Einkommen je Einwohner im Marktbereich p. a.

$$= \frac{102{,}30\% \cdot 1.150 \text{ EUR} \cdot 12 \text{ Monate}}{100} = 14.117 \text{ EUR}$$

Ersparnisbildung im Marktbereich p. a.

$$= \frac{2.547 \text{ Einwohner} \cdot 102{,}30\% \cdot 1.150 \text{ EUR} \cdot 12 \text{ Monate} \cdot 10{,}30\%}{100 \cdot 100} = 3.703.573 \text{ EUR}$$

Ersparnisbildung je Einwohner im Marktbereich p.a.

$$= \frac{102{,}30\% \cdot 1.150 \text{ EUR} \cdot 12 \text{ Monate} \cdot 10{,}30\%}{100 \cdot 100} = 1.454 \text{ EUR}$$

Zielvolumina Sparkapital im Marktbereich insgesamt

$$= \frac{3.703.573 \text{ EUR} \cdot 16{,}00\%}{100} = 592.572 \text{ EUR}$$

Zielvolumina Sparkapital der BANK ANHALT im Marktbereich ohne Marktanteilsausweitung

$$= \frac{3.703.573 \text{ EUR} \cdot 16{,}00\% \cdot 47{,}00\%}{100 \cdot 100} = 278.509 \text{ EUR}$$

Zielvolumina Sparkapital der BANK ANHALT im Marktbereich mit Marktanteilsausweitung

$$= \frac{3.703.573 \text{ EUR} \cdot 16{,}00\% \cdot (47{,}00\% + 3{,}00\%)}{100 \cdot 100} = 296.286 \text{ EUR}$$

Zielvolumina Investmentfonds im Marktbereich insgesamt

$$= \frac{3.703.573 \text{ EUR} \cdot 20{,}00\%}{100} = 740.715 \text{ EUR}$$

Zielvolumina Investmentfonds der BANK ANHALT im Marktbereich ohne Marktanteilsausweitung

$$= \frac{3.703.573 \text{ EUR} \cdot 20{,}00\% \cdot 21{,}00\%}{100 \cdot 100} = 155.550 \text{ EUR}$$

Zielvolumina Investmentfonds der BANK ANHALT im Marktbereich mit Marktanteilsausweitung

$$= \frac{3.703.573 \text{ EUR} \cdot 20{,}00\% \cdot (21{,}00\% + 2{,}00\%)}{100 \cdot 100} = 170.364 \text{ EUR}$$

Zielvolumina Kapitallebensversicherung im Marktbereich insgesamt

$$= \frac{3.703.573 \text{ EUR} \cdot 14{,}00\%}{100} = 518.500 \text{ EUR}$$

Zielvolumina Kapitallebensversicherung der BANK ANHALT im Marktbereich ohne Marktanteilsausweitung

$$= \frac{3.703.573 \text{ EUR} \cdot 14{,}00\% \cdot 12{,}00\%}{100 \cdot 100} = 62.220 \text{ EUR}$$

Zielvolumina Kapitallebensversicherung der BANK ANHALT im Marktbereich mit Marktanteilsausweitung

$$= \frac{3.703.573 \text{ EUR} \cdot 14{,}00\% \cdot (12{,}00\% + 2{,}00\%)}{100 \cdot 100} = 72.590 \text{ EUR}$$

Neues Kreditvolumen der BANK ANHALT im Marktbereich ohne Marktanteilsausweitung

$$= \frac{700.000 \text{ EUR} \cdot 49{,}00\%}{100} = 343.000 \text{ EUR}$$

Neues Kreditvolumen der BANK ANHALT im Marktbereich mit Marktanteilsausweitung

$$= \frac{700.000 \text{ EUR} \cdot (49{,}00\% + 1{,}00\%)}{100} = 350.000 \text{ EUR}$$

Die Ergebnisse für die Marktbereiche 2 und 3 lassen sich analog ermitteln.

In nachstehender Tabelle sind zusammenfassend neben den Lösungen auch die Zwischenwerte (u. a. verfügbares Einkommen) aufgenommen worden:

	Marktbereich 1	**Marktbereich 2**	**Marktbereich 3**
verfügbares Einkommen im Marktbereich	35.957.018	46.578.257	157.067.957
je Einwohner	14.117	13.772	14.863
Ersparnisbildung im Marktbereich	3.703.573	4.518.091	17.120.407
Ersparnisbildung je Einwohner	1.454	1.336	1.620

	Marktbereich 1	Marktbereich 2	Marktbereich 3
Anlage 2003 in...			
Sparkapital			
(in EUR)	592.572	948.799	1.712.041
ohne Marktanteilsausweitung	278.509	483.888	736.178
mit Marktanteilsausweitung	296.286	498.120	821.780
Investmentfonds			
(in EUR)	740.715	632.533	3.081.673
ohne Marktanteilsausweitung	155.550	164.459	585.518
mit Marktanteilsausweitung	170.364	170.784	677.968
Kapitallebensversicherung			
(in EUR)	518.500	677.714	3.766.490
ohne Marktanteilsausweitung	62.220	101.657	414.314
mit Marktanteilsausweitung	72.590	108.434	527.309
neues Kreditvolumen			
(in TEUR)	700	370	2.200
ohne Marktanteilsausweitung	343	192	1.012
mit Marktanteilsausweitung	350	192	1.056

Aufgabe 2

Die Vorteilhaftigkeit eines bilanzwirksamen Geschäftes (Zinskonditionsbeitrag) resultiert in der Betrachtung der Marktzinsmethode aus der Differenz zwischen dem Zinssatz, der mit dem Kunden vereinbart worden ist und dem Zinssatz für die gleiche Laufzeit, den die Bank am Geld- und Kapitalmarkt erhalten hätte (Aktivgeschäft) oder den sie hätte bezahlen müssen (Passivgeschäft).

Die bei normaler Zinsstruktur positiven Erträge aus der kurzfristigeren Mittelaufnahme und der längerfristigen Mittelverwendung (Fristentransformation) sind nicht den Vertriebseinheiten des Marktes zuzurechnen, sondern der Zentraldisposition (Treasury) und bleiben deshalb nachfolgend unberücksichtigt.

Für die Aktivseite berechnet sich im Marktbereich 1 der geplante gewichtete Kundenzins wie folgt:

$$= \frac{(35.000 \cdot 4{,}00\%) + (105.000 \cdot 5{,}00\%) + (210.000 \cdot 5{,}75\%)}{350.000} = 5{,}35\%$$

Der geplante gewichtete Geld- und Kapitalmarktsatz beläuft sich auf:

$$= \frac{(35.000 \cdot 3{,}50\%) + (105.000 \cdot 4{,}00\%) + (210.000 \cdot 5{,}00\%)}{350.000} = 4{,}55\%$$

Der geplante Zinskonditionsbeitrag Aktiv im Marktbereich 1 beträgt insgesamt:

= (5,35% – 4,55%) · 350.000 Euro = 2.800 Euro

Die gewichtete Laufzeit von 7,60 Jahren auf der Aktivseite ist in der folgenden Tabelle nur informatorisch angegeben, sie ist jedoch ohne Bedeutung für die Berechnungen.

Aktiva			**Marktbereich 1**	
Position	Volumen	Laufzeit in Jahren	Kundenzins	GKM-Satz
Betriebsmittelkredit	35.000	1,00	4,00%	3,50%
Personaldarlehen	105.000	5,00	5,00%	4,00%
Realdarlehen	210.000	10,00	5,75%	5,00%
	350.000	7,60	5,35%	4,55%

Auf der Passivseite ist ein Geschäftsabschluß dann von Vorteil für die Bank, wenn der vereinbarte Kundenzins unter dem Zinssatz für die gleiche Laufzeit am Geld- und Kapitalmarkt liegt.

Für die Passivseite berechnet sich im Marktbereich 1 der geplante gewichtete Kundenzins wie folgt:

$$= \frac{(103.700 \cdot 2{,}25\%) + (44.443 \cdot 2{,}75\%) + (88.886 \cdot 3{,}50\%) + (59.257 \cdot 4{,}75\%)}{296.286}$$

= 3,20%

Der geplante gewichtete Geld- und Kapitalmarktsatz beläuft sich auf:

$$= \frac{(103.700 \cdot 3{,}00\%) + (44.443 \cdot 3{,}50\%) + (88.886 \cdot 4{,}00\%) + (59.257 \cdot 5{,}00\%)}{296.286}$$

= 3,78%

Der geplante Zinskonditionsbeitrag Passiv im Marktbereich 1 beträgt insgesamt:

= (3,78% – 3,20%) · 296.286 Euro = 1.704 Euro

Die gewichtete Laufzeit von 3,74 Jahren auf der Passivseite ist in der folgenden Tabelle ebenfalls nur informatorisch angegeben. Für die Berechnungen ist sie jedoch ohne Belang.[1]

[1] Die längere gewichtete Laufzeit der Aktivseite (7,60 Jahre) gegenüber der Passivseite (3,74 Jahre) deutet im Marktbereich 1 darauf hin, daß die Bank Fristentransformation betreibt. Siehe hierzu *SCHIERENBECK; H.*: Ertragsorientiertes Bankmanagement, Bd. 1, 7. Aufl., Wiesbaden 2001.

Marktbereich 1				**Passiva**
GKM-Satz	Kundenzins	Laufzeit in Jahren	Volumen	Position
3,00%	2,25%	0,25	103.700	Spareinlagen
3,50%	2,75%	1,00	44.443	Termingeld
4,00%	3,50%	5,00	88.886	Sparbrief
5,00%	4,75%	10,00	59.257	Kapitalbrief
3,78%	3,20%	3,74	296.286	

Einschließlich der Provisionen aus dem bilanzneutralen Geschäft beläuft sich der geplante Mehrertrag für das nächste Geschäftsjahr im Marktbereich 1 auf 5.816 Euro.

Investmentfonds (Provision)	170.364 •	0,60% = 1.022	
Kapitallebensvers. (Provision)	72.590 •	0,40% = 290	
Summe Mehrertrag			5.816

Da sich für die Marktbereiche 2 und 3 die Berechnungen analog zum Marktbereich 1 ergeben wurde auf eine ausführliche Herleitung verzichtet und die Ergebnisse nur in Tabellenform dargestellt.

Aktiva			**Marktbereich 2**	
Position	Volumen	Laufzeit in Jahren	Kundenzins	GKM-Satz
Betriebsmittelkredit	19.240	1,00	4,00%	3,50%
Personaldarlehen	57.720	5,00	5,00%	4,00%
Realdarlehen	115.440	10,00	5,75%	5,00%
	192.400	7,60	5,35%	4,55%

Die Marge aus dem Aktivgeschäft beträgt durchschnittlich 0,80% und führt zu einem Zinskonditionsbeitrag von 1.539 Euro.

Marktbereich 2				Passiva
GKM-Satz	Kundenzins	Laufzeit in Jahren	Volumen	Position
3,00%	2,25%	0,25	174.342	Spareinlagen
3,50%	2,75%	1,00	74.718	Termingeld
4,00%	3,50%	5,00	149.436	Sparbrief
5,00%	4,75%	10,00	99.624	Kapitalbrief
3,78%	3,20%	3,74	498.120	

Die Marge aus dem Passivgeschäft beträgt durchschnittlich 0,58% und führt zu einem Zinskonditionsbeitrag von 2.864 Euro.

Investmentfonds (Provision)	170.784 •	0,60% = 1.025
Versicherungsprämie (Provision)	108.434 •	0,40% = 434
Summe Mehrertrag		5.862

Einschließlich der Provisionen aus dem bilanzneutralen Geschäft beläuft sich der geplante Mehrertrag für das nächste Geschäftsjahr im Marktbereich 2 auf 5.862 Euro.

Aktiva			Marktbereich 3	
Position	Volumen	Laufzeit in Jahren	Kundenzins	GKM-Satz
Betriebsmittelkredit	105.600	1,00	4,00%	3,50%
Personaldarlehen	316.800	5,00	5,00%	4,00%
Realdarlehen	633.600	10,00	5,75%	5,00%
	1.056.000	7,60	5,35%	4,55%

Die Marge aus dem Aktivgeschäft beträgt durchschnittlich 0,80% und führt zu einem Zinskonditionsbeitrag von 8.448 Euro.

Marktbereich 3				Passiva
GKM-Satz	Kundenzins	Laufzeit in Jahren	Volumen	Position
3,00%	2,25%	0,25	287.623	Spareinlagen
3,50%	2,75%	1,00	123.267	Termingeld
4,00%	3,50%	5,00	246.534	Sparbrief
5,00%	4,75%	10,00	164.356	Kapitalbrief
3,78%	3,20%	3,74	821.780	

Die Marge aus dem Passivgeschäft beträgt durchschnittlich 0,58% und führt zu einem Zinskonditionsbeitrag von 4.725 Euro.

Investmentfonds (Provision)	677.968 •	0,60% = 4.068
Versicherungsprämie (Provision)	527.309 •	0,40% = 2.109
Summe Mehrertrag		19.350

Einschließlich der Provisionen aus dem bilanzneutralen Geschäft beläuft sich der geplante Mehrertrag für das nächste Geschäftsjahr im Marktbereich 3 auf 19.350 Euro.

Aufgabe 3

Für die Aktivseite berechnet sich im Marktbereich 1 der gewichtete Ist-Kundenzins wie folgt:

$$= \frac{(37.500 \cdot 4{,}00\%) + (112.500 \cdot 5{,}00\%) + (225.000 \cdot 6{,}75\%)}{375.000} = 5{,}95\%$$

Der gewichtete Geld- und Kapitalmarktsatz beläuft sich auf:

$$= \frac{(37.500 \cdot 3{,}25\%) + (112.500 \cdot 4{,}50\%) + (225.000 \cdot 5{,}75\%)}{375.000} = 5{,}13\%$$

Der Ist-Zinskonditionsbeitrag Aktiv im Marktbereich 1 beträgt insgesamt:

$= (5{,}95\% - 5{,}13\%) \cdot 375.000$ Euro = 3.094 Euro

Im Marktbereich 1 konnte im Aktivgeschäft mit 0,82% eine höhere Marge als geplant (0,80%) durchgesetzt werden. Darüber hinaus wurde mit 375.000 Euro auch ein höheres Volumen abgeschlossen als prognostiziert (350.000 Euro). In der nachfolgenden Tabelle finden sich die Ergebnisse nochmals zusammengefaßt wieder:

Aktiva		**Marktbereich 1**		
Position	Volumen	Laufzeit in Jahren	Kundenzins	GKM-Satz
Betriebsmittelkredit	37.500	1,00	4,00%	3,25%
Personaldarlehen	112.500	5,00	5,00%	4,50%
Realdarlehen	225.000	10,00	6,75%	5,75%
	375.000	7,60	5,95%	5,13%
	ZKB_{Aktiv} =	5,95% -	5,13% = 0,82%	
	ZKB_{Aktiv} =	375.000 •	0,82% = 3.094	

Für die Passivseite berechnet sich im Marktbereich 1 der gewichtete Ist-Kundenzins wie folgt:

$$= \frac{(96.425 \cdot 2{,}00\%) + (41.325 \cdot 2{,}60\%) + (82.650 \cdot 3{,}90\%) + (55.100 \cdot 5{,}35\%)}{275.500}$$

$= 3{,}33\%$

Der gewichtete Ist-Geld- und Kapitalmarktsatz beläuft sich auf:

$$= \frac{(96.425 \cdot 2{,}75\%) + (41.325 \cdot 3{,}25\%) + (82.650 \cdot 4{,}50\%) + (55.100 \cdot 5{,}75\%)}{275.500}$$

$= 3{,}95\%$

Der Ist-Zinskonditionsbeitrag Passiv im Marktbereich 1 beträgt insgesamt:

$= (3{,}95\% - 3{,}33\%) \cdot 275.500$ Euro $= 1.708$ Euro

Das Passivgeschäft blieb mit 275.000 Euro volumenbezogen hinter den Erwartungen (296.286 Euro) zurück. Das fehlende Volumen konnte jedoch durch eine um 0,04% bessere Marge - als im Planansatz vorgesehen - kompensiert werden. In der nachfolgenden Tabelle finden sich die Ergebnisse nochmals zusammengefaßt wieder:

		Marktbereich 1		**Passiva**
GKM-Satz	Kundenzins	Laufzeit in Jahren	Volumen	Position
2,75%	2,00%	0,25	96.425	Spareinlagen
3,25%	2,60%	1,00	41.325	Termingeld
4,50%	3,90%	5,00	82.650	Sparbrief
5,75%	5,35%	10,00	55.100	Kapitalbrief
3,95%	3,33%	3,74	275.500	
ZKB_{Passiv} =	3,95% -	3,33% =	0,62%	
ZKB_{Passiv} =	275.500 •	0,62% =	1.708	

Investmentfonds (Provision)	181.500 •	0,60% = 1.089
Versicherungsprämie (Provision)	62.500 •	0,40% = 250
Summe Mehrertrag		6.141

Aus der Aufgabe 2 kann entnommen werden, daß für den Marktbereich 1 ein Ertrag in Höhe von 5.816 Euro geplant war. Durch den tatsächlich erzielten Ertrag von 6.141 Euro beläuft sich die Zielerfüllung des vergangenen Geschäftsjahres im Marktbereich 1 auf einen Wert von:

$= (6.141/5.816) \cdot 100 =$ **105,59%**

Wie bereits erwähnt, wird zwischen 90% und 100% für jeden Prozentpunkt Zielerreichung ein Prozent des Ertrages ausgezahlt und für jeden darüber hinausgehenden Prozentpunkt je 1,5% des Ertrages. An Prämie wird somit folgender Betrag ausgeschüttet:

$$= (10 \cdot 1 \cdot 61{,}41) + (5{,}59 \cdot 1{,}5 \cdot 61{,}41) = \mathbf{1.129{,}02\ Euro}$$

Da sich für die Marktbereiche 2 und 3 die Berechnungen analog zum Marktbereich 1 ergeben, wurde auf eine ausführliche Herleitung verzichtet und die Ergebnisse sind neben den Texterläuterungen nur in Tabellenform dargestellt.

Der Marktbereich 2 erzielte sowohl im Aktiv- als auch im Passivgeschäft deutlich niedrige Margen (Aktiv: –0,07% Abweichung, Passiv: –0,10% Abweichung) als vorgesehen. Bezogen auf den Ertrag konnten die schwachen Margen nur im Aktivgeschäft (Plan: 192.400 Euro) durch das höhere Volumen (Ist: 210.000 Euro) nahezu kompensiert werden. Im Bereich der Investmentfonds und Versicherungen wurde der insgesamt angestrebte Ertrag um 19 Euro leicht überschritten.

Aktiva		**Marktbereich 2**		
Position	Volumen	Laufzeit in Jahren	Kundenzins	GKM-Satz
Betriebsmittelkredit	21.000	1,00	3,90%	3,25%
Personaldarlehen	63.000	5,00	5,00%	4,50%
Realdarlehen	126.000	10,00	6,60%	5,75%
	210.000	7,60	5,85%	5,13%
	ZKB_{Aktiv} =	5,85% -	5,13% = 0,73%	
	ZKB_{Aktiv} =	210.000 •	0,73% = 1.523	

		Marktbereich 2		**Passiva**
GKM-Satz	Kundenzins	Laufzeit in Jahren	Volumen	Position
2,75%	2,25%	0,25	184.555	Spareinlagen
3,25%	2,75%	1,00	79.095	Termingeld
4,50%	4,10%	5,00	158.190	Sparbrief
5,75%	5,20%	10,00	105.460	Kapitalbrief
3,95%	3,47%	3,74	527.300	
ZKB_{Passiv} =	3,95% -	3,47% =	0,48%	
ZKB_{Passiv} =	527.300 •	0,48% =	2.531	

Investmentfonds (Provision)	155.600 •	0,60% = 934	
Versicherungsprämie (Provision)	135.900 •	0,40% = 544	
Summe Mehrertrag			5.531

Die Zielerfüllung im Marktbereich 2 erreicht im abgelaufenen Geschäftsjahr somit einen Wert von:

$$(5.531/5.862) \cdot 100 = \mathbf{94{,}35\%}$$

An Prämie wird folgender Betrag ausgezahlt:

$$(4{,}35 \cdot 1 \cdot 55{,}31) = \mathbf{240{,}60\ Euro}$$

Der Marktbereich 3 blieb im Passivgeschäft sowohl aus Margensicht (Abweichung: –0,15%) als auch bei den Volumina (Abweichung: –26.580 Euro) hinter den Planwerten zurück. Im Aktivgeschäft konnte mit den höheren Volumina (Abweichung: + 154.000 Euro) nicht die um 0,17% niedrigere Marge ausgeglichen werden. Auch im Bereich der Versicherungen kam es mit 412.000 Euro zu einer deutlichen Unterschreitung des angestrebten Zielwertes (Plan: 527.309 Euro).

Aktiva		**Marktbereich 3**		
Position	Volumen	Laufzeit in Jahren	Kundenzins	GKM-Satz
Betriebsmittelkredit	121.000	1,00	3,80%	3,25%
Personaldarlehen	363.000	5,00	4,90%	4,50%
Realdarlehen	726.000	10,00	6,50%	5,75%
	1.210.000	7,60	5,75%	5,13%
	ZKB_{Aktiv} =	5,75% -	5,13% = 0,62%	
	ZKB_{Aktiv} =	1.210.000 •	0,62% = 7.562	

		Marktbereich 3		**Passiva**
GKM-Satz	Kundenzins	Laufzeit in Jahren	Volumen	Position
2,75%	2,30%	0,25	278.320	Spareinlagen
3,25%	2,80%	1,00	119.280	Termingeld
4,50%	4,05%	5,00	238.560	Sparbrief
5,75%	5,40%	10,00	159.040	Kapitalbrief
3,95%	3,52%	3,74	795.200	
ZKB_{Passiv} =	3,95% -	3,52% =	0,43%	
ZKB_{Passiv} =	795.200 •	0,43% =	3.419	

Investmentfonds (Provision)	695.400 •	0,60% = 4.172
Versicherungsprämie (Provision)	412.000 •	0,40% = 1.648
Summe Mehrertrag		16.802

Die Zielerfüllung im Marktbereich 3 weist im abgelaufenen Geschäftsjahr somit folgenden Wert auf:

$$= (16.802/19.350) \cdot 100 = \mathbf{86{,}83\%}$$

Da die Zielerreichung unter 90% liegt, wird keine Prämie ausgeschüttet.

Literaturhinweis

SCHIERENBECK, H.: Ertragsorientiertes Bankmanagement, Bd. 1, 7. Aufl., Wiesbaden 2001.

Alexander Dilger

Personalmarketing

Aufgabe 1

Was ist unter Personalmarketing zu verstehen, und wie verhält es sich zur allgemeinen Marketingkonzeption?

Aufgabe 2

Warum ist Personalmarketing trotz hoher Arbeitslosigkeit von zunehmender Bedeutung?

Aufgabe 3

Wodurch unterscheidet sich Personalmarketing von internem Marketing?

Aufgabe 4

Was sind die wesentlichen Instrumente des Personalmarketings?

Aufgabe 5

Wie ist das Verhältnis zwischen Absatz- und Personalmarketing?

Lösungen

Aufgabe 1

Personalmarketing ist die Anwendung des allgemeinen Marketinggedankens auf den Personalbereich. Marketing ist dabei zu verstehen als die umfassende Ausrichtung eines Unternehmens auf den Markt bzw. auf die für das betreffende Unternehmen relevanten Märkte hin. Häufig wird bei Marketing zuerst oder sogar allein an das Absatzmarketing gedacht, also die Orientierung des Unternehmens nach seinem Absatzmarkt und seinen Kunden. Doch dies ist eine verkürzte Sichtweise, wie auch das Absatzmarketing seinerseits nicht allein auf z. B. Werbemaßnahmen oder bloßes Verkaufen reduziert werden darf.

Der jeweilige Absatzmarkt ist von großer Bedeutung für jedes Unternehmen, die Wichtigkeit der Kundenorientierung kann kaum überschätzt werden. Dabei darf jedoch nicht übersehen werden, daß jedes Unternehmen sich natürlich noch auf weiteren (Teil-)Märkten bewegt, ohne die es nicht existieren könnte. Im wesentlichen handelt es sich um Finanz- und Beschaffungsmärkte. Die meisten Unternehmen sind auf Vorprodukte angewiesen, alle müssen Produktionsfaktoren beschaffen. Ein sehr bedeutender, für viele Unternehmen der mit Abstand wichtigste Produktionsfaktor ist die menschliche Arbeitskraft. Die Mitarbeiter im Unternehmen werden als Personal bezeichnet. Die langfristige Rekrutierung geeigneten Personals und die Pflege des Personalbestandes ist eine zentrale Unternehmensaufgabe. Wenn diese Aufgabe nicht einfach einer Personalabteilung überlassen, sondern das gesamte Unternehmen strategisch auf die relevanten externen und internen Arbeitsmärkte ausgerichtet wird, dann wird Personalmarketing tatsächlich umgesetzt und nicht bloß als Schlagwort gebraucht.
Oft behaupten Unternehmen, insbesondere in Stellenanzeigen, daß für sie ihre Mitarbeiter die wichtigste Ressource oder sogar insgesamt am bedeutendsten seien. Personalmarketing trägt diesem Gedanken Rechnung. Potentielle und aktuelle Mitarbeiter werden umworben, nicht nur mit schönen Worten, sondern attraktiven Arbeitsbedingungen, guten Löhnen, verheißungsvollen Beförderungsbedingungen usw. (siehe Aufgabe 4). Dabei geht es nicht um das „Verkaufen von Arbeitsplätzen“, weshalb „Arbeitsplatzmarketing“ keineswegs ein besserer Begriff als Personalmarketing ist (während „Personalbeschaffungsmarketing“ einfach nur länger ist). Der Grundgedanke bei jeder Marketingkonzeption ist die Marktorientierung, nicht das Verkaufen, worauf sich selbst das Absatzmarketing keinesfalls reduzieren läßt. Personalmarketing will dementsprechend mehr, als Personal bzw. Mitarbeiter kaufen oder mieten.
Schließlich sind die bereits vorhandenen Mitarbeiter keinesfalls weniger wichtig als neue, wie auch Stammkunden nicht geringer einzuschätzen sind als Neukunden, häufig ganz im Gegenteil. Mitarbeiter sind keine Maschinen und müssen jeden Tag neu motiviert werden. Unabhängig davon können freie Stellen alternativ mit unternehmensexternen oder -internen Bewerbern besetzt werden. Wird die Beförderung Interner institutionalisiert, insbesondere zur Motivationssteigerung, und werden Externe nur an bestimmten Einstiegspositionen eingestellt, dann handelt es sich um die bereits erwähnten internen Arbeitsmärkte. Insgesamt ist nach dem Personalmarketingansatz das Unternehmen also daraufhin auszurichten, gute Mitarbeiter zu gewinnen, zu motivieren, weiterzubilden und lange zu behalten, wozu auch die Orientierung an den Bedürfnissen der Mitarbeiter vonnöten ist

Aufgabe 2

Seit es Unternehmen gibt, die mehr als einen Eigentümer-Manager umfassen, muß Personal beschafft und möglichst gut eingesetzt werden. Trotzdem ist die Idee des Personalmarketings vergleichsweise neu. Der Begriff wurde erstmals wohl in den 60er Jahren des vergangenen Jahrhunderts gebraucht. Die Durchführung einer Tätig-

keit, hier Personalbeschaffung, und die bewußte Konzentration auf sie oder gar ihr Erheben zur Priorität sind eben nicht dasselbe, wie auch schon vor Einführung des allgemeinen Marketinggedankens Unternehmen natürlich auf Märkten tätig waren und z. B. wichtige Kunden hatten und sich um diese kümmerten.
Für die in der Vergangenheit gestiegene und noch zunehmende Bedeutung des Absatzmarketings wird in der Regel der Wandel von Verkäufer- zu Käufermärkten verantwortlich gemacht. Damit ist gemeint, daß die Kunden an Marktmacht gewinnen und wählerischer werden, während sich die Unternehmen einem verstärkten Wettbewerb gegenübersehen. Für die meisten Unternehmen ist inzwischen die Nachfrage ein oder sogar der zentrale Engpaßfaktor. Wird dies zuende gedacht, sollten jedoch die Beschaffungsmärkte den Unternehmen immer weniger Schwierigkeiten bereiten, sind sie dort doch in der Position der Käufer, während Lieferanten und Arbeitnehmer als Verkäufer auftreten. Dies spräche eher für eine abnehmende Bedeutung des Personalmarketings, während sich Arbeitnehmer um ihre eigene Vermarktung vermehrt Gedanken machen sollten, wozu sich die Schlagworte „Arbeitnehmermarketing“, „Karrieremarketing“ oder auch „Selbstmarketing“ (welches im Rahmen einer „Ich AG“ betrieben wird) anbieten.
Auch die seit langem existierende Massenarbeitslosigkeit scheint eher dagegen zu sprechen, daß Stellenbewerber viel Marktmacht besitzen und Firmen tatsächlich auf ein ausgefeiltes Personalmarketing angewiesen sind. Wenn auf die meisten Stellenangebote Dutzende bis Hunderte von Bewerbungen eingehen, ist hier auf den ersten Blick kein Engpaßfaktor zu erkennen, jedenfalls nicht für die Unternehmen. Bei genauerer Analyse zeigt sich jedoch, daß in vielen relevanten Teilarbeitsmärkten durchaus eine Knappheit an hinreichend qualifizierten Arbeitskräften besteht. Für bestimmte Positionen gibt es kaum Bewerber, bei zahlreichen anderen ist unter vielen Bewerbern kaum einer geeignet. Dabei bewerben sich zum einen offensichtlich Ungeeignete, denen z. B. gesetzlich vorgeschriebene oder sachlich notwendige Voraussetzungen für die jeweilige Stelle fehlen. Während sich diese Bewerber noch vergleichsweise leicht herausfiltern lassen (oft verwenden Unternehmen in einer ersten Runde der Sichtung von Bewerbungsunterlagen, bei der weit über die Hälfte bereits aussortiert wird, durchschnittlich gerade einmal eine Minute pro Bewerbung), gibt es zum anderen auch Bewerber mit versteckten Mängeln, die sich vor der Einstellung nur schwer bis gar nicht entdecken lassen, danach jedoch zu enormen Kosten führen können. Hinzu kommt noch, daß die mühsam ermittelten Top-Bewerber häufig auch bei anderen Firmen ganz oben auf der Wunschliste stehen, so daß sie am Ende trotz vieler Mitbewerber doch wieder knapp und umkämpft sind. Folglich sind viele Bewerbungen für die Firmen nicht nur von Vorteil, sondern erfordern besondere Anstrengungen zum Ermitteln der guten Bewerber und vielleicht sogar vorherigen Abschrecken von schlechten.
Gerade weil der Personalbereich für die Firmen so wichtig ist, können sie nicht jeden Beliebigen einstellen. Selbst einfache Arbeiten sind heute nicht billig. Vor allem können sogar Hilfsarbeiter, wenn sie völlig ungeeignet oder böswillig sind, immensen Schaden anrichten. Deshalb und wegen zahlreicher Arbeitsmarktfriktionen ist es

möglich, daß sowohl ein Überschuß an Arbeitskräften in Form von Arbeitslosigkeit als auch zugleich ein Mangel an qualifizierten Fachkräften für die Firmen existiert. Hinzu kommt, daß die Spezialisierung der Kenntnisse immer weiter fortschreitet und insbesondere bei Hoch- und Höchstqualifizierten in einigen Bereichen die Nachfrage das Angebot um ein Vielfaches übersteigt. Das entsprechende Humankapital kann jedoch kurzfristig nicht gebildet, höchstens importiert werden (Stichwort „Green Card").
Auf mittlere bis längere Sicht besteht das Problem, daß einzelne Firmen schlecht in allgemeines Humankapital investieren können, weil sie angesichts der Konkurrenz ihre Investitionserträge nicht zu sichern vermögen. Der Staat stattet schon seit Jahrzehnten seine Hochschulen nicht mehr ausreichend aus, während (nicht) zuletzt die PISA-Studie erhebliche Defizite auch an den allgemeinbildenden Schulen offenbarte. Schließlich könnten noch die (angehenden) Arbeitnehmer selbst in ihr Humankapital investieren, doch erstens mangelt es vielen schlicht am Geld dazu, zweitens ist hochgradig spezialisiertes Wissen auch immer besonders riskant. So werden z. B. heute Ingenieure händeringend gesucht, weil verständlicherweise nur noch wenige dieses recht schwere Fach studieren wollen, seit Anfang der 90er Jahre einmal fast alle Absolventen auf der Straße standen.
Personalmarketing kann zur Lösung dieser Probleme beitragen, indem die Unternehmen langfristige Strategien zur Gewinnung, Weiterqualifizierung, Motivation und zum Halten von geeigneten Mitarbeitern entwickeln. Insbesondere auf überregulierten Märkten wie in Deutschland sind die Kosten sehr hoch und die Probleme besonders groß. Dementsprechend ist die Bedeutung des Personalmarketings hoch und dürfte in Zukunft noch erheblich zunehmen, wenn man allein an die Folgen der Überalterung denkt.

Aufgabe 3

Internes Marketing, welches im Amerikanischen als „internal marketing" bezeichnet wird, steht für die konsequente Anwendung des Absatzmarketings auch auf den Personalbereich. Wenn das Absatzmarketing verlangt, daß sich die gesamte Unternehmung am Absatzmarkt und damit am Kunden zu orientieren hat, dann gilt das natürlich auch und gerade für den Personalbereich. Daß Mitarbeiter mit Kundenkontakt sich kundenfreundlich verhalten sollten, versteht sich fast von selbst, auch wenn gerade im deutschen Dienstleistungsbereich ein entsprechender Mangel oft beklagt wird. Daneben sollte nach diesem Konzept aber auch jeder andere Mitarbeiter stets den Endkunden vor Augen haben und sich bei jeder Tätigkeit fragen, was diese zur Wertschöpfung für den Kunden direkt oder indirekt beiträgt. Insgesamt handelt es sich beim internen Marketing also um eine absatzmarktorientierte Ausgestaltung des Personalbereichs. Jede personalpolitische Maßnahme dient letztlich dem Zweck, an den Kunden absetzbare Werte zu schaffen und zu mehren.
Beim Personalmarketing steht hingegen der Personalbereich selbst im Vordergrund, das Unternehmen orientiert sich am Arbeitsmarkt und seinen (potentiellen) Mitarbeitern sowie deren Bedürfnissen (siehe Aufgabe 1). Die Orientierung am Mitarbeiter ist

offensichtlich nicht dieselbe wie die am Kunden. Häufig geht beides Hand in Hand, da ein Unternehmen weder ohne Mitarbeiter noch ohne Kunden überleben kann. Der Kundennutzen nutzt also auch dem Mitarbeiter und umgekehrt. Trotzdem wird es in vielen Fällen Diskrepanzen geben. Falls der Kunde ohnehin kauft, kann der Mitarbeiter sich vielleicht ein Lächeln sparen. Wenn umgekehrt der Beschäftigte unbedingt seine Stelle behalten will, könnte er seine Anstrengungen durchaus deutlich erhöhen, um den Kundennutzen nur marginal zu steigern.

Sowohl internes Marketing als auch Personalmarketing sind Ausprägungen des allgemeinen Marketingansatzes. Welche Variante vorzuziehen ist oder ob beide gleichberechtigt nebeneinander existieren können, ist Gegenstand von Aufgabe 5.

Aufgabe 4

Die Instrumente des Personalmarketing sind die der herkömmlichen Personalpolitik. Das Personalmarketing stellt keine anderen oder zusätzlichen Instrumente bereit. Der Unterschied zum traditionellen Umgang mit Personal wie auch zum internen Marketing ist allein die Zielsetzung und strategische Orientierung. Traditionell ist Personal eine Unternehmensfunktion wie andere auch, z. B. Produktion oder Absatz. Beim internen Marketing wird der Personalbereich am Absatzbereich ausgerichtet (siehe Aufgabe 3), während beim Personalmarketing umgekehrt die anderen Bereiche auf den Personalbereich zu beziehen sind und sich wie dieser selbst an den Bedürfnissen der gegenwärtigen und zukünftigen Mitarbeiter sowie deren Beschaffung und Bindung ans Unternehmen orientieren.

Es gibt eine Vielzahl von personalpolitischen Instrumenten, die sich alle für das Personalmarketing nutzbar machen lassen und hier nur angedeutet werden können. So gibt es im Kommunikationsbereich Personalwerbung und Public-Relations nach außen sowie z. B. Vorschlagswesen, Mitarbeitergespräche und Betriebsversammlungen nach innen. Bei der Rekrutierung können Bewerbungen vom Unternehmen selbst, über Headhunter, das Arbeitsamt oder Internet aktiv gesucht oder passiv erwartet werden, stehen von der Dokumentenanalyse über unterschiedliche Arten von Interviews bis hin zu Tests, Assessment-Centern, Praktika und Probezeiten verschiedene Formen der Personalauswahl zur Verfügung. Der Arbeitsvertrag kann auf vielfältige Weise gestaltet werden, insbesondere bei der Entlohnung gibt es bedeutende Unterschiede in der Form, Höhe und hinsichtlich Zusatzleistungen. Auch die Ausgestaltung der Arbeitsbedingungen, des Arbeitsplatzes und der Arbeitszeit können stark variieren und als Instrument der Personalpolitik bzw. des Personalmanagements genutzt werden. Weiterhin wichtig sind die Möglichkeiten zur Beförderung, Weiterbildung und Personalentwicklung. In der Praxis den größten Einfluß auf die Arbeitszufriedenheit hat schließlich die Personalführung bzw. einfach das Verhältnis zum jeweiligen Vorgesetzten.

Insbesondere der letztgenannte Punkt macht deutlich, daß das Personal eines Unternehmens nicht als monolithischer Block gesehen werden darf. Hinsichtlich Persönlichkeit, Interessen, Qualifizierung und hierarchischer Stellung gibt es gravierende Unterschiede. Im Prinzip ist jeder Mitarbeiter ein einzigartiges Individuum, auf das im Idealfall persönlich eingegangen werden sollte. Aus Kosten- und Praktikabilitätsgründen empfiehlt es sich jedoch meistens, hinreichend ähnliche Mitarbeiter in Gruppen und Segmenten zusammenfassen, wie auch im Absatzmarketing hinsichtlich Kunden verfahren wird. Das Instrumentarium kann dann differenziert hinsichtlich dieser Gruppen eingesetzt werden. Dabei ist auch zu bedenken, daß die Verwender dieses Instrumentariums, in der Regel die Vorgesetzten mit Personalverantwortung, selbst zum Personal gehören. Mitarbeiterorientierung ist in dieser Hinsicht selbstbezüglich und Personalmarketing sollte Konflikte zwischen Mitarbeitergruppen und vor allem zwischen Hierarchieebenen nicht verdrängen, sondern lösen oder zumindest diskutieren und abmildern helfen.

Aufgabe 5

In Aufgabe 4 wurde deutlich, daß das Personalmarketing keine neuen Instrumente für den Personalbereich bereithält, sondern sich durch seine Orientierung am internen und externen Arbeitsmarkt und daraus abgeleitet an den Mitarbeiterbedürfnissen auszeichnet. Dies läßt sich gut mit dem allgemeinen Verständnis von Marketing vereinbaren (siehe Aufgabe 1), unterscheidet sich aber deutlich von einer Orientierung am Absatzmarketing und dem daraus abgeleiteten internen Marketing. Die Orientierung am Absatzmarkt ist eine andere als die am Arbeitsmarkt. Können Kunde und Mitarbeiter gleichzeitig König sein?
Prinzipiell gibt es verschiedene Möglichkeiten, dieses Spannungsverhältnis aufzulösen bzw. produktiv auszugestalten. Das Absatzmarketing kann dem Personalmarketing übergeordnet werden. In diesem Fall gibt es kein Spannungsverhältnis mehr, ist aber auch ein eigenständiges Personalmarketing eigentlich sinnlos, da das interne Marketing das gleiche personalpolitische Instrumentarium dann besser, nämlich mit dem Primärziel der Wertschöpfung für den Kunden einzusetzen vermag. Umgekehrt ließe sich auch das Absatzmarketing dem Personalmarketing unterordnen. Absatzmarketing wäre dann nicht sinnlos, da es weiterhin die Gesamtheit des absatzpolitischen Instrumentariums bezeichnen würde, doch trotzdem seiner „Seele" beraubt, da die Kundenorientierung nicht mehr im Vordergrund stünde, sondern vor allem Mittel zum Zweck der Mitarbeitergewinnung, -bindung und -befriedigung wäre.
Nicht aufgelöst, sondern produktiv genutzt wird das Spannungsverhältnis zwischen Absatz- und Personalmarketing sowie weiteren möglichen Marketingansätzen wie Finanz(markt)- oder Lieferantenmarketing, wenn der Engpaßgedanke ernst genommen wird. Marketing ist grundsätzlich die Orientierung des Unternehmens an den relevanten Märkten. Welche Märkte wie relevant sind, wird nicht a priori festgelegt, sondern jeden Tag auf den Märkten entschieden. Der größte Engpaßfaktor ist jeweils am wichtigsten, darauf sollte sich die Unternehmensleitung konzentrieren und das Unternehmen partiell ausrichten. Zugleich dürfen die anderen Bereiche nicht völlig vernachlässigt werden, damit sie sich nicht zu noch größeren Engpässen entwickeln. Ohne Kunden kann das Unternehmen nicht existieren, ohne Mitarbeiter aber auch

nicht. Wenn das Unternehmen zu einem Zeitpunkt von der Nachfrageseite restringiert wird und Mitarbeiter in ausreichendem Maße vorhanden sind, dann sollte eine Konzentration auf den Absatzbereich erfolgen, ohne die vorhandenen Mitarbeiter sowie die Rekrutierung neuer völlig zu vernachlässigen. Stehen die Kunden jedoch bereits Schlange und mangels Personal kommt die Firma mit dem Produzieren nicht hinterher, dann ist von der umfassenden Marketingkonzeption stärker der Aspekt des Personalmarketings zu betonen.

Literaturhinweise

Backes-Gellner, Uschi/Lazear, Edward P./Wolff, Birgitta: Personalökonomik: Fortgeschrittene Anwendungen für das Management, Stuttgart, 2001.

Bartscher, Thomas R./Fritsch, Stephan: „Personalmarketing", in: *Gaugler, Eduard/Weber, Wolfgang* (Hg.): Handwörterbuch des Personalwesens, 2. Auflage, Stuttgart 1992, Sp. 1747-1758.

Bröckermann, Reiner/Pepels, Werner (Hg.): Personalmarketing: Akquisition – Bindung – Freistellung, Stuttgart, 2002.

Bruhn, Manfred: „Internes Marketing als Baustein der Kundenorientierung", Die Unternehmung 49, 1995, S. 381-402.

Gaugler, Eduard: „Vom Absatzmarketing zum Personalmarketing", in: *Böhler, Heymo* (Hg.): Marketing-Management und Unternehmensführung: Festschrift für Professor Dr. *Richard Köhler* zum 65. Geburtstag, Stuttgart, 2002, S. 327-340.

Kotler, Philip: „A Generic Concept of Marketing", Journal of Marketing 36, 1972, S. 46-54.

Kotler, Philip/Armstrong, Gary/Saunders, John: Grundlagen des Marketing, 3. Aufl., München, 2003.

Schmidtke, Corinne: Signaling im Personalmarketing: Eine theoretische und empirische Analyse des betrieblichen Rekrutierungserfolges, München und Mering, 2002.

Schmidtke, Corinna/Backes-Gellner, Uschi: „Personalmarketing: Stand der Entwicklung und Perspektiven", Wirtschaftswissenschaftliches Studium (WiSt) 31, 2002, S. 321-327.

Stauss, Bernd/Schulze, Henning S.: „Internes Marketing", Marketing ZFP 12, 1990, S. 149-158.

Weibler, Jürgen: „Personalmarketing", Wirtschaftsstudium (WISU) 25, 1996, S. 305-310.

Wolff, Birgitta/Lazear, Edward P.: Einführung in die Personalökonomik, Stuttgart, 2001.

III. Marketinginstrumente

1. Preispolitik

Thomas Hering

Preispolitik im Monopol

Am Stettiner Dampfschiffsbollwerk residiert die Reederei J.F. BRAEUNLICH, die mit ihren legendären weißen Bäderschiffen, den beliebten „Schwänen der Ostsee", Saison für Saison frohgestimmte Urlauber aus Berlin in ihre Sommerfrische transportiert. Sie ist auf der Linie Stettin-Saßnitz über Swinemünde, Zinnowitz, Göhren, Baabe, Sellin und Binz der einzige Anbieter von Überfahrten, also Monopolist.

Untersucht werden soll im folgenden die gewinnmaximierende Preisgestaltung für die Hauptstrecke Stettin/Hakenterrasse-Saßnitz/Fährhafen über Binz/Seebrücke. Hierfür wurde im Reedereikontor die Preisabsatzfunktion

$$p = a - b \cdot x \qquad (a, b > 0)$$

geschätzt. Darin ist p der Preis pro Überfahrt und x die Zahl der Passagiere, die zu diesem Preis die Überfahrt buchen. Den hohen Fixkosten K_f für Bereithaltung und Betrieb der Schiffe stehen verhältnismäßig niedrige variable Kosten k pro Fahrgast gegenüber (Beköstigung, Gepäckträgerdienste usw.).

Aufgabe 1

a) Bestimmen Sie die Umsatz-, Kosten- und Gewinnfunktion in Abhängigkeit von x!

b) Errechnen Sie den COURNOTschen Punkt (p*, x*), d.h. die gewinnmaximale Preis-Mengen-Kombination!

c) Verdeutlichen Sie die im Gewinnmaximum geltenden Zusammenhänge anhand einer (nicht maßstäblichen) Skizze! Kennzeichnen Sie in der Skizze auch den maximalen Deckungsbeitrag als Fläche!

Aufgabe 2

a) Geben Sie die allgemeine Formel für die Preiselastizität der Nachfrage an, und interpretieren Sie sie ökonomisch!

b) Zeigen Sie, daß der Absolutbetrag der Preiselastizität der Nachfrage einem Streckenverhältnis auf der Tangente entspricht!

c) Leiten Sie die zwischen Grenzumsatz und Preiselastizität bestehende Beziehung her (AMOROSO-ROBINSON-Formel)!

Aufgabe 3

a) Berechnen Sie die Preiselastizität der Nachfrage für die gegebene lineare Preisabsatzfunktion!

b) Zeigen Sie, daß die absolute Preiselastizität der Nachfrage dem unter Aufgabe 2 b) ermittelten Streckenverhältnis auf der Preisabsatzfunktion entspricht!

c) Wie hoch ist die Preiselastizität der Nachfrage im Umsatzmaximum? Leiten Sie die Antwort sowohl analytisch als auch graphisch ab! Bestätigen Sie Ihr Ergebnis durch Nachrechnen an der gegebenen linearen Preisabsatzfunktion!

d) Wovon hängt es ab, ob der Umsatz bei einer Preiserhöhung steigt? Argumentieren Sie mit der Preiselastizität!

e) Ist die Nachfrage im Gewinnmaximum preiselastisch oder preisunelastisch?

Lösung

Aufgabe 1

a) $p = a - b \cdot x \Rightarrow$ Umsatz = Preis mal Menge = $p \cdot x = a \cdot x - b \cdot x^2 = U(x)$. Die Kosten setzen sich linear aus fixen und variablen zusammen: $K(x) = K_f + k \cdot x$. Die Gewinnfunktion G(x) ergibt sich aus der Differenz von Umsatz und Kosten:

$$G(x) = U(x) - K(x) = (a - k) \cdot x - b \cdot x^2 - K_f.$$

b) Zur Gewinnmaximierung ist die Funktion G(x) nach x zu differenzieren und gleich null zu setzen. Es gilt allgemein: $G'(x) = U'(x) - K'(x) = 0 \Leftrightarrow U'(x) = K'(x)$. „Grenzumsatz (Grenzerlös) gleich Grenzkosten" lautet die notwendige Bedingung für ein relatives Gewinnmaximum. Sie ist ökonomisch plausibel: Der Gewinn läßt sich erst dann durch Mengenausdehnung nicht mehr steigern, wenn die letzte marginale Mengeneinheit x genau in dem Maße zusätzlichen Umsatz (*Grenzumsatz* U′(x)) bringt, wie sie zusätzliche Kosten (*Grenzkosten* K′(x)) verursacht.
Hinreichend für ein relatives Maximum ist an der Stelle x* mit $U'(x^*) = K'(x^*)$ schließlich die Bedingung $G''(x^*) < 0 \Leftrightarrow U''(x^*) < K''(x^*)$. Wenn die Grenzgewinnfunktion G′(x) an der Stelle x* streng monoton fällt (was aus $G''(x^*) < 0$ folgt), ist die Steigung der Gewinnfunktion G(x) also vor der Stelle x* positiv und danach negativ, d.h., G(x) erreicht an $x = x^*$ ein Maximum.

Speziell gilt hier: $U'(x) = K'(x) \Leftrightarrow a - 2b \cdot x = k \Leftrightarrow x = \frac{a-k}{2b} = x^*$.

Einsetzen in die Preisabsatzfunktion liefert: $p = a - b \cdot x^* = \frac{a+k}{2} = p^*$.

Es gilt (hinreichend) $U''(x^*) = -2b < 0 = K''(x^*)$.

Damit liegen der gewinnmaximale Preis p* (*COURNOT-Preis*) und die gewinnmaximale Menge x* (*COURNOT-Menge*) vor. Eingetragen in ein Koordinatensystem, ergeben sie den *COURNOT-Punkt* (benannt zu Ehren von ANTOINE AUGUSTIN COURNOT, 1801-1877, der die Monopolpreistheorie mathematisch herleitete).

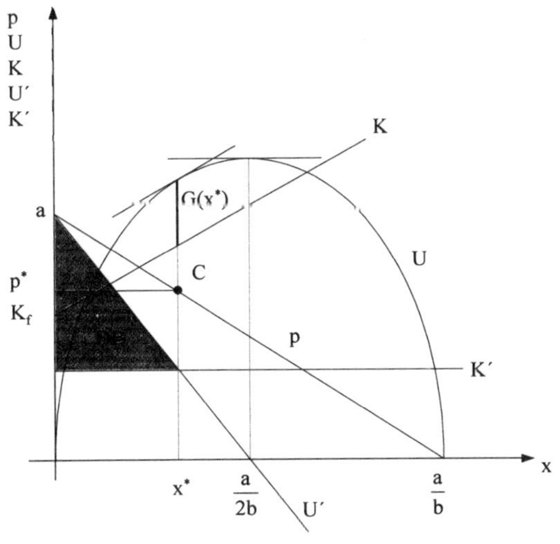

Abbildung 1: COURNOTscher Punkt

c) Abbildung 1 zeigt die Zusammenhänge. Es hat in der Preistheorie Tradition, die unabhängige preispolitische Variable p auf der vertikalen Achse abzutragen, so daß p formal als Funktion von x erscheint (und nicht – ökonomisch treffender – x als Funktion von p). Eingetragen sind zunächst die Umsatzfunktion U und die Kostenfunktion K (in Abhängigkeit von x), deren vertikaler Abstand U – K dem Gewinn G entspricht. Der Gewinn G(x) ist bei x = x* maximal. Auf der Preisabsatzfunktion p liegt der COURNOTsche Punkt C mit der x-Koordinate x* und der p-Koordinate p*. Doppelt so schnell wie die Preisabsatzfunktion fällt die Grenzumsatzfunktion U′. An ihrer Nullstelle liegt das Umsatzmaximum. Die Grenzkostenfunktion K′ verläuft horizontal auf dem Niveau k. Dort, wo sie die Grenzumsatzfunktion schneidet (U′ = K′), liegt x*.

Der maximale Gesamtgewinn ist in der Graphik nicht nur als Strecke $G(x^*) = U(x^*) - K(x^*)$ ersichtlich, sondern – vermehrt um die nicht entscheidungsrelevanten Fixkosten K_f – auch als Gesamtdeckungsbeitrag DB. Per Definition ist $G = DB - K_f$. Wie die folgende Rechnung zeigt, entspricht der Deckungsbeitrag DB(x) genau der Fläche zwischen Grenzumsatz- und Grenzkostenfunktion:

$$DB(x) = \int_0^x [U'(v) - K'(v)]\, dv = [U(v) - K(v)]_0^x = U(x) - K(x) - (U(0) - K(0))$$

$$= G(x) - (0 - K_f) = G(x) + K_f.$$

Die in der Abbildung 1 schraffierte Fläche DB wird für $x = x^*$ maximal (für $x > x^*$ ist $U' < K'$, so daß das Integral mit steigendem x durch negativen Flächenzuwachs wieder abnimmt).

Aufgabe 2

a) Die Elastizität der Nachfrage x in bezug auf Änderungen des Preises p ist definiert als:

$$\eta_{x,p} = p \cdot \frac{dx}{dp} \cdot \frac{1}{x} = \frac{\frac{dx}{x}}{\frac{dp}{p}} = \frac{\text{relative Änderung der Nachfrage x}}{\text{relative Änderung des Preises p}}.$$

Demnach beschreibt $\eta_{x,p}$ die relative Mengenänderung, welche bezogen auf eine relative Preisänderung gemäß der Preisabsatzfunktion eintritt. Wegen $dx/dp < 0$ ist $\eta_{x,p}$ negativ. (Gemäß Preisabsatzfunktion fällt die Absatzmenge x, wenn der Preis p steigt.)

Eine Änderung des Preises um 1% führt also *näherungsweise* zu einer Nachfrageänderung von $\eta_{x,p}$ %. Aufgrund des in der Formel enthaltenen Differentialquotienten dx/dp gilt diese ökonomische Interpretation strenggenommen nur für marginale Preisänderungen, es sei denn, dx/dp ist (wie hier dank des linearen Zusammenhangs $p = a - b \cdot x$) konstant. Eine Preiselastizität von beispielsweise –4 kann also folgendermaßen gedeutet werden: Wird der Preis p um 1% erhöht, geht die nachgefragte Menge x um (ungefähr) 4% zurück.

Fällt der Mengenrückgang stärker als der Preisanstieg aus, gilt mithin $\eta_{x,p} < -1$ (z.B. $\eta_{x,p} = -4$), heißt die Nachfrage *elastisch*. Ist hingegen die relative Änderung der Nachfrage betragsmäßig geringer als die relative Änderung des Preises ($0 > \eta_{x,p} > -1$, z.B. $\eta_{x,p} = -\frac{3}{4}$), so spricht man von einer *unelastischen* oder *starren* Nachfrage. Der Grenzfall $\eta_{x,p} = -1$ wird als *eins-elastisch* bezeichnet und beschreibt die Situation, in der eine Preiserhöhung einen prozentual gleichen Mengenrückgang der Nachfrage auslöst.

b) In Abbildung 2 ist die lineare Preisabsatzfunktion (oder allgemeiner: die Tangente an dem betrachteten Punkt einer beliebigen Preisabsatzfunktion) eingezeichnet. Wie in der Mathematik üblich, seien die unabhängige Variable p an der Abszisse (waagerechte Achse) und die abhängige, durch die Preispolitik p zu erklärende Nachfrage x an der Ordinate (senkrechte Achse) abgetragen. Wegen des linearen Funktionsverlaufs können alle Elemente der Elastizitätsdefinition durch Streckenlängen abgebildet werden. Betrachtet sei ein beliebiger Punkt C (der im Rahmen dieser Aufgabe nicht mit dem COURNOT-Punkt identisch zu sein braucht).

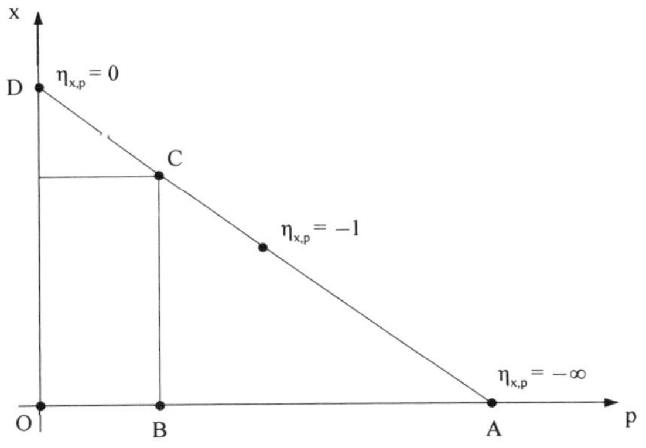

Abbildung 2: Elastizitäten entlang der Preisabsatzfunktion

Für den absoluten Betrag der Preiselastizität erhalten wir mit Hilfe der durch die Punkte O, A, B, C, D begrenzten Strecken:

$$|\eta_{x,p}| = \left| p \cdot \frac{dx}{dp} \cdot \frac{1}{x} \right| = OB \cdot \frac{BC}{AB} \cdot \frac{1}{BC} = \frac{OB}{AB}.$$

Nach dem *Strahlensatz* der Geometrie ist aber dieses Streckenverhältnis demjenigen auf der Preisabsatzfunktion (bzw. Tangente) gleich:

$$|\eta_{x,p}| = \frac{OB}{AB} = \frac{CD}{AC} = \frac{\text{Entfernung vom Betrachtungspunkt zur x-Achse}}{\text{Entfernung vom Betrachtungspunkt zur p-Achse}}.$$

Die Merkregel lautet also kurz „Opa“:

$$\left|\eta_{x,p}\right| = \frac{\text{Entfernung zur Ordinate}}{\text{Entfernung zur Abszisse}} = \text{„}\mathbf{Ordinate\ per\ Abszisse}\text{“} = \mathbf{OPA}.$$

Aus Abbildung 2 und der gerade hergeleiteten Opa-Eselsbrücke geht deutlich hervor, daß eine linear fallende Preisabsatzfunktion immer einen starren und einen elastischen Bereich hat und alle Werte von $\eta_{x,p} = 0$ (Punkt D) bis $\eta_{x,p} = -\infty$ (Punkt A) vorkommen. (Un-)Elastizität ist demnach eine punktuelle und keine generelle Eigenschaft einer solchen linear fallenden Preisabsatzfunktion.

c) Nach AMOROSO und ROBINSON bzw. der Produktregel der Differentialrechnung gilt folgende Beziehung zwischen Grenzumsatz U′ und Preiselastizität der Nachfrage $\eta_{x,p}$:

$$U = p \cdot x = p(x) \cdot x \Rightarrow U'(x) = \frac{dp}{dx} \cdot x + p = p \cdot \left(1 + \frac{dp}{dx} \cdot x \cdot \frac{1}{p}\right) = p \cdot \left(1 + \frac{1}{\eta_{x,p}}\right).$$

Aufgabe 3

a) $$p = a - b \cdot x \Leftrightarrow x = \frac{a-p}{b} \Rightarrow \eta_{x,p} = p \cdot \frac{dx}{dp} \cdot \frac{1}{x} = p \cdot \left(-\frac{1}{b}\right) \cdot \frac{1}{\frac{1}{b} \cdot (a-p)} = \frac{p}{p-a}.$$

b) Aufgabe 3 a) verknüpft mit 2 b) liefert:

$$\left|\eta_{x,p}\right| = \left|\frac{p}{p-a}\right| = \left|-\frac{p}{a-p}\right| = \frac{p}{a-p} = \frac{OB}{AB} = \frac{CD}{AC} = \text{„Opa“}.$$

c) Gesucht ist die Preiselastizität der Nachfrage im Umsatzmaximum.

Analytische Lösung über die AMOROSO-ROBINSON-Formel (Aufgabe 2 c)): Im Umsatzmaximum gilt notwendig $U'(x) = 0$, d.h.

$$U'(x) = p \cdot \left(1 + \frac{1}{\eta_{x,p}}\right) = 0 \Leftrightarrow \eta_{x,p} = -1.$$

Die Nachfrage ist im Umsatzmaximum eins-elastisch. Ökonomisch leuchtet dies ein: Wenn dem marginalen relativen Preisanstieg ein gleich hoher marginaler relativer

Mengenrückgang gegenübersteht, ändert sich der Umsatz als Produkt beider Größen insgesamt nicht.

Graphische Lösung über das Streckenverhältnis: Nach Abbildung 1 liegt das Umsatzmaximum genau in der Mitte des Definitionsbereichs der Preisabsatzfunktion. Von diesem Punkt aus ist es aber gleich weit zur Ordinate wie zur Abszisse, so daß nach der Opa-Regel die Eins-Elastizität resultiert (siehe auch Abbildung 2, Punkt mit $\eta_{x,p} = -1$).
Rechnerische Lösung mit der gegebenen Preisabsatzfunktion: Im Umsatzmaximum gilt notwendig $U'(x) = 0$, d.h. wegen $U(x) = a \cdot x - b \cdot x^2$ und Aufgabe 3 a)

$$U'(x) = a - 2bx = 0 \Leftrightarrow x = \frac{a}{2b} \Rightarrow p = a - b \cdot \frac{a}{2b} = \frac{a}{2} \Rightarrow \eta_{x,p} = \frac{p}{p-a} = \frac{\frac{a}{2}}{\frac{a}{2} - a} = -1.$$

d) Der Umsatz steigt bei einer Preiserhöhung, wenn die Nachfrage unelastisch ist, also im Vergleich zum Preisanstieg nur in geringerem Umfang zurückgeht. Steigende Preise bedeuten abnehmende Mengen, und bei fallendem x steigt U nur im unelastischen Bereich ($x > a/(2b)$) (vgl. Abbildung 1 in Kombination mit Abbildung 2). Formal erhält man aus der AMOROSO-ROBINSON-Formel, wenn *U'(x) < 0* gelten soll (fallender Umsatz bei steigender Menge und fallendem Preis bzw. *steigender Umsatz* bei fallender Menge und *steigendem Preis*):

$$U'(x) = p \cdot \left(1 + \frac{1}{\eta_{x,p}}\right) < 0 \Leftrightarrow \frac{1}{\eta_{x,p}} < -1 \Leftrightarrow 1 > -\eta_{x,p} \Leftrightarrow \eta_{x,p} > -1 \text{ (d.h. unelastisch).}$$

Man beachte bei dieser Äquivalenzumformung, daß $\eta_{x,p}$ negativ ist und sich Ungleichheitszeichen bei der Multiplikation mit negativen Zahlen umdrehen.

e) Im Gewinnmaximum gilt notwendig $U' = K'$ und demnach unter der Annahme positiver Grenzkosten $U' > 0$. In Umkehrung der Argumentation zu Aufgabe 3 d) gilt aber $U' > 0 \Leftrightarrow \eta_{x,p} < -1$, d.h., im Gewinnmaximum ist die Nachfrage elastisch.

Literaturhinweise

MATSCHKE, M.J.: Allgemeine Betriebswirtschaftslehre, Bd. II, 4. Aufl., Greifswald 2002.

MEFFERT, H.: Marketing, 9. Aufl., Wiesbaden 2000.

OLBRICH, R.: Marketing, Berlin u.a. 2001.

SCHUMANN, J., MEYER, U., STRÖBELE, W.: Grundzüge der mikroökonomischen Theorie, 7. Aufl., Berlin u.a. 1999.

Dirk Battenfeld

Preispolitik im Dyopol

In einem Dyopol stehen sich zwei Anbieter A und B gegenüber. Die Preisabsatzfunktionen lauten für Anbieter A: $x_A = 100 - p_A + 2p_B$ und für Anbieter B: $x_B = 150 - 3p_B + p_A$. Anbieter A denkt über eine Änderung seines Verkaufspreises nach. Die Preisentscheidung von A hängt entscheidend von der Reaktion seines Konkurrenten B ab. A bildet deshalb zunächst eine Reaktionshypothese über das Verhalten von B.

Aufgabe 1

Nennen und erläutern Sie drei heuristische Reaktionshypothesen! Welcher wesentliche Unterschied besteht zwischen diesen klassischen Reaktionshypothesen und den Annahmen, die dem Nash-Gleichgewicht zu Grunde liegen? Warum führt die Stakkelberg-Hypothese nicht zu einem Gleichgewicht?

Aufgabe 2

Die variablen Kosten betragen für Anbieter A 5 € und für Anbieter B 10 €. Berechnen Sie das Nash-Gleichgewicht!

Aufgabe 3

Beide Anbieter werden mit einer Erhöhung ihrer variablen Kosten konfrontiert. Die Erhöhung (Δk) fällt für beide Anbieter gleich groß aus, da sie auf gestiegene Rohstoffpreise zurückzuführen ist. Um welchen Prozentsatz in Relation zu Δk werden A bzw. B ihre Preise im Nash-Gleichgewicht verändern?

Lösung

Aufgabe 1

Es gibt die folgenden heuristischen Reaktionshypothesen:

1. Die Cournot- bzw. Launhardt-Hotelling-Hypothese: B reagiert nicht auf eine Preisänderung von A.
2. Die Chamberlin-Hypothese: B reagiert auf eine Preisänderung von A mit der gleichen, absoluten Preisänderung.

3. Die Stackelberg-Hypothese: B setzt nach erfolgter Preisänderung des A seinen gewinnmaximalen Preis. B geht davon aus, daß A seinen Preis anschließend nicht sofort wieder ändert, so daß sein neuer Preis p_B gewinnmaximal bleibt.

Wenn A sich einer heuristischen Reaktionshypothese bedient, dann nimmt er an, daß B auf seine Preisänderung reagiert, ohne daß B selbst wiederum eine Reaktion von A erwartet. A unterstellt damit, daß B unabhängig vom Ausmaß der Preisänderung in immer gleicher Weise reagiert.

Das Nash-Gleichgewicht leitet demgegenüber die Reaktion von B aus dem Modell selbst ab. Hierzu geht A davon aus, daß B seinerseits seinen Gewinn maximiert und daß B dies wiederum auch von A erwartet.

Wenn B gemäß der Stackelberg-Hypothese handelt, dann ist der Preis von B immer gewinnmaximal in Bezug auf den von A gesetzten Preis. Umgekehrt gilt dies jedoch nicht: Nachdem A unter Verwendung der Stackelberg-Hypothese einen Preis ausgewählt hat und B gemäß der Stackelberg-Hypothese reagiert hat, ist der Preis von A nicht gewinnmaximal in bezug auf den Preis von B. A hat nun einen Anreiz, seinen Preis zu ändern. Dieser Anreiz für A wird von B, sofern B im Sinne der Stackelberg-Hypothese reagiert, nicht antizipiert. Deswegen führt die Stackelberg-Hypothese nicht zu einem Gleichgewicht.

Im Gleichgewicht müssen die Preise wechselseitig gewinnmaximal sein, so daß keiner der Anbieter einen Anreiz hat, seinen Preis zu ändern. Dies ist nur dann der Fall, wenn beide Anbieter die vollständige Kette aller Reaktionen, Gegenreaktionen, Gegengegenreaktionen usw. ihrer Konkurrenten in ihre Preisentscheidung mit einbeziehen. Die heuristischen Reaktionshypothesen begrenzen diese Kette auf eine Reaktionen (Preisentscheidung von A) und die Gegenreaktion von B.

Aufgabe 2

Die Gewinnfunktionen für Anbieter A bzw. B lauten:

$$\begin{aligned}
G_A(p_A, p_B) &= (100 - p_A + 2p_B)(p_A - 5) \\
&= -p_A^2 + 2p_A p_B + 105p_A - 10p_B - 500 \\
G_B(p_A, p_B) &= (150 - 3p_B + p_A)(p_B - 10) \\
&= -3p_B^2 + p_A p_B + 180p_B - 10p_A - 1500
\end{aligned}$$

Ableiten und gleich null setzen führt zu einem Gleichungssystem:

$$0 = \frac{\partial G_A(p_A, p_B)}{\partial p_A} = 105 - 2p_A + 2p_B$$

$$0 = \frac{\partial G_B(p_A, p_B)}{\partial p_B} = 180 + p_A - 6p_B$$

Die Preise im Nash-Gleichgewicht ergeben sich als Lösung dieses Gleichungssystems:

$$\begin{aligned} p_A &= 6p_B - 180 \\ 0 &= 105 - 2(6p_B - 180) + 2p_B \\ p_B &= 46{,}5 \\ p_A &= 99 \end{aligned}$$

Aufgabe 3

Die Rechnung aus Teilaufgabe b) wird analog mit den folgenden Gewinnfunktionen durchgeführt:

$$G_A(p_A, p_B) = (100 - p_A + 2p_B)(p_A - k_A)$$
$$G_B(p_A, p_B) = (150 - 3p_B + p_A)(p_B - k_B)$$

Dabei bezeichnen k_A bzw. k_B die variablen Kosten der Anbieter A bzw. B. Im Nash-Gleichgewicht bieten A bzw. B ihre Produkte zu den folgenden Preisen an:

$$p_A = 90 + 0{,}6k_A + 0{,}6k_B$$
$$p_B = 40 + 0{,}1k_A + 0{,}6k_B$$

Eine Erhöhung der variablen Kosten um Δk führt zu einer Erhöhung der Verkaufspreise um Δp_A bzw. Δp_B:

$$\begin{aligned} \Delta p_A &= \left[90 + 0{,}6(k_A + \Delta k) + 0{,}6(k_B + \Delta k)\right] - \left[90 + 0{,}6k_A + 0{,}6k_B\right] \\ &= 1{,}2\Delta k \\ \Delta p_B &= \left[40 + 0{,}1(k_A + \Delta k) + 0{,}6(k_B + \Delta k)\right] - \left[40 + 0{,}1k_A + 0{,}6k_B\right] \\ &= 0{,}7\Delta k \end{aligned}$$

A gibt also 120 % und B 70 % der Kostensteigerung an den Nachfrager weiter. Im Falle einer Erhöhung der Rohstoffpreise steigt der ohnehin schon höhere Verkaufspreis von A folglich deutlich stärker als der Verkaufspreis von B.

Dieses Verhalten ist auch mit Blick auf die Preisabsatzfunktionen (vgl. Koeffizienten der Anbieterpreise in den Preisabsatzfunktionen) der Anbieter plausibel: Anbieter A verliert durch eigene Preiserhöhungen weniger Nachfrage als Anbieter B. Zudem gewinnt Anbieter A mehr Nachfrager im Falle einer Konkurrenzpreiserhöhung als Anbieter B. Die Nachfrager haben also deutliche Präferenzen für das Produkt des Anbieters A. Dies nutzt A durch höhere Preise aus. Im Falle einer Erhöhung der Rohstoffpreise kann er nicht nur diese Erhöhung an die Nachfrager weitergeben, er kann seinen Preis sogar darüber hinaus erhöhen.

Literaturhinweise

SIMON, H.: Preismanagement, Wiesbaden 1992.

Heinz Eckart Klingelhöfer

Preisbildung im (heterogenen) Polypol

Aufgabe 1

Charakterisieren Sie die Situation, in der sich die Anbieter auf einem (heterogenen) polypolistischen Markt befinden! Welche Schlußfolgerungen resultieren daraus für ihre Preisabsatzfunktion?

Aufgabe 2

Für einen solchen polypolistischen Anbieter seien nunmehr aufgrund einer Marktuntersuchung folgende Daten bekannt:

I. Ab einem Preis von 40 GE ist kein Absatz mehr möglich.
II. Bei einem Preis von 38 GE lassen sich 100 ME absetzen.
III. Bei einem Preis von 10 GE lassen sich 212 ME absetzen.
IV. Es lassen sich maximal 742 ME absetzen.

Zusätzlich wissen Sie, daß bei einer Absatzmenge von 180 ME ein Gewinn von 900 GE erzielt wird. Die Grenzkosten betragen 11 GE.

a) Stellen Sie die Gleichung der als stückweise linear angenommenen Preisabsatzfunktion auf!

b) Wie lautet die (lineare) Kostenfunktion des Anbieters?

c) Bestimmen Sie ausgehend von der unter a bestimmten Preisabsatzfunktion und der unter berechneten b Kostenfunktion zeichnerisch und rechnerisch den Preis und die Angebotsmenge des polypolistischen Anbieters in seinem Gewinnmaximum!

d) Wie ändert sich das unter c gefundene Ergebnis, wenn Sie als neue Kostenfunktion $K(x) = 360 + 3 \cdot x$ unterstellen?

Lösung

Aufgabe 1

Grundsätzlich zeichnet sich ein Polypol dadurch aus, daß auf einem Markt mit sehr vielen Anbietern und Nachfragern jeder Anbieter nur einen verschwindend geringen Marktanteil besitzt (atomistische Konkurrenz). Da der Markt außerdem als unvollkommen angenommen wird (man spricht dann auch von einem „*heterogenen Polypol*" im Gegensatz zum „*homogenen Polypol*" bei Vorliegen eines vollkommenen Marktes), besteht für jeden Anbieter die Möglichkeit, sich trotzdem eine gewisse Marktgeltung zu schaffen und Nachfrager an sich zu binden (indem seine Produkte etwa als Markenprodukte wahrgenommen werden). Gelingt es ihm, dieses *akquisitorische Potential* zu nutzen, so eröffnet sich dem Unternehmen ein Preisspielraum, innerhalb dessen es die Preise eigenständig festlegen und sich insofern monopolistisch verhalten kann (seine Preisabsatzfunktion wird hier also einen verhältnismäßig steilen Verlauf annehmen, weil selbst größere Preisänderungen kaum zu Absatzmengenänderungen führen). Preisänderungen über diesen *monopolistischen Bereich* hinaus führen jedoch zu Marktreaktionen, die der atomistischen Konkurrenz auf vollkommenen Märkten sehr ähnlich sind:

Erhöht der Anbieter den Preis seiner Produkte über die obere Grenze des monopolistischen Bereichs hinaus, so werden seine Kunden in Scharen zur Konkurrenz abwandern. Die obere Preisgrenze des monopolistischen Bereichs läßt sich für ihn daher – ähnlich wie im Fall atomistischer Konkurrenz auf vollkommenen Märkten – annähernd als Datum auffassen, dessen Überschreitung nur unter massiven Verlusten möglich ist. Aus diesen Gründen spricht man auch davon, daß sich an den monopolistischen Bereich ein „*oberer atomistischer Bereich*" anschließe, in dem die Preisabsatzfunktion einen sehr flachen Verlauf annimmt.

Umgekehrt wird eine Preissenkung unter die untere Preisgrenze des monopolistischen Bereiches zu einem Einbruch in den Kundenstamm der Konkurrenz führen – mit der Folge massiver Zuwanderung von Kunden. Die Preisabsatzfunktion wird also in diesem *unteren atomistischen Bereich* wiederum sehr flach verlaufen. In der Praxis wird freilich – entgegen der gerade beschriebenen Theorie – auch die untere Preisgrenze des monopolistischen Bereichs ähnlich wie im Fall atomistischer Konkurrenz auf vollkommenen Märkten annähernd ein Datum darstellen, weil die mit dem Unternehmen konkurrierenden Anbieter die große Kundenabwanderung kaum hinnehmen können und somit zur Reaktion gezwungen sind – d.h. ebenfalls zur Preisanpassung nach unten. Eine Antizipation dieses Verhaltens der Konkurrenz wird einen unter dem Ziel der Gewinnmaximierung rational handelnden Anbieter kaum dazu verleiten können, seinen Preis wesentlich unter die genannte Grenze zu senken, da er damit die möglichen Stückdeckungsbeiträge für alle (sich eingeschlossen) senkte, ohne im großen Maße zusätzliche Kunden gewinnen zu können.

Faßt man diese Ausführungen zusammen, so ergibt sich für einen Anbieter in einem Polypol das Bild einer *doppelt geknickten Preisabsatzfunktion nach GUTENBERG* (vgl. Abbildung 1): An den sehr flach verlaufenden oberen atomistischen Bereich schließt sich der verhältnismäßig steile monopolistische Bereich an, der seinerseits wieder in einen flachen unteren atomistischen Bereich übergeht.

Aufgabe 2

a) Da eine abschnittsweise lineare Preisabsatzfunktion unterstellt wurde, wird man für alle drei Bereiche i (oberer atomistischer, monopolistischer und unterer atomistischer Bereich) dieser *doppelt geknickten Funktion* die formale Darstellung

$$p_i(x) = a_i - b_i \cdot x$$

mit dem Preis p, der Menge x und den Konstanten a_i und b_i annehmen dürfen. Weil fernerhin jede Strecke durch ihre beiden Endpunkte eindeutig bestimmt ist, lassen sich die Gleichungen der Preisabsatzfunktion für die drei Bereiche durch Auswertung der Informationen zu den vier gegebenen Punkten errechnen:

1. Oberer atomistischer Bereich:

Aus der den *Prohibitivpreis* (= den Höchstpreis) angebenden Information I erhält man den Parameter a_1:

$$p_1(x) = a_1 - b_1 \cdot x \quad \Rightarrow \quad 40 = a_1 - b_1 \cdot 0 \quad \Rightarrow \quad a_1 = 40$$

Information II liefert dann den zugehörigen Wert für b_1:

$$p_1(x) = a_1 - b_1 \cdot x \quad \Rightarrow \quad 38 = 40 - b_1 \cdot 100 \quad \Rightarrow \quad b_1 = 1/50$$

Also resultiert die Preisabsatzfunktion für den oberen atomistischen Bereich mit:

$$p_1(x) = 40 - 1/50 \cdot x \quad \text{für} \quad 0 \leq x \leq 100$$

2. Monopolistischer Bereich:

Auch der monopolistische Bereich ist durch zwei Punkte begrenzt. Eine Auswertung der Informationen II und III führt auf die beiden folgenden Gleichungen:

$$p_2(x) = a_2 - b_2 \cdot x$$

$$\left.\begin{array}{l} 38 = a_2 - b_2 \cdot 100 \\ 10 = a_2 - b_2 \cdot 212 \end{array}\right\} \Rightarrow \left\{\begin{array}{l} b_2 = 1/4 \\ a_2 = 63 \end{array}\right.$$

Damit resultiert für die Preisabsatzfunktion im monopolistischen Bereich:

$$p_2(x) = 63 - 1/4 \cdot x \qquad \text{für} \qquad 100 \le x \le 212$$

3. Unterer atomistischer Bereich:

Auf gleiche Weise wie zuvor erhält man schließlich aus den Informationen III und IV die Preisabsatzfunktion im unteren atomistischen Bereich:

$$\left.\begin{array}{r} 10 = a_3 - b_3 \cdot 212 \\ 0 = a_3 - b_3 \cdot 742 \end{array}\right\} \Rightarrow \left\{\begin{array}{l} b_3 = 1/53 \\ a_3 = 14 \end{array}\right.$$

$$p_3(x) = 14 - 1/53 \cdot x \qquad \text{für} \qquad 212 \le x \le 742$$

Sind damit die einzelnen Bereiche der polypolistischen Preisabsatzfunktion bestimmt, so läßt sich diese zusammenfassend wie folgt schreiben:

$$p(x) = \begin{cases} 40 - 1/50 \cdot x & 0 \le x \le 100 \\ 63 - 1/4 \cdot x \quad \text{für} & 100 \le x \le 212 \\ 14 - 1/53 \cdot x & 212 \le x \le 742 \end{cases}$$

b) Eine lineare Kostenfunktion besitzt das nachstehende Aussehen:

$$K(x) = K_{fix} + K_{var}(x) = K_{fix} + k_{var}(x) \cdot x = K_{fix} + k_{var} \cdot x$$

(mit $k_{var}(x) = k_{var}$ infolge der Linearität von K(x)). Sie setzt sich also aus mengenunabhängigen (= fixen) Kosten K_{fix} und mengenabhängigen Bestandteilen – nämlich den variablen Kosten $K_{var}(x) = k_{var}(x) \cdot x = k_{var} \cdot x$ – zusammen, die beide näher zu bestimmen sind. Relativ problemlos möglich ist dies im Hinblick auf die variablen Kosten, da bekannt ist, daß die Grenzkosten 11 GE betragen:

$$K'(x) = dK(x)/dx = d(K_{fix} + k_{var} \cdot x)/dx = k_{var} = 11 \quad \Rightarrow \quad K(x) = K_{fix} + 11 \cdot x$$

Damit verbleibt vom ursprünglichen Problem die Suche nach den fixen Kosten K_{fix}. Zu deren Bestimmung hilft jedoch die Information, daß bei einer Absatzmenge von 180 ME ein Gewinn von 900 GE erzielt wird. Schließlich setzt sich der Gewinn G aus der Differenz von Erlös E und Kosten K zusammen – und der Erlös seinerseits aus den mit Preisen p bewerteten Absatzmengen x:

$$G(x) = E(x) - K(x) = p(x) \cdot x - K_{fix} - k_{var} \cdot x$$

In diese Gleichung sind die bekannten Größen einzusetzen. Dabei ist darauf zu achten, welcher Abschnitt der doppelt geknickten polypolistischen Preisabsatzfunktion tatsächlich relevant ist. Für eine Absatzmenge x = 180 wird es nach Aufgabenteil a der obere atomistische Bereich sein. Folglich erhält man:

$$\begin{aligned} G(180) = 900 &= E(180) - K(180) \\ &= p(180) \cdot 180 - K_{fix} - k_{var} \cdot 180 \\ &= (63 - 1/4 \cdot 180) \cdot 180 - K_{fix} - 11 \cdot 180 \\ &= (63 - 45 - 11) \cdot 180 - K_{fix} \end{aligned}$$

$$\Rightarrow K_{fix} = 1.260 - 900 = 360$$

Also erhält man für die lineare Kostenfunktion K die Gleichung:

$$K(x) = K_{fix} + k_{var} \cdot x = 360 + 11 \cdot x$$

c) Mathematisch lassen sich die Extrema der Gewinnfunktion G durch Nullsetzen der ersten Ableitung von G bestimmen (notwendige Bedingung). Führt dann außerdem die anschließende Überprüfung der zweiten Ableitung von G zu einem Wert $G'' < 0$ (hinreichende Bedingung), so liegt ein Gewinnmaximum vor.

$$G(x) = E(x) - K(x) = p(x) \cdot x - K_{fix} - k_{var} \cdot x$$

$$= \begin{cases} (40 - 1/50 \cdot x) \cdot x - 11 \cdot x - 360 = -1/50 \cdot x^2 + 29 \cdot x - 360 & 0 \le x \le 100 \\ (63 - 1/4 \cdot x) \cdot x - 11 \cdot x - 360 = -1/4 \cdot x^2 + 52 \cdot x - 360 & \text{für} \quad 100 \le x \le 212 \\ (14 - 1/53 \cdot x) \cdot x - 11 \cdot x - 360 = -1/53 \cdot x^2 + 3 \cdot x - 360 & 212 \le x \le 742 \end{cases}$$

Die beiden Ableitungen nehmen dann das folgende Aussehen an:

$$G'(x) = E'(x) - K'(x) = \underbrace{p'(x) \cdot x + p(x) \cdot 1}_{E'(x)} - \underbrace{k_{var}}_{K'(x)}$$

$$= \begin{cases} -1/50 \cdot x + (40 - 1/50 \cdot x) - 11 = -1/25 \cdot x + 29 & 0 \leq x \leq 100 \\ -1/4 \cdot x + (63 - 1/4 \cdot x) - 11 = -1/2 \cdot x + 52 \quad \text{für} & 100 \leq x \leq 212 \\ -1/53 \cdot x + (14 - 1/53 \cdot x) - 11 = -2/53 \cdot x + 3 & 212 \leq x \leq 742 \end{cases}$$

$$= \begin{cases} 40 - 2/50 \cdot x - 11 = -1/25 \cdot x + 29 & 0 \leq x \leq 100 \\ 63 - 2/4 \cdot x - 11 = -1/2 \cdot x + 52 \quad \text{für} & 100 \leq x \leq 212 \\ 14 - 2/53 \cdot x - 11 = -2/53 \cdot x + 3 & 212 \leq x \leq 742 \end{cases}$$

$$\underbrace{\qquad\qquad}_{E'(x)} \quad \underbrace{\quad}_{K'(x)}$$

$$G''(x) = E''(x) - K''(x) = \begin{cases} -1/25 & 0 \leq x \leq 100 \\ -1/2 \quad \text{für} & 100 \leq x \leq 212 \\ -2/53 & 212 \leq x \leq 742 \end{cases}$$

Da $G''(x) < 0$ für alle x des Definitionsbereiches ist, weiß man schon an dieser Stelle, daß jedes lokale Extremum der Gewinnfunktion G(x) zugleich ein lokales Gewinnmaximum darstellt. Wie ferner die erste Ableitung zeigt, sind im Gewinnmaximum Grenzerlös E´ und Grenzkosten K´ gleich. Also läßt sich das Gewinnmaximum zeichnerisch gut auf zweierlei Weise bestimmen:

Ein Vergleich der letzten Darstellungsvariante der ersten Ableitung mit der doppelt geknickten Preisabsatzfunktion p(x) läßt erkennen, daß E´(x) prinzipiell den gleichen Verlauf wie p(x), aber mit der doppelten Steigung aufweist. Also beginnen in einer *Stückbetrachtung* (vgl. Abbildung 1) die Preisabsatz- und die Grenzerlösfunktion eines Bereiches bei Verlängerung zur Ordinate (d.h. bis x = 0) jeweils im gleichen Punkt; die Grenzerlösfunktion durchstößt die Abszisse freilich bereits doppelt so schnell wie die Preisabsatzfunktion (also bei der halben Menge). Schneiden sich dann auch noch Grenzkosten- und Grenzerlösfunktion innerhalb eines Bereiches (in Abbildung 1 durch Kreuze gekennzeichnet), so liegt dort ein lokales Gewinnmaximum. Fällen des Lotes auf die Mengenachse liefert die zugehörige lokal gewinnmaximale Menge, seine Verlängerung nach oben bis zur Preisabsatzfunktion den zugehörigen Preis (vgl. die in Abbildung 1 angegebenen Punkte).

Betrachtet man nun freilich den Graphen der Grenzerlöskurve E´(x) näher, so erkennt man schnell, daß in Abhängigkeit vom Verlauf der Grenzkostenkurve K´(x) sich ein solcher Schnittpunkt von E′ und K′ theoretisch in durchaus jedem der drei Bereiche der doppelt geknickten polypolistischen Preisabsatzfunktion liegen könnte, und es sind aufgrund der „gezackten“ Grenzerlösfunktion bei linearer Kostenfunktion sogar mehrere Schnittpunkte gleichzeitig möglich – nämlich bis zu drei. Sofern nur einer in Frage kommt (wie es in diesem Aufgabenteil mit $K_c' = 11$ der Fall ist, vgl. Abbildung 1), ist die Frage des Gewinnmaximums aufgrund der vorherigen Ausführungen zu den Ableitungen der Gewinnfunktion schnell geklärt.

Im Falle zweier oder gar dreier Schnittpunkte wie für $K_d' = 3$ in Abbildung 1 sind hingegen weitere Überlegungen anzustellen: In den meisten Fällen wird hier *nur der Schnittpunkt im monopolistischen Bereich von ökonomischer Bedeutung* sein, denn der zweite mögliche Schnittpunkt von E′ und K′ in der Sprungstelle wird erst erreicht, nachdem es – beginnend ab dem ersten Schnittpunkt – eine Zone gab, wo der Grenzerlös immer niedriger als die Grenzkosten war und somit Gewinne verloren gingen. (Ausnahme: Es liegt eine Entartung vor, wo die Grenzkostenkurve sowieso erst am Ende des monopolistischen Bereiches die Grenzerlöskurve schneidet, so daß diese beiden Schnittpunkte zusammenfallen.) Erst ab der Sprungstelle bis zum Schnittpunkt im unteren atomistischen Bereich sind wieder positive Grenzgewinne möglich. Damit dieser Schnittpunkt aber als Gewinnmaximum in Frage kommt, muß der gesamte Gewinnzuwachs den vorherigen Verzicht zumindest aufwiegen. Graphisch heißt das, daß das zwischen den beiden Schnittpunkten (in der Sprungstelle und dem unteren atomistischen Bereich) von der Grenzerlös- und der Grenzkostenkurve eingeschlossene Dreieck positiver Grenzgewinne mindestens genauso groß sein muß wie das von der Grenzerlös- und der Grenzkostenkurve zwischen den beiden ersten Schnittpunkten eingeschlossene Dreieck negativer Grenzgewinne.

Alternativ zu dieser gerade beschriebenen Stückbetrachtung ist ebenso eine *Gesamtbetrachtung* möglich (vgl. Abbildung 2): Wenn im Gewinnmaximum E′ = K′ gelten soll, so besagt dies letztlich, daß Erlös- und Kostenfunktion im Gewinnmaximum die gleiche Steigung aufweisen. Also läßt sich die gewinnmaximale Menge bestimmen, indem die Kostenfunktion so weit parallel verschoben wird, bis sie die Erlösfunktion tangiert. Dies kann theoretisch wiederum in einem (wie in diesem Aufgabenteil mit K_c) oder mehreren der drei Bereiche der Fall sein (vgl. etwa K_d in Abbildung 2). Findet sich nur ein Tangentialpunkt, so resultiert durch Fällen des Lotes auf die Abszisse die gewinnmaximale Menge. Zeichnete man außerdem die Preisabsatzfunktion ein, so lieferte ihr Schnittpunkt mit dem Lot auf die Abszisse auch hier den zugehörigen Preis (in Abbildung 2 wurde aus Maßstabsgründen darauf verzichtet). Im Falle mehrerer Tangentialpunkte wird man denjenigen auswählen, bei dem die Erlöskurve am weitesten oberhalb der (unverschobenen) Kostenkurve liegt. Schließlich ergibt sich der Gewinn G als Differenz aus Erlösen und Kosten (G = E – K). Der maximale Gewinn wird sich also dort befinden, wo zeichnerisch die Strecke zwischen den beiden Funktionen E(x) und K(x) am größten ist (vgl. die fettgedruckten Abstände in Abbildung 2; der Gewinn ist außerdem noch einmal durch ein Kreuz auf der Gewinnfunktion markiert). Daß dies tatsächlich ein Punkt sein muß, bei dem die Steigungen von E(x) und K(x) gleich sind, ist dabei auch unabhängig von der Rechnung einleuchtend: Wäre E´(x) > K´(x), führte eine weitere Erhöhung von x dazu, daß sich der Abstand zwischen E(x) und K(x) noch weiter vergrößerte. Wäre hingegen E´(x) < K´(x), ließe eine Verringerung von x die Kosten stärker als die Erlöse sinken.

Bezogen auf die Daten der Aufgabe ergibt sich nun das Folgende:

Da im unteren atomistischen Bereich für alle dort möglichen Mengen K´(x) = k_{var} = 11 > p(x) (und damit nach dem oben Gesagten erst recht: K´(x) > E´(x)) gilt, die dort erzielbaren Grenzgewinne also ausschließlich negativ sind, kann er für eine gewinnmaximale Lösung nicht relevant sein. Ebensowenig gilt dies für den oberen atomistischen Bereich: E´(x) ist für alle Absatzmengen x immer größer als 20 und folglich auch als K´(x) = 11. Jede zusätzlich verkaufte Einheit erbringt also einen Gewinnzuwachs, so daß bei isolierter Betrachtung mathematisch allenfalls ein Randextremum in Frage kommen könnte. Ein solches würde aber vom monopolistischen Bereich dominiert, weil auch zu dessen Beginn mit steigender Menge x noch weitere positive Grenzgewinne G´(x) möglich sind.

Fallen damit die beiden atomistischen Bereiche fort, so muß sich das Gewinnmaximum im monopolistischen Bereich befinden. Nullsetzen der ersten Ableitung des dortigen Abschnitts der Gewinnfunktion G(x) und Einsetzen des gefundenen Wertes in den zugehörigen Teil der Preisabsatzfunktion p(x) liefert denn auch:

$$G'(x) = 52 - 1/2 \cdot x = 0 \quad \Rightarrow \quad x_{Gmax,c} = 104 \quad \text{und} \quad p_{Gmax,c} = 63 - 1/4 \cdot x = 37$$

Weil ferner G´´(x) = –1/2 < 0 ist, ist es tatsächlich gefunden. In den beiden Abbildungen schließlich sind diese Ergebnisse durch den Index „c“ gekennzeichnet.

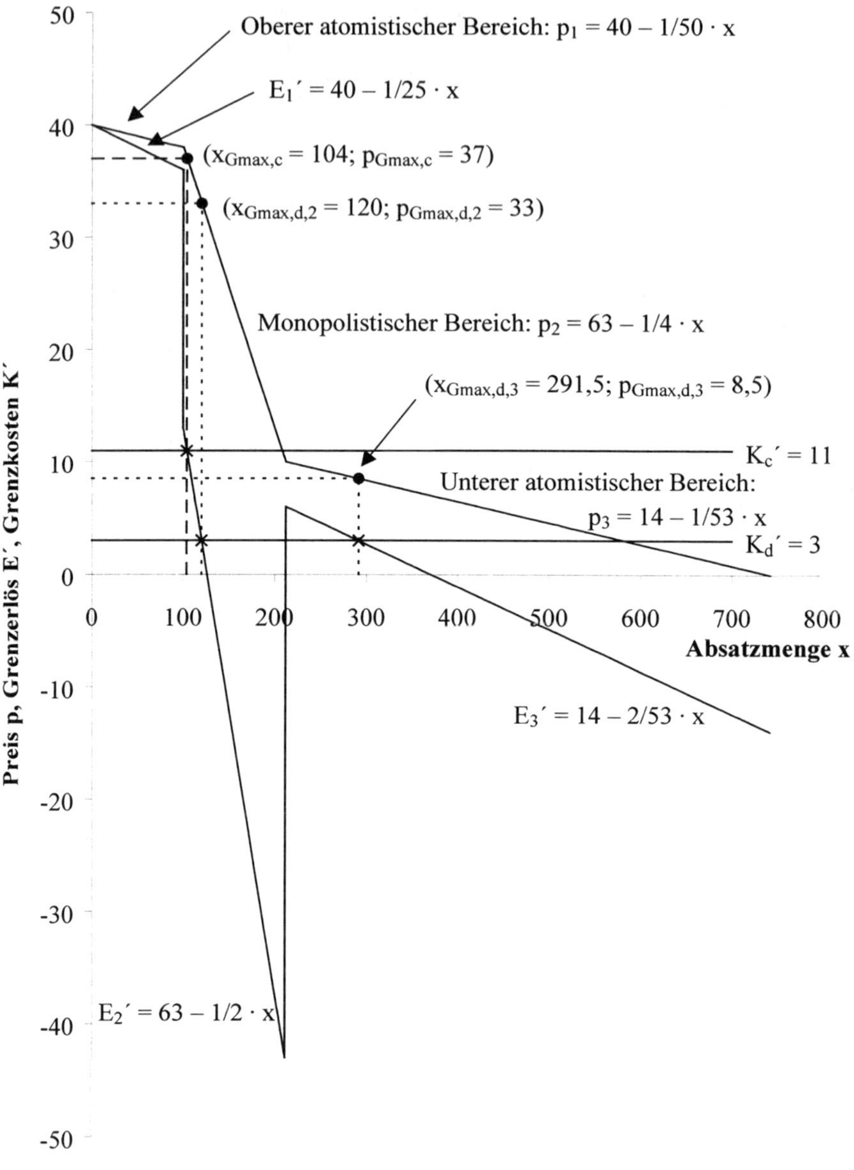

Abbildung 1: Bestimmung des gewinnmaximalen Preises im Polypol (Stückbetrachtung), doppelt geknickte polypolistische Preisabsatzfunktion

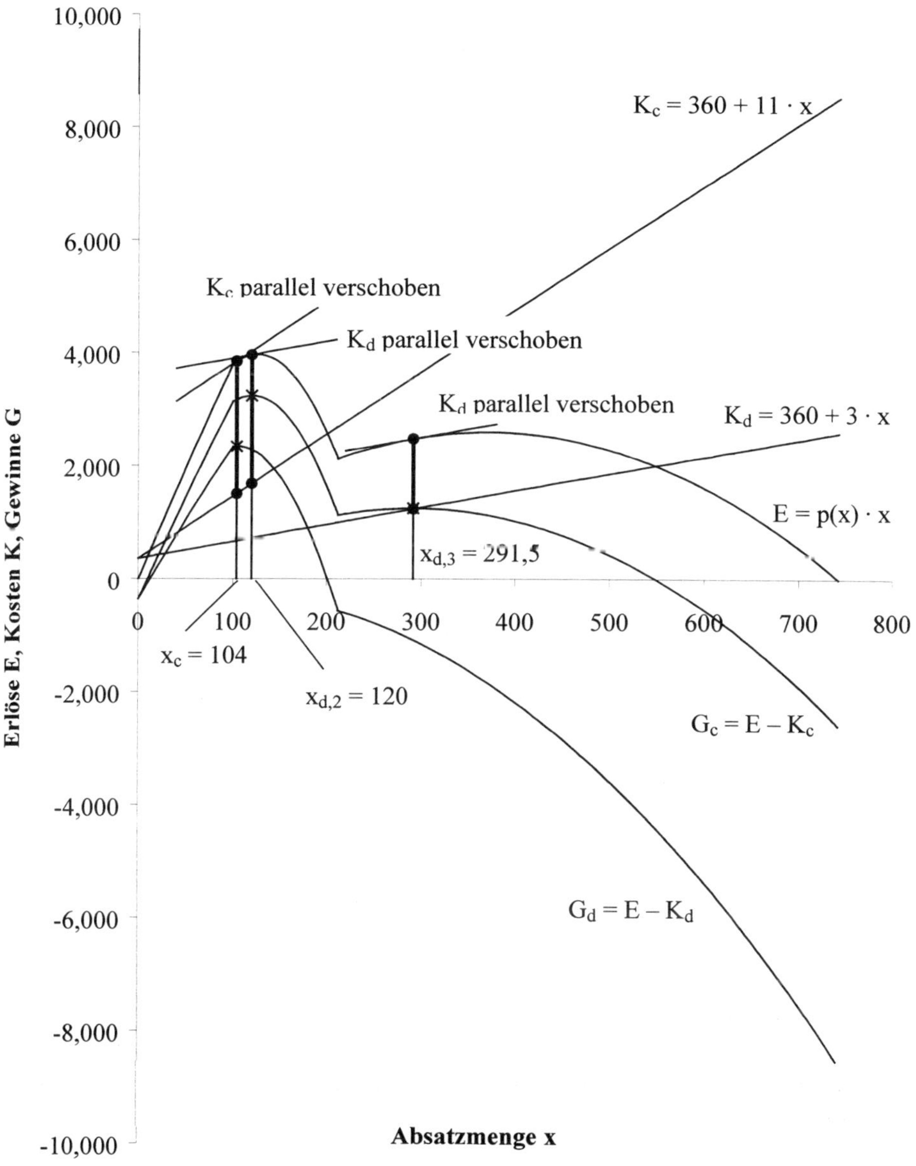

Abbildung 2: Bestimmung des gewinnmaximalen Preises im Polypol (Gesamtbetrachtung)

d) Analog zur Vorgehensweise unter c lassen auch hier zunächst die Gewinnfunktion G(x) und ihre beiden Ableitungen G´(x) und G´´(x) bestimmen:

$$G(x) = E(x) - K(x) = p(x) \cdot x - K_{fix} - k_{var} \cdot x$$

$$= \begin{cases} (40 - 1/50 \cdot x) \cdot x - 3 \cdot x - 360 = -1/50 \cdot x^2 + 37 \cdot x - 360 & 0 \le x \le 100 \\ (63 - 1/4 \cdot x) \cdot x - 3 \cdot x - 360 = -1/4 \cdot x^2 + 60 \cdot x - 360 & \text{für} \quad 100 \le x \le 212 \\ (14 - 1/53 \cdot x) \cdot x - 3 \cdot x - 360 = -1/53 \cdot x^2 + 11 \cdot x - 360 & 212 \le x \le 742 \end{cases}$$

$$G'(x) = E'(x) - K'(x) = \underbrace{p'(x) \cdot x + p(x) \cdot 1}_{E'(x)} - \underbrace{k_{var}}_{K'(x)}$$

$$= \begin{cases} -1/50 \cdot x + (40 - 1/50 \cdot x) - 3 = -1/25 \cdot x + 37 & 0 \le x \le 100 \\ -1/4 \cdot x + (63 - 1/4 \cdot x) - 3 = -1/2 \cdot x + 60 & \text{für} \quad 100 \le x \le 212 \\ -1/53 \cdot x + (14 - 1/53 \cdot x) - 3 = -2/53 \cdot x + 11 & 212 \le x \le 742 \end{cases}$$

$$= \begin{cases} 40 - 2/50 \cdot x - 3 = -1/25 \cdot x + 37 & 0 \le x \le 100 \\ 63 - 2/4 \cdot x - 3 = -1/2 \cdot x + 60 & \text{für} \quad 100 \le x \le 212 \\ 14 - 2/53 \cdot x - 3 = -2/53 \cdot x + 11 & 212 \le x \le 742 \end{cases}$$

$$\underbrace{\qquad\qquad}_{E'(x)} \quad \underbrace{\quad}_{K'(x)}$$

$$G''(x) = E''(x) - K''(x) = \begin{cases} -1/25 & 0 \le x \le 100 \\ -1/2 & \text{für} \quad 100 \le x \le 212 \\ -2/53 & 212 \le x \le 742 \end{cases}$$

Wiederum gilt, daß $G''(x) < 0$ für alle x des Definitionsbereiches ist, so daß auch hier jedes lokale Extremum der Gewinnfunktion G(x) zugleich ein lokales Gewinnmaximum darstellt. Nullsetzen der ersten Ableitung liefert jetzt freilich mehrere lokale Extrempunkte:

$$G'(x) \overset{!}{=} 0 \overset{!}{=} \begin{cases} -1/25 \cdot x + 37 & 0 \le x \le 100 \\ -1/2 \cdot x + 60 \quad \text{für} & 100 \le x \le 212 \\ -2/53 \cdot x + 11 & 212 \le x \le 742 \end{cases}$$

$$x_{G\max,d} = \begin{cases} 37 \cdot 25 = 925 & 0 \le x \le 100 & \text{unzulässig} \\ 60 \cdot 2 = 120 \quad \text{für} & 100 \le x \le 212 \Rightarrow & \text{möglich} \\ 53 \cdot 11/2 = 291{,}5 & 212 \le x \le 742 & \text{möglich} \end{cases}$$

Während von diesen 3 lokalen Extrema das erste außerhalb des Definitionsbereiches liegt und somit unzulässig ist, finden sich zwei erlaubte Schnittpunkte im monopolistischen und im unteren atomistischen Bereich der doppelt geknickten Preisabsatzfunktion. Unter ausschließlich mathematischen Gesichtspunkten könnte auch noch ein Randextremum am Ende des oberen atomistischen Bereichs in Frage kommen. Da freilich jede weitere abgesetzte Einheit bis zum lokalen Maximum im monopolistischen Bereich den Gewinn weiter erhöht, wird es von $x_{Gmax,d,2} = 120$ dominiert.

Ein weiteres (viertes) potentielles Extremum liegt in der Sprungstelle $x_{Gmax,d,4} = 212$, wechselt doch dort die erste Ableitung der Gewinnfunktion ihr Vorzeichen (von –46 auf +3). Freilich gilt, daß für alle $x_{Gmax,d,2} = 120$ übersteigenden Absatzmengeneinheiten bis $x_{Gmax,d,4} = 212$ auf Gewinne verzichtet wird, da K´(x) in diesem Bereich jeweils kleiner als E´(x) und damit G´(x) < 0 ist. In der Stückbetrachtung der Abbildung 1 ist das daran zu erkennen, daß das von K_d´(x) und E´(x) eingeschlossene Dreieck unterhalb von K_d´(x) liegt. Auf dessen Fläche würde man also gegenüber $G(x_{Gmax,d,2} = 120) = 3.240$ verzichten, so daß man bei $x_{Gmax,d,4} = 212$ nur noch $G(x_{Gmax,d,4} = 212) = 1.124$ erhält. Ebenso erkennt man in der Gesamtbetrachtung der Abbildung 2 einen Gewinnrückgang, der erst bei $x_{Gmax,d,4} = 212$ sein Ende findet (vgl. die mit „d" indizierte Gewinnfunktion).

Da beginnend ab $x_{Gmax,d,4} = 212$ wieder eine Zone positiver Grenzgewinne auftritt (das in der Stückbetrachtung der Abbildung 1 von E´ und K_d´ eingeschlossene Dreieck liegt oberhalb von K_d´; in der Gesamtbetrachtung der Abbildung 2 steigt die Gewinnfunktion G_d als Differenz der Erlöse E und der Kosten K_d wieder an), verbleiben als tatsächlich mögliche Gewinnmaxima $x_{Gmax,d,2} = 120$ und $x_{Gmax,d,3} = 291{,}5$, die es nunmehr zu vergleichen gilt:

Im – durch Einsetzen der Menge in die Preisabsatzfunktion errechenbaren – Punkt ($x_{Gmax,d,2} = 120$; $p_{Gmax,d,2} = 33$) wird ein Gewinn von $G(x_{Gmax,d,2} = 120) = 3.240$ erzielt, im Punkt ($x_{Gmax,d,3} = 291{,}5$; $p_{Gmax,d,3} = 8{,}5$) beträgt er hingegen nur $G(x_{Gmax,d,3} = 291{,}5) = 2.477{,}75$. Das absolute Gewinnmaximum liegt damit im monopolistischen Bereich. In der Stückbetrachtung der Abbildung 1 ist dies daran zu erkennen, daß die Fläche des von E´ und K_d´ eingeschlossenen Dreiecks oberhalb von K_d´ kleiner als diejenige des vorherigen, unterhalb von K_d' liegenden ist – die Gewinnzuwächse im unteren atomistischen Bereich sind also kleiner als der vorherige Gewinnverzicht im monopolistischen Bereich. Entsprechend ist in der Gesamtbetrachtung nach Abbildung 2 der Gewinn G_d als Differenz der Erlösfunktion E und der Kosten K_d im unteren atomistischen Bereich kleiner als im monopolistischen Bereich (vgl. die fett durchgezogenen Linien; der Gewinn ist außerdem noch jeweils durch Kreuze auf der Gewinnfunktion G_d markiert).

Literaturhinweise

MATSCHKE, M. J.: Allgemeine Betriebswirtschaftslehre II, Greifswald 2002, S. 142-145.

SCHWINN, R.: Betriebswirtschaftslehre, München/Wien 1993, S. 421–425.

WÖHE, G.: Einführung in die Allgemeine Betriebswirtschaftslehre, 21. Aufl., München 2002, S. 542-546.

Lederzurichterei
Rechnung
Achtung!
reparieren lohnt
mit Continental Absätzen+Sohle

Heiko Burchert

Analysen im Vorfeld einer kosten-, nachfrage- und konkurrenzorientierten Preisbildung am Beispiel einer Fallstudie aus dem Hochschulbereich

Aufgabe 1

Die Festlegung des Preises für ein Produkt oder eine Leistung erfolgt in der Praxis ausgerichtet an den Kosten des Unternehmens, am Preis der Konkurrenz und/oder an der Preisbereitschaft der Abnehmer. Erklären Sie kurz die Inhalte und die Bedeutung dieser drei Determinanten der Preisbildung.

Aufgabe 2

Wie in der Lösung zur Aufgabe 1 dargestellt kann eine ausschließliche Ausrichtung auf eine der drei Kriterien zur Ausblendung wichtiger Informationen für die betriebliche Preisbildung führen. Ideal wäre, wenn es gelänge, den Spielraum der Preisfestsetzung durch diese drei Faktoren einzugrenzen. Im folgenden sei daher an einem nur begrenzt auf die Tätigkeit erwerbswirtschaftlicher Unternehmen übertragbaren Beispiel verdeutlicht, wie eine Analyse der Kosten-, Konkurrenz- und Nachfragesituation Daten für eine sich in einem zweiten Schritt anschließende Preisfestsetzung hervorbringen kann:

Professor Schlarasusal-Mack bietet für das kommende Wintersemester eine neue Vorlesung im Fach Betriebswirtschaftslehre an. Um sie für die Studenten attraktiver zu gestalten, kommt er auf die Idee, alle Folien und Abbildungen sowie längere Texte, die er in der Vorlesung verwendet, in der entsprechenden Anzahl zu vervielfältigen und den Studenten zum Kauf anzubieten.

Er übergibt seinem Mitarbeiter Herrn Dipl.-Kfm. Paan Odim alle Unterlagen, verbunden mit dem Auftrag, die 180 DIN A 4 Seiten umfassenden Vorlesungsmaterialien in 500-facher Ausführung vorzubereiten. Die Skripte sollen in dieser Anzahl zu Beginn des Wintersemesters bereitstehen, auch wenn pro Semester nur 150 Studenten diese Vorlesung hören werden und die letzten 150 Exemplare erst drei Semester später benötigt werden. Fünfzig Exemplare möchte der Professor an seine Kollegen und deren Mitarbeiter verteilen.

Für finanzielle Aufwendungen erhält Paan Odim 5.000,- DM leihweise überlassen. Leihweise, so bekommt Herr Odim mit auf dem Weg, bedeutet, daß Professor Schlarasusal-Mack den gesamten Betrag in kürzester Zeit – und nicht erst nach dem Verkauf aller Exemplare – zurückerstattet haben möchte. Von eventuell anfallenden Einzahlungsüberschüssen sichert der Professor seinem Mitarbeiter im Sinne einer positiven extrinischen Motivation eine 50 % ige Beteiligung zu.

Wie soll Herr Odim das machen? Einerseits war er selbst kürzlich noch Student und weiß nur zu gut, daß die Studenten das Material brauchen, um die Anzahl der Vorlesungsbesuche möglichst geringzuhalten. Zugleich aber möchte ein Student für die Vorlesungsskripte möglichst wenig bezahlen. Wenn es irgendwie geht, werden Skripte kopiert, das ist meistens billiger als kaufen. Dies wiederum würde für Herrn Odim bedeuten, daß er bei einem zu hohen Preis auf den Skripten sitzen bliebe. An einen 50 % igen Anteil am Überschuß wäre dann auch nicht mehr zu denken. Andererseits möchte Professor Schlarasusal-Mack seine 5.000,- DM schnellstmöglich zurück haben. Zum Verkauf stehen aber nur 450 Exemplare zur Verfügung.

Nach einem Anruf bei der Druckerei Knickbrusch weiß er, daß gut leserliche Vorlagen im Format DIN A 4 problemlos auf DIN A 5 verkleinert werden können. Damit wäre es möglich, auf einem DIN A 4-Blatt im Querformat und beidseitig bei entsprechender Verkleinerung (auf 70 %) vier ursprüngliche DIN A 4-Seiten unterzubringen. Das Drucken und Binden der so entstehenden Vorlesungsbroschüre in einer Auflage von 500 Exemplaren kostet dann 4.100,- DM. Alternativ dazu wäre statt des Druckens und Bindens auch ein Kopieren und Binden mit einer Klebebindung denkbar. Der Kopier-Laden Hanzig erteilte Auskunft über die folgenden Preise:

Kopieren

Blatt	Preis für eine Kopie DIN A 4/einseitig	Preis für eine Kopie DIN A 4/beidseitig
bis 200	0,08 DM	0,15 DM
bis 1.000	0,07 DM	0,13 DM
bis 10.000	0,06 DM	0,11 DM
über 10.000	0,05 DM	0,09 DM

Binden

Heft bis 50 Blatt	4,10 DM/Stück
Heft bis 100 Blatt	4,80 DM/Stück
Heft bis 200 Blatt	5,40 DM/Stück

a) Ermitteln Sie die kosten-, konkurrenz- und nachfragebedingten Preisgrenzen für das Vorlesungsmaterial.

b) Berechnen Sie auf der Basis dieser preislichen Grenzen die Verkaufserlöse und ggf. Überschüsse.

c) Diskutieren Sie Möglichkeiten, mit denen es Odim gelingen könnte, einen Preis zu finden, der den Konkurrenzpreisen standhält und dennoch zu Überschüssen führt.

Lösung

Aufgabe 1

Ein *kostenorientierter Preis* basiert auf den Kosten, die im Unternehmen mit der Herstellung des entsprechenden Produktes verbunden sind. Diese vorwiegend in kleinen und mittleren Unternehmen auf Grund der einfachen Handhabung und fehlender Marktkenntnisse genutzte Methode der Festsetzung des Preises kalkuliert den Preis als die Summe aus den Kosten und einem Gewinnzuschlag. Je nach Qualität des betrieblichen Kostenrechnungssystems können dabei die Voll- oder Teilkosten zum Einsatz kommen. Bei letzterem enthält der Gewinnzuschlag dann aber auch die fixen Kosten. Die Höhe des Gewinnzuschlags beruht in der Regel auf den Erfahrungswerten des Unternehmens, auf den Spezifika der Produktgruppe oder den Marktgegebenheiten. Eine Kalkulation ohne Gewinnzuschlag entspricht einem kostendeckenden Preis im Sinne einer an den Kosten orientierten Preisuntergrenze.

Ein *nachfrageorientierter Preis* zielt nicht auf die Berücksichtigung der Kosten, sondern der Bedingungen am Markt und hier insbesondere auf der Nachfrageseite ab. Der Preis bestimmt sich nun aus dem von den Nachfragern dem Produkt zugeschriebenen Wert. Der Wert wird um so höher eingeschätzt, je mehr (bspw. auch im Vergleich zur Konkurrenz) es mit dem angebotenen Produkt gelingt, zur Befriedigung der Kundenbedürfnisse beizutragen. Die Ermittlung des nachfrageorientierten Preises – der Preisbereitschaft der Kunden – ist eine Aufgabe der Marktforschung, welche kapazitäts- oder ressourcenseitig an die Grenzen kleiner und mittlerer Unternehmen stößt.

Ein *konkurrenzorientierter Preis* bedeutet eine Ausrichtung am Konkurrenzpreis. Als Konkurrenzpreise kommen der Preis des Marktführers oder der Durchschnittspreis der Branche in Frage. Je nach Marktform und Unternehmensstrategie wird der Preis in Höhe des Konkurrenzpreises oder mit Abweichungen höher oder tiefer angesetzt. Erfolgt eine ausschließliche Orientierung am Konkurrenzpreis besteht bei einer Mißachtung der Kostensituation im Unternehmen die Gefahr einer Unterdeckung der Kosten. Bei kleinen und mittleren Unternehmen kann dies bei einer ausbleibenden Anpassung bspw. der Kostensituation zu einer Substanzgefährdung führen.

Aufgabe 2

a) Mit den folgenden Berechnungen ermittelt Odim die mit der Herstellung der 500 Vorlesungsskripte verbundenen Kosten, mögliche Konkurrenzpreise sowie die Preisbereitschaft der Studenten, um den Preiskorridor einzugrenzen.

Ermittlung eines kostendeckenden Preises

Variante Druckerei Knickbrusch

Das Drucken und Binden der 500 Vorlesungsbroschüren kostet laut Auskunft der Druckerei Knickbrusch 4.100 DM. Da aber nur 450 Exemplare zum Verkauf stehen, kostet ein Exemplar im Verkauf mindestens 4.100 DM : 450 Stück = **9,12 DM**.

Variante Kopier-Laden Hanzig

Das 180 Seiten umfassende Vorlesungsmaterial liegt in guter Qualität vor, so daß es kostensparend auf 70 % verkleinert werden kann. Somit wäre es also möglich, aus ursprünglich vier DIN A 4-Seiten ein beidseitig bedrucktes DIN A 4-Blatt im Querformat zu erstellen. Die 180 Seiten Vorlesungsmaterialien passen auf diese Weise auf 45 beidseitig bedruckte DIN A 4-Blätter im Querformat. Zum Binden müßten diese Blätter nur noch einmal mittig gefaltet werden. Es entsteht eine kopierte und mit einer Klebebindung versehene Vorlesungsbroschüre im Format DIN A 5.

Die Kosten für 500 Stück ermitteln sich wie folgt:

- Kopieren: 500 Broschüren á 45 Blatt (beidseitig kopiert) = 22.500 Blatt (beidseitig kopiert) und 22.500 Blatt zu je 0,09 DM/Blatt kosten 2.025 DM.
- Binden: 500 Broschüren á 45 Blatt kosten in der Bindung 4,10 DM pro Stück und in Summe 2.050 DM.

Insgesamt belaufen sich die Kosten für die Vorlesungsbroschüren nach der Variante Kopier-Laden Hanzig auf 4.075 DM. Der Preis einer Vorlesungsbroschüre würde dann im Verkauf: 4.075 DM : 450 Stück = **9,06 DM** betragen.

Ermittlung möglicher Konkurrenzpreise

Für Herrn Odim stellt sich die Frage, wer ein möglicher Wettbewerber seien und ebenfalls die Studenten mit den Vorlesungsbroschüren gegebenenfalls zu einem günstigeren Preis erreichen könnte. Grundsätzlich unterscheiden sich mögliche Wettbewerber hinsichtlich der Art des Angebotes in Nachahmer und substituierende Anbieter.

Zu den substituierenden Anbietern sind solche Wettbewerber zu zählen, die ein Ersatzprodukt mit vergleichen oder höheren Nutzeneigenschaften aber in einer anderen Beschaffenheit anbieten. Hinsichtlich des Preises ist ein Vergleich ohne weiteres nicht möglich. Die Produkteigenschaften sind bei gleichem oder höherem Nutzen zu verschieden, so daß ein Preisvergleich zwar möglich ist, aber keine weitere Informationen im Rahmen der Kaufentscheidung bietet.

Bezogen auf eine Vorlesungsbroschüre wäre bspw. ein einschlägiges Lehrbuch ein das Vorlesungsmaterial substituierendes Angebot, zumal davon ausgegangen werden kann, daß Vorlesungsunterlagen i. d. R. auf Darstellungen oder Abhandlungen aus gängigen Lehrbüchern – wenngleich selten nur aus einem – beruhen. Preislich gesehen können diese deutlich über (Ladenpreis eines neuen Buches) aber auch deutlich unter (Antiquariatspreis oder kostenlose Ausleihe aus der Bibliothek) dem Preis einer Vorlesungsbroschüre liegen. Ein höherer (oder gar Zusatz)Nutzen im Vergleich zur Vorlesungsbroschüre könnte bspw. im Besitz eines fest eingebundenen Lehrbuches gesehen werden, welches bessere Gebrauchswerteigenschaften besitzt als eine Broschüre: besser in ein Bücherregal einorden- und wiederfindbar auf Grund des breiten und beschrifteten Buchrückens, geringerer Abgriff des Deckels bei ständiger Nutzung usw. Da Herr Odim aber den Anteil der Studenten, die den Kauf eines Lehrbuchs gegenüber dem Kauf einer Vorlesungsbroschüre vorziehen, als verschwindend gering einschätzt, beschließt er, einen solchen Wettbewerber zu vernachlässigen.

Anders verhält es sich bei den Nachahmern. Ein Nachahmer-Produkt tritt kurz nach dem Erstangebot auf den Markt. Auf Grundlage der somit verfügbaren Vorlage werden kostengünstigere Kopien – diesmal sogar im wahrsten Sinne des Wortes – angefertigt. Findige Studenten, die sich neben ihrem Studium in einem Kopier-Laden etwas dazuverdienen, werden eines der ersten Exemplare kaufen, „Schwarzkopien" anfertigen und diese an die Studenten verkaufen. Da sie als Mitarbeiter im Kopier-Laden einen Mitarbeiter-Rabatt in Anspruch nehmen können, fallen die Herstellungskosten für sie geringer aus. Diesen Kostenvorteil können sie zumindest anteilig als Preisvorteil an ihre Kunden weitergeben.

Bei einem Kopien-Preis von 0,09 DM pro beidseitig kopiertes DIN A 4-Blatt – Herr Odim muß, um diesen Preis zu bekommen, dafür mindestens 10.000 Kopien ordern – und einem Preis für die Bindung von 3,50 DM (statt 4,10 DM) belaufen sich die Herstellungskosten auf 7,55 DM je Vorlesungsbroschüre: 45 Blatt zu je 0,09 DM/Blatt + 3,50 DM für die Bindung = 7,55 DM. Selbst bei einer Verrechnung der Auslagen für den Erwerb des Original von angenommen 9,00 DM bei vorsichtiger Schätzung auf 20 absetzbare Schwarzkopien der Vorlesungsbroschüre – also zuzüglich 0,45 DM „Investitionsumlage" – ergibt dies noch einen akzeptablen Konkurrenzpreis von mindestens **8 DM** je Vorlesungsbroschüre.

Eine deutlich aggressivere Preisstrategie können indes diejenigen Studenten fahren, die sich ihr Einkommen als studentische Hilfskräfte im Rechnerraum verdienen. Der Job als Aufsicht kennt auch Zeiten einer Minderbeschäftigung. Diese Zeiträume können bspw. unter Zurhilfenahme der hochschuleigenen Rechentechnik auch mit dem Einscannen der Vorlesungsbroschüre und dem anschließenden Ausdrucken der gewünschten Anzahl von Exemplaren ausgefüllt werden. In die Herstellungskosten gehen in diesem Fall lediglich die Kosten für das üblicherweise selbst zu beschaffende Papier, die Bindung, die nur in einem Kopier-Laden zu erhalten ist, und die

„Investitionsumlage“ für die Anschaffung des Originals ein. Ein Paket Kopier- oder Drucker-Papier mit 500 Blatt Inhalt kostet durchschnittlich 8 DM. Bei 45 beidseitig bedruckten Blättern pro Vorlesungsbroschüre beträgt die Ausbeute – selbst unter Berücksichtigung von 50 Blatt Ausschuß – 10 Broschüren. Pro Vorlesungsbroschüre entstehen also Kosten für das Papier im Umfang von 0,80 DM. Zuzüglich einer Bindung zum „normalen“ Preis von 4,10 DM und einer Investitionsumlage von 0,45 DM fallen Kosten in einer Höhe von **5,35 DM** (= 0,80 + 4,10 + 0,45) an. Somit ist für diese nebenbeschäftigten Hilfskräfte im Rechnerraum jeder über dieser Grenze liegender Preis gewinnbringend.

Ermittlung der Preisbereitschaft der Nachfrager

Wird bei einer Preisermittlung der potentielle Abnehmer in den Mittelpunkt gestellt, so zielt dies auf die Ermittlung eines Preises ab, der aus Sicht des Abnehmers so günstig ist, daß selbst bei Berücksichtigung alternativer Angebote auf das Original zurückgegriffen wird. Entscheidend ist dabei die Wahrnehmung des Wertes des angebotenen Skriptes durch die Nachfrager. Eine solche Wertschätzung ergibt sich aus dem Umfang der Nutzenstiftungen des Angebotes. Aus der Sicht der Studenten werden bei einem Vorlesungsskript folgende Merkmale als nutzenstiftend wahrgenommen:

- ein geringer Preis, der dazu beiträgt, die ohnehin knappen finanziellen Ressourcen zu schonen;
- die sofortige Verfügbarkeit des Skriptes, um von Beginn des Semesters an, das vorlesungsbegleitende Material in den Händen zu halten;
- eine gewisse Robustheit des Skriptes (bspw. keine brechende Ringbindung), damit es den Belastungen des Transports (z. B. im Rucksack oder in einer Tasche auf dem Gepäckträger eines Fahrrades) zum Vorlesungsort standhält.

Das von Odim erstellte Vorlesungskript wäre in jedem Fall zur ersten Vorlesung oder bereits vorher verfügbar. Bei der Wahl einer Klebe- statt einer Ringbindung wäre auch den angesprochenen besonderen Anforderungen im Umgang mit dem Skript Rechnung getragen. Weitaus schwieriger gestaltet sich die Frage des Preises. Sollte nämlich bspw. das Vorlesungsmaterial vor der ersten Vorlesungangeboten werden, haben die Nachahmer ausreichend Zeit, ihre preislich günstigeren „Schwarzkopien“ zu erstellen. Ein Verkaufsbeginn pünktlich zur ersten Vorlesung würde den Markteintritt der „Schwarzkopien“ lediglich hinauszögern. Auszuschließen wäre er jedoch nicht.

Das Konkurrenzprodukt, welches kostenseitig mit 5,35 DM Kosten pro Stück einen deutlicheren Nutzen-Vorteil für Studenten aufweist, hat ggf. einen geringen Nachteil im Hinblick auf den Zeitpunkt der Verfügbarkeit. Dieser Nachteil ist der Nutzenvorteil des Vorlesungsskriptes von Odim. Inwiefern sich dies in einen höheren Preis umschlagen läßt, wird i. d. R. mit dem sogenannten Conjoint Measurement gelöst, worauf hier jedoch nicht weiter eingegangen wird. Vereinfachend sei an dieser Stelle davon ausgegangen, daß in Unkenntnis des tatsächlichen Konkurrenzpreises, der wohl über 5,35 DM liegen dürfte, die Preisbereitschaft der Nachfrager bei **5,90 DM** liegt.

b) Die folgende Tabelle gibt einen Überblick über die bei Ansatz der in 2 a) ermittelten Kosten, Konkurrenzpreise und Preisbereitschaft der Nachfrager als Preis des Vorlesungsskriptes realisierbaren Erlöse und Überschüsse/Fehlbeträge. Als Kostengröße dient hier der für die Herstellung der 500 Exemplare im Kopier-Laden Hanzig zu zahlenden Preis in Höhe von 4.075 DM und somit der sich daraus ableitende kostendeckende Preis von 9,06 DM.

Preisansatz		Erlöse beim Verkauf von 450 Exemplaren	Kosten für die Herstellung der 500 Exemplare	Überschuß/ Fehlbetrag
Kostendeckender Preis	9,06 DM	4.077 DM	4.075 DM	2 DM
Konkurrenz-Preis I („Kopier-Laden"-Hilfskraft)	8,00 DM	3.600 DM	4.075 DM	–475 DM
Konkurrenz-Preis II („Rechnerraum"-Hilfskraft)	5,35 DM	2.407,50 DM	4.075 DM	–1.667,50 DM
Preisbereitschaft der Nachfrager	5,90 DM	2.655 DM	4.075 DM	–1.420 DM

Erfolgt eine Orientierung am Wettbewerber oder am Abnehmer, käme es zur Realisierung eines Fehlbetrages. Zu einem Überschuß würde Herr Odim nur im Falle der Orientierung an den Kosten der Herstellung zuzüglich eines Gewinnzuschlages gelangen. Da jedoch in diesem Beispiel die Konkurrenz mit Sicherheit nicht ausgeschlossen werden kann, scheidet diese Größe bei der Preisfestsetzung aus, denn diese würde die Anzahl der verkauften Stückzahl nahe null halten. Die Folge wäre eine nahezu vollständig ausbleibende Wiedererwirtschaftung der bereits verauslagten Herstellungskosten. Eine Orientierung am Konkurrenzpreis in der „Kopier-Laden-Variante" in Höhe von 8,00 DM kann angesichts des noch günstigeren Preises in der „Rechnerraum-Variante" ebenfalls nicht angenommen werden, zumal damit bereits ein – wenn auch nur geringes – Defizit erwirtschaftet wird. Um dieser Konkurrenz „standzuhalten", sollte vom abnehmerorientierten Preis ausgegangen werden, der – wie bereits dargestellt – eine Berücksichtigung des Konkurrenzangebotes beinhaltet. Damit wäre ein hoher Absatz sichergestellt. Zugleich aber bliebe ein Fehlbetrag in Höhe von 1.420 DM offen, der sich erst nach dem Verkauf aller 450 Exemplare zu Beginn des dritten Semesters einstellt, wie dies die folgende Tabelle verdeutlicht.

Zeitpunkt	Aus-Zahlungen	Ein-zahlungen	Zur Rückerstattung angesammelte Beträge	Noch offener Betrag
Vor dem 1. Semester	– 4.075 DM		925 DM	4.075 DM
Beginn des 1. Semesters		+ 885 DM	1.810 DM	3.190 DM
Beginn des 2. Semesters		+ 885 DM	2.695 DM	2.305 DM
Beginn des 3. Semesters		+ 885 DM	3.580 DM	1.420 DM

Die Tabelle gibt einen Überblick über die Ein- und Auszahlungen des Vorhabens Vorlesungsbroschüre in ihrer zeitlichen Struktur sowie über den Rückfluß der verauslagten Beträge. Die Auszahlung vor dem ersten Semester entspricht den Herstellungskosten der 500 Exemplare in der Variante des Kopierens und Bindens im Kopier-Laden Hanzig. Bei der Bestimmung der Einzahlungen wird von der Annahme ausgegangen, daß jedes Semester alle 150 die Vorlesung hörenden Studenten diese Broschüre kaufen (150 Stück zu je 5,90 DM pro Stück = 885 DM), was allerdings auf Grund des Verkaufs nicht mehr benötigter Unterlagen höherer Semester an die nachrückenden Semester in einem nicht bestimmbaren Umfang an der Realität vorbeigeht und einen weiteren Unsicherheitsaspekt der Planung ins Spiel bringt. Ergänzt werden diese Angaben um die Größe des noch offenen an Prof. Schlarasusal-Mack zurückzuzahlenden Betrages.

c) Eine im Rahmen der Preisfestlegung vorgenommene preisliche Orientierung am Abnehmer würde bezogen auf das Fallbeispiel zwar einen hohen Absatz bewirken, gleichzeitig aber ein Defizit zur Folge haben.

Dieser Zustand ist angesichts der unbefriedigenden Ertragslage und im Hinblick auf ein mögliches „schlechtes Bild" bei den BWL-Studenten nicht tragbar. Die Frage ist also, wie kann dieser „Verlustbringer" in ein ertragreiches Projekt verwandelt werden? Die bisherigen Nutzenpotentiale der Vorlesungsbroschüren sind hinsichtlich des realisierbaren Ertrages ausgeschöpft. Es müssen neue Nutzenpotentiale erschlossen werden, die möglicherweise zu Einnahmen führen, die den angefallenen Verlust mindestens ausgleichen, besser aber noch übersteigen.

Eine Vorlesungsbroschüre, mit der Studenten mindestens über den Zeitraum eines Vorlesungszykluses arbeiten, könnte bspw. als ein idealer Werbeträger dienen. Werbekunden, die einen studentischen Käuferkreis haben, finden mit der Broschüre ein Medium, in welchem ihre Werbebotschaft die potentiellen Kunden direkt und im Sinne einer Langzeitwirkung über einen bestimmten Zeitraum hinweg erreicht. Markante Stellen (Umschlag der Broschüre) und leere Seiten (wie z. B. gegenüber dem Inhaltsverzeichnis) stünden zum kostenpflichtigen Abdruck von Werbebotschaften zur Verfügung. Insofern dieser Abdruck bei einer Lieferung der reprofähigen Vorlage der Werbeanzeige ohne Einfügung weiterer Seiten in schwarz/weiß erfolgt, resultiert daraus im Druck kein Kostenanstieg. Erforderlich wäre in einem ersten Schritt, Preise für entsprechende Positionierungen der Werbung gestaffelt nach Größe und ggf. Häufigkeit des Abdrucks in der Broschüre festzulegen. Der Gesamtbetrag der Werbeeinnahmen sollte dabei über dem Verlust in Höhe von 1.420 DM liegen. Angesichts des Weiterverkaufs nicht mehr benötigter Vorlesungsbroschüren an die nachrückenden Semester ist es empfehlenswert, einen höheren Betrag an Werbeeinnahmen anzustreben, um mögliche Umsatzrückgänge aufzufangen und so für mehr Planungssicherheit zu sorgen. Mit den Preisvorstellungen und dem Werbeträger (zumindest aber mit dem Konzept) kann dann die Suche nach zahlenden Werbekunden beginnen.

Literaturhinweise

DILLER, H.: Preispolitik, 3. Auflage, Stuttgart 2000.

KISTNER, K.-P. UND M. STEVEN: Betriebswirtschaftslehre im Grundstudium. Band 1 Produktion, Absatz, Finanzierung. 2. Aufl., Physica-Verlag Heidelberg 1996.

Rainer Olbrich

Zur Theorie der Bestimmung langfristiger Preisuntergrenzen: Kostenrechnung und Investitionsrechnung im Verfahrensvergleich

Unter der Preisuntergrenze versteht man denjenigen Preis eines Produktes, der zumindest erzielt werden muß, damit die Produktion und der Verkauf des Produktes vorteilhaft sind. Während die sogenannte ‚Erfolgspreisuntergrenze' diejenigen Kosten berücksichtigt, die aus kostenrechnerischer Perspektive im Zusammenhang mit dem Entscheidungsproblem stehen, berücksichtigt die sogenannte ‚Liquiditätspreisuntergrenze' diejenigen Zahlungen, die aus investitionsrechnerischer Perspektive mindestens erzielt werden müssen, damit für einen bestimmten Zeitraum die Zahlungsfähigkeit des Unternehmens sichergestellt ist.

Von einer *langfristigen* Preisuntergrenze wird gesprochen, wenn Anpassungsprozesse einen längeren Zeitraum umfassen - so wie es i. d. R. bei Kapazitätsveränderungen der Fall ist. Eine *kurzfristige* Preisuntergrenze betrachtet vielmehr Entscheidungsprobleme mit kurzem Planungshorizont. Sie treten i. d. R. im Rahmen gegebener Kapazitäten auf.

Die kostenrechnerische Preisuntergrenze kann auch als *‚statische'* Preisuntergrenze bezeichnet werden, wenn sie - wie in Aufgabe 1 der nachfolgenden Fallstudie - Zinsen auf Kosten und Leistungen, also besondere Rechenelemente einer mehrperiodigen Betrachtung, vernachlässigt. Die investitionsrechnerische Preisuntergrenze kann somit unmittelbar als ‚dynamische' Preisuntergrenze bezeichnet werden, da sie die Rechenelemente einer mehrperiodigen Betrachtung nicht vernachlässigt. Eine ‚Dynamisierung' der Kostenrechnung durch Berücksichtigung von Zinsen im Rahmen einer mehrperiodigen Betrachtung würde also zunächst nichts anderes als ein ‚Übergehen' zu Rechenelementen der Investitionsrechnung bewirken (vgl. hierzu das Anliegen von Rieper 1999, der von einer ‚investitionstheoretisch fundierten Kostenrechnung' spricht).

Die langfristige Erfolgspreisuntergrenze läßt sich nach der allgemeingültigen Formel für die kostenrechnerische Bestimmung von Preisuntergrenzen (vgl. hierzu z. B. Ahlert/Franz 1992, S. 117 f., S. 130 und S. 134-137) wie folgt errechnen:

Preis-untergrenze	=	*Grenz-Kosten*	+	*Opportunitäts-kosten*	-	*Opportunitäts-erlöse*
Kritischer Preis, bei dem das Angebot des Produktes gerade noch lohnenswert ist		Zusätzlich durch das Angebot dieses Produktes verursachte Kosten		Deckungsbeitrag (bzw. Kosteneinsparung) aus der günstigsten alternativen Verwendung der Kapazität (pro Einheit des Produktes)		Bei Wahl der Alternative zusätzlich auftretende Kosten (pro Einheit des Produktes)

Hintergründe und Daten der Fallstudie:

Die Zulieferunternehmen der Automobilindustrie sehen sich einem zunehmenden Preisdruck hinsichtlich ihrer Erzeugnisse ausgesetzt. Es besteht jederzeit die Gefahr, als Zulieferer ausgeschaltet zu werden. In dieser Situation streben einige Unternehmen der Zulieferindustrie eine Verbesserung und Verfeinerung ihrer Controlling-Systeme an.

Ein Zulieferunternehmen der Automobilindustrie verarbeitet in einem einstufigen Fertigungsprozeß einen speziellen Kunststoff und erzeugt daraus Airbags. Für einen bestimmten Automobilkonzern liefert das Unternehmen seit geraumer Zeit das Innenleben der Airbags, nämlich die sich bei einem Zusammenstoß aufblasenden Kunststoffsäcke. Aufgrund besonderer Abmessungen kommt als Abnehmer der Kunststoffsäcke nur dieser eine Automobilkonzern in Frage. Er hat einen Jahresbedarf von 60.000 ME. Der neue Chefeinkäufer des Automobilkonzerns erwägt, die Kunststoffsäcke bei einem Konkurrenzunternehmen des Zulieferers in Spanien fertigen zu lassen. Er drängt deshalb auf eine Preissenkung.

Die Produktion erfolgt auf einer Anlage, mit der ausschließlich die betrachteten Kunststoffsäcke hergestellt werden können. Nach Ablauf von 2 Jahren muß die Herstellung dieser Kunststoffsäcke in jedem Fall eingestellt werden, da dann ein international genormtes und technisch verbessertes Ersatzmodell gefertigt werden muß. Die dann noch vorhandene Menge des speziellen Kunststoffes muß in einem aufwendigen chemischen Verfahren entsorgt werden. Dieses Verfahren wird derzeit von einem Forschungslabor entwickelt und dürfte nach Ablauf von 2 Jahren zur Verfügung stehen. Das Forschungslabor nimmt dann gegen eine unmittelbar fällige Entsorgungsgebühr die Restmenge Kunststoff entgegen. Eine anderweitige Verwendung des auf Lager liegenden Kunststoffes ist nicht möglich. Die Anlage muß nach den 2 Jahren verschrottet werden. Sortimentsverbundeffekte bestehen nicht.

Weitere Angaben zum Beispiel enthält die folgende Tabelle:

Position	**Ausprägung**
Anschaffungswert der Anlage	1.500.000 €
Kumulierte Abschreibungen der Vorperioden	1.500.000 €
Restnutzungsdauer	2 Jahre
Liquidationswert im jetzigen Planungszeitpunkt t=0	120.000 €
Verschrottungskosten nach Ablauf der Restnutzungsdauer	120.000 €
Produktionskapazität	60.000 Luftsäcke/Jahr
Produktionskoeffizient	3 ME Kunststoff/Luftsack
Lagerbestandsmenge Luftsäcke in t=0	0 ME
Einstandspreis des Kunststoffes	1 €/ME Kunststoff
Lagerbestandsmenge des Kunststoffes im Zeitpunkt t=0	360.000 €
Entsorgungskosten des Kunststoffes am Ende von t=2	0,1 €/ME Kunststoff
Weitere variable Stückkosten außer dem Kunststoff	10 €/Luftsack
Einheitlicher Kalkulationszinsfuß	10 % p.a.

Abb. 1: Daten zur Fallstudie

Aufgabe 1

Berechnen Sie für die Verhandlungen mit dem Chefeinkäufer zunächst auf kostenrechnerischem Wege die langfristige ‚Erfolgspreisuntergrenze' unter Vernachlässigung von Zinsen auf Kosten und Leistungen!

Aufgabe 2

Berechnen Sie die langfristige ‚Liquiditätspreisuntergrenze' unter Heranziehung der Kapitalwertmethode!

Aufgabe 3

Wie groß ist die Differenz zwischen der kostenrechnerisch bestimmten Preisuntergrenze (Aufgabe 1) und der investitionsrechnerisch bestimmten Preisuntergrenze (Aufgabe 2)? Wie können die Ursachen dieser Differenz rechnerisch aufgezeigt werden? Wie ist diese Differenz zu erklären?

Aufgabe 4

Stellen Sie einen vollständigen Finanzplan (VOFI) für den Fall auf, daß genau die investitionsrechnerisch bestimmte Preisuntergrenze mit dem Chefeinkäufer vereinbart wird! Veranschaulichen Sie mit Hilfe der vollständigen Finanzplanung, daß die Preisuntergrenze einen kritischen Wert darstellt! Ein Muster-VOFI zum Fotokopieren enthält Abb. 2. Steuern sind in dieser Aufgabe nicht zu berücksichtigen!

Aufgabe 5

Berücksichtigen Sie bei der vollständigen Finanzplanung jährliche Steuerauszahlungen und -erstattungen unter Heranziehung der Muster-Tabelle aus Abb. 3! Verwenden Sie im Fall Produktion die investitionsrechnerisch bestimmte Preisuntergrenze aus Aufgabe 2 und ermitteln Sie den sich ergebenden Endwert! Gehen Sie davon aus, daß jährliche Verluste aus der Produktion der Kunststoffsäcke zu Steuererstattungen führen! Zur Vereinfachung soll weiterhin davon ausgegangen werden, daß keine Abschreibungen auf die Anlage mehr möglich sind, der auf Lager liegende Kunststoff bereits als Aufwand verrechnet wurde und ein Ertragsteuermultifaktor von s = 50 % anzuwenden ist. Wie können die Veränderungen der Endwerte in der vollständigen Finanzplanung rechnerisch bestimmt werden und wie sind sie zu erklären?

Aufgabe 6

Der Chefeinkäufer bietet im Rahmen der Verhandlungen lediglich einen Preis, der 0,05 € unter der investitionsrechnerisch bestimmten Preisuntergrenze liegt. Er verspricht sich davon die Ersparnis von 6.000 €. Das Zulieferunternehmen will, da ein Abbruch der langjährigen Geschäftsbeziehung befürchtet wird, den Auftrag unbedingt halten - allerdings ohne dabei einen Verlust in Kauf zu nehmen. Prüfen Sie unter Berücksichtigung der Steuerauszahlungen und -erstattungen, ob das Angebot angenommen werden sollte!

Aufgabe 7

Wie lautet die neue Preisuntergrenze unter Berücksichtigung von Steuerzahlungen?

Aufgabe 8

Welche besonderen Vorteile bietet die kostenrechnerische, welche die investitionsrechnerische Vorgehensweise zur Bestimmung von langfristigen Preisuntergrenzen?

Zeitpunkt	t=0	t=1	t=2
Zahlungsfolge			
Eigenkapital			
Standardkredit			
+ Kreditaufnahme			
- Tilgung			
- Sollzinsen			
Standardanlage			
- Anlage			
+ Auflösung			
+ Habenzinsen			
Steuerzahlungen			
- Auszahlung			
+ Erstattung			
Finanzierungssaldo	0	0	0
Bestandsgrößen			
Kreditstand			
Guthabenstand			

Abb. 2: Muster-VOFI

Zeitpunkt	t=0	t=1	t=2
Zahlungsfolge			
Habenzinsen			
Sollzinsen			
Steuerbemessungs-grundlage			
Steuerauszahlung			
Steuererstattung			

Abb. 3: Muster-Tabelle zur Berechnung der relevanten Steuerzahlungen

Lösung

Aufgabe 1

Kostenrechnerische Bestimmung der Preisuntergrenze:

Symbole

$PUG_{statisch}$ kostenrechnerische (statische) Preisuntergrenze

$PUG_{statisch}$

=

Grenzkosten:

variable Stückkosten $= 10$ [€/ME]

+ *Opportunitätskosten:*

Liquidationswert der Anlage in t=0 $\frac{120000}{2 \cdot 60000} = 1$ [€/ME]

Verschrottungskosten der Anlage in t=2 $\frac{120000}{2 \cdot 60000} = 1$ [€/ME]

- *Opportunitätserlöse:*

Kunststoffentsorgung in t=2 $\frac{-360000 \cdot 0{,}1}{2 \cdot 60000} = -0{,}30$ [€/ME]

$PUG_{statisch} = 11{,}70$ [€/ME]

Bei der Bestimmung der Preisuntergrenze sind nur relevante Kosten zu berücksichtigen. Die historischen Anschaffungsausgaben für den Kunststoff sind irrelevant, da sie nicht mehr „zurückgeholt“ werden können (z. B. durch Verkauf des Kunststoffes). Sie können als *sunk cost*, „versunkene Kosten“, bezeichnet werden.

Aufgabe 2

Investitionsrechnerische Bestimmung der Preisuntergrenze:

Die Kapitalwertmethode berücksichtigt als Rechenverfahren der klassischen dynamischen Investitionsrechnung Zinsen und Zinseszinsen. Sie führt im vorliegenden Fall zur *dynamischen* Preisuntergrenze:

Symbole

$PUG_{dynamisch}$	investitionsrechnerische (dynamische) Preisuntergrenze
$C_{Opportunität}$	Kapitalwert der Opportunität
$C_{Produktion}$	Kapitalwert bei Produktion

Die Ausgangsgleichung zur Ermittlung der investitionsrechnerischen Preisuntergrenze lautet:

$$C_{Opportunität} = C_{Produktion}$$

$$\begin{aligned}120.000 - 36.000 \cdot 1{,}1^{-2} = &(PUG_{dynamisch} - 10) \cdot 60.000 \cdot 1{,}1^{-1}\\ &+ (PUG_{dynamisch} - 10) \cdot 60.000 \cdot 1{,}1^{-2}\\ &-120.000 \cdot 1{,}1^{-2}\end{aligned}$$

Die Preisuntergrenze als kritischer Wert bewirkt, daß der Kapitalwert der Opportunität dem Kapitalwert bei Produktion entspricht. Löst man die Gleichung auf, so erhält man folgendes Ergebnis:

$$PUG_{dynamisch} = 11{,}8190477 \text{ [€/ME]}$$

Da in der Unternehmenspraxis bei der Aushandlung von Preisen bestimmter Produkte, die in großen Mengen verkauft werden (z.B. Zulieferteile, Lebensmittel), nicht selten mit mehr als 2 Stellen hinter dem Komma gerechnet wird, wird auch nachfolgend entsprechend weitergerechnet.

Aufgabe 3

Erklärung des Unterschiedes zwischen der kostenrechnerischen und investitionsrechnerischen Preisuntergrenze:

Die Differenz zwischen der kostenrechnerischen und investitionsrechnerischen Preisuntergrenze lautet:

$$PUG_{statisch} = 11{,}70 \text{ [€/ME]}$$

$$PUG_{dynamisch} = 11{,}8190477 \text{ [€/ME]}$$

Differenz = 00,1190477 [€/ME]

Um diese Differenz zu erklären, lassen sich ihre Ursachen wie folgt rechnerisch aufzeigen:
Eine Multiplikation der Ausgangsgleichung mit dem Aufzinsungsfaktor $1{,}1^2$ führt zum Endwertkonzept und macht damit Zinsen und Zinseszinsen ‚sichtbar':

$$\begin{aligned}120.000 \cdot 1{,}1^2 - 36.000 = &(PUG_{dynamisch} - 10) \cdot 60.000 \cdot 1{,}1 \\ &+ (PUG_{dynamisch} - 10) \cdot 60.000 \\ &- 120.000\end{aligned}$$

Aus dieser modifizierten Gleichung können diejenigen Zahlungsfolgen entnommen werden, die verzinst werden. Damit lassen sich Zinsen und Zinseszinsen berechnen:
Die Zinsen und Zinseszinsen auf den Liquidationswert der Anlage berechnen sich wie folgt:

$$120.000 \cdot 1{,}1^2 - 120.000 = 25.200$$

Im Hinblick auf die Einzahlungen tritt nur eine Verzinsung der Einzahlung in t=1 auf. Somit ergeben sich die Zinsen auf die Einzahlungen durch folgenden Rechenweg:

$$\begin{aligned}&(\mathrm{PUG}_{\mathrm{dynamisch}} - 10) \cdot 60.000 \cdot 1{,}1^1 \\ &- (\mathrm{PUG}_{\mathrm{dynamisch}} - 10) \cdot 60.000 = 10.914{,}286\end{aligned}$$

Die Differenz zwischen den Zinsen beträgt 14285,714 €. Bei einer Produktionsmenge von 120000 Mengeneinheiten erhält man pro produzierte Mengeneinheit eine Differenz von 0,1190476 €. Bis auf geringfügige Rundungsabweichungen ergibt sich die gesuchte Differenz.

Die Differenz kann nun erklärt werden. Die Zinsen und Zinseszinsen auf die Opportunität (= Liquidation der Anlage) überwiegen die Zinsen aus den Einzahlungen bei Produktion. Bei der Berechnung der dynamischen Preisuntergrenze wird dieser „Zinsnachteil" des Falles Produktion automatisch berücksichtigt. Dagegen ist die statische Preisuntergrenze je nach Datenkonstellation zu hoch oder zu niedrig (hier um ca. 12 Cent zu niedrig).

Die dynamische Preisuntergrenze muß also die Differenz zwischen dem positiven Effekt, daß die Einzahlungsfolge bei Produktion verzinst wird, und dem negativen Effekt, daß die Opportunität ebenfalls verzinst wird, ausgleichen. Da die dynamische Preisuntergrenze durch Gleichsetzen von Opportunität und Investition simultan bestimmt wird, wird auch die Interdependenz zwischen der Höhe der dynamischen

Preisuntergrenze und der Höhe der Zinszahlungen auf die Einzahlungen automatisch berücksichtigt. Die dynamische Preisuntergrenze ist gerade um soviel größer als die statische Preisuntergrenze, daß der positive und negative Zinseffekt zum Ausgleich gebracht werden.

Aufgabe 4

Veranschaulichung der Preisuntergrenze mit Hilfe der vollständigen Finanzplanung ohne Berücksichtigung von Steuern:

Die ‚vollständige Finanzplanung' ist gegenüber den klassischen Verfahren der Investitionsrechnung (z. B. Kapitalwertmethode) dadurch gekennzeichnet, daß die Finanzierungszahlungen und die Steuerzahlungen explizit aufgeführt werden. Der vollständige Finanzplan, der ein Hilfsmittel der vollständigen Finanzplanung darstellt, besteht aus einer Tabelle, die die einem Investitionsobjekt bzw. einer Geldanlage zurechenbaren Zahlungen einschließlich der monetären Konsequenzen finanzieller Dispositionen beinhaltet (vgl. Grob 1989, S. 5). Grob beschreibt die Vorteile der vollständigen Finanzplanung wie folgt: „Eine besondere Stärke der vollständigen Finanzplanung zeigt sich in der Möglichkeit, umfangreiche Sensitivitätsanalysen durchzuführen. Hierunter versteht man eine Methode, bei der die Stabilitätsgrenze eines Parameters - auch als kritischer Wert bezeichnet - ermittelt wird. Der kritische Wert ist erreicht, wenn Entscheidungsindifferenz gegenüber der Opportunität besteht"(Grob 1989 S. 59).

Im Rahmen der vorliegenden Aufgabe ergibt sich zunächst der nachstehende VOFI unter ausschließlicher Betrachtung der Zahlungsfolge bei Produktion:

Zeitpunkt	t=0	t=1	t=2
Zahlungen		11,8190477 · 60.000	11,8190477 · 60.000
		- 10 · 60.000	- 10 · 60.000
			- 120.000
Zahlungsfolge	0	109.142,86	- 10.857,14
Standardanlage			
- Anlage		109.142,86	57,14
+ Auflösung			
+ Habenzinsen			10.914,28
Finanzierungssaldo	0	0	0
Bestandsgrößen			
Kreditstand			
Guthabenstand		109.142,86	109.200

Abb. 4: VOFI bei Produktion

Für die Zahlungsfolge der Opportunität ergibt sich folgender VOFI:

Zeitpunkt	t=0	t=1	t=2
Zahlungsfolge	120.000	0	-36.000
Standardanlage			
- Anlage	120.000	12.000	
+ Auflösung			22.800
+ Habenzinsen		12.000	13.200
Finanzierungssaldo	0	0	0
Bestandsgrößen			
Kreditstand			
Guthabenstand	120.000	132.000	109.200

Abb. 5: VOFI der Opportunität (Liquidation der Anlage)

Sowohl bei der Opportunität als auch im Fall der Produktion wird der gleiche Endwert erzielt. Darin zeigt sich hier anschaulich, daß die Preisuntergrenze einen kritischen Wert darstellt.

Aufgabe 5

Berechnung der neuen Endwerte unter Berücksichtigung von Steuern:

Im Rahmen dieser Aufgabe wird unter Berücksichtigung von Steuern derjenige Endwert für den Fall Produktion errechnet, der sich ergibt, wenn man unterstellt, daß die investitionsrechnerische Preisuntergrenze - so wie sie unter Aufgabe 2 berechnet wurde - nach wie vor gilt. Die Lösung dieser Aufgabe zeigt allerdings, daß unter Berücksichtigung von Steuern dieser Preis nicht mehr zum gleichen Endwert wie im Fall der Opportunität führt!

Es ergeben sich die nachstehenden VOFIs unter Berücksichtigung der Steuerauszahlungen und –erstattungen (zur Berücksichtigung von Steuerzahlungen in der vollständigen Finanzplanung vgl. Grob 2001, S. 295-355):

Zeitpunkt	t=0	t=1	t=2
Zahlungsfolge	0	109.142,86	-10.857,14
Standardanlage			
- Anlage		54.571,43	
+ Auflösung			2.699,9985
+ Habenzinsen			5.457,143
Steuerzahlungen			
- Auszahlung		54.571,43	
+ Erstattung			2.699,9985
Finanzierungssaldo	0	0	0
Bestandsgrößen			
Kreditstand			
Guthabenstand		54.571,43	51.871,432

Abb. 6: VOFI bei Produktion unter Berücksichtigung von Steuerzahlungen

Zeitpunkt	t=0	t=1	t=2
Zahlungsfolge		109.142,86	-10.857,14
Habenzinsen			5.457,143
Steuerbemessungsgrundlage		109.142,86	-5.399,997
Steuerauszahlung		-54.571,43	
Steuererstattung			2.699,9985

Abb. 7: Berechnung der relevanten Steuerzahlungen

Zeitpunkt	t=0	t=1	t=2
Zahlungsfolge	120.000	0	-36.000
Standardanlage			
- Anlage	60.000	3.000	
+ Auflösung			14.850
+ Habenzinsen		6.000	6.300
Steuerzahlungen			
- Auszahlung	60.000	3.000	
+ Erstattung			14.850
Finanzierungssaldo	0	0	0
Bestandsgrößen			
Kreditstand			
Guthabenstand	60.000	63.000	48.150

Abb. 8: VOFI der Opportunität unter Berücksichtigung von Steuerzahlungen

Zeitpunkt	t=0	t=1	t=2
Zahlungsfolge	120.000	0	-36.000
Habenzinsen		6.000	6.300
Steuerbemessungs-grundlage	120.000	6.000	-29.700
Steuerauszahlung	-60.000	-3.000	
Steuererstattung			14.850

Abb. 9: Berechnung der relevanten Steuerzahlungen

Es ist zu erkennen, daß der Endwert bei Produktion um 3.721,432 € größer ist als der Endwert der Opportunität. Die Veränderung der Endwerte und der Unterschied zwischen den beiden neuen Endwerten ist auf die Steuern zurückzuführen. Dieses läßt sich durch die isolierte Betrachtung der steuerlichen Zahlungsfolgen aufzeigen. Die Steuerzahlungen bei Produktion und bei der Opportunität können isoliert betrachtet und die sich ergebenden Endwerte gegenübergestellt werden:

Zeitpunkt	t=0	t=1	t=2
Steuerzahlungen			
- Auszahlung		54.571,43	
+ Erstattung			2.699,9985
Standardkredit			
+ Kreditaufnahme		54.571,43	2.757,1445
- Tilgung			
- Sollzinsen			5.457,143
Finanzierungssaldo	0	0	0
Bestandsgrößen			
Kreditstand		54.571,43	57.328,574
Guthabenstand			

Abb. 10: Isolierte Betrachtung der Steuerzahlungen bei Produktion

Zeitpunkt	t=0	t=1	t=2
Steuerzahlungen			
- Auszahlung	60.000	3.000	
+ Erstattung			14.850
Standardkredit			
+ Kreditaufnahme	60.000	9.000	
- Tilgung			7.950
- Sollzinsen		6.000	6.900
Finanzierungssaldo	0	0	0
Bestandsgrößen			
Kreditstand	60.000	69.000	61.050
Guthabenstand			

Abb. 11: Isolierte Betrachtung der Steuerzahlungen bei der Opportunität

Die sich in t=2 ergebenden Kreditstände erklären zunächst die Veränderungen der für die Fälle Produktion und Opportunität ermittelten Endwerte. Im Fall der Produktion sinkt der Endwert von 109.200 € um 57.328,574 € auf 51.871,426 € (im Rahmen dieser Berechnungen ergeben sich geringfügige Rundungsabweichungen). Im Fall der Opportunität sinkt der Endwert von 109.200 € um 61.050 € auf 48.150 €. Vergleicht man darüber hinaus die sich in t=2 ergebenden Kreditstände der steuerlichen Zahlungsreihen, so ergibt sich der bereits angesprochene Differenzbetrag zwischen den neuen Endwerten der Fälle Produktion und Opportunität (61.050 - 57.328,574 = 3.721,426). Der Differenzbetrag ist in diesem Falle so zu interpretieren, daß im Fall der Produktion weniger Finanzmittel für die Finanzierung der Steuerzahlungen aufgewendet werden müssen als im Fall der Opportunität.

Die eingetretenen Veränderungen sind somit auf die Steuern zurückzuführen. Die im Vergleich zur Opportunität günstigere Steuerwirkung im Fall der Produktion hat ihre Ursache in den unterschiedlichen Strukturen der steuerlichen Zahlungsfolgen.

Aufgabe 6

Sensitivitätsanalyse mit Hilfe der vollständigen Finanzplanung:

Die vollständige Finanzplanung eignet sich in besonderem Maße dazu, die Veränderungen der sich ergebenden Endwerte in Abhängigkeit einzelner Zahlungsgrößen zu überprüfen. Im Rahmen dieser Aufgabe wird der Preis pro Mengeneinheit verändert. Der vom Chefeinkäufer gebotene Preis von 11,77 [€/ME] führt gemäß Abb. 12 zu einem Endwert von 48.855 €. Im Vergleich zur Opportunität, die einen Endwert von 48.150 € besitzt (vgl. Abb. 8), wird ein zusätzlicher Endwert in Höhe von 705 € erwirtschaftet.

Zeitpunkt	t=0	t=1	t=2
Zahlungen		11,77 · 60.000	11,77 · 60.000
		-10 · 60.000	-10 · 60.000
			-120.000
Zahlungsreihe	0	106.200	-13.800
Standardanlage			
- Anlage		53.100	
+ Auflösung			4.245
+ Habenzinsen			5.310
Steuerzahlungen			
- Auszahlung		53.100	
+ Erstattung			4.245
Finanzierungssaldo	0	0	0
Bestandsgrößen			
Kreditstand			
Guthabenstand		53.100	48.855

Abb. 12: VOFI unter Berücksichtigung des vom Chefeinkäufer gebotenen Preises

	t=0	t=1	t=2
Zahlungsreihe	0	106.200	-13.800
Habenzinsen			5.310
Steuerbemessungs-grundlage	0	106.200	-8.490
Steuerauszahlung		-53.100	
Steuererstattung			4.245

Abb. 13: Berechnung der relevanten Steuerzahlungen

Der vom Chefeinkäufer gebotene Preis in Höhe von 11,77 € sollte - im Sinne der Zielsetzung, die Geschäftsbeziehung zu halten, ohne einen Verlust herbeizuführen - angenommen werden.

Aufgabe 7

Bestimmung der neuen Preisuntergrenze unter Berücksichtigung von Steuerzahlungen:

Die Berücksichtigung von Steuerzahlungen ermöglicht im vorliegenden Beispiel ein weiteres Absenken der Preisuntergrenze. Der zusätzliche Endwert unter Berücksichtigung von Steuern betrug für den Fall Produktion 3.721,432 € (vgl. Abb. 6 und Abb. 8). Dieser Betrag kann zur Absenkung der Preisuntergrenze genutzt werden.
Zwischen der Preisuntergrenze, den Steuer- und Zinszahlungen bestehen jedoch Interdependenzen, die bei der Ermittlung der Preisuntergrenze berücksichtigt werden müssen. Die neue Preisuntergrenze könnte im VOFI iterativ durch schrittweises Absenken des Preises, bis der Endwert der Opportunität erreicht ist, ermittelt werden. Dieses Vorgehen ist allerdings eher umständlich.

Hier wird, dem bisherigen Vorgehen folgend, eine simultane Berechnung korrespondierend zur investitionsrechnerischen Bestimmung der Preisuntergrenze in Aufgabe 2 vorgestellt. Eine Gleichung, die unter Berücksichtigung der Steuerzahlungen die Kapitalwerte der Produktion und der Oppportunität gleichsetzt, wird nach der neuen Preisuntergrenze aufgelöst. Alternativ könnte die lineare Optimierung eingesetzt werden (vgl. hierzu Hering 2002, S. 74 ff., der einen verallgemeinernden Ansatz zur Einkommensmaximierung von Eigentürmern unter Heranziehung eines Entnahmestroms vorstellt).

Die hier verwendete Gleichung aus Aufgabe 2 muß um die verdichteten steuerlichen Zahlungsfolgen ergänzt werden. Vereinfachend ist folgende verdichtete steuerliche

Zahlungsfolge für den Fall der Opportunität und für den Fall der Produktion jeweils zu ergänzen:

Symbole

SBG_t Steuerbemessungsgrundlage der Periode t

s Ertragsteuermultifaktor

$$\text{verdichtete steuerliche Zahlungsfolge} = -SBG_0 \cdot s - SBG_1 \cdot s \cdot (1{,}1)^{-1} - SBG_2 \cdot s \cdot (1{,}1)^{-2}$$

Es ergibt sich in Erweiterung zu Aufgabe 2 folgendes Gleichungssystem, welches nach der gesuchten Preisuntergrenze aufgelöst werden kann:

Symbole

$SBG\text{-}O_t$ Steuerbemessungsgrundlage der Periode t im Fall der Opportunität

$SBG\text{-}P_t$ Steuerbemessungsgrundlage der Periode t im Fall der Produktion

$$C_{\text{Opportunität}} = C_{\text{Produktion}}$$

$$\begin{aligned}
&120.000 - 36.000 \cdot (1{,}1)^{-2} = (PUG_{\text{dynamisch}} - 10) \cdot 60.000 \cdot (1{,}1)^{-1} \\
&\qquad + (PUG_{\text{dynamisch}} - 10) \cdot 60.000 \cdot (1{,}1)^{-2} \\
&\qquad -120.000 \cdot (1{,}1)^{-2} \\
&- SBG\text{-}O_0 \cdot s \qquad - SBG\text{-}P_0 \cdot s \\
&- SBG\text{-}O_1 \cdot s \cdot (1{,}1)^{-1} \qquad - SBG\text{-}P_1 \cdot s \cdot (1{,}1)^{-1} \\
&- SBG\text{-}O_2 \cdot s \cdot (1{,}1)^{-2} \qquad - SBG\text{-}P_2 \cdot s \cdot (1{,}1)^{-2}
\end{aligned}$$

Die Steuerbemessungsgrundlagen bei dem Fall der Opportunität betragen (vgl. Abb. 8 und Abb. 9):

$$SBG\text{-}O_0 = 120.000$$

$$SBG\text{-}O_1 = 6.000$$

$$SBG\text{-}O_2 = -29.700$$

Die Steuerbemessungsgrundlagen bei dem Fall der Produktion betragen (vgl. Abb. 6 und Abb. 7):

Symbole

$GS\text{-}P_1$	Guthabenstand der Periode 1
$Anlage\text{-}P_1$	Anlagebetrag in der Periode 1

$$SBG\text{-}P_0 = 0$$
$$SBG\text{-}P_1 = (PUG_{dynamisch}-10) \cdot 60.000$$
$$SBG\text{-}P_2 = (PUG_{dynamisch}-10) \cdot 60.000 - 120.000 + 0{,}1 \cdot GS\text{-}P_1$$
$$= (PUG_{dynamisch}-10) \cdot 60.000 - 120.000 + 0{,}1 \cdot SBG\text{-}P_1 \cdot s$$

mit:

$$GS\text{-}P_1 = Anlage\text{-}P_1$$
$$Anlage\text{-}P_1 = SBG\text{-}P_1 \cdot s$$

Löst man das Gleichungssystem auf, so ergibt sich die Preisuntergrenze unter Berücksichtigung von Steuern wie folgt:

$$C_{Opportunität} = C_{Produktion}$$

$$\begin{aligned}120.000 - 36.000 \cdot (1{,}1)^{-2} &= (PUG_{dynamisch} - 10) \cdot 60.000 \cdot (1{,}1)^{-1} \\ &\quad +(PUG_{dynamisch} - 10) \cdot 60.000 \cdot (1{,}1)^{-2} \\ &\quad -120.000 \cdot (1{,}1)^{-2} \\ - 120.000 \cdot s \quad &\quad - 0 \cdot s \\ - 6.000 \cdot s \cdot (1+i)^{-1} \quad &\quad - ((PUG_{dynamisch}-10) \cdot 60.000) \cdot s \cdot (1{,}1)^{-1} \\ + 29.700 \cdot s \cdot (1+i)^{-2} \quad &\quad - [(PUG_{dynamisch}-10) \cdot 60.000 \\ &\quad - 120.000 + 0{,}1 \cdot ((PUG_{dynamisch}-10) \\ &\quad \cdot 60.000) \cdot s] \cdot s \cdot (1{,}1)^{-2}\end{aligned}$$

$$PUG_{dynamisch} = 11{,}7585368$$

Je mehr der in den Verhandlungen erzielte Preis über 11,7585368 €/ME liegt, desto höher ist der sich für den Zulieferer ergebende Endwert. Es ergibt sich unter Heranziehung der neuen Preisuntergrenze der nachstehende VOFI:

Zeitpunkt	t=0	t=1	t=2
Zahlungen		11,758536 · 60.000	11,758536 · 60.000
		-10 · 60.000	-10 · 60.000
			-120.000
Zahlungsfolge	0	105.512,16	-14.487,84
Standardanlage			
- Anlage		52.756,08	
+ Auflösung			4.606,116
+ Habenzinsen			5.275,608
Steuerzahlungen			
- Auszahlung		52.756,08	
+ Erstattung			4.606,116
Finanzierungssaldo	0	0	0
Bestandsgrößen			
Kreditstand			
Guthabenstand		52.756,08	48.149,964

Abb. 14: VOFI bei Produktion unter Berücksichtigung von Steuerzahlungen und der neuen Preisuntergrenze

Zeitpunkt	t=0	t=1	t=2
Zahlungsfolge	0	105.512,16	-14.487,84
Habenzinsen			5.275,608
Steuerbemessungs-grundlage	0	105.512,16	-9.212,232
Steuerauszahlung		-52.756,08	
Steuererstattung			4.606,116

Abb. 15: Berechnung der relevanten Steuerzahlungen

Der Endwert entspricht dem Endwert der Opportunität. Die Preisuntergrenze als kritischer Wert bewirkt somit Entscheidungsindifferenz.

Aufgabe 8

Die besonderen Vorteile der kostenrechnerischen Vorgehensweise liegen in ihrer vergleichsweise einfachen Handhabung und ihren relativ niedrigen Ansprüchen an die Informationsbasis. Mit diesen Vorteilen sind allerdings Nachteile verbunden, die durch die dynamischen Verfahren der Investitionsrechnung ausgeglichen werden:

Die dynamischen Verfahren der Investitionsrechnung, die auf Gleichungssysteme zurückgreifen, berücksichtigen im Gegensatz zu der statischen kostenrechnerischen Vorgehensweise Interdependenzen zwischen einzelnen Zahlungsgrößen (z. B. zwischen der Preisuntergrenze, Zinsen und Steuern). So werden im Rahmen der Kapitalwertmethode (Aufgabe 2 und 7) Zinsen, Zinseszinsen und Steuern bei der Bestimmung der Preisuntergrenze simultan berücksichtigt.

In der kostenrechnerischen Vorgehensweise könnten zwar kalkulatorische Zinsen (z. B. auf das durchschnittlich gebundene Kapital) als Opportunitätskosten bei der Errechnung der Preisuntergrenze angesetzt werden. Diejenigen Zinsen und Zahlungsgrößen allerdings, die selbst von der Höhe der Preisuntergrenze abhängig sind (z. B. Zinsen und Zinseszinsen auf die Einzahlungen, Steuererstattungen), können nur im Rahmen simultan agierender Verfahren berücksichtigt werden.

Die sachlichen und zeitlichen Interdependenzen zwischen den Zahlungsgrößen macht die vollständige Finanzplanung sichtbar. Sie erlaubt eine explizite Betrachtung sämtlicher Zahlungsfolgen sowie die Ermittlung kritischer Werte im Rahmen von Sensitivitätsanalysen.

Literaturhinweise

AHLERT, D., FRANZ, K.-P.: Industrielle Kostenrechnung, 5., neubearb. u. erw. Aufl., Düsseldorf 1992.

GROB, H. L.: Investitionsrechnung mit vollständigen Finanzplänen, München 1989.

GROB, H. L.: Einführung in die Investitionsrechnung - Eine Fallstudiengeschichte, Hamburg 2001.

HERING, TH.: Bewertung von Produktionsfaktoren, in: Keuper, F. (Hrsg.), Produktion und Controlling, Festschrift für Manfred Layer zum 65. Geburtstag, Wiesbaden 2002.

RIEPER, B.: Ermittlung der lang- und kurzfristigen Kosten des Produktionsfaktoreinsatzes – ein vereinheitlichter Ansatz, in: ZfB, Nr. 4, 1999, S. 449-473.

Sven Franzen und Ralph Tunder

Preisindividualisierung am Beispiel der Deutsche Bahn AG

Formen von Preisindividualisierung bzw. -differenzierung erweisen sich besonderer Beliebtheit, um die individuelle Zahlungsbereitschaft der Kunden möglichst bis zum Äußersten auszureizen. Allerdings haftet den konkreten Umsetzungsformen leicht der Verdacht an, mit einer Vielzahl von unterschiedlichen Tarifen und Rabatten ein Dickicht zu schaffen, aus dem der Kunde eher als Verlierer, denn als Gewinner herausgeht. Dieses Spannungsfeld zwischen dem anbietergewollten Ausreizen einer (freibestimmbaren) Zahlungsbereitschaft und dem nachfragerempfundenen Abschöpfen einer (aufdiktierten) Zahlungsobergrenze gilt es bei der Umsetzung der Preisindividualisierung bzw. -differenzierung zu lösen, denn letztlich macht sich daran die Akzeptanz und damit der Erfolg einer solchen Preisstrategie fest.

Am 15. Dezember 2002 hat die Deutsche Bahn AG die von ihr selbst titulierten „neuen Preise mit System" eingeführt, unter anderem mit dem Ziel, der von ihr selbst eingestandene Intransparenz des alten Preissystems entgegenzutreten. Somit sollen fortan nur noch die folgenden Rabattarten gewährt werden:

Plan&Spar

- Plan&Spar 10 – Ermäßigung 10 %.
  Kauf mindestens einen Tag vor Reiseantritt, Hin und Rückfahrt einzeln buchbar.
- Plan&Spar 25 – Ermäßigung 25 %.
  Kauf mindestens drei Tage vor Reiseantritt, Hin- und Rückfahrt nicht einzeln buchbar.
- Plan&Spar 40 – Ermäßigung 40 %.
  Kauf mindestens 7 Tage vor Reiseantritt, Hin- und Rückfahrt sind nicht getrennt buchbar und es muß eine Nacht zwischen Samstag und Sonntag dazwischen liegen (Wochenendbindung).

  Bei allen Plan&Spar-Preisen gilt eine sogenannte „Zugbindung"; mit ihr muß sich der Kunde bei der Buchung auf eine bestimmte Zugverbindung an einem bestimmten Tag festlegen. Sollte der Kunde gegebenenfalls nach der Buchung seine Reisewünsche ändern und somit einen anderen als den gebuchten Zug nutzen wollen, so hat er eine sogenannte „Plan&Spar-Zusatzkarte" zu kaufen. Diese kostet die Differenz zwischen dem ursprünglichen Plan&Spar-Preis (bei Buchung) und dem Normalpreis (bei Umbuchung) zuzüglich einer Gebühr von € 45,-.

Mitfahrer-Rabatt / Gruppe&Spar

- Bis zu vier Mitfahrer reisen immer für den halben Preis.
- Ab einer Gruppe von 6 Personen gelten die sogenannten „Gruppe& Spar-Tarife", deren Höhe sich wie bei Plan&Spar nach dem Buchungsdatum richtet und für die sowohl Zugbindung als auch Kontingentierung gilt.

BahnCard

- Der Preis für die BahnCard zweiter Klasse wurde von € 140,- auf € 60,- verringert, wobei der Besitzer nicht mehr die Hälfte des normalen Preises erlassen, sondern nur noch einen Rabatt von 25 Prozent gewährt bekommt. Dafür ist der BahnCard-Rabatt fortan kombinierbar mit allen weiteren Angeboten. Ein analoger Zusammenhang gilt für die BahnCard erster Klasse.

Familienrabatte

- Kinder bis einschließlich 14 Jahre fahren generell umsonst, sofern sie von einem Elternteil oder Großelternteil begleitet werden. Alleinreisend erhalten sie einen Rabatt von 50 Prozent.
- Kauft ein Elternteil die neue BahnCard, können der Partner und die Kinder bis einschließlich 17 Jahre für € 5,- eine eigene voll gültige Karte erwerben.

Aufgabe 1

Welche Differenzierungskriterien hat die Bahn im neuen Preissystem herangezogen?

Aufgabe 2

Zeigen Sie die jeweiligen Vor- und Nachteile der unter 1) gezeigten Kriterien auf.

Aufgabe 3

Die drei Bahnkunden Benni, Tommi und Maxl fahren aus unterschiedlichen Gründen die Strecke München-Hamburg regelmäßig. So pflegt Benni eine frische Fernbeziehung zu seiner hübschen Freundin, Tommi pendelt aus beruflichen Gründen zwischen seinem Münchener Büro und der hanseatischen Niederlassung seines Mandanten, während Maxl einfach den FC Bayern München nicht mag, aber als großer Fußballfan mit dem Hamburger SV sympathisiert und deswegen regelmäßig zu den Heimspielen des HSV nach Hamburg fährt.

Die individuellen Zahlungsbereitschaften für die Fahrten 1-4 können Sie folgender Tabelle entnehmen.

Fahrten (lfd. Nr.)	Preisbereitschaft pro Kunde und Fahrt		
	Benni	Tommi	Maxl
1	144,00	120,00	108,00
2	120,00	90,00	72,00
3	96,00	66,00	42,00
4	72,00	48,00	24,00

Ermitteln Sie zunächst den umsatzoptimalen Einheitspreis.

Welchen Preis sollte die Bahn jeweils einheitlich von den Benni, Tommi und Maxl für die jeweils 1., 2., 3. und 4. Fahrt verlangen? Welche Umsatzsteigerung könnte dadurch in diesem Beispiel realisiert werden?

Aufgabe 4

Wie nennt man die in Aufgabe 3 gezeigte Art der Preisindividualisierung? Inwieweit verfolgt die Bahn in ihrem neuen Preissystem die Abschöpfung der Zahlungsbereitschaften, die aufgrund des ersten Gossenschen Gesetzes einen sinkenden Verlauf haben?

Aufgabe 5

Preiszufriedenheit ist eine wichtige Determinante der Kundenzufriedenheit. Zeigen Sie modellartig und dem Confirmation/Disconfirmation Paradigma folgend, wie Preiszufriedenheit entsteht.

Lösung

Aufgabe 1

Folgende Differenzierungskriterien werden von der Deutschen Bahn verwendet:

Mengenbezogene Preisdifferenzierung:
Hier in der Umsetzungsform des Mehrpersonenpricings durch die Gewährung eines Mitfahrerrabatts. Je höher die Abnahmemenge ist, desto geringer wird der zu zahlende Preis.

Zeitbezogene Preisdifferenzierung:
Hier mit den Plan&Spar-Preisen, indem die Preise für eine identische Beförderungsleistung hinsichtlich verschiedener Zeiten variieren.

Personenbezogene Preisdifferenzierung:
Hier insbesondere in Form von Familienrabatten. Eine identische Leistung wird verschiedenen Kunden aufgrund ihrer individuellen Merkmale (Alter, Familienstatus) zu unterschiedlichen Preisen angeboten.

Leistungsbezogene Preisdifferenzierung:
Hier durch die Unterscheidung der ersten und zweiten Klasse auch bei der BahnCard. Hierbei ist zu beachten, daß die Differenz der Angebotspreise für die verschiedenen Varianten nicht durch die Differenz in den Herstellungskosten zu begründen sein darf. Besonders eindeutig ist dies bei der Bahn im Zusammenhang mit der Zugbindung zu sehen. Die Selbsteinschränkung des Kunden auf bestimmte Züge wird zwar mit einem Preisnachlaß belohnt, verursacht dem Anbieter aber keine Kostenreduktion in ähnlicher Höhe.

Aufgabe 2

Durch die mengenbezogene Preisdifferenzierung können häufig größere Auftragsvolumina erzielt werden. Das führt wiederum zu einer Senkung der Abwicklungskosten, so daß der Anbieter diese Individualisierung bewußt als Anreiz für transaktionskostensparendes Kundenverhalten nutzen kann. Allerdings ist im Zusammenhang mit dem Bahnpreissystem neben der allgemeinen Gefahr des Weiterverkaufs vor allem die Gefahr der Nachfragebündelung zu sehen. So wurden schon vor der Einführung der neuen Preise im Dezember 2002 im Internet Mitfahrzentralen für Bahnfahrten gegründet.

Mit der zeitbezogenen Preisdifferenzierung versucht die Bahn, eine gleichmäßigere Nachfrage und mit ihr eine gleichmäßigere Zugauslastung zu generieren. Die Gefahr der Arbitrage, bei der ein Kunde Tickets rabattiert kaufen würde, um sie kurzfristig gewinnbringend, aber noch unterhalb der Normalpreise der Bahn weiterzuverkaufen, ist aufgrund der dabei entstehenden Transaktionskosten für den Zwischenhändler zu vernachlässigen.

Vorteil der personenbezogenen Preisdifferenzierung, insbesondere im Zusammenhang mit Familienrabatten, ist die hohe soziale Akzeptanz dieser einfachen Marktsegmentierung. Der entstehende Kontrollaufwand verursacht allerdings auch zusätzliche Kosten.

Bei der leistungsbezogenen Preisdifferenzierung wird die Kundengesamtheit in Segmente mit ähnlicher Zahlungsbereitschaft unterteilt, im Falle der Bahn also in die erste und zweite Klasse. Dann wird das Angebot auf die Segmentbedürfnisse zugeschnitten. Vorteil dieser Vorgehensweise ist vor allem die zu erzielende Akzeptanz. Jeder Kunde kann selbst wählen, welchem Segment er sich zuordnen möchte. Allerdings müssen die angebotenen Nutzenunterschiede groß genug sein, um die Segmente mit höherer Zahlungsbereitschaft zu überzeugen, ohne dabei hohe Kosten zu verursachen.

Aufgabe 3

Der umsatzmaximierende Einheitspreis liegt bei € 66,00, wie die folgende Tabelle zeigt:

Preis	Anzahl der Fahrten	Umsatz
144,00	1	144,00
120,00	3	360,00
108,00	4	432,00
96,00	5	480,00
90,00	6	540,00
72,00	8	576,00
66,00	9	594,00
48,00	10	480,00
42,00	11	462,00
24,00	12	288,00

Der Umsatz liegt dann entsprechend bei € 594,00.

Würde dem Gesetz des sinkenden Grenznutzens Rechnung getragen und die Karten würden bei zunehmender Abnahmemenge günstiger, ergäbe sich folgende Umsatzentwicklung:

Fahrten	Preisbereitschaften			Optimaler Preis für n-te Fahrt	Fahrten	Umsatz
	Benni	Tommi	Maxl			
Erste	144,00	120,00	108,00	108,00	3	324,00
Zweite	120,00	90,00	72,00	72,00	3	216,00
Dritte	96,00	66,00	42,00	66,00	2	132,00
Vierte	72,00	48,00	24,00	48,00	2	96,00
Summe					10	768,00

Es kann ein Umsatzplus von 29,29 % erreicht werden.

Aufgabe 4

Nichtlineare Preisbildung.

Sie zeichnet sich durch die Nichtlinearität des zu entrichtenden Gesamtpreises in bezug auf die Abnahmenmenge aus. Die Bahn erreicht dies durch das Instrument der Multidimensionalen Preisbildung mit der BahnCard. Da der für die BahnCard zu zahlende Fixbetrag über die Anzahl der günstiger gefahrenen Kilometer umgelegt werden muß, sinkt nach der Amortisation der Anfangsauszahlung der Preis für jeden weiteren Kilometer. Einem sinkenden Grenznutzen stehen somit auch sinkende Grenzkosten gegenüber, so daß tendenziell mit einer Verbrauchssteigerung zu rechnen ist.

Aufgabe 5

Generell unterstellt das Confirmation/Disconfirmation-Paradigma, daß Kundenzufriedenheit durch den Abgleich der individuellen Kundenerwartung mit der wahrgenommenen Leistung entsteht. Preiszufriedenheit wird stark durch ein Fairnessgefühl beeinflußt und entsteht als Ergebnis dreier Vergleiche. Erstens wird der eigene Einsatz mit dem eigenen erzielten Ergebnis aus der Transaktion verglichen. Es findet also ein Abgleich des eigenen Transaktionsnutzens mit den eigenen Transaktionskosten statt. Zweitens wird eine Einschätzung des Einsatz/Ergebnis-Verhältnisses des Austauschpartners vorgenommen. Diese Einschätzung besagt, daß selbst ein Kunde, dessen eigener wahrgenommener Transaktionsnutzen höher ausfällt als die entstandenen Transaktionskosten, nicht zwingend zufrieden ist, weil er möglicherweise die Vermutung hegt, daß der Transaktionspartner ein noch besseres Geschäft gemacht hat. Drittens findet ein analoger Vergleich mit den Ergebnissen anderer Konsumenten statt.

Vor allem das Gefühl, daß Marktmacht ausgenutzt wird, um Gewinnmaximierung zu betreiben, verstärkt eine Preisunzufriedenheit. Es kommt also darauf an, die Motivation der eigenen Vorgehensweise beim Pricing glaubwürdig zu kommunizieren, wenn man Preiszufriedenheit erreichen möchte.

Literaturhinweise

Diller, H.: Preispolitik, Stuttgart 2000.
Faßnacht, M.: Preisdifferenzierung bei Dienstleistungen, Wiesbaden 1996.
Mattmüller, R.: Integrativ-Prozessuales Marketing, Wiesbaden 2000.
Simon, H.: Preismanagement: Analyse, Strategie, Umsetzung, Wiesbaden 1992.
Wricke, M.: Preistoleranz von Nachfragern, Wiesbaden 2000.

2. Kommunikationspolitik

Gerrit Brösel

Das Fernsehen als Werbeträger

Der Werbung werden alle Maßnahmen einer Unternehmung subsumiert, die der zwanglosen Beeinflussung von Personen dienen und bei diesen schließlich bestimmte, erwünschte Verhaltensweisen bewirken sollen. In erster Linie soll die Werbung zum Kauf von Gütern oder der Inanspruchnahme von Dienstleistungen – den Werbeobjekten – anregen, welche durch die werbetreibende Wirtschaft bereitgestellt werden. Die werbetreibende Wirtschaft steht dabei vor der Fragestellung, wie ihre Werbebotschaften zu den definierten Zielgruppen transportiert werden können.

Eine Möglichkeit besteht in der Nutzung des Massenmediums Fernsehen als Werbeträger. Das Fernsehprogramm der werbefinanzierten und einiger gebührenfinanzierter Fernsehsender ist ein Kuppel- oder Verbundprodukt von journalistischer und werblicher Information. Die Selbstfinanzierungspotentiale dieser Sender werden durch das Interesse der werbetreibenden Wirtschaft für bestimmte Rezipientengruppen und die Entwicklung der Werbezeitennachfrage wesentlich beeinflußt. Letzterer Faktor ist – neben der technischen Reichweite des Senders – u. a. von den durch die Einschaltquoten quantifizierten Präferenzen der Rezipienten für die Programmangebote und somit mittelbar von den angebotenen Programmbestandteilen des Senders abhängig.

Aufgabe 1

a) Geben Sie eine kurze und prägnante Definition des Begriffes Werbeträger. Welche Nutzeffekte ergeben sich für die werbetreibende Wirtschaft durch Massenmedien als Werbeträger?

b) Welche hauptsächlichen Ziele verfolgen werbetreibende Unternehmungen in Anbetracht von Zielgruppenabdeckung und Streuverlusten, wenn sie versuchen, ihre Werbebotschaften an ihre Zielgruppe(n) weiterzugeben?

Aufgabe 2

Skizzieren Sie – ausgehend von der *Dichotomie* auf dem Absatzmarkt – das Sachziel privater, werbefinanzierter Fernsehsender, und stellen Sie eine Auswahl möglicher werbemarktbezogener Unterziele graphisch und zugleich systematisch dar.

Aufgabe 3

Die Werbefinanzierung öffentlich-rechtlicher Anbieter ist hinsichtlich ihrer Zulässigkeit und Angemessenheit umstritten. Der Anteil der Werbeeinnahmen an den Gesamteinnahmen öffentlich-rechtlicher Rundfunkunternehmungen ist seit Einführung des dualen Systems tendenziell fallend. Stellen Sie die wesentlichen restriktiven Regelungen zur Werbung mit einem sogenannten „spot“ (Werbekurzfilm) aus Sicht des öffentlich-rechtlichen Fernsehens dar. Durch welche wesentlichen Kriterien bemißt sich die Höhe der Einschaltpreise für Werbekurzfilme? Gehen Sie kurz darauf ein, warum bei Fernsehanstalten die Werbefinanzierung neben der Finanzierung aus Rundfunkgebühren erforderlich ist.

Aufgabe 4

Erklären Sie mit wenigen Worten, warum das Medium Fernsehen als eines der bedeutendsten Werbeträger gilt.

Aufgabe 5

Die Wirksamkeit der klassischen Werbekurzfilme ist in Frage gestellt, weil in Anbetracht des wachsenden Anteils dieser Werbeform am Fernsehprogramm bei vielen Zuschauern ein Akzeptanzverlust zu verspüren ist. Vor diesem Hintergrund haben das „sponsoring“, das „teleshopping“ und das „product placement“ für die werbetreibende Wirtschaft als Werbemöglichkeiten im Fernsehen an Bedeutung gewonnen. Erläutern Sie diese einzelnen innovativen Formen der Fernsehwerbung. Geben Sie jeweils einen kurzen Einblick in die Regelungen des Rundfunkstaatsvertrages (RStV). Grenzen Sie schließlich das sogenannte „bartering“ (Tauschgeschäft) von der Werbung ab.

Aufgabe 6

a) Definieren Sie den Begriff virtuelle Werbung. Nennen Sie die hauptsächlichen Gründe, die zur Entwicklung und zum Gebrauch dieser Werbeform führten. Durch welche konstitutiven Merkmale wird die virtuelle Werbung charakterisiert?

b) Wie ist die virtuelle Werbung im RStV geregelt?

c) Systematisieren Sie – ausgehend von geeigneten Kriterien – die unterschiedlichen Erscheinungsformen der virtuellen Werbung.

Aufgabe 7

a) Erläutern Sie das Konzept des sogenannten Tausend(er)kontaktpreises (TKP).

b) Während der Fernsehsender „Grusel-TV" eine Reichweite von 3,5 Mio. potentiellen Rezipienten hat, beträgt die Reichweite des Konkurrenten „Sexi-TV" 5,0 Mio. Zuschauer. Beide Sender werden von einer homogenen Zielgruppe rezipiert und bieten der werbetreibenden Wirtschaft Programmplätze zur Ausstrahlung von Werbekurzfilmen an. Für einen 30-Sekunden-„spot" in der Sendezeit zwischen 22 und 24 Uhr verlangt „Grusel-TV" einen Grundpreis in Höhe von € 100.000. Demgegenüber ist für einen entsprechenden Werbeplatz im „Sexi-TV" ein Preis von € 140.000 zu zahlen. Wählen Sie als Mitarbeiter einer werbetreibenden Unternehmung – ausgehend vom TKP – den günstigeren Anbieter von Werbezeiten aus.

c) Welcher wesentliche Aspekt ist beim Vergleich der TKPs innerhalb desselben Mediums sowie auf intermedialer Ebene zu beachten?

Lösung

Aufgabe 1

a) *Werbeträger* stellen das Bindeglied zwischen der werbetreibenden Unternehmung sowie dem Umworbenen dar und übermitteln die Werbebotschaft. Der Begriff Werbeträger umfaßt die Gesamtheit aller Subjekte und Objekte (auch im Sinne von Institutionen), welche die Werbemittel an die Zielpersonen heranführen.

Durch die Massenmedien als Werbeträger ergeben sich nach HEINRICH für die werbetreibende Wirtschaft hauptsächlich folgende Nutzeffekte:

Verbreitung:
Die Medienunternehmung übernimmt die Distribution der Werbebotschaften an die potenziellen Kunden. Die werbetreibende Unternehmung muß die zur Distribution erforderliche logistische und technische Infrastruktur somit nicht selbst aufbauen und betreiben.

Erhöhung der Wirkungswahrscheinlichkeit:
In der Regel wird die Werbung durch die Zielgruppen der werbetreibenden Unternehmung nicht um ihrer selbst willen rezipiert, sondern meist in Kombination mit den redaktionellen Inhalten des jeweiligen Medienproduktes. Damit die Werbeinhalte die Aufmerksamkeit der potentiellen Kunden auf sich ziehen, werden diese infolgedessen in ein geeignetes Werbeumfeld eingebettet.

Produktion:

Viele Medienunternehmungen (z. B. im Bereich der Druckmedien) übernehmen Teile der Werbemittelproduktion.

b) Wenn die werbetreibenden Unternehmungen ihre Werbebotschaften an ihre Zielgruppe weitergeben, verfolgen sie als Ziele die *Maximierung der Zielgruppenabdeckung* und die *Minimierung von Streuverlusten*. Je mehr Personen einer definierten Zielgruppe mit Hilfe der Werbeträger erreicht werden, um so größer ist die Zielgruppenabdeckung. Wird Werbung hingegen in Medienprodukten plaziert, die von der spezifizierten Zielgruppe nicht konsumiert werden, entstehen die möglichst zu verhindernden Streuverluste. Somit kann beispielsweise die kleine homogene Zielgruppe eines Spartensenders eine größere Rolle für eine werbetreibende Unternehmung spielen als die große Reichweite eines Vollprogramms mit einer vergleichsweise unspezifizierten Zielgruppe.

Aufgabe 2

Der Absatz privater, werbefinanzierter Fernsehanbieter unterliegt einer *Dichotomie*: Werbefinanzierte Anbieter agieren auf zwei interdependenten Absatzmärkten: dem Rezipientenmarkt und dem Werbemarkt. Während die Fernsehsender auf dem Rezipientenmarkt als Anbieter und die Rezipienten als Nachfrager des Produktes Fernsehprogramm agieren, treten auf dem Werbemarkt Fernsehsender als Anbieter und die werbetreibende Wirtschaft als Nachfrager des Produktes Werbezeit auf. Um das Produkt Werbezeit erfolgreich abzusetzen, konkurrieren die Sender um ein begrenztes Rezipientenpotential. Die Werbebotschaften der werbetreibenden Wirtschaft sollen den Rezipienten zugänglich gemacht werden. Das daraufhin zu definierende *Sachziel* werbefinanzierter Sender ist die Erzeugung von Rezipientenkontakten für die werbetreibende Wirtschaft. Hierbei muß beachtet werden, daß das Produkt Werbezeit nur durch den redaktionellen Programmrahmen absetzbar wird. Zur Konkretisierung dieses Ziels sind nach SIEBEN/SCHWERTZEL insbesondere werbemarktbezogene operationale Unterziele zu definieren, die Angaben über das Werbezeitenangebot, die Kontaktqualität, die Werbeblocknutzung und die Werbewirkung enthalten. Die nachfolgende Abbildung zeigt hinsichtlich dieser Kategorien geordnete mögliche Unterziele auf.

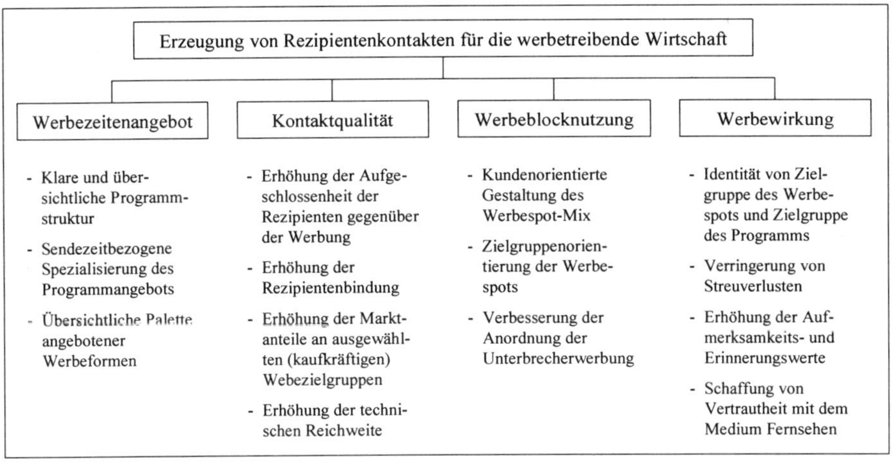

Abbildung: Beispiele zur Konkretisierung des Zielplans werbefinanzierter Programmanbieter

Aufgabe 3

Werbung mit Kurzfilmen ist insbesondere bei öffentlich-rechtlichen Rundfunkanbietern aufgrund ihrer vielfalt- und programmverengenden Tendenzen durch restriktive gesetzliche Beschränkungen geprägt. Die Restriktionen betreffen dabei die Dauer, die Art und die Zeitstruktur der Werbung: Neben den allgemeinen Einschränkungen des § 7 RStV über Werbeinhalte sind die Rahmenbedingungen hinsichtlich der Einfügung der Werbung in § 14 RStV sowie der Werbedauer und -zeiträume in § 15 RStV festgelegt. Die Werbedauer ist für ARD und ZDF im Jahresdurchschnitt auf 20 Minuten werktäglich beschränkt. Zeiten nach 20 Uhr sowie Sonn- und bundesweite Feiertage sind von der Werbung mit Kurzfilmen ausgeschlossen. Die Bereitstellung von Werbezeiten für die werbetreibende Wirtschaft konzentriert sich somit hauptsächlich auf das werktägliche Vorabendprogramm. Dritte Programme sind grundsätzlich werbefrei zu gestalten.

Die Höhe der Einschaltpreise für Werbekurzfilme, deren Dauer innerhalb einer Stunde zwölf Minuten nicht übersteigen darf, wird u. a. durch die „spot"-Länge, durch die Anzahl der erreichten Rezipienten insgesamt oder innerhalb einer entsprechenden Zielgruppe sowie auch durch die Jahreszeit determiniert.

Die Befürworter eines Werbefinanzierungsverbotes für öffentlich-rechtliche Fernsehsender sollten berücksichtigen, daß die öffentlich-rechtlichen Anbieter bei der Umsetzung der verfassungsrechtlichen Sozialisierungsaufgabe vor einem Dilemma stehen: Je offensichtlicher der Sozialisierungseffekt eines Programms ist, um so geringer wird das Bedürfnis präsumtiver Zuschauer sein, dieses zu rezipieren. Deshalb müssen die zur Erfüllung der Sozialisierungsaufgabe erforderlichen Programminhalte in Verbindung mit attraktiven Sendungen angeboten werden. Damit die Rundfunkgebühr jedoch nur zur Kompensation der sozialisierungsbedingten Mindereinnahmen und nicht wettbewerbsverzerrend zum Erwerb reichweitenstarker Programminhalte eingesetzt wird, sind Finanzierungsalternativen erforderlich. Da also der öffentlich-rechtliche Rundfunk für Programmbestandteile, die nicht dem eigentlichen Programmauftrag dienen, aus dem Gebührenaufkommen keinen Finanzierungsanspruch hat, sind attraktive Programmbestandteile durch in sie eingebettete sowie durch sie unmittelbar umgebende Werbung zu finanzieren.

Aufgabe 4

Das Fernsehen ist der Werbeträger, der als *das* Basismedium im Bereich der Markenartikelwerbung gilt. Aufgrund seiner *multisensorischen* Wirkungsweise gilt es als eines der stärksten Werbeträger. Diese Wirkungsweise resultiert vor allem aus der Tatsache, daß das Fernsehen durch seine Audiovisualität geprägt ist. Der Ausdruck „*audiovisuell*“ ist eine Synthese der lateinischen Wörter „*audire*“ (hören) und „*visio*“ (das Sehen). Audiovisuell bedeutet, daß etwas gleichzeitig hörbar und sichtbar ist und somit Auge und Ohr zur gleichen Zeit anspricht. Zudem wird die multisensorische Wirkungsweise des Mediums Fernsehen durch Farben und Bewegungen als Gestaltungselemente unterstützt.

Aufgabe 5

Aufgrund der restriktiven Vorschriften zur Kurzfilmwerbung und des zu beobachtenden Akzeptanzverlustes dieser klassischen Werbeform, versuchen die Fernsehsender zunehmend mit der Werbeform „*sponsoring*“ legal die bei der Kurzfilmwerbung zu beachtenden quantitativen Beschränkungen zu umgehen. Nach § 2 Abs. 2 Nr. 7 RStV ist „sponsoring“ „jeder Beitrag einer natürlichen oder juristischen Person oder einer Personenvereinigung, die an Rundfunktätigkeiten oder an der Produktion audiovisueller Werke nicht beteiligt ist, zur direkten oder indirekten Finanzierung einer Sendung, um den Namen, die Marke, das Erscheinungsbild der Person oder Personenvereinigung, ihre Tätigkeit oder ihre Leistungen zu fördern“. Beim „sponsoring“, das nicht den Regelungen des RStV für Werbekurzfilme unterliegt, wird zu Beginn oder am Ende der entsprechenden Sendung auf den Sponsor hingewiesen. Gesponserte Sendungen können somit zu allen Tageszeiten und beliebig oft in das Programm aufgenommen werden. Gemäß § 8 Abs. 5 RStV ist zu berücksichtigen, daß Sendungen zum politischen Zeitgeschehen und Nachrichtensendungen nicht gesponsert werden können. Zur Wahrung der redaktionellen Unabhängigkeit dürfen gemäß § 8 Abs. 2 RStV Programmplatz und Inhalt der gesponserten Sendung durch den Sponsor nicht beeinflußt werden. Darüber hinaus soll die gesponserte Sendung nach § 8 Abs. 3

RStV nicht zum Kauf von Erzeugnissen und Dienstleistungen des Sponsors oder eines Dritten anregen.

Der Wiedererkennungseffekt einer Marke oder eines Produktes und damit auch der Werbewirkungsgrad wird beim „sponsoring“ durch die Verbindung mit der klassischen Kurzfilmwerbung gesteigert. Dabei besteht ein enger Zusammenhang zwischen der erzielten Wirkung des „sponsoring“ bei den Zuschauern und der Akzeptanz der gesponserten Sendung. Mit der Plazierung des Hinweises auf den Sponsor zu Beginn und zum Abschluß des Programmbeitrages werden in der Regel die meisten Zuschauer des Programmbeitrages erreicht, weil u. a. Werbereichweitenverluste durch das sogenannte „switching“ (Umschalten zu anderen Sendern während der Kurzfilmwerbung innerhalb eines Programmbeitrages) weitgehend umgangen werden.

Eine Definition des Begriffes *„teleshopping“* findet sich im § 2 Abs. 2 Nr. 8 RStV. Beim „teleshopping“ werden dem Rezipienten folglich Waren oder die Erbringung von Dienstleistungen, einschließlich unbeweglicher Sachen, Rechte und Verpflichtungen, innerhalb eines Werbekurzfilmes oder einer Sendung unmittelbar gegen Entgelt angeboten. Der Rezipient kann die ihm so angebotenen Produkte vornehmlich mit telefonischer Direktbestellmöglichkeit anfordern. Beim „teleshopping“, das gemäß § 7 Abs. 3 RStV als solches klar erkennbar sein muß und entsprechend § 18 RStV – mit Ausnahme von „teleshopping“ innerhalb von Werbekurzfilmen – im öffentlich-rechtlichen Rundfunk nicht stattfinden darf, sind beispielsweise die Restriktionen der §§ 44, 45a RStV zur Einfügung von „teleshopping“ und zu den sogenannten „teleshopping“-Fenstern zu beachten. Da sich durch das „teleshopping“ für die werbetreibende Unternehmung die Möglichkeit ergibt, spontane Kaufentscheidungen der Rezipienten zu nutzen, handelt es sich beim „teleshopping“ um eine Ausprägung des Direktmarketing.

Als *„product placement“* wird die systematische Plazierung von Produkten – insbesondere von Markenartikeln – als Requisite in einem Filmwerk oder einer Sendung bezeichnet. Die Requisiten werden dem Fernsehsender als Produzenten des Filmwerks oder der Sendung für einen bestimmten Zeitraum von der werbetreibenden Unternehmung unentgeltlich zur Verfügung gestellt. Beim „product placement“ wird in die Formen „creative placement“, „generic placement“ sowie „image placement“ unterschieden. Werden für bestimmte Markenartikel eigene Episoden innerhalb der Gesamthandlung eines Filmwerks kreiert und schließlich in die Gesamthandlung integriert, wird vom sogenannten *„creative placement“* gesprochen. Als sogenanntes *„generic placement“* wird hingegen die Plazierung eines Markenartikels in ein Filmwerk oder eine Sendung ohne Darbietung des Markenlogos bezeichnet. Diese Form der Produktplazierung ist hauptsächlich für Produkte attraktiv, für die im Fernsehen keine Werbung ausgestrahlt werden darf, und setzt eine hohe Bekanntheit des betreffenden Markenartikels voraus. Sollen Werbewirkungen für eine bestimmte Region, die beispielsweise als Tourismusregion gilt, erzielt werden, wird das sogenannte *„image placement“* eingesetzt. Hierbei wird die Handlung einer Fernsehproduktion in der entsprechenden Region angesiedelt.

Das *„product placement“* wird im RStV nicht *expressis verbis* genannt. Allerdings sind gemäß § 7 Abs. 6 RStV Schleichwerbung und entsprechende Praktiken unzulässig. Unter *Schleichwerbung* fällt entsprechend § 2 Abs. 2 Nr. 6 RStV „die Erwähnung oder Darstellung von Waren, Dienstleistungen, Namen, Marken oder Tätigkeiten eines Herstellers von Waren oder eines Erbringers von Dienstleistungen in Programmen, wenn sie vom Veranstalter absichtlich zu Werbezwecken vorgesehen ist und die Allgemeinheit hinsichtlich des eigentlichen Zwecks dieser Erwähnung oder Darstellung irreführen kann. Eine Erwähnung oder Darstellung gilt insbesondere dann als zu Werbezwecken beabsichtigt, wenn sie gegen Entgelt oder eine ähnliche Gegenleistung erfolgt.“ Da die subjektive Komponente, d. h. die Motivation zur Produktplazierung, schwer feststellbar ist, endet die rechtliche Zulässigkeit in der Regel spätestens, wenn für die Präsentation des Markenartikels finanzielle Zahlungen geleistet werden.

Beim *„bartering“* handelt es sich – wie es die deutsche Übersetzung schon vermuten läßt – aus Sicht der werbetreibenden Wirtschaft nicht um eine eigene Werbeform, sondern um die Möglichkeit des Erwerbs von Werbezeiten innerhalb eines Fernsehprogramms durch Tausch. Eine werbetreibende Unternehmung produziert beim „bartering“ auf eigene Kosten Programmbestandteile, welche den Fernsehsendern – im Austausch gegen ein bestimmtes Kontingent an Werbezeiten – zur Ausstrahlung angeboten werden. Der Umfang des zur Verfügung gestellten Werbezeitenkontingentes orientiert sich hierbei hauptsächlich an der zu erwartenden Einschaltquote und an den Produktionskosten des produzierten Programmbeitrages. Die Programmbestandteile können beim „bartering“ auf eine genau definierte Zielgruppe ausgerichtet werden und bieten somit ein Umfeld für die eigenen Werbefilme, welches im Einklang mit den Marketingzielen der werbetreibenden Unternehmung steht.

Aufgabe 6

a) Als virtuelle Werbung wird die Abbildung von Marken- und Firmennamen, Produkten und/oder Logos sowie 3-D-Animationen, die in der filmisch abgebildeten Realität nicht vorhanden sind, auf dem Fernsehbild zum Zwecke der zwanglosen Beeinflussung von Rezipienten bezeichnet. Ohne die tatsächliche Existenz des abgebildeten Gegenstandes erzeugt die virtuelle Werbung dabei den Anschein von Realität.

In den letzten Jahren blieb die Zeit, in der sich die deutsche Bevölkerung dem Medium Fernsehen zuwendete, relativ konstant. Da sich zudem die Mehrheit der Rezipienten durch die klassische Kurzfilmwerbung gestört fühlt, sind – um beispielsweise die Reaktanz der Rezipienten zu vermeiden – Werbeformen notwendig, die keine Unterbrechung des redaktionellen Fernsehprogramms erfordern. Programmintegrierte

Werbung, wie die virtuelle Werbung, hat außerdem den Vorteil, daß beispielsweise eine interessante Sportveranstaltung nicht durch Kurzfilmwerbung unterbrochen werden muß. Darüber hinaus wird die Werbung möglicherweise durch den Rezipienten nicht einmal bewußt als solche wahrgenommen, weil sie scheinbar als untrennbarer Bestandteil in das redaktionelle Programm einfließt. Durch den technischen Fortschritt (Digitalisierung der Fernsehbilder), der die Möglichkeit zur virtuellen Werbung erst eröffnete, besteht ferner die Chance zur genaueren Ansprache der Zielgruppen und schließlich der Minimierung der Streuverluste.

Nach SCHRÖDER lassen sich die derzeitigen Erscheinungsformen der virtuellen Werbung insbesondere durch folgende konstitutive Merkmale charakterisieren:

1. Die Werbung ist in das Ereignis, bei dem es sich in der Regel um Sportveranstaltungen handelt, eingebunden und somit dessen Bestandteil. Das Ereignis ist dabei nicht selbst Objekt der Werbung.
2. Die Besucher des Ereignisses nehmen am Veranstaltungsort gar keine Werbung oder zumindest eine andere Werbung wahr als die Rezipienten am Fernsehbildschirm.
3. Während bei der virtuellen Werbung mindestens genau so viele Produkte beworben werden können, wie Sendesignale zu den Empfängern gelangen, bietet die entsprechende Werbefläche des Veranstaltungsortes für die reale Werbung im selben Augenblick nur Platz für ein Produkt. Durch die virtuelle Werbung ergibt sich damit die Chance zur räumlichen und zeitlichen Werbesteuerung. Dies kann beispielsweise bei in einigen Ländern bestehenden Werbeverboten von Bedeutung sein (z. B. für Zigaretten und/oder Alkohol) und ermöglicht außerdem die Darbietung unterschiedlicher Werbeobjekte bei der Erst-, Zweit- oder Folgeverwertung des Ereignisses.

b) Gemäß § 7 Abs. 6 RStV ist die „Einfügung virtueller Werbung in Sendungen .. zulässig, wenn 1. am Anfang und am Ende der betreffenden Sendung darauf hingewiesen wird und 2. durch sie eine am Ort der Übertragung ohnehin bestehende Werbung ersetzt wird."

c) Die Erscheinungsformen der virtuellen Werbung lassen sich beispielsweise wie folgt systematisieren:

räumliche oder zeitliche Differenzierung:

Die virtuelle Werbung kann dahingehend unterschieden werden, ob sie zur regionalen Steuerung der Werbung eingesetzt wird (räumliche Differenzierung: z. B. mit unterschiedlichen Werbeinhalten bei verschiedenen Rezipienten innerhalb derselben Ausstrahlung) oder bei der Erst-, Zweit- und Folgeverwertung unterschiedliche Werbeinhalte präsentiert werden (zeitliche Differenzierung).

Nach SCHRÖDER bieten sich zudem folgende Kriterien zur Systematisierung an:

bewegliche oder statische Werbung:
In die Teilbereiche des gesamten Fernsehbildes können unbewegte (statische Werbung) oder animierte Bilder (bewegliche Werbung) eingearbeitet werden.

Schaffung zusätzlicher Werbeflächen oder Substitution realer Werbeflächen:
Virtuelle Werbung kann in beliebige Stellen des Fernsehbildes integriert werden. Hierdurch können sowohl zusätzliche Werbeflächen geschaffen werden (Schaffung zusätzlicher Werbeflächen: z. B. eine zweite computergenerierte Bandenreihe) als auch für reale Werbung genutzte Flächen (Substitution realer Werbeflächen: z. B. die Trikotwerbung der Sportler) mit virtueller Werbung ersetzt werden.

Wahrnehmung der Werbung als virtuell durch den Rezipienten:
Ob virtuelle Werbung durch den Rezipienten als solche erkannt wird, ist abhängig von den eingesetzten Mitteln. Sie wird gewöhnlich wahrgenommen, wenn sie beispielsweise technisch schlecht umgesetzt ist, als animierte Werbung in das Bild eingearbeitet ist oder auf ungewöhnlichen Flächen plaziert ist.

Aufgabe 7

a) Der sogenannte Tausenderkontaktpreis (TKP) läßt sich wie folgt ermitteln:

$$\text{TKP} = \frac{\text{Grundpreis für einen 30 - Sekunden - Werbekurzfilm}}{\text{Zahl der erreichten Personen}} \cdot 1.000 \text{ Zuschauer}.$$

Mit dem TKP wird die Zahlungsbereitschaft der werbetreibenden Wirtschaft für eine halbe Werbeminute und für eintausend Rezipienten angegeben. Er ist u. a. abhängig von der Sendezeit, der Zielgruppe des Programmangebotes und dem ausstrahlenden Sender. Der TKP spiegelt das Preis-Leistungs-Verhältnis des Werbeträgers wider und dient der werbetreibenden Unternehmung somit als Maß für die Beurteilung der Wirtschaftlichkeit seiner Werbemaßnahmen.

Zu unterscheiden sind der Ist-TKP und der Plan-TKP. Letzterer wird *ex ante* ermittelt und bezieht sich auf den (im Vorfeld der Ausstrahlung des Werbekurzfilmes) fakturierten Preis und die erwartete Reichweite. Der Ist-TKP berechnet sich schließlich *ex post* auf Basis der tatsächlich realisierten Kontaktmenge sowie des fakturierten Preises. Liegt die Ist-Reichweite beispielsweise über der Plan-Reichweite, ergibt sich für den Werbekunden ein günstigeres Preis-Leistungs-Verhältnis als ursprünglich angenommen: Ist-TKP < Plan-TKP.

Da in einigen Haushalten mehr als eine Person vor dem Fernsehgerät sitzt und das Fernsehprogramm rezipiert, ist im Fernsehbereich der TKP vom Tausend(er)gerätepreis (TGP) abzugrenzen. Hierbei wird der Preis nicht je erreichter Kontaktperson, sondern je eingeschaltetem Gerät berechnet:

$$\text{TGP} = \frac{\text{Grundpreis für einen 30 - Sekunden - Werbekurzfilm}}{\text{Zahl der eingeschalteten Geräte}} \cdot 1.000 \text{ Geräte}.$$

b) Der TKP von „Grusel-TV" ergibt sich durch:

$$\text{TKP}_{\text{Grusel-TV}} = \frac{100.000 \text{ Euro}}{3.500.000 \text{ Zuschauer}} \cdot 1.000 \text{ Zuschauer} = 28{,}57 \text{ Euro}.$$

Bei „Sexi-TV" läßt sich hingegen folgender TKP berechnen:

$$\text{TKP}_{\text{Sexi-TV}} = \frac{140.000 \text{ Euro}}{5.000.000 \text{ Zuschauer}} \cdot 1.000 \text{ Zuschauer} = 28{,}00 \text{ Euro}.$$

Wird bei der Wahl des Werbeträgers ausschließlich vom TKP ausgegangen, hat der Mitarbeiter der werbetreibenden Unternehmung trotz des absolut höheren Preises für einen 30-Sekunden-Werbekurzfilm beim „Sexi-TV" diesen Sender vorzuziehen, weil sich beim „Sexi-TV" aufgrund der höheren Reichweite ein geringerer TKP als beim „Grusel-TV" ergibt.

c) Es bleibt zu beachten, daß ein direkter Vergleich der TKPs innerhalb desselben Mediums jedoch nur bei homogener Zielgruppe sinnvoll ist. In der Praxis der werbefinanzierten Fernsehsender können deshalb auch gewichtete TKPs eingesetzt werden, welche die Heterogenität der Rezipientengruppe durch Gewichtungsfaktoren berücksichtigen.

Ein intermedialer TKP-Vergleich scheitert u. a. daran, daß fraglich ist, wie groß beispielsweise eine Anzeige in einer Zeitung sein muß, um deren Werbewirkung mit einem 30-Sekunden-Fernsehwerbekurzfilm vergleichen zu können.

Literaturhinweise

BRÖSEL, G.: Medienrechtsbewertung, Wiesbaden 2002.

DINTNER, R.: Controlling im werbefinanzierten Medienunternehmen, erscheint in: *BRÖSEL, G./KEUPER, F.* (Hrsg.), Medienmanagement, München et al. 2003.

DUVINAGE, P.: Der Sport im Fernsehen. Die Sicht der Rechteagenturen, Arbeitspapiere des Instituts für Rundfunkökonomie, Heft 130, Köln 2000.

Groth, R./Pagenstedt, G.: Neue Formen der Finanzierung für private Fernsehveranstalter, Arbeitspapiere des Instituts für Rundfunkökonomie, Heft 32, Köln 1995.

Heinrich, J.: Medienökonomie, Band 1, 2. Aufl., Wiesbaden 2001.

Heinrich, J.: Medienökonomie, Band 2, Opladen, Wiesbaden 1999.

Köcher, A.: Controlling der werbefinanzierten Medienunternehmung, Lohmar et al. 2002.

Rundfunkstaatsvertrag (RStV), veröffentlicht als Artikel 1 des Staatsvertrages über den Rundfunk im vereinten Deutschland vom 31. August 1991 (GVOBl. M-V 1991, S. 495), in der Fassung des Sechsten Rundfunkänderungs-Staatsvertrages.

Schellhaaß, H. M.: Rundfunkökonomie, in: DBW – Die Betriebswirtschaft, 60. Jg. (2000), S. 531–534.

Schröder, H.: Virtuelle Werbung. Formen, Ziele und rechtliche Fragen, in: WiSt – Wirtschaftswissenschaftliches Studium, 30. Jg. (2001), S. 161–165.

Schumann, M./Hess, Th.: Grundfragen der Medienwirtschaft, Berlin et al. 2000.

Sieben, G./Schwertzel, U.: Materialien zur Rundfunkökonomie II: Management für Rundfunkunternehmen – Teil I, Arbeitspapiere des Instituts für Rundfunkökonomie, Heft 65, 2. Aufl., Köln 1997.

Greifswald Tuch-Koch Sassnitz a. Rügen
Greifswald Tuch-Koch Sa
Tuch-Koch Sassnitz a. Rügen

Sven Sohr

Psychologie der Werbung

Aufgabe

Stellen Sie sich vor, Sie haben den Auftrag erhalten, eine Werbung für ein beliebiges Produkt eines Unternehmens Ihrer Wahl zu kreieren: Sammeln Sie Ihre Überlegungen hinsichtlich der nachfolgenden zehn Faktoren, mit denen Sie eine erfolgreiche Wirkung Ihrer Werbebotschaften zu realisieren glauben! Wie gestalten Sie Ihre Werbung hinsichtlich der Faktoren

(a) Farbe,
(b) Bilder,
(c) Musik,
(d) Modelle,
(e) Furcht,
(f) Sex-Appeal,
(g) Kinder,
(h) Kultur,
(i) Humor
(j) und Moral?

Hinweis: Auch wenn es keine hundertprozentigen „richtig"- oder „falsch"-Antworten gibt, bietet Ihnen die „Lösung" auf der Basis wissenschaftlich-empirischer Forschung eine Grundlage zur Überprüfung der Qualität Ihrer Ausführungen an.

Lösung

(a) Farbe

Der Verwendung von Farben lassen sich vielfältige Funktionen zuschreiben: Farbe zieht Aufmerksamkeit auf sich, dient der Unterscheidung, macht Produkt und Packung lebendig, zeigt Dargestelltes realistischer, wirkt dekorativ, kann symbolhaften Charakter haben, schafft Atmosphäre und dient der Betonung bestimmter Inhalte. Schließlich können durch Farben verschiedene Stimmungen besser beschrieben werden. Mittlerweile erwecken Schwarz-Weiß-Anzeigen aber gerade dadurch, dass sie oft die Ausnahme sind, ebenfalls Aufmerksamkeit und erzeugen bestimmte Stimmungen. Gleichzeitig ist aber zu berücksichtigen, dass in der Regel farbige Anzeigen im Vergleich zu Schwarz-Weiß-Anzeigen um mehr als 50% teurer sind. Die Erfassung des psychologischen Effekts der Verwendung von Farben ist also auch von ökonomischem Interesse.

In einer klassischen Untersuchung beschäftigte sich Luckiesh (1923) mit der Frage, ob die farbige Gestaltung von Plakaten oder Displays zu einer besseren Lesbarkeit führt. Als generelle Tendenz fand Luckiesh, dass dunkle Schriftfarben auf hellem Grund besser lesbar sind als ein heller Druck auf dunklem Hintergrund. Unter 13 Kombinationen belegte ein schwarzer Druck auf gelbem Papier Rang 1 hinsichtlich der Lesbarkeit, während ein roter Druck auf grünem Papier auf dem letzten Platz landete.

Ein weiterer Faktor der Lesbarkeit ist die Helligkeitsdifferenz (Teigeler 1982). Dies veranlasste Rehe (1985) in einer Arbeit über „Typologie und Design von Zeitungen" sogar dazu, von der Verwendung von Farben eher abzuraten. Heutzutage tendieren aber auch immer mehr Zeitungen mit einem betont seriösen Image zur Verwendung von Farben (Beispiel: „Die Zeit").

Ein weiteres beliebtes Forschungsfeld beschäftigt sich mit den Erlebnisqualitäten von Farben. Wie Frank und Gilovich (1988) bemerken, wird es dem Zuschauer eines Western leicht gemacht: Die „bad boys" tragen schwarze Hüte! Aber werden schwarz Gekleidete tatsächlich als aggressiver wahrgenommen? Und verhalten sich solche Personen auch tatsächlich aggressiver? Die obengenannten Autoren untersuchten Football- und Eishockeyteams, die schwarze Trikots trugen. Es zeigte sich, dass diese Mannschaften in den höchsten US-amerikanischen Ligen öfter des Regelverstoßes bezichtigt wurden. Vrij (1997) fand zudem, dass schwarz gekleidete Personen von anderen als aggressiver wahrgenommen wurden und - in Zusammenhang mit einem Verbrechensverdacht - schuldiger wirkten.

Schließlich sei noch eine weitere grundlegende Publikation zur „Psychologie der Farben" erwähnt: In einer bundesweit repräsentativen Befragung konnte Heller (1989) zeigen, dass blau die Lieblingsfrage von 38% der deutschen Bevölkerung ist. Außerdem wies sie auf kulturelle Unterschied in Farbwahrnehmung hin: Während in unseren Breitengraden schwarz als Farbe der Trauer und weiß als Farbe der Hochzeit gilt, ist es bei Menschen mit anderer Hautfarbe tendenziell umgekehrt.

(b) Bilder

Die Verwendung von Bildern, Illustrationen und visuellem Material ist die im Alltag auffallendste Erscheinungsform der Werbung. Über die grundsätzlich verstärkende Wirkung von Bildern gibt es ein weitverbreitetes Grundverständnis (nach dem bekannten bon mot „Ein Bild sagt mehr als 1000 Worte"). Ertappen wir uns nicht selbst häufig beim füchtigen Zeitungslesen, wenn wir merken, dass wir uns nur selten auf einen längeren Text einlassen, sondern stattdessen lieber von Bild zu Bild „zappen"?

Allerdings gibt es auch das Phänomen der vergeblichen Lebendigkeit von Metaphern, wenn die durch lebendige Information ermöglichte intensivere Verarbeitung von den Rezipienten womöglich nicht akzeptiert wird, weshalb die Adressaten einer Botschaft nicht erreicht werden (vgl. Keller 1999). Als Beispiel präsentiert Moser (2002, S.240) Auszüge eines Artikels der „Stuttgarter Zeitung" vom 22.8.1990: „Alle 13 Sekunden stirbt irgendwo auf der Welt eine Raucherin oder ein Raucher an Lungenkrebs. Jeden Tag sterben in Europa so viele Menschen an den Folgen des Rauchens, als würden täglich sechs vollbesetzte Jumbo-Jets abstürzen und alle Insassen umkommen. Wenn es stimmt, was die Weltgesundheitsorganisation behauptet, dass 20 Zigaretten pro Tag die Lebenserwartung um fast zehn Jahre verkürzen und dass Menschen, die niemals in ihrem Leben geraucht haben, nach den Ergebnissen einer amerikanischen Studie 18 Jahre älter werden als jene, die das Rauchen nie aufgegeben haben – warum dann der Griff zum letztendlich wohl tödlichen Glimmstengel?"

(c) Musik

Über die Rolle der Musik in der Werbung gibt es noch relativ wenige Forschungen, obwohl Musik ein häufig eingesetztes Mittel darstellt. Typische Formen sind Jingles, Kennmotive, Werbelieder oder Hintergrundmusik mit meist mehreren Funktionen: Die Aufmerksamkeit auf den Werbespot lenken, den Unterhaltungswert der Werbung verbessern, dramaturgische Elemente unterstützen und damit zur Emotionalisierung beitragen, den Werbespot leicht erkennbar und unterscheidbar machen sowie Assoziationen auslösen (z.B. werden mit bestimmten Instrumenten strereotype Vorstellungen verbunden: Mundharmonika= Matrosen, Hawaii-Gitarre=Südsee etc.).

In anderen Zusammenhängen hat Musik hauptsächlich Aktivierungsfunktion. Milliman (1982) untersuchte die Wirkung von Hintergrundmusik in einem Supermarkt und fand, dass die Kunden bei langsamer Musik auch langsamer durch den Laden gingen, was zu einer Umsatzsteigerung von 38% führte. In einer weiteren Studie konnte Milliman (1986) zwar bestätigen, dass Besucher einer Restaurants bei langsamer Musik länger blieben (56 vs. 45 Minuten) und mehr Geld ausgaben, allerdings dauerte es auch tendenziell länger, bis die Besucher bedient wurden.

(d) Modelle

Die moderne Lernpsychogie lehrt uns, dass Menschen oft am erfolgreichsten über Modelle (Vor-Bilder) lernen, die sie imitieren. Zu den psychologischen Ergebnissen der Forschungen zum Modellernen gehört, dass Modelle von hohem Status, sympathische, attraktive oder belohnte Modelle öfter imitiert werden. Modell- oder Beobachtungslernen kann auch zum Erlernen neuer Verhaltensweisen, zur Stärkung oder Schwächung von Verhaltenshemmungen oder auch zur Emotionalisierung des Beobachters führen (Bandura 1986).

Gleichzeitig sind Modelle manchmal auch Vermittler kultureller Werte oder Sinnstifter. Bekannte Modelle vermitteln Klarheit und Lebendigkeit. Werbung mit Modellen hat also u.a. die Funktion, Idealbilder zu vermitteln, an denen sich das Verhalten orientieren kann (McCracken 1989). Die Dekadenz dieser Aussage drängt sich allerdings beim Betrachten von weiblichen Top-Models und den Ernährungsgewohnheiten ihrer Verehrer/innen auf.

Die Wirksamkeit von Modellen beruht vor allem auf deren Sympathiewirkung. Die Attraktivitätsforschung weist darauf hin, dass es recht einheitliche Auffassungen darüber gibt, was eine Person attraktiv macht, was als Beleg für das generelle Wirkungspotential attraktiver Modelle gewertet werden kann. Allerdings zeigt sich auch, dass Menschen sich Partner von ähnlicher Attraktivität suchen, was vielleicht dahingehend interpretiert werden kann, dass besonders attraktive Modelle als „unerreichbar" erlebt werden (Bierhoff 2000).

Allgemein bekannt ist auch, dass attraktiveren Menschen - im Sinne eines „Halo"-Effekts - eher positive Merkmale zugeschrieben werden: Sie werden z.B. auch als sozial kompetenter und intelligenter wahrgenommen (Eagly 1991). Neben diversen Untersuchungen zur physischen Attraktivität gibt es ferner Studien, die zeigen, dass bereits bloße (Frauen-) Vornamen zu unterschiedlichen Attraktivitätsurteilen führen: So gelten z.B. „Sarah" und Julia" als viel attraktiver im Vergleich zu Hedwig" und „Edeltraut" (Hassebrauck 1988).

(e) Furcht

Werbeappelle beabsichtigen im allgemeinen, Verhaltensweisen zu verlassen. Furchtappelle versuchen demgegenüber eher, unerwünschtes Verhalten zu vermeiden. Themen von Furchtappellen sind z.B. Rauchen (Trommsdorff 1984) oder die Verwendung von Kondomen (Keller 1999). Die bisherige Forschung tut sich schwer, allgemeingültige und einfache Empfehlungen zur wirksamen Gestaltung von Furchtappellen zu formulieren, da deren Wirkung nicht nur von der Art des Furchtappells, sondern auch von Eigenschaften des Rezipienten abzuhängen scheint.

So ist bei Hochängstlichen eher ein schwacher, bei Niedrigängstlichen ein starker Furchtappell wirksam, da sich Hochängstliche möglicherweise so stark abschrecken lassen, dass sie den Inhalt der Botschaft ignorieren, während schwache Furchtappelle bei Niedrigängstlichen „verpuffen" (Bänsch 1987).

Übrigens ist Furcht nicht das einzige negative Gefühl, das durch Werbung angesprochen wird. Insbesondere im Non-Profit-Bereich sind es oft auch Scham und Schuld. Da Scham eher zu Vermeidung als zu Handlung führt, empfiehlt Bennett (1998), im Zweifel eher Schuld- statt Schamgefühle zu wecken.

(f) Sex-Appeal

Auch wenn bereits Sandage (1956) auf die Gefahr dysfunktionaler Effekte sexueller Formen der Aufmerksamkeitslenkung hinwies, ist bis heute bei den Werbetreibenden ein gewisser Optimismus hinsichtlich der Wirkung sexueller Motive in der Werbung auffällig. Eine Studie von Smith und Engel (1968) scheint diesen Optimismus auch zu bestätigen: Männern und Frauen wurde eine Autowerbung gezeigt. Die Hälfte der Versuchspersonen sah zusätzlich ein attraktives Modell aus dem „Playboy". Bei der anschließenden Beurteilung des Autos schätzte die letztgenannte Gruppe den Wagen ansprechender, aufregender, jugendlicher, teurer und weniger sicher ein. 90% dieser Versuchspersonen meinten übrigens, durch das Modell nicht beeinflusst worden zu sein. Allerdings problematisieren andere Studien die starke Aufmerksamkeitslenkung durch erotische Werbung, da sie nicht selten zu einer mangelhaften Erinnerung des Markennamens führt (vgl. Baker und Churchill 1977).

Nicht nur visuell, sondern auch sprachlich kann sexuelle Werbung wirksam sein. Moser (1997, S.42) gibt einige Beispiele: In einer Radiowerbung für eine Bäckerei werden Süßigkeiten mit den Worten „Die vernasch' ich!" umworben. In einer Kinowerbung empfiehlt eine Frau auf die Frage, was man mit „echten Kerlen" machen solle, „Ausziehen und flachlegen, denn ein Vibrator kann nicht Rasen mähen...". Ein Sanitär-Unternehmen wirbt mit der rhetorischen Frage „Kann denn Baden Sünde sein?".

In dem Zusammenhang sollte vielleicht über sozialisierende Effekte der Darstellung von Sex-Appeal in der Werbung nachgedacht werden, wobei nicht nur „nackte Tatsachen", sondern auch sexuell provokative Posen (Schmollmund etc.) sowie verbale Anspielungen gemeint sind - die allerdings nicht immer traditionell einseitig (mit der Frau als Sex-Objekt) verlaufen müssen, wie die obigen Beispiele offenbaren.

Während aus wertkonservativer Sicht ein Verfall der Werte durch die gehäufte Darstellung von Sex-Appeal in der Werbung zu befürchten ist, kritisiert die feministische Position das noch immer vorherrschende einseitige Frauenbild in der Werbung, das zur Stabilisierung von Geschlechterstereotypen und so letztlich zur Diskriminierung von Frauen beitrage.

Im Gegensatz dazu hängt nach liberaler Auffassung die Akzeptanz von Sex-Appeal in der Werbung vor allem mit Fragen der Ästhetik und des Erfolgs zusammen. Wen es stört, brauche solche Werbung nicht zu schauen. Und der Zentralausschuß der Werbewirtschaft vertritt die Ansicht, dass die Werbung keine Rollenbilder schaffe, sondern nur ein Spiegelbild der Gesellschaft sei (1990).

Bilanzierend dienen die unterschiedlichen Positionen auch als ein Beispiel für die Notwendigkeit einer ethischen Diskussionskultur in der Werbung.

(g) Kinder

Auf der Suche nach neuen Märkten sind seit den 60er-Jahren verstärkt auch Kinder zur Zielgruppe von Werbeaktivitäten geworden. Die Motive hierfür sind vielfältig: Kinder verfügen zunehmend selbst über Geld, um Produkte zu erwerben. Kinder beeinflussen das Konsumverhalten ihrer Eltern. Kindern sollen schon frühzeitig bestimmte Marken vertraut gemacht werden. Unstrittig ist, dass Kinder schon in frühen Jahren der Werbung ausgesetzt sind. Umstritten ist allerdings, ob und ab welchem Alter die Werbung wirkt und inwiefern sie von den Kindern verstanden wird. (Bergler 1999). Wenig überraschen dürfte der Befund, dass Repräsentanten von Wirtschaftsunternehmen Werbung für Kinder positiver bewerten als Konsumenten (Hite & Eck 1987). Neben der an sich schon dünnen Forschungslage zur Frage nach der Wirkung von Werbung *auf* Kinder („Marktsegment Kinder"), ist eine ethisch mindestens genauso brisante Debatte zur Problematik von Werbung *mit* Kindern bisher leider Mangelware.

(h) Kultur

Bereits während der farbpsychologischen Ausführungen wurde deutlich, dass viele Wirkungen von Werbung interkulturell sehr unterschiedlich ausfallen können. Eine bemerkenswerte Studie zur kulturellen Segmentierung von Märkten führte Plummer (1977) durch. So stimmten z.B. dem Statement „Jeder sollte ein Deodorant benutzen" 89% der Amerikaner, aber nur 59% der Franzosen zu, während die Auffassung „Ein Haus sollte dreimal pro Woche gewischt und poliert werden" 86% der Italiener, aber nur 25% der Amerikaner bejahten. Einschlägige Interpretationen sind gewöhnlich nicht einfach. Multinationale Konzerne versuchen in einer zunehmend globalisierten Welt häufig, Internationalität und Kulturspezifität zu kombinieren. Zum Beispiel tritt „McDonald's" zwar mit einem Logo einheitlich auf, versucht aber den Verkauf von Getränken kulturell abzustimmen (u.a. Bier in Deutschland und Wein in Frankreich).

(i) Humor

„Späße sollten ein Greuel für jeden Werbefachmann sein, der genau weiß, dass sich ein dauerhafter Erfolg kaum auf Frivolitäten aufbauen lässt und dass niemand von einem Clown kauft" (Ogilvy 1988, S.12). Die in diesem Zitat zum Ausdruck kommende skeptisch-lustfeindliche Haltung gegenüber Humor ist zwar einerseits als Reaktion auf die Tatsache zu verstehen, dass humorige Werbung oft ein ambivalentes Risiko ist, übersieht aber andererseits die potenziell positiven Wirkungen. Leider bietet die einschlägige Literatur wenig Anschauungsmaterial zu diesem Thema, doch als Beispiel ließe sich die Werbung von „Fishermens Friend" anführen, deren Frische die Konsumenten mit einem Eimer Wasser über dem Kopf zu spüren bekommen. Allerdings ist es kein Geheimnis, dass sich humorige Werbung besonders schnell durch Wiederholung abnutzen kann und vor allem vom Überraschungseffekt lebt.

(j) Moral

Im Zusammenhang mit der Werbepsychologie ist oft von ihrem „schlechten Ruf" als „geheime Verführerin" die Rede – trotz oder gerade wegen ihrer relativ erfolgreichen Wirksamkeit. Die psychologische Wirkung der Werbung im Spannungsfeld zwischen Hochachtung und Verachtung kann wie folgt beschrieben werden: „Mit für die Konsumenten nicht durchschaubaren Methoden spricht die Werbung unsere unbewussten Motive an und verleitet uns so zu Kaufhandlungen, die wir nicht täten, wenn wir sie bewusst kontrollieren könnten. Finanziell potenten Großkonzernen, die bereits eine große Marktmacht auf der Anbieterseite ausüben, stellen Psychologen Techniken bereit, auch die Nachfrageseite in ihrem Sinne zu manipulieren" (Rosenstiel & Kirsch 1996, S.20).

Ethische Fragen stellen sich allerdings nicht nur, wenn Werbemethoden zu Manipulationszwecken missbraucht werden, sondern auch wenn wider besseres Wissen gelogen wird. Dabei scheint dem Ziel der Gewinnmaximierung jedes Mittel „recht" zu sein. Prinzipiell stellt sich bei gemeingefährlichen Produkten auch das Problem der Verantwortung entsprechender Propaganda. Wenn schon für Zigaretten geworben werden darf, müsste der Marlboro-Mann dann nicht als ein jammervoll an Krebs dahinvegetierender Sterbender und nicht als ein vor Kraft und Gesundheit strotzender Reiter in der Prärie präsentiert werden?

Ein Blick in anerkannte psychologische Lehrbücher zur Werbepsychologie offenbart ein großes ethisches Vakuum hinsichtlich entsprechender Problematisierungen, zwei Beispiele mögen diesen Befund verdeutlichen: Im Lehrbuch „Markt- und Werbepsychologie" von Moser (2002) erscheint das letzte - eineinhalb Seiten umfassende Kapitel - zu ethischen Fragen wie ein Appendix. Dabei tendiert Moser zu einer relativierenden Haltung, wenn er sich mit Wiswede (1972) fragt: „Sollten Kinder mit der (Werbe-)Realität nicht möglichst früh vertraut gemacht werden?"

Etwas skeptischer, wenn auch kaum ausführlicher, beschäftigen sich Rosenstiel und Kirsch in ihrer Monographie „Psychologie der Werbung" mit ethischen Dimensionen, indem sie auf sieben schädliche Effekte von Werbung hinweisen (1996, S.22):

(1) Trügerisches Glück: In der Werbung wird der Eindruck erweckt, persönliches Glück könne durch Kaufentscheidungen erreicht werden.

(2) Sozialisierung gesellschaftlich schädlicher Werte: Die Konsumenten werden dazu erzogen, solche Werthaltungen anzunehmen, die für den Konsum förderlich, gesellschaftlich allerdings auch schädlich sein können. Die Vorbildpersonen in der Werbung verkörpern Werte wie Hedonismus und Verschwendung, nicht jedoch Sparsamkeit oder Selbstlosigkeit.

(3) Hemmung des Reifungsprozesses: In der Werbung werden vornehmlich menschliche Grundbedürfnisse angesprochen, wobei „höhere" Bedürfnisse in den Hintergrund gedrängt werden.

(4) Unzufriedenheit durch Scheinwelt: In der Werbung werden als Modell-Personen meist erfolgreiche und wohlhabende Personen gezeigt, aber keine Behinderten, Armut und Elend. Für den einzelnen entsteht der Eindruck, ihm gehe es schlechter als anderen, was Unzufriedenheit forciert.
(5) Außensteuerung: Durch immer verfeinerte und schwer zu durchschauende Beeinflussungsmethoden wird die Autonomie des Individuums bedroht.
(6) Verfestigung gesellschaftlicher Strukturen: Werbebotschaften sind in der Regel konservativ – Beispiel: Frauen werden meist als Hausfrauen gezeigt.
(7) Verschwendung von Ressourcen: Die Produzenten setzen setzen viel Geld für Werbung ein statt es in die Verbesserung ihrer Produkte zu investieren.

Abschließend setzen sich die Autoren mit den aus ihrer Sicht „rührenden Versuchen" von Werbetreibenden auseinander, die Manipulation von Konsumenten durch Werbung zu leugnen, vor allem mit zwei Argumenten: Einerseits sei Manipulation wie jede Form der menschlichen Kommunikation lediglich ein harmloser Versuch der Beeinflussung. Andererseits könne Werbung gar nicht manipulieren, da die Konsumenten vernunftbegabte Menschen seien, welche Kaufentscheidungen auf Basis ihres freien Willens treffen würden. Diesen beiden Thesen halten die Autoren zum einen entgegen, dass Manipulation in der Regel den eigenen Vorteil anstrebe, zum anderen, dass von „Verbrauchersouveränität" keine Rede sein könne, wenn den Kunden die Wahrheit vorenthalten werde (Rosenstiel & Kirsch 1996, S.25).

Unabhängig von der Frage, wie weit die persönliche ethische Sensibilität in Sachen Werbung geht, scheint sich in jüngerer Zeit ein Genre zu etablieren, was unter dem Titel „Soziomarketing" bekannt geworden ist und auch als „Marketing für soziale Ideen" bzw. als Korrekturinstrumente des „kommerziellen Marketings" verstanden wird (vgl. Zentes 1983).

Beispielhaft können vielleicht aktuelle Kinowerbungen genannt werden: So wirbt „Brot für die Welt" mit der Information, dass zwei Drittel der Menschheit täglich ums Existenzminimum kämpft, und „Greenpeace" mit Affen, deren Lebensraum Regenwald pro Sekunde mit einer Geschwindigkeit abgeholzt wird, die der Größe von zwei Fußballfeldern entspricht. „Manipulationsziel" der beiden Organisationen ist das soziale bzw. ökologische Gewissen (vgl. Sohr 2000).

Wir schließen mit einem skeptisch-hoffnungsvollen Zitat von Rosenstiel und Kirsch:

„Der ‚souveräne Verbraucher', der Werbebotschaften kritisch analysiert und frei seine Entscheidungen trifft, ist eine Beschönigung. Diese Erkenntnis mag für den einzelnen, der sich selbst als frei und selbstbestimmt erlebt, unangenehm und ernüchternd sein. Sie weist aber vor allem den Werbetreibenden eine nicht geringe Verantwortung für ihr Handeln zu" (1996, S. 234).

Literaturhinweise

MOSER, K.: Markt- und Werbepsychologie. Göttingen 2002.

PACKARD, V.: The Hidden Persuaders. New York 1957.

ROSENSTIEL, L. & VON KIRSCH, A.: Psychologie der Werbung. Rosenheim 1996.

SCITOVSKY, T.: Psychologie des Wohlstands. Frankfurt/Main 1989.

SOHR, S.: Ökologisches Gewissen. Die Zukunft der Erde aus der Perspektive von Kindern, Jugendlichen und anderen Experten. Baden-Baden 2000.

WISWEDE, G.: Der Mythos vom manipulierten Verbraucher. Jahrbuch der Absatz- und Verbrauchsforschung, 18, 157-170, 1972.

ZENTES, J.: Grundbegriffe des Marketing. Stuttgart: Poeschel.

ZENTRALAUSSCHUß FÜR WERBEWIRTSCHAFT: Werbung in Deutschland. Bonn 1990.

Bernhard Swoboda und Frank Hälsig

Konzeption einer Corporate Identity am Beispiel der Henkel KGaA

Einleitung

Die folgende Fallstudie verfolgt das Ziel, „Corporate Identity“ (CI) zu erklären und auf deren Bedeutung für Unternehmen hinzuweisen. Eine sehr anschauliche Anwendung liefert das Beispiel der Henkel KGaA, da der Konzern sich gerade in der Umsetzung einer neuen, internationalen CI-Strategie befindet, die zugleich wesentlicher Ausdruck der Umsetzung einer visionären Entwicklung des Unternehmens ist. Den Ausgangspunkt der Überlegungen bildet eine Kurzvorstellung der Aktivitäten von Henkel, um auch den Leser für die Tragweite der Thematik zu sensibilisieren.

Die Henkel-Gruppe und deren Aktivitäten

Die Henkel-Gruppe – mit Hauptsitz in Düsseldorf – hat eine international führende Position in den strategischen Säulen Markenartikel und Technologien inne. Das Markenartikel-Geschäft umfasst die Unternehmensbereiche Wasch-/Reinigungsmittel (z.B. Persil oder Somat), Kosmetik/Körperpflege (z.B. Fa oder Theramed) sowie Klebstoffe für Konsumenten und Handwerker (z.B. Pattex oder Ceresit), während Henkel Technologies drei industrienahe Systemgeschäfte vereint: Industrieklebstoffe, Konstruktionsklebstoffe und Oberflächentechnik. Der Umsatz der Henkel KGaA lag im Jahre 2002 bei 9,656 Milliarden Euro und stieg auf Basis der fortgeführten Geschäfte um 2,6 % im Vergleich zum Vorjahr. Das betriebliche Ergebnis (EBIT) 2002 stieg trotz der ungünstigen wirtschaftlichen Rahmenbedingungen um 10,6 % auf 666 Millionen Euro. Zu dieser positiven Entwicklung haben alle Unternehmensbereiche mit einer zweistelligen Ergebnissteigerung beigetragen. Das Unternehmen ist mit insgesamt 48.640 Mitarbeiter und Tochtergesellschaften in mehr als 75 Ländern tätig; der Anteil der im Ausland beschäftigten Mitarbeiter liegt bei rund 75 %. Damit ist Henkel eines der am stärksten international ausgerichteten Unternehmen in Deutschland.

Seit etwa zwei Jahren strebt Henkel den Aufbau einer CI für den Gesamtkonzern an, die sich in den drei Komponenten „Corporate Design“, „Corporate Behavior“ und „Corporate Communication“ widerspiegeln soll. Vor dem Beginn dieser Bestrebung verfügte Henkel über mehrere (individuelle, nationale, produktspezifische etc.), historisch gewachsene und im Unternehmen verwurzelte Identitäten. Insofern stellt der Aufbau einer einheitlichen CI eine beträchtliche Herausforderung für die zuständigen Manager des bei Henkel als Corporate Communication benannten Fachbereichs dar, die aufgrund der dieser Aufgabe beigemessenen Bedeutung direkt der Unternehmensleitung unterstellt sind. Vor allem die (auch historisch gewachsenen) unterschiedlichen Interessen der verschiedenen Unternehmensbereiche standen zunächst

einem Gesamt- bzw. Gemeinschaftsdenken innerhalb der Henkel-Gruppe entgegen und schwächten den Auftritt des Gesamtunternehmens nach innen und außen.
1999 begann Henkel sich auf die beiden genannten strategischen Säulen zu konzentrieren. Diese Ausrichtung ging einher mit der neuen (Unternehmens-)Vision „Henkel ist führend mit Marken und Technologien, die das Leben der Menschen leichter, besser und schöner machen". Eine Konsequenz dieser Ausrichtung war die Trennung vom klassischen Chemiegeschäft (Cognis), das an eine Gruppe von Finanzinvestoren verkauft wurde. Parallel dazu veränderte sich ein zweiter Bereich, die institutionelle und industrielle Hygiene: Auch von diesem Bereich trennte sich Henkel im Jahr 2001 und baute im Gegenzug seine strategische Beteiligung am weltgrößten Anbieter für institutionelle und industrielle Hygiene (Ecolab Inc) aus. So wurde in nur zwei Jahren aus einem Konzern mit dem Leitspruch (auch: Corporate Claim) *„Spezialist für angewandte Chemie"* ein Unternehmen, dessen Zukunft auf den beiden strategischen Säulen "Brands & Technologies" beruht. Dieser Wandel illustriert sich ebenfalls in einem von der Vision abgeleiteten neuen Unternehmensleitsatz: Mit *„Henkel - A Brand like a Friend"* strebt Henkel die Positionierung als eine Marke an, die gegenüber dem Kunden wie ein Freund auftritt. Des Weiteren strebt Henkel im Zuge dieser Weiterentwicklung die Stärkung der Unternehmensidentität nach innen und außen an sowie die Erhöhung der Bekanntheit des Unternehmens bzw. der Dachmarke. Vor diesem Hintergrund besteht also die Herausforderung darin, die Vision des Unternehmens in ein einheitliches CI-Konzept umzusetzen.

Erste Umsetzungsschritte
Einer der ersten Schritte – von Unkundigen oft in der Bedeutung unterschätzt – war die Anpassung bzw. die Vereinheitlichung der Logos von Henkel. Abbildung 1 zeigt nur eine Auswahl aus der Vielfalt von Logo-Ausprägungen, die sich in Form-, Schrift- und Farbwahl (rot, blau oder schwarz) unterschieden haben. Durch dieses uneinheitliche Auftreten war es schwer, ein einheitliches Unternehmensbild in den Köpfen unterschiedlicher Zielgruppen – sowohl Unternehmensintern wie -extern – zu etablieren. Ein neues, einheitliches Logo vereinfacht dieses.

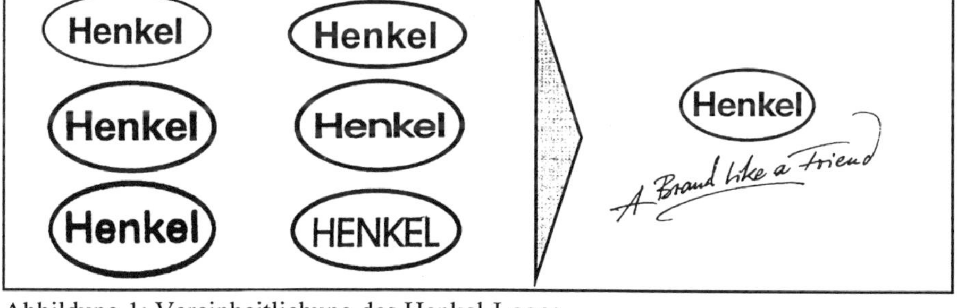

Abbildung 1: Vereinheitlichung des Henkel-Logos

Die Neugestaltung des Logos bildete natürlich nur einen wichtigen Baustein im neuen CI-Konzept von Henkel. Ein erster Schritt liegt in der präzisen Formulierung von

Unternehmenswerten, die die neue Vision der Henkel-Gruppe für die Mitarbeiter greifbar machen und somit deren Umsetzung im Unternehmen erst ermöglichen. Diese Werte werden von Henkel wie folgt definiert:

- Wir sind kundenorientiert.
- Wir entwickeln führende Marken und Technologien.
- Wir stehen für exzellente Qualität.
- Wir legen unseren Fokus auf Innovationen.
- Wir verstehen Veränderungen als Chance.
- Wir sind erfolgreich durch unsere Mitarbeiter.
- Wir orientieren uns am Shareholder Value.
- Wir wirtschaften nachhaltig und gesellschaftlich verantwortlich.
- Wir verfolgen eine aktive und offene Informationspolitik.
- Wir wahren die Tradition einer offenen Familiengesellschaft.

Bedeutsam für Henkel ist weiterhin die internationale Ausrichtung des Unternehmens, welche durch die neue CI weiter forciert werden soll. Allein der in englischer Sprache verfasste Leitspruch „Henkel – A Brand like a Friend“ und unter anderem auch ein weltweit identischer Abspann der TV-Spots „Qualität von Henkel“ unterstreicht den internationalen Fokus des Unternehmens. Letzterer steht darüber hinaus exemplarisch für die internationalen Standardisierungstendenzen des Unternehmens. Beides sind Kommunikationselemente, die in erster Linie der Förderung eines positiven Imagetransfers zwischen Henkel und den Marken bzw. Brands von Henkel dienen sollen (et vice versa). Die CI-Aktivitäten reichen in ihrer inhaltlichen Ausgestaltung und in ihrer faktischen Umsetzung weit darüber hinaus und werden daher in den folgenden Aufgaben näher beleuchtet.

Aufgabe 1

a) Definieren Sie den Begriff CI, indem Sie von den beiden Termini „Corporate“ und „Identity“ ausgehen.
b) Zeigen Sie weiterhin die unterschiedlichen Begriffsinhalte/Geltungsbereiche des CI-Konzeptes auf. Unterscheiden Sie hierbei zwischen dem designorientierten Ansatz, dem führungsorientierten Ansatz, dem strategieorientierten Ansatz und dem planungsorientierten Ansatz.

Aufgabe 2

Beschreiben Sie die drei Dimensionen zur Schaffung einer „unverwechselbaren“ CI, d. h.

- Corporate Communication
- Corporate Design
- Corporate Behavior.

Aufgabe 3

CI kann interne und externe Ziele verfolgen. Gehen Sie auf diese ein.

Aufgabe 4

Diskutieren Sie die Erfolgsfaktoren der konkreten Umsetzung/Implementierung der CI im Unternehmen. Versuchen Sie hier gewisse Grundregeln (im Sinne von allgemeinen Anforderungen) aufzustellen, die beachtet werden müssen.

Lösung

Aufgabe 1

a) Generell besteht kein einheitliches Begriffsverständnis bezüglich dessen, was unter Corporate Identity (CI) zu verstehen ist. Eine verbreitete Auslegung geht davon aus, dass CI die spezifische, einheitliche Selbstdarstellung eines Unternehmens nach innen wie nach außen bezeichnet und zwar mit den Zielen der Schaffung und Weiterentwicklung einer unverwechselbaren Unternehmenspersönlichkeit bzw. -identität. CI spiegelt damit den gegenwärtigen „Zustand“ der Unternehmung, ihre Tradition, die bisherige Unternehmenspolitik sowie die Einstellung der Führungskräfte und Mitarbeiter (im Innen- und Außenverhältnis) wider.

Ausgehend von den Begriffsteilen, bezeichnet der Terminus „*Corporate*“ (engl.) Kooperation, Verein, Gruppe, Unternehmen oder Zusammenschluss und steht für vereint, gemeinsam und gesamt. Es geht also um eine Organisation oder eine Gemeinschaft als Ganzes. Gerade in den 80er Jahren hat das Wort „Corporate“ zu immer neuen Wortkompositionen geführt: „Corporate Communication“, „Corporate Advertising“, „Corporate Behavior“, „Corporate Wording“, „Corporate Media“, „Corporate Culture" etc. Gemeinsam ist diesen Begriffen, dass sie verschiedene Elemente, Erscheinungen oder Strategien eines Unternehmens zusammenfassen und unter dem Begriff „CI“ zu einem großen Ganzen vereinen.

Dabei wird das englische Wort „*Identity*“ allgemein mit „Identität“ übersetzt. Darüber hinaus kann dieser Begriff auch als „Gleichheit/Übereinstimmung“ verstanden werden. Auf den hier verwendeten Kontext bezogen ist „Identity“ das Selbstverständnis eines Unternehmens bzw. die Firmenidentität, die aus dem Unternehmen heraus entsteht. Sie zeigt sich im Denken, Handeln und den Leistungen des Unternehmens. Je mehr Mitarbeiter dieser Einschätzung „zustimmen“, desto einheitlicher und ausgeprägter ist die Unternehmensidentität. Bestehen dagegen sehr unterschiedliche Vorstellungen über das Selbstverständnis, kann das Unternehmen – vereinfacht ausgedrückt – keine klare, eindeutige Identität vermitteln. Das Ziel von Henkel im vorliegenden Fall muss es sein, das Selbstverständnis „Henkel – A Brand like a Friend“ im

Unternehmen bzw. bei den Mitarbeitern eindeutig und prägnant zu verankern, ebenso wie auf den Märkten und in der Öffentlichkeit. Diese Umsetzung wird in den folgenden Fragen detaillierter beleuchtet werden.

b) Dem Konzept der CI werden unterschiedliche Geltungsbereiche für ein Unternehmen beigemessen, wobei unterschiedliche Ansätze die Bedeutungsweite der CI für ein Unternehmen aufzuzeigen in der Lage sind. Vier gängige Sichtweisen sind zu unterscheiden, wobei die Frage nach der Tiefe der Verwurzelung der CI im Unternehmen im Vordergrund der unterschiedlichen Ansätze steht.

- Vertreter des *designorientierten Ansatzes* der CI stellen die formalen Erscheinungsformen der CI in den Vordergrund. Hierzu zählen die Gestaltung von Firmennamen, Logo, Produkt- und Verpackungsdesign, Internetauftritt, Firmenarchitektur, Personalkleidung und Anzeigen sowie Firmenbroschüren. Ziel dieses Gedankens ist ein geschlossener und prägnanter Auftritt gegenüber den Zielgruppen, der sich aber beispielsweise nicht auf die Verhaltensmuster der Mitarbeiter untereinander anwenden lässt und somit sich rein auf das äußere Erscheinungsbild des Unternehmens bezieht.
- Mit dem *führungsorientierten Ansatz* der CI wird die identitätsorientierte Leitung des gesamten Unternehmens verbunden. CI wird als Instrument zur Steuerung sämtlicher Prozesse der Willensbildung und -durchsetzung verstanden, um ein zielkonformes Verhalten der Unternehmensmitarbeiter zu gewährleisten. Im Rahmen der Willensbildung gibt die CI damit einen Orientierungsrahmen vor und dient der internen Konsensbildung. Bei der Willensdurchsetzung wird durch eine einheitliche Bewusstseinsbildung und Identifikation der Mitarbeiter mit dem Unternehmen die Integration gestärkt.
- Beim *strategieorientierten Ansatz* wird CI im engeren Sinne als Basisstrategie der Kommunikationspolitik oder umfassend als Basisstrategie der gesamten Unternehmenspolitik aufgefasst. Im Sinne einer zentralen Kommunikationsstrategie dient sie ausschließlich der einheitlichen Abstimmung sämtlicher kommunikativer Einzelmaßnahmen nach innen und außen. Auf der strategischen Unternehmensebene angesiedelt bildet CI in dieser Sichtweise die Richtschnur für sämtliche Aktivitäten eines Unternehmens.
- Die umfassendste Interpretation des CI-Begriffs liegt dem *planungsorientierten Ansatz* zugrunde. CI wird dabei als strategisch geplanter und operativ gesteuerter, iterativer Planungsprozess verstanden, der das Erscheinungsbild, die Verhaltensweisen und die kommunikativen Aktivitäten des Unternehmens im Innen- und Außenverhältnis unter einer einheitlichen Konzeption koordiniert. Dies beinhaltet die Analyse der Ist-Identität, den Entwurf der Soll-Identität, die Festlegung und Realisation der CI-Strategie bzw. -Maßnahmen sowie der CI-Kontrolle und -Anpassung. Das Verständnis des Innen- und Außenverhältnisses eines Unternehmens geht hier über die Fokussierung auf die Mitarbeiter und die Kunden hinaus und bezieht

ebenfalls die Shareholder (so Anteilseigner) und die Stakeholder (so Interessengruppen, die Öffentlichkeit im Allgemeinen) mit ein.

Die verschiedenen Ansätze verdeutlichen, dass CI sowohl als Ziel (z. B. Übereinstimmung von Fremd- und Selbstbild) als auch als Planungskonzept (Prozess zur Zielerreichung) oder strategisches Führungsinstrument (Abstimmung aller Kommunikationsmaßnahmen) interpretiert werden kann. In einer modernen Prägung – so auch bei der Henkel KGaA – wird CI als ganzheitliches Strategiekonzept verstanden, das alle nach innen bzw. außen gerichteten Interaktionsprozesse kanalisiert und sämtliche Kommunikationsziele, -strategien und -aktionen einer Unternehmung unter einem einheitlichen Dach integriert. Zugleich folgt es der Vision, den Zielen und den strategischen Stoßrichtungen des Top-Managements. Ferner ist der Begriff der CI dynamisch zu interpretieren und stellt im Sinne der Unternehmenspersönlichkeit eine langfristige Entscheidung bezüglich der typischen Merkmale des Verhaltens, der Kommunikation und des Erscheinungsbildes eines Unternehmens dar.

Aufgabe 2

Die Bedeutung einer unverwechselbaren CI für ein Unternehmen lässt sich beispielsweise dadurch begründen, dass es für Unternehmen in der heutigen informationsüberladenen Mediengesellschaft prinzipiell schwer ist, überhaupt wahrgenommen zu werden. Hierbei ist es wichtig, sich von den Wettbewerbern mit Hilfe der noch zu spezifizierenden CI-Dimensionen und derer Instrumente abzuheben, und somit für die Kunden, die Mitarbeiter und die weiteren Zielgruppen als unverwechselbar zu gelten. Es ist erforderlich, durch eine prägnante, zeitlich konstante und in ihren Dimensionen konsistente CI einen hohen Wiedererkennungswert zu etablieren und weiterzuentwickeln. Eine in den Unternehmensgrundsätzen verankerte, also strategisch geplante CI äußert sich durch ein einheitliches Verhalten (*Corporate Behavior*), eine einheitliche Kommunikation (*Corporate Communications*) und ein einheitliches Erscheinungsbild (*Corporate Design*). Diese drei Dimensionen werden kurz erklärt und auszugsweise auf deren Umsetzung bei der Henkel KGaA untersucht.

Corporate Communications

Corporate Communications verfolgt das Ziel, die Einstellung der Öffentlichkeit oder spezifischer Zielgruppen im Sinne des Unternehmens zu steuern, um ein klares Vorstellungsbild seiner sozialen und wirtschaftlichen Bedeutung zu vermitteln. Ziel ist die Profilierung der Unternehmung gegenüber Marktpartnern und der Öffentlichkeit mittels geeigneter Kommunikationsinstrumente, die Vermittlung des Leistungsprogramms und seiner Charakteristika oder die Entwicklung eines bestimmten Kommunikationsstils. Corporate Communications ist durch eine ganzheitliche Betrachtung aller kommunikativen Äußerungen eines Unternehmens nach innen wie nach außen gekennzeichnet.

Die weltweit einheitliche Unternehmensidentität von Henkel wird mit Hilfe des Leitsatzes (zugleich auch Claim) „A Brand like a Friend“ kommuniziert. Dieser Slogan unterstreicht die Bedeutung von Qualität, denn ein Aspekt von guter Freundschaft ist eben die Qualität. Diese Qualität bzw. dieses Qualitätsversprechen ist bei Henkel eng verbunden mit vielen führenden Brands bzw. Marken (siehe Abbildung 2), sodass es über diese kommuniziert werden und gleichzeitig Henkels Bekanntheit als „Dachmarke“ erhöhen soll. In diesem Zusammenhang wird auch von der Corporate Brand oder der Unternehmensmarke gesprochen. Prinzipiell wird damit ausgesagt, dass das Unternehmen als Ganzes als Marke auftritt.

Abbildung 2: Produktmarken von Henkel in Verbindung mit der Dachmarke Henkel

Aus diesem Grund setzen die verschiedenen Unternehmensbereiche „Henkel“ nun verstärkt als Absendermarke ein. Beispielsweise nutzen die Unternehmensbereiche Wasch-/Reinigungsmittel und Klebstoffe für Konsumenten und Handwerker weltweit in allen TV-Spots für ihre Marken denselben Abspann: „Qualität von Henkel“. Auch Henkel Technologies folgt dieser Idee, denn auch bei Industriekunden ist „Qualität von Henkel“ ein wesentliches Erfolgskriterium. Insgesamt ist diese Initiative ein weiterer Schritt, Henkel als weltweite Unternehmensmarke zu positionieren und diesen Wettbewerbsvorteil des Unternehmens intensiv mit den erfolgreichen Marken auf der Ebene der Produkt zu verbinden.

Corporate Design

Die Schaffung eines einheitlichen optischen Unternehmenserscheinungsbildes ist Aufgabe des *Corporate Design*. Es hat das Ziel eine visuelle Identität zu schaffen, die von den Kunden, den Mitarbeitern, der Öffentlichkeit und den Share- bzw. Stakeholdern unmittelbar wieder erkannt wird. Durch Abstimmung aller vermittelten Informationen eines Unternehmens, z. B. Symbolträger wie Name, Logo, Farbe, Architektur, wird ein Imagetransfer gefördert, der dann zur Durchsetzung der Unternehmensidentität beiträgt.

Für das Corporate Design von Henkel gilt – wie anhand des neuen, einheitlichen, weltweit gültigen Henkel-Logos bereits gezeigt – dass seine Grundelemente klar, verständlich und international einsetzbar sein sollen. Somit war es auch Aufgabe der zuständigen Manager das Corporate Design zu entwickeln, mit den Tochtergesellschaften in den einzelnen Ländern abzustimmen und in detaillierten Gestaltungsrichtlinien für die Zukunft festzulegen. Die Gestaltungsrichtlinien sollen helfen, Gestaltungsaufgaben zu vereinfachen und langwierige, nicht-wertschöpfende Einzelentscheidungen zu vermeiden. Die entwickelten Gestaltungsrichtlinien enthalten alle wichtigen Gestaltungselemente und -raster zur korrekten Anwendung des Logos, des Schriftzuges, der Farbe und der Typografie (Schrift). Ein besonderes Gestaltungselement stellt der so genannte „Corporate Frame“ dar. Es tragen alle Powerpoint-Charts, alle Publikationen und Präsentationsmittel zu Corporate-Themen (z. B. Geschäftsbericht, Nachhaltigkeitsbericht, Pressemappen, Image- und Personalanzeigen) einen roten Winkel in der definierten Henkel-Farbe Rot. Diese visuelle Klammer trägt der Prämisse des hohen Wiedererkennungswerts Rechnung (siehe Abbildung 3).

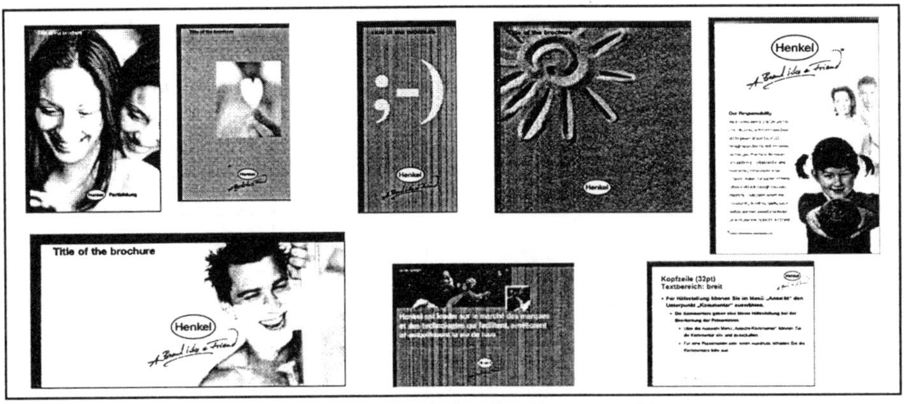

Abbildung 3: Corporate Design von Henkel – der Corporate Frame

Corporate Behavior

Corporate Behavior (auch Corporate Culture genannt) zielt auf die Harmonisierung aller Interaktionsweisen einer Unternehmung in Bezug auf das externe und interne Umfeld im Sinne der Unternehmensphilosophie. Hierzu gehören beispielsweise die Formulierung von Verhaltensgrundsätzen (z. B. Richtlinien für den Umgang mit Kunden) oder die Organisationsgestaltung (z. B. Betonung der Marktorientierung durch Schaffung eines Key-Account-Managements). Zentraler Punkt ist die Vermittlung dieser Philosophie an die Mitarbeiter. In der Praxis stellt die Dimension der Corporate Behavior die größte Herausforderung zur Schaffung einer CI dar. Dies erklärt sich einsichtig, denn ein Design für die Gestaltung der Geschäftspapiere ist zu meist ohne allzu große Konflikte gefunden und auch die Kommunikation des Unternehmens lässt sich aufgrund der begrenzten Zahl der Beteiligten – trotz denkbarer Widerstände – in überschaubarer Zeit einheitlich ausrichten. Anders ist dies beim Verhalten, denn das Verhalten der Mitarbeiter ändert sich – wenn überhaupt – nur langsam. Es muss mühsam und langwierig erlernt, gelebt und ständig geprüft werden.

Dies ist insbesondere in einem internationalen Konzern mit eigenständigen Unternehmensbereichen mit historisch gewachsenen Produktmarken und Strukturen – wie der Henkel-Gruppe – eine herausfordernde Aufgabe und muss als langwieriger Prozess gesehen werden. Unterstützt wird dieser Prozess intern durch vielfältige Maßnahmen und Angebote, unter anderem einen Henkel-Song "We together". Dieser soll zwischen allen Henkel-Mitarbeitern ein weltweites Band der Zusammengehörigkeit knüpfen und bringt das Unternehmensmotto „Henkel - A Brand like Friend" mit all seinen Facetten zum Ausdruck.

Insgesamt gibt die Abbildung 4 einen Überblick über die einzelnen Instrumente der drei CI-Dimensionen. Zusammenfassend ist zu betonen, dass CI Bemühungen letztlich nur dann erfolgreich und glaubwürdig sind, wenn visuelles Erscheinungsbild, Kommunikation und Verhalten übereinstimmen.

Corporate Design	**Corporate Communication**	**Corporate Behavior**
■ Design	■ Anzeigen	■ Führung
■ Architektur	■ Plakate	■ Umgangston
■ Uniform	■ Broschüren	■ Konferenzstil
■ Farben	■ Mitarbeiter-, Kundenzeitungen	■ Beurteilung
■ Formulare	■ Messen	■ Vergütung
■ Schrift	■ ...	■ Personalentwicklung
■ Produkte		■ Kritikfähigkeit
■ ...		■ ...

Abbildung 4: Instrumente der CI-Dimensionen

Aufgabe 3

CI fördert die interne und externe Verbundenheit zum Unternehmen, deshalb sind interne und externe Ziele einer CI Strategie zu differenzieren. Abbildung 5 gibt eine Übersicht der Zielgruppen der CI, an denen sich die speziellen Ziele ausrichten.

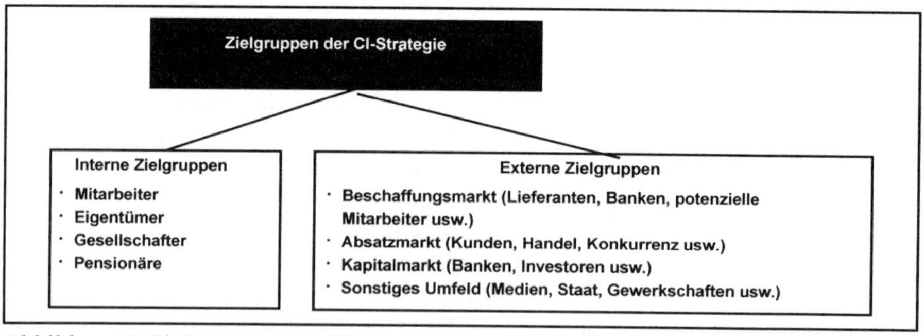

Abbildung 5: Zielgruppen der CI

Interne Ziele

Ein wesentlicher Grund für die Bedeutung der CI für ein Unternehmen besteht darin, dass sie zur Steigerung der Produktivität und der Leistung der Mitarbeiter beiträgt. Durch gemeinsame Vereinbarungen und letztlich ein gemeinsames Corporate Behavior werden Prozesse und Strukturen transparent und begreifbar. Die Mitarbeiter wissen genauer, was von ihnen erwartet wird, sodass alle auf ein gemeinsames (Unternehmens-)Ziel hinarbeiten. Auch Henkel verfolgt den Grundsatz, dass besser informierte Mitarbeiter ihre Aufgaben besser erfüllen (Informationsempfänger zu sein, erzeugt die Pflicht, Verantwortung zu übernehmen). Darüber hinaus baut dies Vertrauen der Mitarbeiter zum Unternehmen und Verständnis für Unternehmensentwicklung und -ziele auf. Das wichtigste Ziel für die meisten Unternehmen ist, dass eine einheitliche CI bei den Mitarbeitern ein geschlossenes Bild des gesamten Unternehmens erzeugt. Das hierdurch erzeugte „Wir-Gefühl" trägt zur Steigerung der Identifikation, der Arbeitszufriedenheit und damit letztlich der Motivation und der Leistungsbereitschaft bei. Die Mitarbeiter fühlen sich sicherer, besser und arbeiten effektiver. Henkel betrachtet ergänzend noch die Rolle des Mitarbeiters in der Gesellschaft und sieht in einer positiven CI des Arbeitgebers eine Verbesserung des sozialen Status des Mitarbeiters in seinem Umfeld.

Externe Ziele

Die nach außen gerichteten Ziele der CI gehen in Richtung einer Profilierung des Unternehmens auf den Märkten, um den steigenden Anforderungen aus Markt und Gesellschaft zu begegnen. CI soll in den Augen der wichtigen Bezugsgruppen ein scharfes, einheitliches Abbild der angestrebten Identität entstehen lassen – das Corporate Image (Unternehmensimage), hier definiert als subjektive Vorstellung eines Unternehmens im Bewusstsein der Menschen. Ein eindeutiges, konsistentes, widerspruchsfreies und vor allem positives Bild des Unternehmens bildet die Basis dafür, dass sich Glaubwürdigkeit, Sicherheit und Vertrauen bei Menschen entwickeln können. Insofern ist letztendlich unter dem Unternehmensimage die Wirkung des gesamten CI-Konzeptes zu verstehen, wobei CI das Selbstbild des Unternehmens und Corporate Image sein Fremdbild darstellt. Dieses Image ist also die Projektion der Identität in das Unternehmensumfeld. Ein unverwechselbares Image ermöglicht dem Unternehmen und seinen Produkten, aus der Anonymität und der Informationsflut herauszutreten und erkennbar zu werden. Erkennbarkeit, Sympathie und Vertrauen stabilisieren das Verhältnis des Unternehmens und seiner Bezugsgruppen und ermöglichen, dass diese die Ziele des Unternehmens unterstützen. Darüber hinaus werden Synergien ermöglicht, beispielsweise kann im Rahmen der Kommunikation die Werbung oder grundsätzlich die Kommunikation glaubwürdiger gestaltet werden, wenn bereits durch Öffentlichkeitsarbeit Vertrauen und Akzeptanz aufgebaut sind. Konkret bedeuten diese Ziele aus der Sicht von Henkel unter anderem, dass der Mitarbeiternachwuchs gesichert, das Ansehen bzw. die Akzeptanz in der Öffentlichkeit gesteigert und die Stellung auf dem Finanzmarkt verbessert wird. Diese Ausführungen unterstreichen die hohe Bedeutung, aber auch die hohen Erwartungen an die entwickelte CI-Strategie mit dem Leitsatz „Henkel – A Brand like a Friend".

Aufgabe 4

Grundsätzlich steht am Anfang der Entwicklung einer CI die strategische Entscheidung eines Unternehmens – wie in diesem Falle, die der Henkel KGaA – sich prinzipiell dafür zu entscheiden, das Gesamtunternehmen als Marke zu verstehen und somit eine Dachmarkenstrategie und nicht mehrere isolierte Einzelmarkenstrategien zu etablieren. Den Konsumenten ist oftmals gar nicht bewusst, dass erfolgreiche Produktmarken wie Somat, Pril, Dixan, Fa, Theramed oder Pritt von Henkel stammen, dennoch waren diese in den letzten Jahren erfolgreich. Trotzdem wählt Henkel den Weg (im Gegensatz zu manchen anderen Markenartikelherstellern), eine unternehmensweite CI aufzubauen, um so zwischen den einzelnen Unternehmensbereichen und der (unternehmerischen) Dachmarke einen (positiven) Imagetransfer zu fördern. Angestrebt wird der Effekt, dass „der gute Ruf" eines Unternehmens auf alle seine Produkte abstrahlt. Weiterhin wird ein positiver Imagetransfer unter den Produktmarken untereinander und zwischen den Produktmarken und der Unternehmensmarke forciert. Diese gegenseitige Stärkung dient darüber hinaus der besseren Positionierungsabsicherung (d. h. dauerhafte Abgrenzung gegenüber der Konkurrenz, mit dem Ziel der eindeutigen Profilierung aus Kundensicht) des Unternehmens und verspricht Erleichterungen bei Neuprodukteinführungen, so eine Absenkung des hier enormen Floprisikos. Die Gefahr einer Dachmarkenstrategie besteht indessen in der so genannten Deprofilierung der Dachmarke durch negative Ausstrahlungseffekte der Markenprodukte. Der Misserfolg eines einzelnen Produktes kann aufgrund des wechselseitigen Imagetransfers zu einer Schwächung des gesamten Unternehmensimages bzw. des Corporate Image führen. Des Weiteren bedarf es innerhalb des Unternehmens eines höheren Koordinationsaufwandes, da eine interne Abstimmung der Maßnahmen für einzelne Marken notwendig ist, um die Gesamtunternehmenskonformität zu gewährleisten. Die Dachmarke wird letztendlich zum „enorm zu bewachenden" Juwel des Unternehmens.

Nach der grundsätzlichen Entscheidung hängt der eigentliche Erfolg einer CI im Unternehmen von einer Reihe von Faktoren ab, die sich auf deren erfolgreiche Entwicklung und vor allem deren Umsetzung bezieht. Allgemeine Anforderungen einer erfolgreichen Umsetzung sind nachstehend exemplarisch angeführt:

- Festlegung eines klaren Orientierungsrahmens und Schaffung geeigneter organisatorischer Voraussetzungen (z. B. Integration der Unternehmensleitung in das CI-Projekt, Partizipation der Mitarbeiter, Einbeziehung externer Berater in das CI-Projekt).
- Ganzheitliches Denken und Früherkennung als Maximen einer systematischen Identifikation relevanter Herausforderungen an die Identitätsgestaltung und -vermittlung.

- Die Vermittlung der neu bestimmten Unternehmensphilosophie im Rahmen einer umfassenden „Kulturpolitik“.
- Beharrlichkeit und realistische Einschätzung des Machbaren als Vorbedingung der Konzeptumsetzung.
- Installation eines CI-Controlling, welches permanent die Zielerreichung und -umsetzung überwacht und zwar im Hinblick auf die übergeordnete Vision und Mission sowie den strategischen Stoßrichtungen.

Generell wird dem Partizipationsgrad der betroffenen Mitarbeiter in Verbindung mit einer Integration aller Unternehmensebenen und -bereiche ein hoher Erfolgsbeitrag beigemessen. Henkel hat diesem durch eine konsequente, weltweite Informationspolitik Rechnung getragen. Die Schaffung einer speziellen „Corporate-Homepage“ (www.henkel-like.com) ist nur ein weiteres Beispiel für die heutige Umsetzung. Wie anfangs bereits angedeutet, muss insbesondere in einem multinationalen Konzern versucht werden, mit der systematischen Entwicklung eines CI Konzeptes für das Gesamtunternehmen über Ländergrenzen hinweg ein „Wir-Gefühl“ zu schaffen. In diesem Zusammenhang stellt bei einem multinationalen Konzern insbesondere die Integration von neu akquirierten Unternehmen eine Herausforderung da, die freilich durch eine prägnante CI gefördert werden kann. Die Integration der Mitarbeiter in das Unternehmen wird durch eine positive CI unterstützt und beschleunigt. Sie trägt somit – zumindest mittelbar – zum Erfolg der Akquisition und Expansion bei.

Literaturhinweise

BIRKIGT, K.; FUNCK, H.J.; STADLER, M.: Corporate Identity – Grundlagen, Funktionen, Fallbeispiele, 10. Aufl., Landsberg/Lech 2000.

HENKEL KGAA (HRSG.): Das Unternehmen, http://www.henkel.de.

HENKEL KGAA (HRSG.): Corporate Design Henkel-like, http://www.henkel-like.com.

HERBST, D.: Corporate Identity, Berlin 1998.

KLEINFELD, K.: Corporate Identity und Strategische Unternehmensführung, München 1992.

KOTLER, P.; BLIEMEL, F.: Marketing-Management, 10. Aufl., Stuttgart 2001.

MEFFERT, H.: Marketing – Grundlagen marktorientierter Unternehmensführung. Konzepte, Instrumente, Praxisbeispiele, 9. Aufl., Wiesbaden 2000.

NIETSCH, C.: Die Crux der Corporate Identity, in: Marketing Journal, 30. Jg. (1997), Heft 4, S. 267–269.

WIEDMANN, K.-P.; JUGEL, S.: Corporate Identity-Strategien, in: Die Unternehmung, 41. Jg. (1987), Heft 3, S. 186–204.

WIßMEIER, U.: Corporate Identity, in: Tietz, B.; Köhler, R.; Zentes, J. (Hrsg.): Handwörterbuch des Marketing, 2. Aufl., Stuttgart 1995.

ZENTES, J.; SWOBODA, B.: Grundbegriffe des Marketing. Marktorientiertes globales Management-Wissen, 5. Aufl., Stuttgart 2001.

Andreas Hoffjan

Erfolgskontrolle kommunikationspolitischer Instrumente

Die Firma Parfums de Passion plant die Einführung eines neuen Herrenduftes „Séduction“ in den deutschen Markt der exklusiven Düfte. Da das Unternehmen schon seit Jahren erfolgreich mit seinen Produkten im Markt vertreten ist, kann bei der Einführung auf das bestehende selektive Vertriebssystem zurückgegriffen werden. Bei der selektiven Distribution werden die Produkte über streng ausgewählte Vertriebskanäle (unabhängige Fachparfümerien, Filialketten und Warenhäuser) an die exklusive Kundschaft abgesetzt.

In der Einführungsphase spielen die Instrumente der Kommunikationspolitik eine wichtige Rolle für den produktspezifischen Marketing-Mix. Die Unternehmensführung von Parfums de Passion plant im Bereich der Kommunikationspolitik eine duale Strategie mit Instrumenten der Media-Werbung (TV-Spots, Zeitschriftenanzeigen und Plakate) sowie der Point-of-Sale (POS)-Promotions. Die Media-Werbung wird landesweit über einen Zeitraum von drei Monaten geschaltet, während die POS-Promotions auf besonders umsatzstarke Verkaufsstätten konzentriert werden und jeweils 14 Tage dauern. Zur Umsetzung der Kommunikationsstrategie steht für die ersten drei Monate der Markteinführung ein Budget in Höhe von 3,2 Mio. € zur Verfügung.

Der geplante Umsatz für die ersten drei Monate beträgt 7,5 Mio. €. Der Wareneinsatz macht 40 %, der Vertriebsaufwand 7,5 % und die Handelsspanne 15 % vom anvisierten Verkaufspreis von 80 € pro 75 ml Flakon des Eau de Toilette aus. Der produktspezifische Umsatz kann pro Vertriebsstätte tagesaktuell ermittelt werden.

Aufgabe 1

Ordnen Sie die Problemstellung in die folgenden drei Dimensionen von Bezugsobjekten der Marketing-Kontrolle ein:

- Produkt-Markt-Beziehungen,
- Marketing-Organisationseinheiten und
- Maßnahmen!

Aufgabe 2

Die Erfolgskontrolle der Kommunikationspolitik kann auf den vorökonomischen oder den ökonomischen Erfolg abstellen. Welche Form der Erfolgskontrolle empfiehlt sich in der Einführungsphase des neuen Herrenduftes „Séduction“?

Aufgabe 3

Stellen Sie geeignete Instrumente zur Erfolgsbeurteilung der Produkteinführung vor! Differenzieren Sie die Verfahren nach den folgenden Wirkungsebenen:

- Wahrnehmungsebene,
- Gedächtnisebene,
- Einstellungsebene und
- Verhaltensebene!

Parfums de Passion entscheidet sich zur Messung des Kommunikationserfolgs für einen zweistufigen Ansatz. Auf einer ersten Kontrollstufe wird im Rahmen einer strategischen Vorkontrolle geprüft, ob die vom Unternehmen gewählte kommunikationspolitische Strategie und der eingesetzte Kommunikationsmix grundsätzlich geeignet sind, einen positiven Beitrag zur Einführung des neuen Produktes zu leisten. Die zweite operative Stufe der Erfolgskontrolle untersucht den Beitrag einzelner kommunikationspolitischer Instrumente zum vorökonomischen bzw. ökonomischen Erfolg des neuen Produktes. Als Kontrollansatz wird eine Konsumentenbefragung am Point of Sale gewählt.

Aufgabe 4

Entwickeln Sie einen Fragebogen, der Parfums de Passion eine gezielte Analyse des vorökonomischen Erfolgs der kommunikationspolitischen Instrumente bei der Einführung des neuen Herrenduftes ermöglicht! Der Fragebogen sollte sich dabei auf die zuvor skizzierten zwei Stufen der Erfolgskontrolle beziehen sowie eine statistische Auswertung der Antworten erlauben.

Aufgabe 5

Nehmen Sie eine ökonomische Erfolgskontrolle der Produkteinführung vor! Berechnen Sie dazu den Stück- sowie den Gesamtdeckungsbeitrag! Welche Form einer differenzierteren Analyse von Produkt-Markt-Beziehungen bietet sich im Beispielsfall an?

Ein Jahr später: Der Absatz des neuen Herrenduftes ist rückläufig. Um die Umsatzzahlen zu steigern, erwägt Parfums de Passion ein neues, seit der Aufhebung des Rabattgesetzes in Deutschland mögliches Marketing-Instrument: Rabattgutscheine. Es sollen insgesamt fünf ganzseitige Anzeigen in einem Coupon-Magazin zu einem Preis von jeweils 65.000 € aufgegeben werden. Darüber hinaus sind den Ladenbesitzern, die auf den Coupons ausgewiesenen Gutschriften in Höhe von 5 € zu erstatten.

Weitere zehn Cent je Coupon sind an ein Clearinghouse zu zahlen, welches Einsammlung, Transport und Abrechnung der Coupons übernimmt. In diesem Betrag ist auch eine spezielle Beratung enthalten. Das Clearinghouse kann bei der Planung der Gutscheinaktion mit einer wetterberichtsähnlichen Genauigkeit vorhersagen, für welches Produkt bei welcher Rabatthöhe und welcher zeitlichen Befristung mit welchem Medium wie viele zusätzliche Verkäufe erreicht werden. Für die von Parfums de Passion erwogene Aktion werden 30.000 Verkäufe mit den Rabattgutscheinen vorhergesagt, davon entfallen 20.000 auf echte Neukunden.

Aufgabe 6

Führen Sie für den Einsatz von Rabattgutscheinen eine Werbeerfolgskontrolle durch!

Lösung

Aufgabe 1

Bei der Marketing-Kontrolle können drei Dimensionen von Bezugsobjekten unterschieden werden.

Erstens kann sich die Marketing-Kontrolle auf **Produkt-Markt-Beziehungen** richten. Produkt-Markt-Beziehungen oder Absatzsegmente sind Teilbereiche des Marktes, denen sich Kosten und Erlöse gesondert zurechnen lassen. Sie können daraufhin untersucht werden, ob und in welchem Umfang sie einen positiven Beitrag zum Erfolg des Unternehmens leisten.

Zum zweiten kann sich die Erfolgskontrolle auf **Marketing-Organisationseinheiten** beziehen, z.B. Produktmanagement-Teams oder Teile der Vertriebsorganisation. Bei der Abgrenzung derartiger Einheiten muß eindeutig geklärt werden, ob diese allein für das in diesem Bereich entstandene Ergebnis verantwortlich sind.

In der dritten Dimension von Bezugsobjekten werden **Maßnahmen** oder Instrumente des Marketing bzw. seiner Politikbereiche im Hinblick auf ihren Erfolgsbeitrag untersucht. Dabei kann zum einen der gesamte Marketing-Mix einer Erfolgskontrolle unterzogen werden. Zum anderen können einzelne Instrumente des Mix isoliert analysiert werden.

Innerhalb des dreidimensionalen Bezugsraums der Marketing-Kontrolle sind auch Kombinationen zweier Dimensionen möglich und sinnvoll. Der vorliegende Fall behandelt eine Kombination aus Absatzsegment und Mitteleinsatz. Für den selektiven Kosmetikmarkt wird der Erfolg kommunikationspolitischer Instrumente kontrolliert.

Aufgabe 2

Die Kommunikationspolitik stellt einen der vier Politikbereiche des Marketing dar. Dabei umfaßt die **Kommunikationspolitik** alle Maßnahmen des Unternehmens, die darauf gerichtet sind, Informationen über das Angebot und das Marketing eines Unternehmens zu vermitteln und die Empfänger im Dienste des Marketing zu beeinflussen. Die Kommunikationspolitik wird üblicherweise in die Instrumentalbereiche Werbung, Direktmarketing, Verkaufsförderung, Öffentlichkeitsarbeit und persönlicher Verkauf unterteilt.

Generell muß bei der Erfolgskontrolle der Kommunikationspolitik zwischen der vor- bzw. außerökonomischen und der ökonomischen Erfolgskontrolle differenziert werden. Während ein **vorökonomischer Erfolg** nicht unmittelbar zu monetären Auswirkungen führt, z.B. Bekanntheitsgradsteigerung infolge einer Werbekampagne, schlägt sich ein **ökonomischer Erfolg** im Unternehmenskontext in monetären Größen nieder, z.B. Umsatzänderung aufgrund einer Preissenkung. Eine alleinige Ermittlung des ökonomischen Erfolgs ist nicht ausreichend. Vielmehr verursachen kommunikationspolitische Maßnahmen auch vorökonomische Wirkungen wie etwa Berührungserfolg, Beeindruckungserfolg, Erinnerungserfolg, Bedürfnisweckung, Änderung des Bekanntheitsgrades oder des Images, die später zu ökonomischen Erfolgen führen.

Beim Herrenduft „Séduction“ der Firma Parfums de Passion handelt es sich um eine Produktneueinführung in den schon existierenden Markt für exklusive Herrenparfums. Das Unternehmen ist im betroffenen Markt schon seit geraumer Zeit tätig, die Distributionsstruktur ist bereits erprobt und die bisher vertriebenen Produkte werden von den Kunden angenommen. Es gilt nun den neuen Herrenduft am Markt bekannt zu machen, mögliche Akzeptanzprobleme zu überwinden und somit den Verkauf zu fördern. Dabei ist vor allem in der Anfangsphase das Erreichen von vorökonomischen Erfolgen, wie Produktbekanntheit und Einstellungsbildung, von hoher Bedeutung. Somit muß die Erfolgskontrolle zunächst am vorökonomischen Erfolg ansetzen.

Aufgabe 3

Um die vorökonomischen und ökonomischen Effekte einer Kommunikationsstrategie messen zu können, muß man den Prozeß der Werbewirkung zerlegen. Dann lassen sich auf den einzelnen Stufen die Teilwirkungen des Werbeerfolgs ermitteln. Diesbezüglich soll nach Wirkungen auf der Wahrnehmungs-, der Gedächtnis-, der Einstellungs- und der Verhaltensebene unterschieden werden.

Der unmittelbar erste Kontakt mit dem wahrzunehmenden Objekt hat einen wesentlichen Einfluß auf die Informationsverarbeitung wie auch die gefühlsmäßige Haltung gegenüber demselbigen. Den Methoden zur Messung der **Wahrnehmungsebene** kann der Berührungserfolg zugerechnet werden. Diese Größe bestimmt sich aus der

Relation Zahl der Werbeberührten zur Zahl der Werbegemeinten. Voraussetzung für die Erzielung eines Werbeerfolges ist ein Kontakt mit dem Werbeträger. Das werbende Unternehmen kann, unter Zuhilfenahme von Werbeträgeranalysen, jeweils die entsprechend gewünschte Zielgruppe ansprechen und über eine Befragung die angestrebte mit der realisierten Wirkung vergleichen.

Auf der **Gedächtnisebene** interessiert primär, inwieweit die Werbebotschaften Eingang in das Erinnerungsvermögen gefunden haben. Wirkungen auf der Gedächtnisebene können mit Hilfe der Methode des Wiedererkennens (Recognition-Methode) und der Methode des Erinnerns (Recall-Methode) bestimmt werden. Die erste Methode zielt auf die Wiedererkennung gesehener Werbebotschaften ab. Dabei wird der Wiedererkennungswert als Maßstab für den Aufmerksamkeitserfolg des Werbemittels interpretiert. Die Erinnerungsverfahren werden entweder gestützt (Aided Recall-Test) oder ungestützt (Unaided Recall-Test) durchgeführt. Beim gestützten Erinnerungsverfahren erhält die Testperson bestimmte Gedächtnisstützen, z.B. den Markennamen. Sie werden anschließend gefragt, ob sie sich an das Werbemittel erinnern. Bei dem ungestützten Erinnerungsverfahren handelt es sich um ein Testverfahren ohne jegliche Hilfestellung. Ein hoher Aufmerksamkeitserfolg stellt eine unabdingbare Voraussetzung für eine größere Bekanntheit des Produktes dar. Gerade bei der Neuprodukteinführung ist die Schaffung von Bekanntheit ein wichtiges Werbeziel.

Des weiteren soll der Einsatz der Kommunikationspolitik Emotionen bei den Zielgruppen auslösen und diese zu einem Produktkauf motivieren. Emotionen sind gerade im Zusammenhang mit Düften von besonderer Bedeutung. Daher sind auch die auf der **Einstellungsebene** Goodwill erzeugenden und imageprägenden Eindrücke sowie die dadurch begründeten emotionalen Reaktionen zu erfassen. Die Verfahren zur Einstellungsebene messen innerhalb einer werbeberührten Gruppe das Image vor und nach Durchführung einer bestimmten Werbeaktion Zur Beurteilung des Einstellungsänderungserfolgs werden ein- und mehrdimensionale Meßverfahren eingesetzt. Eindimensionale Verfahren messen nur eine Komponente der Einstellung, zumeist die affektive, emotionale. Zu dieser Gruppe gehören die beiden Meßtechniken Ratingskala und Likert-Skalierung. Die mehrdimensionale Einstellungsmessung bezieht neben der affektiven auch die kognitive Komponente ein. Das bekannteste Verfahren ist das Semantische Differential, mit dem sich auch flüchtige Wahrnehmungen und Eindrücke messen lassen.

Letztlich zielt die Kommunikationspolitik auf die Beeinflussung der **Verhaltensebene** ab. Die Kontakt-, Wahrnehmungs- und Einstellungsziele sind nur Zwischenziele im Hinblick auf den angestrebten monetären Erfolg. Jedoch läßt sich die Wirkung des Einsatzes kommunikationspolitischer Instrumente auf das eigentliche Konsumentenverhalten nur ausgesprochen schwer bestimmen. Die Unternehmen beschränken sich auf die Messung der Kaufabsicht bzw. die Markenpräferenz. Insbesondere der Aspekt der Markenpräferenz könnte für das Sortiment von größerer Bedeutung sein. Denn dieses positive Markenimage läßt sich dann auch auf neue Produkte übertragen, z.B. im Rahmen einer Pflegeserie der Firma Parfums de Passion.

Aufgabe 4

Der Fragebogen (siehe Abb. 1) dient der Bereitstellung relevanter Informationen für die strategische Vorkontrolle des Kommunikations-Mix und für die operative Erfolgskontrolle der eingesetzten Instrumente des Marketing. Die gestellten Fragen sind überwiegend direkt formuliert und lassen wenig Spielraum für eventuelle Fehlinterpretationen. Um die statistische Auswertung zu erleichtern, werden bei fast allen Fragen feste Antwortkategorien vorgegeben, wobei die Befragten teilweise aufgefordert sind mehrere Antworten zu geben. Insgesamt werden drei verschiedene Skalentypen bei der Erfassung der Antworten verwendet (in Klammern: Fragen):

- Nominalskala mit einer oder mehreren Antwortmöglichkeiten (1, 2, 3, 4, 5, 6, 8, 9, 13, 14),
- Ordinalskala mit drei Antwortmöglichkeiten (7, 10) und
- Ratingskala mit einer Antwortmöglichkeit (11, 12, 15).

Fragebogen zur Effektivität der Mediawerbung

1. Welcher Beweggrund hat Sie in das Warenhaus / die Parfümerie geführt?
   - o Konkreter Bedarf (Eigenbedarf oder Fremdbedarf / Geschenk)
   - o Einfach so (Shopping)
   - o Interessante Schaufensterdekoration
   - o Sonstiges (evtl. TV-Spot) ____________________________
2. Haben Sie in letzter Zeit TV-Werbung für Parfums gesehen?
   - o Ja, ⇒ für welche(s) Produkt(e) ____________________________
   - o Nein
3. Wissen Sie, daß Parfums de Passion den neuen Herrenduft „Séduction“ auf den Markt gebracht hat?
   - o Ja
   - o Nein ⇒ gehe zu Frage 6
4. Wie haben Sie zum ersten Mal von dem neuen Produkt Kenntnis erlangt?
   - o Im Fernsehen
   - o Plakat
   - o Anzeige (Magazin, Zeitung)
   - o Schaufensterdekoration

- o Mundpropaganda
- o Verkäuferin
- o Probe

5. Falls Sie mit mehreren Werbemitteln in Kontakt gekommen sind – welche Art der Werbung bzw. Verkaufsförderung hat Ihnen am besten gefallen?

   ____

6. Nutzen Sie in stärkerem Maße hochwertige Kosmetikprodukte, die man nur in Parfümerien oder in den Kosmetikabteilungen der Warenhäuser kaufen kann?
   - o Ja ⇒ Welche? ____________________
   - o Nein

7. Welche der im folgenden angegebenen Werbeträger bzw. Werbemittel halten Sie für am besten geeignet, Sie zum Kauf eines Parfums / Eau de Toilette zu animieren? Bitte geben Sie eine Rangfolge an (Top 3)!
   - o Fernsehwerbung
   - o Radiowerbung
   - o Schaufensterdekoration
   - o Plakatwerbung
   - o Verkäuferin
   - o Proben
   - o Mundpropaganda

8. Haben Sie in letzter Zeit (ca. 6 Monate) ein Parfum / Eau de Toilette gekauft?
   - o Ja ⇒ Welches? Für Sie selbst oder als Geschenk? ____________________
   - o Nein

9. Wenn Sie ein Parfum kaufen wollen, ziehen Sie es vor dieses alleine auszuwählen oder wollen Sie durch eine Verkäuferin beraten werden?
   - o Eigene Auswahl
   - o Beratung

10. Welche Faktoren sind für Sie beim Kauf eines Parfums / Eau de Toilette wichtig? Bitte geben Sie eine Rangfolge an (Top 3)!
    - o Duft
    - o Aufmachung (Verpackung, Flakon, etc.)
    - o Marke
    - o Werbemotiv / Assoziation
    - o Preis

11. Konfrontation mit dem Produkt „Séduction“. – Wie gefällt Ihnen die Aufmachung dieses Herrenduftes?
    - o Sehr gut (1)
    - o Gut (2)
    - o Mittel (3)
    - o Schlecht (4)
    - o Sehr schlecht (5)

12. Konfrontation mit dem Duft. – Wie gefällt ihnen der Duft „Séduction“?
    - o Sehr gut (1)
    - o Gut (2)
    - o Mittel (3)
    - o Schlecht (4)
    - o Sehr schlecht (5)
13. Falls der Konsument „Séduction“ gekauft hat: Welche Gründe bzw. Faktoren haben Sie letztendlich dazu bewegt „Séduction“ zu kaufen?

    ____

14. Gesprächspartner
    - o Weiblich
    - o Männlich
15. Alter
    - o < 25 Jahre
    - o 25-34 Jahre
    - o 35-44 Jahre
    - o 45-54 Jahre
    - o 55-64 Jahre
    - o ≥ 65 Jahre

Frage 1 dient als Aufwärm- bzw. Eisbrecherfrage und hat keinen direkten Bezug zur Erfolgskontrolle. Im Hinblick auf die **operative Erfolgskontrolle** der Media-Werbung werden Informationen über die realisierten und erinnerten Werbemittelkontakte, den aufgrund kognitiver Veränderungen erreichten Bekanntheitsgrad des Produktes sowie die Bewertung des Parfums durch die potentiellen Nachfrager gewonnen. Bezüglich des neuen Herrenparfums wird zunächst ungestützt erfragt, ob die Person (auch) den Fernsehspot für „Séduction“ gesehen hat und sich an den Namen des Produktes erinnern kann (Frage 2). Trifft dies nicht zu, wird gezielt unter Angabe des Produktnamens festgestellt, ob der Befragte den neuen Herrenduft kennt (Frage 3). Sofern die befragte Person von der Existenz des Produktes weiß, wird mittels Frage 4 erhoben, wie der Erstkontakt zustande gekommen ist. Die Liste der Antwortmöglichkeiten enthält zu Prüfzwecken mit dem Medium Rundfunk einen im Rahmen der Einführungskampagne von „Séduction“ nicht eingesetzten Werbeträger. Falls mehrere Kontakte erinnert werden, zielt die anschließende Frage auf die Bestimmung des vom Konsumenten präferierten Werbeträgers bzw. -mittels ab. Frage 6 dient als Filterfrage der Bestimmung des Personenkreises, dessen Mitglieder nicht als Eigenverwender des betrachteten Produktes in Frage kommen.

Mit Hilfe der Fragen 7 bis 10 werden auf der Stufe der **strategischen Vorkontrolle** Erkenntnisse über das Kaufverhalten der Konsumenten und deren Werbeträger- bzw. Werbemittelpräferenzen gewonnen. Dazu werden der interviewten Person zunächst eine Liste von Werbeträgern bzw. Werbemitteln vorgelegt. Die Zuordnung von Rängen erlaubt dabei eine Gewichtung der gegebenen Antworten. Frage 8 dient der Sammlung von Informationen über die Kaufhäufigkeit und die Marke des zuletzt gekauften Parfums. Mittels der Frage 9 wird ermittelt, ob die Konsumenten beim Kauf von Parfum eine Beratung durch eine Verkäuferin wünschen. Frage 10 geht der Bedeutung von fünf, im Zusammenhang mit Parfums potentiell kaufrelevanten Faktoren nach. Dabei erlaubt die verwendete Ordinalskala eine Gewichtung der erhaltenen Antworten.

Die Fragen 11 und 12 beziehen sich direkt auf das umworbene Produkt. Im Rahmen einer Konfrontation mit „Séduction" werden Werturteile über zwei wichtige Merkmale eines Parfums gewonnen, den Duft und die Aufmachung. Abschließend werden diejenigen Personen, die „Séduction" gekauft haben, nach ihren Motiven befragt und Erkenntnisse über die Gründe für die Kaufentscheidung ermittelt (Frage 13).

Schließlich dienen die erbetenen Angaben zum Geschlecht (Frage 14) und zum Alter (Frage 15) einer Einteilung der Grundgesamtheit der Befragung in verschiedene Klassen oder Gruppen mit homogenen Merkmalen. Auf weitere Fragen zur Person - etwa den Beruf und das Einkommen - wird verzichtet, da derartige Angaben nur äußerst ungern gemacht werden.

Aufgabe 5

Im Rahmen der ökonomischen Erfolgskontrolle der Produkteinführung soll der Stück- sowie der Gesamtdeckungsbeitrag ermittelt werden. Die geplante Absatzmenge ergibt sich aus dem Quotienten von geplantem Umsatz in Höhe von 7,5 Mio. € und dem Verkaufspreis pro Stück von 80 €. Demnach sollen 93.750 Flakons von „Séduction" veräußert werden. Die Berechnung des Stückdeckungsbeitrags ist Tab. 1 zu entnehmen.

	Verkaufspreis	80 €/Stück
–	40 % Wareneinsatz	32 €/Stück
–	7,5 % Vertriebsaufwand	6 €/Stück
–	15 % Handelsspanne	12 €/Stück
=	Deckungsbeitrag vor Kommunikationsaufwand	30 €/Stück

Tab. 1: Berechnung des Stückdeckungsbeitrags

Mit einem Stückdeckungsbeitrag von 30 € ergibt sich bei einem Planabsatz von 93.750 Flakons ein Gesamtdeckungsbeitrag vor Kommunikationsaufwand in Höhe von 2.812.500 €. Nach Abzug des Kommunikationsaufwands von 3,2 Mio. € erhält man für die Produkteinführungsphase einen negativen Gesamtdeckungsbeitrag in Höhe von 387.500 €. Allerdings sind in den späteren Phasen des Produktlebenszyklus deutlich niedrigere Marketingkosten und somit positive Gesamtdeckungsbeiträge zu erwarten.

Für eine differenziertere Untersuchung des ökonomischen Erfolgs bietet sich eine gesonderte Analyse der verschiedenen Vertriebsstätten an. Parfums de Passion kann zwischen den Absatzwegen unabhängige Fachparfümerien, Filialketten und Warenhäuser unterscheiden. Eine solche Erfolgsbeurteilung verschiedener Absatzwege und die Analyse einzelner Komponenten der Absatzwege wird allgemein als Absatzsegmentrechnung nach Absatzwegen bezeichnet.

Gemäß der Fallbeschreibung kann der produktspezifische Umsatz pro Vertriebsstätte tagesaktuell erhoben werden. Mit diesen zeitnahen Daten kann z.B. die Umsatzveränderung am Tag nach der Schaltung von Werbespots gemessen werden. Einige Aufwendungen der Kommunikationspolitik lassen sich sogar vertriebsstättenscharf zurechnen, z.B. die POS-Promotions. Somit kann eine Umsatzanalyse nach Absatzstätten erfolgen, die in gewissem Ausmaß Hinweise auf den Erfolg verschiedener kommunikationspolitischer Instrumente geben kann.

Aufgabe 6

Der ökonomische Werbeerfolg berechnet sich im Beispielsfall aus dem Produkt der speziell auf die Werbung zurückgehenden Absatzmenge mit dem Stückdeckungsbeitrag abzüglich der Werbekosten sowie den mit der Aktion verbundenen Erlöseinbußen bei Stammkunden, die nunmehr den Herrenduft mit dem Rabattgutschein zum günstigeren Preis erwerben.

Über die Anzeigen in den Coupon-Magazinen werden 20.000 Neukunden gewonnen. Infolge des Rabatts in Höhe von 5 € und der an das Clearinghouse zu entrichtenden Gebühr von 10 Cent verringert sich der Stückdeckungsbeitrag um 5,10 € auf 24,90 €. Insgesamt ergibt sich vor Werbekosten und Erlöseinbußen bei Stammkunden ein Gesamtdeckungsbeitrag in Höhe von 498.000 €. Die Werbekosten belaufen sich auf $5 \cdot 65.000 = 325.000$ €. Für die 10.000 Altkunden reduzieren sich die Erlöse um 50.000 € bei zusätzlichen Kosten des Clearinghouses in Höhe von 1.000 €. Insgesamt beläuft sich der Werbeerfolg auf $498.000 - 325.000 - 51.000 = 122.000$ €.

Bei der Berechnung des ökonomischen Werbeerfolgs bleiben die längerfristigen, nicht-monetären Kommunikationswirkungen unberücksichtigt. Coupons werden überwiegend für Lebensmittel eingesetzt. Sie passen nicht zum hochpreisig angebotenen Parfum und können daher erhebliche Imageprobleme auslösen. Sollte die für den selektiven Kosmetikmarkt typische Exklusivität durch Rabattgutscheine Schaden nehmen, wird mittel- bis langfristig das höhere Preisniveau gegenüber dem Massenmarkt nicht aufrechterhalten werden können.

Literaturhinweise

BERENS, W./HOFFJAN, A./SAAM, M.: Marketing-Controlling als Koordinationsinstrument in Unternehmen des öffentlichen Personennahverkehrs, in: kostenrechnungspraxis, 39. Jg. (1995), S. 93-98.

BERNDT, R.: Marketing 3, Marketing-Management, 2. Aufl., Berlin 1995.

HOFFJAN, A.: Kinderquark mit Sammelspaß - Marketing-Controlling, in: Controlling in Fallstudien: Von Erbsenzählern und Zahlenzauberinnen, hrsg. von Wolfgang Berens / Andreas Hoffjan / Walter Schmitting, Stuttgart 1999, S. 95-120.

HOFFJAN, A./REINERMANN, J.: Absatzsegmentrechnung, in: Wirtschaftswissenschaftliches Studium, 29. Jg. (2000), S. 129-135.

KÖHLER, R.: Marketing-Effizienz durch Controlling, in: Controlling, 1. Jg. (1989), S. 84-95.

KÖHLER, R.: Beiträge zum Marketing-Management, 3. Aufl., Stuttgart 1993.

KROEBER-RIEL, W.: Kommunikationspolitik – Forschungsstand und Forschungsperspektive, in: Marketing ZFP, 13. Jg. (1991), S. 164-171.

Michael Ceyp

Direktmarketing-Controlling

Der weltbekannte Automobilhersteller „Goforit“ aus Gifhorn klagt angesichts der eklatanten Steuer- und Abgabenerhöhungen der letzten Jahre (z.B. Öko-Steuer) über eine äußerst unbefriedigende Absatzlage. Der Marketingleiter Deutschland, Herr Rudolf Golfo, plant nun zusammen mit dem Vertrieb und den Händlern eine verkaufsorientierte Direktmarketingaktion.

Abgeleitet aus den strategischen Marktzielen des Unternehmens sollen in einem ersten Testlauf insgesamt 500.000 potentielle Interessenten angeschrieben werden. Dabei kann auf ein bewährtes Mailing zurückgegriffen werden, welches pro Stück einen Euro kostet. Das Mailing lädt zu einer Probefahrt ein, mit dem Ziel, feste PKW-Bestellungen zu generieren. Wenn das Test-Mailing erfolgreich ist, wird die Aktion auf die gesamte Bundesrepublik Deutschland ausgedehnt.

Die verwendeten Adressen werden aus zwei internen Quellen zusammengestellt. Erstens gibt es eine zentrale Interessentendatenbank des Herstellers, die über den Internetauftritt aufgebaut wird. Bundesweit haben sich insgesamt 350.000 Personen registriert. Hiervon kommen im relevanten Postleitzahlengebiet nach einer Datenbereinigung (z.B: aufgrund von Umzug) 90.000 Adressen in Frage.

Die restlichen Adressen sollen die 25 am Testlauf teilnehmenden Händlerbetriebe aus Norddeutschland beisteuern. Sie verfügen bereits über einschlägige Interessentendateien aus einem vorherigen Gewinnspiel und persönlichen Interessentengesprächen (nach dem notwendigen Dublettencheck und Bereinigung zusammen 225.000 Adressen). Ferner können 18.000 (Alt-)Kunden aus dem Raum Norddeutschland angeschrieben werden, die vor fünf Jahren das Vorgängermodell der aktuellen Serie erworben hatten. Insgesamt ergeben sich damit auf Händlerseite 243.000 Adressen.

Mit den intern vorhandenen 333.000 Adressen kann das ursprüngliche Ziel, 500.000 potentielle Interessenten anzuschreiben, jedoch nicht realisiert werden. Um die verbleibende Lücke von 167.000 Adressen zu schließen, wird auf einschlägige Adressen eines namhaften Adreß-Brokers zurückgegriffen. Diese Miet-Adressen werden überschneidungsfrei zu den internen Adressen geliefert und können anhand der Kernzielgruppe des Automobilherstellers sehr genau selektiert werden. Die Anmietung der hochwertigen Broker-Adressen kostet pro Adresse 0,9 EURO.

Nach Abschluß der Aktion liefert ein schematischer Vergleich der Resultate folgendes Bild:

Adressen	**Auflage**	**Response Probefahrer**	**Probefahrer abs.**	**Käufer in %**	**Käufer abs.**
Internet	90.000	0,3%	270	8%	22
Interes-senten	225.000	0,5%	1.125	9%	101
Kunden	18.000	1,6%	288	13%	37
Miet-Adressen	167.000	1,3%	2.171	12%	260

Summen: **500.000** **420**
(Hinweis: Angaben z.T. gerundet)

Aus dem Marketing Controlling erhält Herr Rudolf Golfo noch folgende Information zum durchschnittlichen Fahrzeugwert pro neu gewonnenem Käufer:

Adressen	**Durchschnittl. Fahrzeugwert**
Internet	19.400
Interessenten	20.100
Kunden	22.000
Miet-Adressen	20.750

Aufgabe 1

Erläutern Sie grundlegende Verfahren der Erfolgkontrolle im Direktmarketing.

Aufgabe 2

Führen Sie einen Wirtschaftlichkeitsvergleich der Aktion durch. Differenzieren Sie Ihre Analyse nach den verschiedenen Adreß-Quellen.

Aufgabe 3

Sollte die Aktion aus Ihrer Sicht auf Deutschland gesamt ausgedehnt werden? Wenn ja, welche Datenstrategie sollte Goforit verfolgen?

Lösung

Aufgabe 1

Zu den grundlegenden Verfahren der Erfolgskontrolle im Direktmarketing zählen:
- Die Berechnung der Responsequote,
- Kostenvergleichsanalysen,
- Umsatzvergleichsanalysen und
- Break-Even-Analysen.

Unter der „**Responsequote**" wird im Direktmarketing allgemein der Quotient von erzielter, gewünschter Response zur Zahl der postaufgelieferten Sendungen verstanden. Wichtig ist es an dieser Stelle allerdings festzuhalten, dass andere positive Wirkungen einer Direktmarketingaktion (sog. nicht-ökonomische Erfolgsgrößen), wie z.B. Erhöhung von Markenbekanntheit, Festigung der Kundenbindung ohne Reaktion u.ä. in der Regel wegen Quantifizierungsproblemen nicht in die weiteren (Response)-Analysen einbezogen werden. Nachteilig an der einfach zu erhebenden und daher weit verbreiteten Größe „Responsequote" ist, daß die Responsequote keine Kostenunterschiede verschiedener Werbemittel (z.B. Werbemailings) berücksichtigt. So ergeben aufwendige Mailings in der Regel auch eine bessere Response. Aber lohnt sich dieser Zugewinn an Response im Vergleich zu den höheren Kosten?

Hier bieten sich **Kostenvergleichswerte** zur Erfolgsbeurteilung an. Sie machen die Kosten von Mailingaktionen in bezug auf die erreichte Wirkung transparent. Typische Kostenkennzahlen sind die Kosten pro Kontakt („CpC" Cost per Contact oder auch Cost per Customer), die Kosten pro Interessent „CPI" oder auch die Kosten pro Order „CPO". Diese Werte können je nach Branche und Mailinginhalt sehr stark schwanken (beginnend ab ca. 10 EURO bis hin zu mehreren hundert EURO). Vorteilhaft an den Kostenvergleichswerten ist, daß die Kostenpositionen eines Direktwerbemittels relativ leicht erhoben werden können (z.B. Adreßbeschaffung, -aufbereitung, Lettershop, Porto, Werbemittel, Versandhülle, Reaktionsmedium, Agentur, Beigaben). Demgegenüber ist die Vernachlässigung kundenindividueller Unterschiede innerhalb der Response ein wesentlicher Nachteil.

Umsatzvergleichswerte beleuchten im Gegensatz zu den Kostenwerten die Erlösseite. Eine typische Größe ist der durchschnittliche Umsatz pro Bestellung. Allerdings vernachlässigen Umsatzvergleichswerte wiederum die Kostenseite.

Diese Einschränkung überwinden **Break-Even-Analysen**, indem sie Kosten- und Umsatzseite zusammen analysieren. Break-Even-Analysen planen, bei welcher Rücklaufquote/Bestellquote die Gewinnschwelle erreicht wird. Hierzu sind die Aktionskosten in fixe und variable Kostenbestandteile aufzugliedern. Fixe Kostenbestandteile fallen dabei unabhängig von der Aussendungs- oder Responsemenge an (z.B. Kosten für Agenturleistungen). Variable Kosten steigen mit zunehmender Aussendungsmenge (z.B. Porto und Produktionskosten) Die Kostenkurve aus fixen und variablen Kosten wird der prognostizierten Umsatzkurve gegenübergestellt. Der Schnittpunkt beider Kurven zeigt dann die Gewinnschwelle. Break-Even-Analysen ermitteln nicht nur eine erfolgskritische Rücklaufquote. Wie eine Sensitivitätsanalyse ermöglichen sie auch die Variation verschiedener Variablen (z.B. Mailingkosten, durchschnittlicher Umsatz je Bestellung). Ferner eignen sie sich zur Errechnung eines Gesamtdeckungsbeitrages einer Aktion. Allerdings ist die Break-Even-Analyse ein statisches Instrument mit z.T. recht groben Annahmen und ausgeprägter Durchschnittsbildung. Auch bleibt die angemessene Einbeziehung positiver Wirkungen einer Direktmarketingaktion, wie z.B. Erhöhung von Markenbekanntheit, Festigung der Kundenbindung ohne Reaktion u.ä. auch im Rahmen von Break-Even-Analysen weitgehend ungelöst.

Aufgabe 2

Ein Wirtschaftlichkeitsvergleich der Aktion differenziert nach den verschiedenen Adress-Quellen sieht folgendermaßen aus:

Adressen	Käufer abs.	Durchschnittl. Fahrzeugwert	Umsatz	Kosten inkl. Adressen	Werbekosten zu Umsatz
Internet	22	19.400	427.000	90.000	21%
Interes-senten	101	20.100	2.030.000	225.000	11%
Kunden	37	22.000	814.000	18.000	2,2%
Miet-Adressen	260	20.750	5.395.000	317.300 (1,9 pro Brief)	5,9%
Summen:			8.666.000	650.300	7,5%

Aufgabe 3

Die Aktion hat sich unter der Prämisse gelohnt, daß die Werbekosten, Händlerspanne und die Fertigungskosten addiert nicht über dem erzielten Umsatz liegen. Anders formuliert: wenn die Aktion einen positiven Deckungsbeitrag geliefert hat.

Nimmt man nun Produktionskosten von 65% des Endverkaufspreises und eine Handelsspanne von 20% an, so lohnt sich die Verwendung der Internetadressen nicht.

Die Adressen der Händler sind vergleichsweise werbeintensiv. Damit empfiehlt sich zunächst die Verwendung der Adressen der bisherigen Käufer. Da dieses Potential allerdings begrenzt ist, sollte Goforit die Aktion mit hochwertigen Mietadressen komplettieren.

Literaturhinweise:

CEYP, M.: Erfolgskontrollen im Direktmarketing, in: DIREKT MARKETING 4/2002, S. 26-31.

HÖLSCHER, U.: Kalkulation einer Direktwerbe-Aktion, in: Dallmer, H. (Hrsg.), Direct Marketing & More, 8. Auflage, Wiesbaden 2002, S. 459-470.

KEHL, R.,: Controlling mit Database Marketing, Ettlingen 2000.

3. Distributionspolitik

Jörn Krüger

Key-Account-Management

Für eine effiziente Aufgabenerfüllung können Verkäufer nach Gebiets-, Produkt-, Kunden- oder Funktionskriterien organisiert werden, wobei neben einem Kriterium (eindimensionale Vertriebsorganisation) auch mehrere Kriterien gleichzeitig berücksichtigt werden können (mehrdimensionale Vertriebsorganisationen).

Das Key-Account-Management (KAM) stellt hierbei eine spezielle Form der Strukturierung der Vertriebsorganisation nach Kunden dar, die sich Anfang der 70er Jahre zunächst in der Lebensmittelbranche stark etablierte, heute aber überall sowohl im Konsumgüter- und Dienstleistungsbereich als auch im Investitionsgüterbereich die typischen Außendienstorganisationen ersetzt bzw. ergänzt. Das KAM ist zunächst eine Form der Vertriebsorganisation, bei der Abnehmer, die eine Schlüsselposition für den Erfolg eines Unternehmens einnehmen, intensiver und mit höherer Priorität und Aufmerksamkeit bearbeitet werden. Derartige Schlüsselkunden werden Key-Accounts (KAs) genannt; ihre starke Machtposition im Absatzkanal bzw. ihre hohe Nachfragemacht führen zu einer Abhängigkeit der Lieferanten und zur Notwendigkeit, die Vertriebsorganisation auf die Bedürfnisse dieser Kunden einzustellen. Dazu sind die wesentlichen Managementfunktionen und Richtlinienkompetenzen zur Steuerung der Beziehungen mit den Key-Accounts einer eigenen Stelle, dem Key-Account-Manager, zugeordnet. Dieser ist sortimentsübergreifend für einen Kunden bzw. ein Kundensegment zuständig. Da er versucht, Beziehung und Marketing-Mix kundenindividuell auszugestalten, kann das KAM als Form der Leistungsindividualisierung angesehen werden und ist somit mehr als nur aufbauorganisatorisches Prinzip, sondern eine strategische Denkhaltung im Sinne des Beziehungsmanagements.

Aufgabe 1

Welche Marktbedingungen machen ein KAM notwendig ? Welche Gründe könnten gegen den Einsatz sprechen ?

Aufgabe 2

Welche Zielsetzungen und Aufgaben verfolgt das KAM ?

Aufgabe 3

a) Welche Kompetenzausstattung muß ein KA-Manager für seine Tätigkeit aufweisen ?
b) Was für ein Anforderungsprofil muß ein KA-Manager erfüllen ?

Aufgabe 4

Welche Ebenen bzw. Dimensionen lassen sich für eine erfolgreiche Ausgestaltung des KAM unterscheiden ?

Aufgabe 5

Inwieweit kann das KAM durch E-Commerce unterstützt werden ?

Lösung

Aufgabe 1

Die Marktbedingungen, die die Einführung eines KAM notwendig machen, gelten heute in vielen Branchen. Ausgangspunkt waren Veränderungen in der Handelslandschaft – zunächst im Lebensmittelhandel seit Anfang der 70er Jahre -, die zu einem tiefgreifenden Strukturwandel („merkantile Revolution“) führten. Für Herstellerunternehmen bedeutete dies ein *Konzentrationsprozeß auf der Abnehmerseite*.
Die ökonomischen Rahmenbedingungen haben sich durch das Auftreten preisaggressiver Anbieter, kürzerer Produktlebenszyklen, stagnierender Märkte, Gemeinkostensteigerung und einem preisbewußtem Käuferverhalten für Hersteller *und* Handel verschärft. Der Handel hat sich allerdings durch Internationalisierung und Unternehmensaufkäufe und Fusionen, die zu einer Unternehmenskonzentration führten, vom Hersteller in hohem Maße emanzipiert. Daraus ist eine *Nachfragemacht* des Handels entstanden, die die Hersteller in eine Abhängigkeit von den Beschaffungsentscheidungen des Handels getrieben hat. Dies wird verstärkt durch die *Gatekeeper-Rolle* des Handels: Eine zunehmende Produktvielfalt und das Eindringen neuer Anbieter haben zu einem stärkeren Kampf um die Regale geführt. Seine dominierende Stellung in der Wertschöpfungskette (*Filterfunktion)* stellt eine Hürde für das Endverbraucher-Marketing des Herstellers dar: Er bestimmt, ob ein Produkt überhaupt vertrieben wird (Distributionsfilter, Gatekeeper-Funktion), ob ein Produkt dem angestrebten Image entsprechend vertrieben wird (Imagefilter), die Präsentation des Produktes und Regalplatzfläche (Platzierungsfilter) sowie Art und Qualität von Beratungs- und Serviceleistungen des Handels (Service- und Beratungsfilter).

Durch diesen Emanzipationsprozeß ist der Handel weniger im Zugzwang als der Hersteller. In Verbindung mit Käufermärkten im Endverbraucher-Marketing kommt dem handelsgerichteten Marketing des Herstellers daher eine wesentlich höhere Bedeutung als dem Beschaffungs-Marketing des Handels zu. Tatsächlich führt die sich in immer mehr Branchen ausbreitende Erkenntnis, daß nicht nur der Endverbraucher, sondern auch alle vorgelagerten Absatzmittler über den Marketingerfolg eines Unternehmens entscheiden, zu einer zunehmenden Marketing-Orientierung des Herstellers gegenüber dem Handel. Neben dem Trade-Marketing als handelsorientiertes Marketing-Mix hat sich als Folge der Handelsemanzipation deshalb das KAM als Marketing-Konzeption entwickelt, die auf die speziellen Bedürfnisse der nur noch wenigen, aber höchst bedeutsamen Handelskunden den Schwerpunkt legt. Die Bedeutung wird an der häufig genannten 80/20-Regel deutlich, nach der 20% der Kunden eines Unternehmens 80% des Umsatzes ausmachen; allgemein liegt Nachfragemacht dann vor, wenn der Anteil eines Herstellerunternehmens am Einkaufsvolumen des Handelsbetriebes kleiner ist als der Anteil des Handelsbetriebes am Absatzvolumen des Herstellerunternehmens.
Das Trading-Up des Handels im Zuge des Heranwachsens zu z.T. großen Konzernen führte zu einer *Entscheidungszentralisation und Professionalisierung beim Einkauf* und zu verstärkten eigenen Marketingaktivitäten. Die Einkaufsentscheidungen werden innerhalb von komplexen Buying-Center, d.h. zentralen Einkaufsgremien mit differenzierten Managementfunktionen, getroffen. Auch der Einsatz moderner Datenverarbeitungstechnologie (geschlossene Warenwirtschaftssysteme) und die höhere Qualifikation der Mitarbeiter haben die Entscheidungsprozesse im Einkauf verbessert.

Diese Marktbedingungen der Beziehung zwischen Hersteller und institutionellem Handel dehnen sich heute auf weite Teile des Business-to-Business-Bereichs aus. Hersteller sehen sich gezwungen, den Veränderungen bei Struktur und Entscheidungsverhalten der Abnehmer durch die Einführung des KAM Rechnung zu tragen.
Trotz des unbestrittenen Nutzens des KAM-Ansatzes können einige Rahmenbedingungen bzw. unternehmensspezifische Gegebenheiten gegen einen Einsatz sprechen bzw. bei der Einführung zu Problemen führen:

Größenprobleme

- es gibt keine bedeutenden Kunden, deren Betreuung durch KA-Manager sich rechnet (fehlende Konzentration auf der Abnehmerseite);
- es werden nicht wiederholt große Mengen eines Produktes von den Kunden abgenommen;
- die Produktlinie ist zu eng und das Unternehmen zu klein, um KAM vorteilhaft einsetzen zu können;

(1) Koordinationsprobleme

- es existieren dezentrale Organisationsstrukturen im Vertrieb, die nicht mit dem KAM vereinbar sind;

- die regionalen Verkaufseinheiten treffen alle Entscheidungen selbst, so daß die Koordinationstätigkeit des KA-Manager nicht benötigt wird;
- die Größe der bestehenden Feldverkaufsorganisation ist sehr gering, so daß ein übergeordnetes KAM die Koordination nicht verbessern würde;
- Koordinationsaufwand beim Anbieter steigt (Koordination von Produkten, Funktionen und KA);

(2) Großkundenfixierung
- Vernachlässigung von Kundenpotentialen: Aufbau von C-Kunden zu A-Kunden;
- Entstehung einer zu großen Abhängigkeit von Abnehmern, die einen starken Umsatzanteil repräsentieren;
- KAM führt zu Preiserosion und kostenlosen Sonderservice, ohne Vorteile für den Anbieter zu bringen;

(3) Implementierungsprobleme
- Beschaffung qualifizierten Personals für die KAM-Positionen gelingt nicht;
- Klassifikation von KAs gelingt nicht;
- Differenzierung bei der Kundenbehandlung kann intern nicht durchgesetzt werden;
- interne Konflikte, weil bestehende Verkäufer attraktive Kunden verlieren und sich auf kleinere beschränken müssen.

Aufgabe 2

Die Ziele des KAM lassen sich wie folgt systematisieren:

(1) Kundennähe und Kundenbindung

Die Instrumente des Beziehungsmanagements sollen den KA enger an den Anbieter binden: Durch die Personalisierung der Geschäftsbeziehung soll das Geschäftsklima verbessert werden, in dem es harmonisch und konfliktarm bleibt. Durch Individualisierung der Problemlösungen i.S.d. One-to-One-Marketings soll die Verhandlungsmacht des Anbieters erhöht werden und die Geschäftsinitiative zurückgewonnen werden.

(2) Erschließung von Synergien

Durch enge Zusammenarbeit und die Verzahnung der Wertschöpfungsaktivitäten zwischen Lieferant und KA können Synergieeffekte entstehen, z.B. durch Just-in-time-Zulieferung oder simultaneous engineering. Durch die Schnittstellenfunktion des KA-Managers können diese besser erschlossen werden.

(3) Senkung von Transaktionskosten

Durch die Bündelung der kundenbezogenen Aktivitäten beim KA-Manager soll die Geschäftsbeziehung auf Informations-, Geld- und Güterebene auf beiden Seiten rationalisiert werden (z.B. Vermeiden von Parallelbesuchen beim Kunden). Damit wird der Koordinationsaufwand der zwischenbetrieblichen Koordination und der innerbetrieblichen, abteilungsübergreifenden Koordination minimiert (sortimentsübergreifende einheitliche Preispolitik).

Die Aufgaben der Stelleninhaber des KAM leiten sich aus den Funktionen ab, die sie mit ihrer Tätigkeit erfüllen müssen. Diese wiederum wurden aus der funktionalen Management-Theorie abgeleitet.
Vier Funktionen können dabei unterschieden werden:
(1) Informationsfunktion
Aufgabe des KA-Managers ist es, alle relevanten Informationen über seine Schlüsselkunden zu sammeln, zu analysieren, zu interpretieren und an die richtigen Stellen im Unternehmen weiterzuleiten.
(2) Planungs- und Promotorfunktion
Zu den Aufgaben des KA-Managers gehört eine kundenspezifische Marketingplanung für die Entwicklung und Sicherung des Geschäftes. Dieses individuelle Konzept enthält neben dem Mengen-Mix für die verschiedenen Produktarten auch die geplanten Maßnahmen für die Stimulierung und Sympathieerhaltung der Kunden sowie strategischer Optionen für den vertikalen Wettbewerb (vertikales Marketingkonzept).
(3) Koordinations- und Diplomatenfunktion
Zu den Hauptaufgaben des KA-Managers zählen die Pflege der Schlüsselkundenkontakte sowie Abwicklungs- und Koordinationstätigkeiten hinsichtlich der Austauschprozesse auf der Güter-, Geld- und Informationsebene. Bei der externen Koordination tritt der KA-Manager als Diplomat auf, um – z.B. beim Abschließen von Verträgen mit Kunden – die auftretenden Zielkonflikte im Interesse des eigenen Unternehmens zu lösen. Daneben ist er aber auch ein interner Koordinator, der die Abstimmung mit den regionalen Vertriebseinheiten, Marketing-, F&E- und Produktionsabteilung durchführt.
(4) *Kontrollfunktion*
Der KA-Manager ist ebenso für die Kontrolle der Geschäftsentwicklung, der Einhaltung vereinbarter Aktivitäten und der eigenen Wettbewerbsposition bei seinen Kunden verantwortlich. Dazu gehört die Analyse von Soll-Ist-Abweichungen und die Erarbeitung von Vorschlägen zur Behebung.

Aufgabe 3

a) Folgende Kompetenzen sollten für die Erfüllung seiner Funktionen gegeben sein:
- Verhandlungsrechte (z.B. Preis und Konditionen);
- Abschlußrechte (z.B. Umsatzvereinbarungen);
- interne Abstimmung hinsichtlich des Umfangs von Angeboten und die externe Durchsetzung dieser Angebote beim Kunden;
- Weisungsrechte an regionale Vertriebseinheiten und Feldorganisation zur Durchführung notwendiger Maßnahmen (z.B. Einleitung von Marketingaktivitäten);
- Mitwirkungsrechte in Entscheidungsgremien von Vertrieb und Marketing;
- Kontrollrechte (z.B. Abwicklung von Aktionen, Einsichtnahme in Bücher).

Obwohl viele Elemente des KAM erst durch eine ausreichende Kompetenzausstattung des KA-Managers genutzt werden können, beschränkt sich seine Rolle in der

Praxis häufig auf die einer Informationssammelstelle mit einem Recht auf Einflußnahme bei Entscheidungen. Bestätigt wird die Bedeutung weitreichender Kompetenzen durch die Beobachtung, daß die Entscheidungskompetenzen um so höher sind, je höher das KAM im Unternehmen entwickelt ist.

b) Das Anforderungsprofil ergibt sich aus den beiden Funktionen des KA-Managers: Der KA-Manager ist gleichzeitig Projektmanager und Spitzenverkäufer. Auf der einen Seite soll der KA-Manager das Geschäft und die speziellen Probleme seiner Großkunden kennen. Eigene Erfahrungen in den Abnehmerorganisationen sind deshalb ein großer Vorteil. Zumindest sollte er aber über längere Verkaufserfahrung und Verhandlungsgeschick verfügen. Damit verfügt er i.d.R. über die ausgeprägten Kontaktfähigkeiten eines Verkäufers. Andererseits soll er das analytische Instrumentarium eines Projektmanagers beherrschen. Er muß Berater und Problemlöser für seine Kunden sein, der ihre übergeordneten Probleme versteht und eigene Konzepte für deren Lösung anbietet. Dazu muß er in der Lage sein, eigenständig neue Marktentwicklungen aufzugreifen, Kundenwünsche zu identifizieren und eigene Schwächen zu erkennen.

Aufgabe 4

Aus konzeptioneller Sicht lassen sich die drei Dimensionen „Organisation", „Funktion" und „Strategie" bei der Gestaltung eines KAM unterscheiden, die Voraussetzungen für dessen Erfolg sind:
Die *strategische Ebene* des KAM beinhaltet die Aufstellung einer vertikalen Marketingstrategie, die das KAM als integrativen Bestandteil enthält. Hierzu gehören die Entwicklung kundenindividueller Marketingkonzepte und die Selektion der Schlüsselkunden. Ziel dieser vertikalen Marketingstrategien ist oft die Erschließung von Synergiepotentialen und die Schaffung von Präferenzen für das eigene Unternehmen; für Konsumgüterhersteller steht die Rückgewinnung der Geschäftsinitiative gegenüber dem Handel im Vordergrund. Für die strategische Ausgestaltung des KAM ist eine umfassende Analyse der relevanten Unternehmensumwelt und der beteiligten Unternehmensbereiche notwendig.
Die *funktionale Ebene* beinhaltet die Managementfunktionen zur Steuerung der Transaktionen mit bedeutenden Kunden bzw. das sich daraus ergebende Aufgabenspektrum des KA-Managers. Der Erfolg des KAM hängt hier davon ab, inwieweit die tatsächliche Funktionsausfüllung dem konzeptionellen Idealzustand nahe kommt. Notwendige Voraussetzung hierfür ist, daß der KA-Manager Zugang zu internen und externen Informationssystemen erhält, die ihm die benötigten Daten in voller Transparenz zur Verfügung stellen. Ferner erfordert seine Tätigkeit eine bereitwillige und kompromißfähige Zusammenarbeit mit allen tangierten Funktionsinhabern. Damit die hohen Anforderungen an den KA-Manager erfüllt werden können, sollte seine Stelle mit einer geeigneten (hohen) Qualifikation besetzt werden.

Auf der *organisatorischen Ebene* wird die richtige aufbauorganisatorische Einbindung des KA-Managers festgelegt. Hierfür ist zunächst eine klare Funktionsbeschreibung notwendig, die die Konzentration aller kundenbezogenen Aktivitäten an einer Stelle im Unternehmen sowie die sortimentsübergreifende und überregionale Zuständigkeit des KA-Managers für ein bestimmtes Kundensegment beinhaltet.
Als ein Problem des KAM innerhalb einer Vertriebsorganisation wird häufig der Widerstand der etablierten Vertriebsmitarbeiter der Feldverkaufsorganisation gegen das „Fleddern" des Kundenstammes bei der Einführung des KAM gesehen. Dadurch, daß ihnen gerade ihre besten Kunden weggenommen werden, wird die Motivation der u.U. langjährig erfolgreichen Verkäufer geschwächt. Konflikte mit dem neuen KAM sind vorprogrammiert.
Die Einführung von KAM als Linienfunktion stellt eine neue organisatorische Hierarchieebene in der Vertriebsorganisation dar, die häufig zu neuen (personellen) Koordinationsproblemen führt. Grund dafür ist, daß der Erfolg des KAM (zumindest in der ersten Phase) stark von der Unterstützung durch die bisherige regionale Vertriebsorganisation abhängt, die sich aber durch die Umstrukturierung degradiert fühlt.
Eine Möglichkeit, Konflikte zu verhindern, ist die geographisch organisierte Feldverkaufsorganisation abzuschaffen, weil deren Funktionen vom KAM erfüllt werden können. Ganz auf eine Feldverkaufsorganisation zu verzichten, wird für viele Unternehmen allerdings nicht möglich sein (z.B. Betreuung der übrigen Kunden). Kriterium für die Entscheidung, inwieweit der KA-Manager die Funktionen der Feldverkäufer übernehmen kann, sind die Organisation und die Bedürfnisse des Kundenunternehmens, die es bei der eigenen Organisation abzubilden gilt. Doch auch, wenn eine Feldverkaufsorganisation beibehalten werden muß, können Konflikte durch einen Wandel der geographisch orientierten Außendienstorganisation zu einer kundenorientierten Außendienstorganisation verhindert werden.
Eine weitere Möglichkeit ist, einem Vertriebskoordinator die Funktion des Schiedsrichters zwischen KAM und Feldverkaufsorganisation zu übertragen. Er koordiniert die Verkaufsplanung, z.B. indem er die einzelnen Teilpläne der KA-Manager und die der Führungskräfte der Feldverkaufsorganisation zu einem Gesamt-Plan aggregiert. Selbst wenn dafür eine neue Stelle geschaffen werden muß, kann diese Lösung geeignet sein, da sie nach erfolgreicher Umstrukturierung auch wieder abgebaut oder eingegliedert werden kann.
Weiterhin ist denkbar, die Funktionen des KAM direkt in die Feldverkaufsorganisation zu integrieren, ohne neue Stellen für das KAM zu schaffen. Diese Lösung kann dann geeignet sein, wenn die bestehenden Führungskräfte und Mitarbeiter den erweiterten Aufgaben gewachsen sind oder durch Ausbildung und Training leicht dafür zu qualifizieren sind.

Aufgabe 5

Electronic Commerce (EC) als Abwicklung von Transaktionen über das Internet ist ein zusätzlicher Vertriebskanal, der für neue Geschäftsmodelle, aber auch für die Unterstützung der bereits bestehenden Vertriebskanäle genutzt wird. Auch die Vertriebsprozesse des KAM können durch die Nutzenpotentiale des EC unterstützt werden. Ziel dabei ist, die Effizienz zu erhöhen und die Abnehmer durch bestimmte Zusatznutzen besser an sich zu binden. Zur Unterstützung der Phasen der Leistungserstellung dienen grundsätzlich alle Formen von Informations- und Kommunikationssystemen (IuK-Systeme). Bevor sich Internet und World Wide Web (WWW) durchsetzten, existierten Anfang der 90er Jahre schon geschlossene kommerzielle Systeme mit proprietären Standards. Zwischen Handel und Industrie führte das Streben nach Effizienz schon früh zur Entwicklung von Formen der Datenfernübertragung, um automatisiert Daten zwischen ihren DV-Anwendungen auszutauschen. Als elektronischer Datenaustausch in einem standardisierten Datenformat hat sich Electronic Data Interchange (EDI) durchgesetzt. Trotzdem gibt es keinen einheitlich implementierten Standard, sondern branchenspezifische und nationale Standards, was insbesondere internationale Kooperationen erschwert.

Aufbauend auf der informatorischen Kopplung durch EDI begannen Hersteller- und Handelsunternehmen die Schnittstelle zwischen ihnen durch Efficient Consumer Response (ECR) insgesamt zu optimieren (Logistik- und Marketingbereich).

Der Fokus beim Einsatz des Internet/WWW im KAM liegt deshalb auf Unternehmen im Industriegüterbereich, zwischen denen keine EDI-Lösungen bestehen oder gar ECR-Programme und ein vollständiges Supply Chain Management implementiert sind. Die Vernetzung über ein sog. Value Added Network, um Daten im EDI-Format auszutauschen, bedeutete für viele Unternehmen in diesem Bereich sowohl innerhalb von Zulieferer-Hersteller- als auch Hersteller-Handels-Beziehungen prohibitiv hohe Kosten. Ferner bietet das WWW erstmals ein offenes, für internationale Kooperationen fähiges System mit einheitlichem Standard.

Durch den Vorteil der *orts- und zeitunabhängigen Präsenz* des EC können neue Standorte bestehender KAs mit Informationen versorgt werden in Ländern, in denen es keine Niederlassungen des Anbieters gibt (z.B. durch Online-Datenbanken für technische Fragen in der After-Sales-Phase). Der Aufbau neuer Anlaufstellen mit dem damit verbundenen Ressourceneinsatz kann so z.T. vermieden werden.

Der Vorteil der Aktualität des EC kann die Kommunikations- und Geschäftsabwicklungsprozesse des KA beschleunigen: Ist die EC-Anwendung des Anbieters mit seinem Warenwirtschaftssystem gekoppelt, können Produktverfügbarkeit, Liefertermine, Auftragsabwicklungsstatus u.ä. in Echtzeit abgerufen werden. Eine interne Abstimmung über Gültigkeit und Aktualität von Informationen entfällt, da alle Standorte des KA auf den gleichen Stand von Informationen zugreifen können. Für den weltweit agierenden KA entfällt auch der interne Verteilungsaufwand von individuellen Informationen (z.B. über kundenindividuelle Spezifikationen) an die jeweiligen interessierten Personen. Mitarbeiter in der Produktentwicklung müssen nicht mehr über

den KA-Manager den richtigen Ansprechpartner im Anbieterunternehmen finden, sondern können direkt auf die für sie relevanten (evt. paßwortgeschützten) Informationen zugreifen.
Der KA profitiert aber auch von der schnelleren Reaktion des Anbieters, die seine Durchlaufzeit verkürzt: E-Mail-Kommunikation, automatische Weiterleitung von Anfragen an die zuständigen Stellen u.a. beschleunigen Geschäftsanbahnung, -aushandlung und -abwicklung.
Der Preis- und Kostendruck auf KA-Manager wird ferner durch *Kosteneinsparungen*, die durch die Nutzung von EC entstehen, reduziert. Auf Anbieterseite fallen Bearbeitungskosten für Anfragen weg, die der Kunde selbst durchführt. Informationsaufbereitungs- und -übermittlungskosten werden durch die Automatisierung reduziert. Die zeitliche Entlastung könnte dann dazu genutzt werden, für den KA die Aufbereitung der Bestandsdaten der eigenen Produkte zu übernehmen, die dieser online abrufen kann. Neben den Informationsaufbereitungskosten bei der Bestellung reduziert der KA diese auch beim Bestandsmanagement.
Ferner kann die *Interaktivität* des EC für das KAM genutzt werden: Im Industriegüterbereich fordern KAs meist kundenspezifische, bereichs- und produktübergreifende Problemlösungen. Die maschinelle Interaktivität von EC-Anwendungen ermöglicht die virtuelle Konfiguration dieser Problemlösungen. Damit unterstützt die EC-Nutzung die Individualisierung von Leistungen.

Literaturhinweise

DILLER, H.: Key-Account-Management als vertikales Marketingkonzept, in: Marketing ZFP, 11. Jg. (1989), S. 213-223.

GEGENMANTEL, R.: Key-Account-Management in der Konsumgüterindustrie, Wiesbaden 1996.

GRUNER, K. / GARBE, B. / HOMBURG, C.: Produkt- und Key-Account-Management als objektorientierte Formen der Marketingorganisation, in: DBW – Die Betriebswirtschaft, 57. Jg. (1997), S. 234-251.

RAU, H.: Key-Account-Management, Wiesbaden 1994.

SIDOW, H.D.: Key-Account-Management, Landsberg / Lech 2000.

STORP, N.: Key-Account-Management und E-Commerce, Nürnberg 2001.

Ralph Tunder und Sven Franzen

Sortimentsbereinigung und ihre Konsequenzen für die Hersteller-Handel-Beziehung am Beispiel von kd und Ihr Platz

Die Drogerieketten kd und Ihr Platz verärgern mit ihrer gegenwärtigen Beschaffungspolitik ihre Lieferanten. Selbst namhafte Markenartikler, die auf die Forderungen beider Unternehmen bisher nicht eingegangen sind, wurden bis auf weiteres kurzerhand ausgelistet. Es herrsche für die Lieferanten eine neue „Zeitrechnung", so die Begründung der DW Einkaufs- und Service GmbH & Co. KG in Hamm, die als gemeinsame Einkaufsgesellschaft von kd und Ihr Platz fungiert. Dabei scheint es so, als wenn die Verantwortlichen der DW Einkaufs- und Servicegesellschaft keine Freunde von langen Verhandlungen sind. Nur zwei Wochen, nachdem fünfzig namhafte Lieferanten nach Hamm geladen wurden, um ihnen die künftige Sortimentsstrategie von kd und Ihr Platz zu erläutern, folgten bereits die ersten Auslistungen. Die betroffenen Lieferanten schildern die Situation als „extrem unfreundlich", schließlich will die DW die Hersteller nicht im Glauben lassen, sie wolle mit den „blauen Briefen" nur mit den „Muskeln spielen".

Selbst vor großen Namen macht die Sortimentsbereinigung von DW nicht halt. So wird beispielsweise Beiersdorf mit seinen Kosmetik-Theken Nivea Beauté und dem gesamten Sonnenschutzprogramm nicht mehr gelistet. Namhafte Lieferanten beklagen, daß sie durch die Sortimentsbereinigung teilweise zwanzig bis vierzig Prozent ihres Absatzvolumens bei kd bzw. Ihr Platz verlieren würden. Viele habe es „eiskalt erwischt" meint dazu die DW in einem in die Öffentlichkeit gelangten Schreiben. Dennoch werde man seinen Kurs unbeirrt fortsetzen. Auf der einen Seite wird im gesamten Sortiment nach „streichungswürdigen Artikeln" gefahndet, auf der anderen Seite werden die alsbald frei gewordenen Regalflächen den Herstellern wieder abgeboten. „Wir haben durch unsere Auslistungen in Industriekreisen ein heftiges Gerangel um die mehr als lukrativen Plätze in den Regalen von kd und Ihr Platz eingeläutet", so die einhellige Meinung in der Zentrale der DW. Von diesem Nachfrageüberhang um den Regalplatz müssen sie allerdings bei der DW auch ausgehen, denn allein daß kd mehr als zweitausend Artikel kurzfristig aus dem Sortiment genommen hat, verschlang einen zweistelligen Millionenbetrag für den Abverkauf dieser aussortierten Artikel zu halben Preisen. Diesen Betrag will die DW sich nun von der Industrie zurückholen.

Hersteller reagieren auf das Vorgehen in Hamm verärgert und irritiert. Es sei ein Ding der Unmöglichkeit, was kd und Ihr Platz da veranstalten. Insbesondere die Aufforderung an die Hersteller, daß sie sich zusätzliche Regalfläche durch entsprechende Angebote zu Lasten der Wettbewerber sichern können, stößt auf Befremdung. Selbst der gewiß nicht zimperliche Einkauf namhafter Discounter gehe da „wesentlich geschickter“ vor.

Dennoch werde es wohl kaum zu aktiver Gegenwehr der Industrie kommen. „Die Zeiten sind schlecht, da haben es konzertierte Aktionen schwer“, so Brancheninsider. Gleichwohl scheint es so, als haben sich die Verantwortlichen der DW auf einen Hersteller-Boykott bereits eingerichtet und lassen zweideutig verlauten, daß „kd und Ihr Platz über exzellente Eigenmarken verfügen“.

Aufgabe 1

Wie aus dem Falltext hervorgeht, droht die DW Einkaufs- und Service GmbH & Co. KG (gemeinsame Einkaufsgesellschaft von kd und Ihr Platz) mit der Auslistung von Marken, wenn bestimmte Anforderungen nicht erfüllt werden. Zum Teil wurde die Auslistung sogar bereits ausgesprochen, wobei selbst vor namhaften Herstellern nicht halt gemacht wird. So wird etwa Beiersdorf mit seinen Kosmetik-Theken Nivea Beauté und dem gesamten Sonneschutzprogramm nicht mehr gelistet.

Zeigen Sie – auch durch Bezugnahme auf den Falltext – auf, wie die gegenwärtige Beziehung zwischen Hersteller und Handel aussieht. Gehen Sie dabei in zwei Schritten vor.

a) Umreißen Sie zunächst die besondere Zielkonstellation und die Rollenverteilung zwischen Hersteller und Handel.

b) Erklären Sie anschließend unter Berücksichtigung der Machtverteilung zwischen Hersteller und Handel, inwieweit die Beziehung zwischen den beiden Parteien als besonderes Prinzipal-Agenten-Problem einzuordnen ist und welche Rückschlüsse hieraus für den Hersteller zu ziehen sind.

Aufgabe 2

Diskutieren Sie vor dem Hintergrund des Falltextes die besondere Bedeutung des Markenartikels (wie etwa Nivea Beauté) für den Handel, indem Sie auf die beiden Wirkungsdimensionen der Marke für den Handel eingehen.

Aufgabe 3

Ordnen Sie Nivea Beauté in die 4-Felder-Matrix möglicher Szenarien der Hersteller-Handel-Beziehung ein.

Lösung

Aufgabe 1a)

Hersteller und Handel haben zwar ein gemeinsames (Ober-)Ziel, nämlich den Verkauf von Produkten an den Letztnachfrager, dennoch führt die unmittelbare Umsetzung dieses Ziels zu einer systemspezifischen Zielkonstellation, die zwei latente Konfliktfelder beinhaltet.

Erstens herrscht in der Umsetzung der jeweiligen Ziele ein Verteilungskonflikt. Dabei geht es zum einen um die Verteilung der Funktionen/Aufgaben innerhalb der Warendistribution und zum anderen um die Verteilung der Gewinnspanne. Dieser zweiseitige Verteilungskonflikt hat die Züge eines Nullsummenspiels: „Deine Last kommt mir zugute" (Funktionsverteilung) und „Dein Gewinn ist mein Verlust" (Gewinnverteilung). Insbesondere hinsichtlich der Gewinnverteilung scheint es so, als wenn die Hersteller bis auf weiteres eine Neuverteilung zu Gunsten von kd und Ihr Platz in Kauf nehmen müssen. Schließlich will sich die DW Einkaufsgesellschaft den zweistelligen Millionenbetrag für den Abverkauf der einst aussortierten Artikel zu halben Preisen wieder von der Industrie zurückholen.

Zweitens wird die Umsetzung der Ziele durch die unterschiedliche Bewertung der eigenen Position beeinflußt. Dieser Bewertungskonflikt teilt sich analog zum Verteilungskonflikt auf zwei Bereiche auf. Auf der einen Seite definiert sich der Hersteller über sein Produktangebot (Produktorientierung), während der Handel auf der anderen Seite nicht das einzelne Produkt zum Maßstab der Bewertung macht, sondern die gesamte Betriebsform bzw. -type des Handels (Betriebsformenorientierung). Diese unterschiedliche Maßgabe zur Bewertung verstärkt sich noch durch eine divergierende Grundposition. Während der Hersteller eher bemüht ist, sein Produktangebot über die Leistung/Nutzen zu positionieren (Premiumstrategie), differenziert sich der Handel eher über den Preis bzw. über seine Preisaggressivität (Discountstrategie).

Die Rollenverteilung zwischen Hersteller und Handel hat sich grundlegend gewandelt. Wurde der Handel unlängst noch als Erfüllungsgehilfe des Herstellers gesehen, nimmt er nunmehr die Rolle eines Gatekeepers ein. So bestimmt er einerseits den Waren- und Informationsfluß vom Hersteller zum Letztnachfrager und andererseits den Geld- und Informationsfluß vom Letztnachfrager zum Hersteller. In dieser zweiseitigen Gatekeeper-Rolle nimmt der Handel eine Filterfunktion in bezug auf Distribution, Beratung, Image, Platzierung und Service ein.

Aufgabe 1b)

Spätestens mit der Aufhebung der vertikalen Preisbindung (1. Januar 1974) verschob sich kontinuierlich die Machtverteilung zu Gunsten des Handels. Der Handel begann durch verstärktes Management-know-how, durch Konzentration und konsequente Ausnutzung des Strukturwandels sich gegenüber der Industrie zu emanzipieren. Die dabei wohl auffälligste Entwicklung vollzog sich in den Konzentration- und Zentralisationsprozessen des Handels. So kann hinsichtlich der Konzentration konstatiert werden, daß gegenwärtig eine weitaus größere (quantitative) Abhängigkeit selbst der größten Hersteller gegenüber den großen Handelsunternehmen existiert, als das vice versa der Fall wäre. Mit anderen Worten: Hersteller können nur noch begrenzt – zum Teil überhaupt nicht mehr – bestimmten Handelsunternehmen ausweichen, ohne ihre eigene Existenz zu gefährden. Ähnlich wird die Situation im vorliegenden Fall charakterisiert. Zum einen droht den betroffenen Herstellern ein Umsatzausfall von bis zu vierzig Prozent, zum anderen fehlt es ihnen an Alternativen für eine adäquate Gegenreaktion.

Einhergehend mit den Konzentrationstendenzen kam es zu einer zunehmenden Entscheidungszentralisation im Handel. So wird derzeit davon ausgegangen, daß nicht mehr als zehn Entscheidungsinstanzen des Handels über achtzig Prozent des gesamten Umsatzes im Lebensmitteleinzelhandel beeinflussen. Verbunden mit der bereits unter 1a) beschriebenen Gatekeeper-Rolle des Handels kam bzw. kommt es zu einer nicht unerheblichen, für den Hersteller nachteiligen Neuausrichtung der Machtverteilung zwischen ihm und dem Handel.

Vor diesem Hintergrund wird das Bemühen der Hersteller nachvollziehbar, den nicht endenden Preis- und Konditionenforderungen des Handels bzw. den sogenannten Kampf um Funktionen und Spanne (siehe 1a) weitestgehend zu umgehen, indem sie sich mit unfangreichen Zusatzleistungen beim Handel zu behaupten versuchen (Stichwort: Efficient Consumer Response). Allerdings wird der Spielraum für solche Zusatzleistungen mit jedem weiteren Jahresgespräch zunehmend kleiner, denn einmal gemachte Zusagen sind Verhandlungsbasis für die nächstfolgenden Gespräche mit dem Handel. Infolgedessen befindet sich der Hersteller in bezug auf die ständig anwachsenden Forderungen des Handels in einem Teufelskreis oder sieht sich einer Nachfragemachtspirale ausgesetzt.

Dieser Machtverteilung wird eine besondere Bedeutung zuteil, da die Beziehung des Herstellers zum Handel im weitesten Sinne einem Auftraggeber-Auftragnehmer-Verhältnis entspricht. Der Hersteller beauftragt den Handel, die von ihm hergestellten Produkte an den Letztnachfrager zu verkaufen, wobei mit der Auftragsvergabe auch eine Abtretung von Entscheidungskompetenzen bzw. von Verfügungsrechten verbunden ist. Diese Rollenkonstellation stellt ein besonderes Prinzipal-Agenten-Verhältnis dar. So wird eine Agency-Beziehungen gemeinhin als solche eingestuft, wenn im Zuge einer Auftragserteilung bestimmte Entscheidungsbefugnisse (im Sinne von Rechten) über den Auftragsgegenstand vom Auftraggeber (Prinzipal) auf den Auftragnehmer (Agenten) wechseln. Über die Abtretung von Rechten (Property Rights) erhofft sich der Prinzipal eine zielführendere Instrumentalisierung des Agenten, vorausgesetzt letzterer stellt seine spezifischen Leistungen in den Dienst der Sache. Deswegen basieren Agency-Beziehungen zumeist auf individuellen Vereinbarungen zwischen Prinzipal und Agenten, die in ihrer Natur einem zweiseitigen Schuldverhältnis aus Leistung und Gegenleistung gleichkommen, das über ein Regelsystem von Anweis- und Kontrollrechten gesteuert wird. Allerdings erfährt dieses Regelsystem in bezug auf die besondere Problemlage zwischen Hersteller und Handel eine Einschränkung, da der Hersteller mit der Abtretung von Rechten auch seine Disziplinarhoheit gegenüber dem Handel als Agenten verliert und somit auch auf den einmal definierten Auftragsgegenstand ex post keine Sanktionen aussprechen kann.

Dieses grundlegende Verständnis von Agency-Beziehungen kann im Falle einer Hersteller-Handel-Beziehung noch erweitert werden, indem der Gesamtgewinn der Beziehung maßgeblich durch die Entscheidungen und Handlungen des Agenten bestimmt und zwischen Prinzipal und Agent entsprechend einer vorab definierten Regelung aufgeteilt wird. Übertragen auf die Hersteller-Handel-Beziehung heißt das, daß der Handel durch die Art und Weise seiner spezifischen Funktionserfüllung den Geldbetrag (in Form des Letztnachfragerumsatzes) bestimmt, der zwischen Hersteller und Handel aufzuteilen ist (Vertriebsspanne). Der Hersteller hat somit ein unmittelbares Interesse, daß der Handel die ihm übertragenden Aufgaben als Agent auch in seinem Sinne erfüllt. Allerdings fehlen dem Hersteller sowohl ex ante die vollständigen Informationen über mögliche Aktionen des Handels während der Auftragserfüllung als auch ex post die Sanktionsgewalt gegenüber dem Handel bei eventuellen Auftragsbrüchen.

Vor diesem Hintergrund hat der Hersteller den Schluß zu ziehen, daß neben den üblichen Anreizstrukturen nur über gegenseitige Verpflichtungen eine Verhaltens- und Leistungsbeeinflussung bzw. -steuerung herbeizuführen ist, die als vertragliche Absprachen den Charakter von institutionellen Arrangements haben. Diese Form von institutionellen Arrangements wird als sich selbst durchsetzende Vereinbarung (Self-Enforcing-Agreement) bezeichnet. Aufgrund seines selbst regulierenden Mechanismus geht ein Self-Enforcing-Agreement über das übliche Maß herkömmlicher Anreizinstrumente oder Konditionenspreizungen hinaus. Demnach wird im Falle der Hersteller-Handel-Beziehung ein Self-Enforcing-Agreement über eine Größe bestimmt, die der Hersteller in die Transaktion mit dem Handel systemimmanent (immer) einbringt und die er gleichzeitig auch als eine Art Hebel nutzen kann, um den Handel zur Vereinbarungstreue zu motivieren. Diese zweifache Funktion haben in erster Linie die Produkte des Herstellers zu erfüllen, wobei die Funktionserfüllung vom akquisitorischen Potential der Produkte abhängt, denn je höher das akquisitorische Potential der Produkte ist, desto weniger muß der Handel selbst Anstrengungen unternehmen, um seine originäre Aufgabe des Umschlags eines Sortiments vom Hersteller zum Letztnachfrager zu bewältigen. Gerade hierin ist im vorliegenden Fall eine der Gründe zu suchen, warum die DW Einkaufsgesellschaft einigen Herstellern mit Auslistung drohte. Gleichzeitig können bestimmte Anreize und Konditionengewährungen nur ansatzweise den Handel zur Listung der Produkte bewegen. Vielmehr werden die Hersteller bereits im Vorfeld aufgefordert, für die freigewordenen Regalplätze zu zahlen, ohne sicher gehen zu können, damit auch einen entsprechenden Regalplatz in Umfang und Qualität zu bekommen.

Aufgabe 2

Das akquisitorische Potential eines Produkts und mit ihm der entstehende Nachfragesog können durch eine Reihe von Maßnahmen gegenüber dem Letztnachfrager erzielt werden, so daß sich im Ergebnis eine präferenzbildende Wertschätzung bezüglich des Produkts herausbildet. Diese subjektive Wertschätzung wiederum kann verdichtend über das Konstrukt der Marke abgebildet werden. Dabei sind hinsichtlich der Stellung des Handels in der Marktkette als Zwischennachfrager/Zwischenanbieter zwei Dimensionen der Betrachtung grundsätzlich denkbar. Erstens stellt sich die Frage nach dem Nutzen der Marke für den Handel zur Bewältigung seiner systemimmanenten Funktion als Zwischenanbieter. Zweitens steht die Frage an, welche Bedeutung die Marke beispielsweise als Geisel des Handels in der Beziehung zum Hersteller hat (Handel als Zwischennachfrager).

Generell verbinden der Handel wie der Endkonsument mit der Marke ein Zeichen für die spezifische Kompetenz des Herstellers. Diese Kompetenz erzielt die Marke unter informationsökonomischen Aspekten als eine Art institutioneller Informationsträger, der dem Handel bei unvollkommener Information bzw. Informationsasymmetrie zum Hersteller als glaubwürdiges Qualitätssignal dient. Bei erfolgreichem Einsatz bestimmter Markentechniken reduziert die Marke beim Handel Informationsdefizite und damit verbundene Unsicherheiten über die Leistung und über das Verhalten des Herstellers. Generell kann dabei festgehalten werden, daß sich der informationsökonomische Wert einer Marke für den Handel als Zwischennachfrager aus der Reputation einerseits und der Kommunikation andererseits ableitet, indem sie eventuelles opportunistisches Verhalten des Herstellers bannen. So stellt sich hier die Marke dem Handel als Substitut für die Glaubwürdigkeit des Herstellers dar, was innerhalb seiner Funktionserfüllung als Zwischennachfrager zu einer Reduzierung der Transaktionskosten führt. In dieser ersten Wirkungsdimension der Marke, die auch als Teil des Images des Herstellers in seiner Eigenschaft als Geschäftspartner des Handels verstanden werden kann, liegt zwar ein hinreichender, aber noch kein notwendiger Grund vor, daß die Produkte des Herstellers gelistet werden, geschweige denn, daß sich der Handel damit an die einmal getroffenen Absprachen hält.

In der Funktion des Zwischenanbieters rücken für den Handel die Wiederverkaufseigenschaften der Produkte in den Vordergrund. Aus diesem erweiterten Blickwinkel ist die Marke für den Handel in dreifacher Weise von Bedeutung, wobei zu unterscheiden ist, inwiefern der Handel durch eine passive oder aktive Rolle aus der Marke Nutzen zieht. Ohne selbst aktiv auf die Marke einzuwirken, kann der Handel eigene Ressourcen zur Information seiner Kunden einsparen und über den Wiederkaufmechanismus sowie über die Preisprämie einer starken Marke höhere Erlöse bzw. eine größere Handelsspanne erzielen. In einer aktiven Rolle bedient sich der Handel der Marke als Steigbügel, um aus der Reputation der Marke einen Nutzen zu ziehen. Die dabei vollzogenen Maßnahmen können entweder unterstützend oder gegensätzlich auf die Marke und ihre Reputation einwirken. Während die unterstützenden Maßnahmen den Reputationstransfer positiv verstärken, konterkarieren die gegensätzlichen Maßnahmen die Wirkung der Reputation, indem sie auf Kosten der Marke einen Transfer herbeiführen. Letzten Endes ist die Bedeutung der Marke für den Handel als Zwischenanbieter in einen Dreiklang aus Kostenstraffer, Erlösbringer und Reputationsmedium einzuordnen.

Aufgabe 3

Die 4-Felder-Matrix möglicher Szenarien einer Hersteller-Handel-Beziehung (vgl. Abb.) wird durch die Dimensionen einer notwendigen Anreizgewährung und durch das vorhandene akquisitorische Potential der Produkte definiert. Auf Basis dieser Gegenüberstellung befindet sich Beiersdorf mit der Nivea Beauté in einer erkauften Beziehung zum Handel. Dabei sind die hohen Aufwendungen für Anreize und Konditionen als eine Art Kompensationszahlung für das unbefriedigende akquisitorische Potential von Nivea Beauté und dem Sonnenschutzprogramm zu sehen. Als Ausweg hieraus empfiehlt es sich, entweder der Marke über ein Trading-up ein besseres akquisitorisches Potential zu verschaffen oder der DW Einkaufsgesellschaft durch Aktivitäten im Efficient Consumer Response – insbesondere auf der Supply-Side – eine Reduzierung der Transaktionskosten zu ermöglichen.

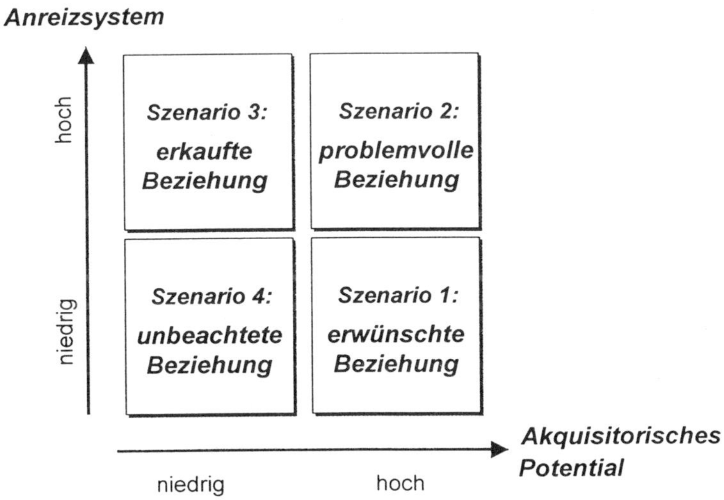

Literaturhinweise

AHLERT, D.: Distributionspolitik: Das Management des Absatzkanals, 3. Aufl., Stuttgart, Jena 1996.

IRRGANG, W.: Strategien im vertikalen Marketing: Handelsorientierte Konzeption der Industrie, München 1989.

MATTMÜLLER, R / TUNDER, R.: Ein neues Selbstverständnis der Hersteller gegenüber dem Handel: Theoretische Hintergründe und Umsetzungsalternativen, in: *TROMMSDORFF, V.* (Hrsg.): Handelsforschung 2000/01, Köln, 2001.

O. V.: kd und Ihr Platz verärgern Industrie, in: Lebensmittelzeitung, Nr. 47, 22. November 2002, S. 15.

TUNDER, R.: Hersteller-Handel-Beziehung: Eine neo-institutionenökonomische Betrachtung unter besonderer Berücksichtigung des Markenartikels, in: *AHLERT, D./ OLBRICH, R./SCHRÖDER, H.* (Hrsg.): Jahrbuch Handelsmanagement 2003, Frankfurt am Main 2003.

TUNDER, R: Der Transaktionswert der Hersteller-Handel-Beziehung: Hintergründe, Konzeptualisierung und Implikationen auf Basis der Neuen Institutionenökonomik, Wiesbaden 2000.

4. Marketing-Mix-Entscheidungen

Hans Pechtl

Preis- und Werbepolitik im Sortimentsverbund

Das Sortiment eines Einzelhandelsbetriebs bzw. die Produktlinie eines Herstellers stellen keine lose „Anhäufung" von Artikeln dar; vielmehr beeinflussen die Preissetzung bzw. der Werbemitteleinsatz (Werbebudget) für einen Artikel den Absatz anderer Artikel im Sortiment. Dies wird als Sortimentsverbund bezeichnet. Formal läßt sich dies in folgender Marketing-Response-Funktion für den Artikel i erfassen

$$x_i = f(p_1,..., p_i,...,p_N; W_1,..., W_i,...,W_N),$$

wobei x_i die Absatzmenge von Produkt i und p (W) den Preis (Werbeausgaben; Werbebudget) für einen Artikel im Sortiment (N = Gesamtzahl an Artikeln) kennzeichnen.

Aufgabe 1

Welche verschiedenen Absatzeffekte kann eine Preissenkung (Werbebudgeterhöhung) für einen Artikel i im Sortiment auslösen? Wie lassen sich diese Absatzwirkungen formal in einem Meßkonzept erfassen?

Aufgabe 2

Zielsetzung eines (monopolistischen) Mehrprodukt-Anbieters ist die Maximierung des Gewinns über alle Produkte seines Sortiments. In der obigen Marketing-Response-Funktion soll im folgenden das Werbebudget für alle Artikel als konstant unterstellt sein. Unter Berücksichtigung einer Kostenfunktion $K(x_1,...,x_i,...,x_N)$, die keine produktionstechnischen Interdependenzen ("Kostenverbund") beinhaltet, lautet die zu maximierende Funktion für das preisverbundene Sortiment:

$$G = \sum_{i=1}^{N} p_i \cdot x_i(p_1,..., p_i,...,p_N) - K[x_i(p_1,...,p_i,...,p_N)]$$

Welche Bedingung ergibt sich für den gewinnoptimalen Preis des Produkts i (sog. Niehans-Formel)? Welche Tendenzaussagen hinsichtlich der Höhe des gewinnoptimalen Preises lassen sich treffen, wenn man diesen Preis mit einem Preis vergleicht, der aus einer Preiskalkulation stammt, die den vorhandenen Sortimentsverbund nicht berücksichtigt (isolierte Kalkulation)?

Aufgabe 3

Eine für das Preismanagement relevante Frage beinhaltet, „in welcher Richtung" der gewinnoptimale Preis für Produkt i unter Berücksichtigung des Sortimentsverbunds vom gewinnoptimalen Preis abweicht, der sich bei Unverbundenheit von Produkt i, d.h. fehlendem Sortimentsverbund ergibt. Welche Aussagen lassen sich hierzu treffen?

Aufgabe 4

Gegeben ist ein System aus N linearen Preis-Absatzfunktionen ($i,j \in N$):

$$x_i = a_i - b_{ii} \cdot p_i + \sum_{j=1}^{N} b_{ij} \cdot p_j \quad (\text{mit } j \neq i)$$

Die Kostenfunktion ist linear vom Typ:

$$K = c + \sum_{i=1}^{N} d_i \cdot x_i$$

Bestimmen Sie die gewinnoptimalen Preise für die Produkte im Sortiment dahingehend, daß eine Lösungsbedingung vorliegt, die sich bei Kenntnis der Parameterwerte der Preis-Absatz- bzw. Kostenfunktionen über Matrizenrechnung lösen läßt.

Aufgabe 5

Wie lautet eine zur Niehans-Formel analoge Bedingung für das gewinnoptimale Werbebudget von Produkt i bzw. die Werberate bei Berücksichtigung des Sortimentsverbunds. Allgemein gibt die Werberate an, welchen Anteil am Umsatz eines Produkts das Werbebudget ausmachen sollte. Die Preise der Produkte sollen bei dieser Betrachtung unverändert bleiben. Die zu maximierende Funktion für das werbeverbundene Sortiment lautet dann:

$$G = \sum_{i=1}^{N} p_i \cdot x_i(W_1,..., W_i,...,W_N) - K[x_i (W_1,..., W_i,...,W_N) - W_i \ \text{->} \max.$$

Lösung

Aufgabe 1

Die Absatzeffekte einer Preisreduzierung (Werbebudgeterhöhung) für Artikel i sind danach zu differenzieren, ob sie den Artikel i selbst betreffen oder Absatzwirkungen auf andere Artikel (j) im Sortiment besitzen.
Die Reaktion des Absatzes eines Produkts i auf den "eigenen" Preis (Werbung) bildet man üblicherweise mit Hilfe der Eigenpreiselastizität ε_{ii} (Eigenwerbeelastizität η_{ii}) ab:

$$\varepsilon_{ii} = \frac{dx_i}{dp_i} \cdot \frac{p_i}{x_i} \qquad \text{und } \eta_{ii} = \frac{dx_i}{dW_i} \cdot \frac{W_i}{x_i}$$

Die eigene Absatzwirkung einer Preisreduzierung (Werbebudgeterhöhung) wird als *Primäreffekt* bezeichnet. Dieser beinhaltet in der Regel eine Absatzsteigerung, was durch $\varepsilon_{ii} < 0$ bzw. $\eta_{ii} > 0$ zum Ausdruck kommt. In der Realität können allerdings widrige Rahmenbedingungen einen Absatzrückgang bewirken, der aber ohne die Preissenkung bzw. Werbebudgeterhöhung noch größer ausgefallen wäre. Eine Absatzsteigerung setzt sich aus mehreren Komponenten zusammen: Stammkunden des Produkts können den Konsum (die Konsumquote) von Produkt i erhöhen, was größere Kaufmengen bei einem Einkauf impliziert. Eine Absatzsteigerung bei Produkt i tritt auch auf, wenn neue Kunden (Laufkunden) das Geschäft aufsuchen und Produkt i erwerben (*Frequenzeffekt*); ohne eine Preisreduzierung (Werbebudgeterhöhung) wären diese Kunden nicht gekommen. Schließlich kann eine Preisreduzierung (Werbebudgeterhöhung) Stammkunden des Geschäfts zum Markenwechsel veranlassen; diese Kunden kaufen ansonsten andere Marken (j) in dieser Warengruppe, durch die Preisreduzierung (Werbebudgeterhöhung) wechseln sie aber zu Produkt i.
Absatzwirkungen, die eine Preisreduzierung (Werbebudgeterhöhung) bei anderen Produkten j im Sortiment auslöst, werden als *Sekundäreffekte* bezeichnet, die auf einem sog. Sortimentsverbund der Artikel i und j beruhen. Allgemein umfaßt der

Sortimentsverbund substitutive und komplementäre Sortimentsbeziehungen (*Substitutionseffekt* und *Verbundeffekt*), die formal in der Kreuzpreis- bzw. Kreuzwerbeelastizität zum Ausdruck kommen:

$$\varepsilon_{ji} = \frac{dx_j}{dp_i} \cdot \frac{p_i}{x_j} \text{ und } \eta_{ji} = \frac{dx_j}{dW_i} \cdot \frac{W_i}{x_j}$$

Ein preissubstitutiver (preiskomplementärer) Sortimentsverbund liegt vor, wenn eine Preissenkung für Produkt i den Absatz von Produkt j vermindert (erhöht), was $\varepsilon_{ji} > 0$ ($\varepsilon_{ji} < 0$) impliziert. Ein werbesubstitutiver (werbekomplementärer) Sortimentsverbund ist gegeben, wenn eine Erhöhung des Werbebudgets für Produkt i den Absatz von Produkt j vermindert (erhöht), was $\eta_{ji} < 0$ ($\eta_{ji} > 0$) impliziert.

Ursache eines substitutiven Sortimentsverbunds ist, daß aufgrund der Preisreduzierung (Werbebudgeterhöhung) ein Markenwechsel zwischen den Produkten j und i stattfindet. Bisherige Käufer von Artikel j werden durch die Preissenkung (Werbebudgeterhöhung) zum Kauf von Artikel i bewegt. Die Artikel i und j stellen somit Substitutionsgüter dar, da sie der Nachfrager als austauschbar erachtet.

Die Begründung eines komplementären Sortimentsverbunds gestaltet sich etwas differenzierter, da zwischen einem *nachfrageimmanenten Sortimentsverbund*, einem *Frequenzeffekt* und einem *Spill-over-Effekt* zu unterscheiden ist: Bei einem *nachfrageimmanenten Sortimentsverbund* stehen die Artikel i und j in einem Verwendungsverbund, d.h. sie werden in den gleichen Konsumaktivitäten eingesetzt (z.B. Nudeln und Tomatensauce). Steigt der Absatz von Produkt i (Nudeln), benötigen die Konsumenten gleichzeitig auch eine größere Menge des Produkts j (Tomatensauce); dies führt zu einer Absatzsteigerung bei Produkt j. Häufig unterscheidet man hierbei zwischen dem Zugartikel, der eine Preisreduzierung (Werbebudgeterhöhung) erfährt, und den Folgeartikeln, die aufgrund des nachfrageimmanenten Sortimentsverbunds ebenfalls verstärkt gekauft werden. Solche komplementären Sortimentsbeziehungen finden sich nicht nur bei Waren des täglichen Bedarfs, sondern auch bei Gebrauchsgütern wie technischen oder modischen Produkten, wenn ein aktioniertes Hauptprodukt den Absatz von Zusatzartikeln oder Accessoires fördert.

Eine Preissenkung (Werbebudgeterhöhung) für Artikel i kann ferner eine Magnetwirkung besitzen, weshalb Laufkunden in das Geschäft „gelockt“ werden, die ansonsten nicht dieses Geschäft besucht hätten. Durch diesen *Frequenzeffekt* erhöht sich die Kundenzahl (store traffic). Diese Laufkunden kaufen im Geschäft nicht nur den aktionierten Artikel (Primäreffekt), sondern erwerben häufig im Sinne des one-stop-shopping noch weitere Produkte, die sie gerade benötigen. Ein solches one-stop-shopping tritt häufig bei Waren des täglichen Bedarfs auf, da Nachfrager zur Minimierung der Einkaufsmühe ihren gesamten Produktbedarf in einem Geschäft decken wollen. Hierbei müssen diese Artikel (j) in keinem Verwendungsverbund mit dem aktionierten Artikel i stehen. Der Frequenzeffekt streut damit „weit“ im Sortiment.

Ein *Spill-over-Effekt* erfaßt den Tatbestand, daß eine Preissenkung (Werbebudgeterhöhung) für einen Artikel den gesamten Warenbereich stärker in das Bewußtsein des Nachfragers rücken kann. Der Nachfrager erinnert sich möglicherweise dadurch daran, daß er in dieser Warengruppe etwas benötigt (erinnerungsgesteuerter Impulskauf), oder er wird spontan zum Kauf in dieser Warengruppe angeregt (echter Impulskauf). In beiden Fällen muß der Nachfrager nicht unbedingt den aktionierten Artikel i kaufen, was dann zu Absatzsteigerungen anderer Artikel (j) in dieser Warengruppe führt. Ein Spill-over-Effekt ist ferner innerhalb der Marke, zu der Artikel i gehört, denkbar: Die Preissenkung (Werbebudgeterhöhung) für Artikel i rückt unter Umständen die gesamte Marke stärker in das Bewußtsein des Nachfragers. Aufgrund dieser (kurzfristigen) Aufmerksamkeitswirkung entscheidet er sich deshalb möglicherweise auch in anderen Warenbereichen für Artikel dieser Marke. Dann vermag eine Preissenkung (Werbebudgeterhöhung) für Artikel i den Absatz weiterer Artikel aus der Markenfamilie „anzukurbeln".

Aufgabe 2

Den gewinnoptimalen Preis p_i^* erhält man durch Bildung der partiellen Ableitung der Gewinnfunktion nach dem Preis für Produkt i; diese Ableitung wird als notwendige Bedingung für das Gewinnmaximum gleich Null gesetzt.

$$\frac{\partial G}{\partial p_i} = \frac{\partial x_i}{\partial p_i} \cdot p_i + x_i - \frac{\partial K}{\partial x_i} \cdot \frac{\partial x_i}{\partial p_i} + \sum_{j=1}^{N} \frac{\partial x_j}{\partial p_i} p_j - \frac{\partial K}{\partial x_j} \cdot \frac{\partial x_j}{\partial p_i} = 0 \quad (\text{mit } j \neq i)$$

Erweitert man die Bedingung mit p_i/x_i ergibt sich:

$$\frac{\partial x_i}{\partial p_i} \cdot \frac{p_i}{x_i} \cdot p_i + x_i \cdot \frac{p_i}{x_i} - \frac{\partial K}{\partial x_i} \cdot \frac{\partial x_i}{\partial p_i} \cdot \frac{p_i}{x_i} + \sum_{j=1}^{N} \left(p_j - \frac{\partial K}{\partial x_j} \right) \cdot \frac{\partial x_j}{\partial p_i} \cdot \frac{p_i}{x_i} = 0 \quad (\text{mit } j \neq i)$$

In der obigen Beziehung sind Eigen- und Kreuzpreiselastizitäten zu erkennen bzw. durch Erweiterung zu „erreichen", so daß gilt:

$$\varepsilon_{ii} \cdot p_i + p_i = \frac{\partial K}{\partial x_i} \cdot \varepsilon_{ii} - \sum_{j=1}^{N} \left(p_j - \frac{\partial K}{\partial x_j} \right) \cdot \varepsilon_{ji} \cdot \frac{x_j}{x_i} \quad (\text{mit } j \neq i)$$

Für den gewinnoptimalen Preis p_i^* ergibt sich somit:

$$p_i^* = \frac{\varepsilon_{ii}}{1+\varepsilon_{ii}} \cdot \frac{\partial K}{\partial x_i} - \frac{1}{1+\varepsilon_{ii}} \cdot \sum_{j=1}^{N} \left(p_j - \frac{\partial K}{\partial x_j}\right) \cdot \varepsilon_{ji} \cdot \frac{x_j}{x_i} \quad \text{(mit } j \neq i\text{)}$$

Diese Bedingung ist als Niehans-Formel bekannt.
Die Aussagekraft der Niehans-Formel unterliegt einigen Einschränkungen: So beinhaltet sie keine explizite Lösung des gewinnoptimalen Preises für Produkt i, sondern stellt lediglich eine Umformung der Optimalitätsbedingung dar, da das Argument des Preises zugleich in der Eigenpreiselastizität ε_{ii} enthalten ist. Nur wenn ε_{ii} von der Höhe des Preises unabhängig ist (isoelastische Preis-Absatz-Funktion), bildet die Niehans-Formel eine explizite Ausformulierung des gewinnoptimalen Preises. Ferner sind für die Bestimmung des Preises für Produkt i in der Niehans-Formel die Preise aller anderen Produkte j im Sortiment bereits gewinnoptimal gesetzt. Das Problem der Preiskalkulation wird damit zum größten Teil als bereits "gelöst" betrachtet.
Trotz der beiden Einschränkungen erlaubt die Analyse des letzten, fehlenden Produkts i aber gehaltvolle Aussagen für die Preiskalkulation bei Sortimentsverbund. Zudem gelten die folgenden Aussagen auch, wenn die Preise für die Produkte j bspw. aufgrund von Marktbedingungen vorgegeben sind und lediglich das Produkt i einer freien Preiskalkulation unterliegt.
Inhaltlich erkennt man im ersten Teil der Niehans-Formel einen der Amoroso-Robinson-Relation gleichenden Ausdruck:

$$\frac{\varepsilon_{ii}}{1+\varepsilon_{ii}} \cdot \frac{\partial K}{\partial x_i} = p_i'$$

Dieser Ausdruck bringt denjenigen - „optimalen“ - Preis für Produkt i (p_i') zum Ausdruck, der sich ergibt, wenn die Ausstrahlungswirkungen der Preissetzung für Produkt i auf andere Produkte im Sortiment nicht beachtet werden ("isoliert kalkuliert"). p_i' bildet folglich denjenigen Preis ab, der resultiert, wenn lediglich der Primäreffekt einer Preissetzung für Produkt i betrachtet wird, d.h. wenn man in der Preiskalkulation nur die Absatzveränderungen von Produkt i aufgrund einer eigenen Preisänderung berücksichtigt. Hinsichtlich des Vorzeichens von p_i' ist zu beachten, daß im Gewinnoptimum einer isolierten (monopolistischen) Preiskalkulation die Eigenpreiselastizität eines Produkts $\varepsilon_{ii} < -1$ ist, weshalb für $\varepsilon_{ii}/(1+\varepsilon_{ii}) > 0$ bzw. $p_i' > 0$ gilt.
Die restlichen Terme der Niehans-Formel beziehen sich auf den Sekundäreffekt der Preissetzung von Produkt i, die den isoliert kalkulierten Preis p_i' korrigieren; hierbei weicht der sortimentsbezogen gewinnmaximale Preis p_i^* um so stärker von p_i' ab, je

- größer der Deckungsbeitrag von Produkt j ($p_j - \partial K/\partial x_j$),
- stärker der Sortimentsverbund ($|\varepsilon_{ji}|$),
- bedeutsamer (mengenmäßig) Produkt j gegenüber Produkt i (x_j/x_i)

ist.

Der Term (x_j/x_i) fungiert als Gewichtungsfaktor, der die Absatzmengenrelation der beiden Produkte i und j abbildet. Der Sekundäreffekt, den Produkt i bei Produkt j auslöst, beeinflußt die Preiskalkulation von Produkt i vergleichsweise wenig, wenn Produkt i gegenüber j im Absatz dominiert, d.h. der Quotient (x_j/x_i) klein ist. Der Einfluß auf die Preiskalkulation von Produkt i ist vergleichsweise stark, wenn Produkt j im Absatz gegenüber Produkt i dominiert. Da in der Niehans-Formel für Produkt j (p_j*) analog der Term (x_i/x_j) enthalten ist, bringt dieser Gewichtungsfaktor eine „Leader-Follower"-Struktur in der Preiskalkulation bei Sortimentsverbund zum Ausdruck: Der Sekundäreffekt, den der „Leader", d.h. das Produkt mit der deutlich größeren Absatzmenge, bei einem „Follower" auslöst, beeinflußt die Preiskalkulation des „Leaders" vergleichsweise wenig, während umgekehrt der isoliert kalkulierte Preis eines „Followers" eine vergleichsweise große Korrektur durch den Sekundäreffekt, den seine Preissetzung beim „Leader" bewirkt, erfährt. Die Preiskalkulation bei Sortimentsverbund orientiert sich folglich an denjenigen Produkten, die hinsichtlich der Absatzmengen im Sortiment dominieren.

Von Interesse ist, in welcher "Richtung" die Berücksichtigung des Sortimentsverbunds den isoliert kalkulierten Preis p_i' verändert. Hierfür wird ein positiver Deckungsbeitrag für Produkt j ($[p_j - \partial K/\partial x_j] > 0$) unterstellt; bei einem negativen Deckungsbeitrag kehren sich die folgenden Aussagen um: Zudem ist zu beachten, daß im Gewinnoptimum $1/(1+\varepsilon_{ii}) < 0$ gilt.

Wirkt der Preis von Produkt i auf Produkt j komplementär ($\varepsilon_{ji} < 0$), resultiert $p_i^* < p_i'$: Der im Vergleich zu p_i' niedrigere Preis p_i^* soll Konsumenten verstärkt zum Kauf der - gemessen am Deckungsbeitrag - attraktiven Produkte j bewegen. Bei Produkt i verzichtet man zwar auf Gewinn dahingehend, daß man vom isoliert kalkulierten optimalen Preis p_i' abweicht; durch diese "Investition ins Restsortiment" ($p_i^* < p_i'$) erhält man aber eine größere Verkaufsmenge bei Produkt j. Dies ist als Prinzip des kalkulatorischen Ausgleichs (Mischkalkulation) bekannt: Günstige Preise für ausgewählte Artikel sollen zum Kauf der komplementären Produkte anregen bzw. Kunden in das Geschäft „locken", die dann im one-stop-shopping noch weitere Produkte mitnehmen.

Wirkt der Preis von Produkt i auf Produkt j substitutiv ($\varepsilon_{ii} > 0$), folgt aus der Niehans-Formel $p_i^* > p_i'$. Der im Vergleich zu p_i' höhere Preis p_i^* soll Substitutionsprozesse, d.h. den Markenwechsel zwischen i und j vermindern und die Nachfrager beim – gemessen am Deckungsbeitrag – attraktiven Produkt j halten.

Aufgabe 3

Um die Frage zu beantworten, wie sich der gewinnoptimale Preis unter Berücksichtigung von Sortimentsverbund vom gewinnoptimalen Preis bei einem unverbundenen Sortiment (ε_{ji}=0) unterscheidet, soll zunächst der Term

$$p_i' = \frac{\varepsilon_{ii}}{1+\varepsilon_{ii}} \cdot \frac{\partial K}{\partial x_i}$$

betrachtet werden. Zu untersuchen ist, wie sich p_i' bei Existenz eines Sortimentsverbunds von einem Preis p_i'' unterscheidet, der sich als gewinnoptimal ergibt, wenn kein Sortimentsverbund besteht. Dieser Preis bestimmt sich ebenfalls anhand des obigen Terms (Amoroso-Robinson-Relation), wobei für eine isoelastische Preis-Absatz-Funktion (konstante Preiselastizität) eine unmittelbare Lösung resultiert. Allgemein gilt für die obige Bedingung, daß der Preis p_i' umso kleiner ist, je größer ceteris paribus die Eigenpreiselastizität dem Betrage nach ist.
Damit verlagert sich die Frage, wie p_i' von p_i'' abweicht, auf die Analyse der Eigenpreiselastizität. Auf den ersten Blick scheint die Niehans-Formel den Tatbestand des Sortimentsverbunds vollständig offen zu legen. Tatsächlich ist dies aber nicht der Fall: Die Eigenpreiselastizität ε_{ii} in der Niehans-Formel enthält implizit den substitutiven Sortimentsverbund, da eine preisbedingte Absatzsteigerung von Produkt i zum Teil auf Markenwechsel zurückzuführen ist. Der Summenterm der Niehans-Formel stellt lediglich auf die Absatzwirkung ab, die der Preis für Produkt i auf den Absatz von Produkt j im Sinne von Absatzverlusten ausübt. Der korrespondierende Absatzzuwachs bei Produkt i aufgrund dieses Markenwechsels ist in der Eigenpreiselastizität „versteckt".
Ziel ist es daher, die Eigenpreiselastizität ε_{ii} aufzugliedern, um den aus Substitution stammenden Teil des Primäreffekts sichtbar zu machen. Hierzu soll die preisbedingte Absatzveränderung von Produkt i (dx_i/dp_i) in eine substitutionsfreie Absatzveränderung und eine Absatzveränderung aufgrund von Markenwechsel aufgegliedert werden.
Mit dx_{iF}/dp_i soll diejenige preisbedingte Absatzsteigerung von Produkt i gekennzeichnet werden, die darauf zurückzuführen ist, weil Stammkunden von Produkt i ihre Konsumquote erhöhen und Laufkunden explizit wegen der Preissenkung von Produkt i das Geschäft aufsuchen und Produkt i erwerben. In dieser Höhe steigt der Sortimentsabsatz (Q), d.h. die Absatzmenge, die der Anbieter in seinem gesamten Sortiment erzielt, aufgrund einer Preisreduzierung von Produkt i:

$$\frac{dx_{iF}}{dp_i} = \frac{dQ}{dp_i}$$

Der Term dx_{iS}/dp_i bezeichnet diejenige zusätzliche Absatzmenge, die resultiert, wenn Nachfrager aufgrund der Preissenkung bei Produkt i von Produkt j zu i wechseln. Dies läßt sich auch formulieren als:

$$\frac{dx_{iS}}{dp_i} = \frac{dx_j}{dp_i} \cdot \frac{dx_{iS}}{dx_j}, \quad \text{mit: } \frac{dx_j}{dp_i} > 0 \text{ und } \frac{dx_{iS}}{dx_j} < 0$$

Der Term dx_{iS}/dx_j zeigt hierbei an, welchen Mengenzuwachs Produkt i verzeichnet, wenn eine Einheit von Produkt j aufgrund des Markenwechsels zu Produkt i weniger nachgefragt wird. Dies ist ein technischer Term, der bspw. unterschiedliche Packungsgrößen der beiden Produkte „umrechnet". Da jede substitutionsbedingte zusätzliche Absatzeinheit zugleich den Gesamtabsatz von Produkt i um eine Einheit erhöht ($dx_i/dx_{iS}=1$), gilt für die obige Bedingung:

$$\frac{dx_{iS}}{dp_i} = \frac{dx_j}{dp_i} \cdot \frac{dx_i}{dx_j}$$

Damit läßt sich die gesamte preisbedingte Absatzveränderung von Produkt i formulieren als:

$$\frac{dx_i}{dp_i} = \frac{dx_{iF}}{dp_i} + \frac{dx_{iS}}{dp_i} = \frac{dQ}{dp_i} + \frac{dx_j}{dp_i} \cdot \frac{dx_i}{dx_j}$$

Definiert man eine Absatzelastizität des Sortiments bezogen auf den Preis i mit

$$\varepsilon_Q = \frac{dQ}{dp_i} \cdot \frac{p_i}{Q} < 0$$

und erweitert man die obige Bedingung mit p_i/x_i bzw. spezifische Terme mit Q/Q bzw. x_j/x_j ergibt sich:

$$\frac{dx_i}{dp_i} \cdot \frac{p_i}{x_i} = \frac{dQ}{dp_i} \cdot \frac{p_i}{x_i} \cdot \frac{Q}{Q} + \sum_{j=1}^{N} \frac{dx_j}{dp_i} \cdot \frac{dx_i}{dx_j} \cdot \frac{p_i}{x_i} \cdot \frac{x_j}{x_j} \Leftrightarrow$$

$$\varepsilon_{ii} = \varepsilon_Q \cdot \frac{Q}{x_i} + \sum_{j=1}^{N} \varepsilon_{ji} \cdot \frac{dx_i}{dx_j} \cdot \frac{x_j}{x_i} \quad (\text{mit } j \neq i)$$

Da $x_i = x_{iF} + x_{iS}$ gilt, läßt sich der Term Q/x_i umformulieren zu

$$\frac{Q}{x_i} = \frac{Q}{x_{iF}} - \frac{Q}{x_i}\frac{x_{iS}}{x_{iF}},$$

so daß gilt:

$$\varepsilon_{ii} = \varepsilon_Q \cdot \frac{Q}{x_{iF}} - \varepsilon_Q \cdot \frac{Q}{x_i}\frac{x_{iS}}{x_{iF}} + \sum_{j=1}^{N} \varepsilon_{ji} \cdot \frac{dx_i}{dx_j} \cdot \frac{x_j}{x_i} \quad (\text{mit } j \neq i)$$

Der Term $\varepsilon_Q \cdot Q/x_{iF}$ bringt denjenigen Teil der Eigenpreiselastizität zum Ausdruck, der „substitutionsfrei" ist. Der Summenterm zeigt denjenigen Teil der Eigenpreiselastizität an, der auf Markenwechsel zurückzuführen ist. Hierbei kann der

Ausdruck $dx_i/dx_j \cdot x_j/x_i$ als mengenmäßige Elastizität zwischen Produkt j und i interpretiert werden: Sie signalisiert, um wieviel Prozent der Absatz von Produkt i steigt, wenn - substitutionsbedingt - der Absatz von Produkt j um 1% zurückgeht. Diese Mengenelastizität gewichtet die Kreuzpreiselastizität zwischen Produkt j und i. Da bei substitutivem Sortimentsverbund $\varepsilon_{ji} > 0$ und $dx_i/dx_j < 0$ gelten, erhöht ceteris paribus substitutiver Sortimentsverbund den absoluten Wert der Eigenpreiselastizität, der bei unverbundenem Sortiment bestehen würde ($\varepsilon_Q \cdot Q/x_{iF}$).
Der zweite Term der obigen Bedingung ist als technischer Term zu interpretieren: Er gewichtet die Sortimentselastizität bezogen auf den Preis von Produkt i mit dem Kehrwert des Marktanteils von Produkt i im Sortiment und einer Relation, die anzeigt, welche absatzbezogene Bedeutung Laufkunden zu Stammkunden in der Gesamtabsatzmenge von Produkt i besitzen. Da $\varepsilon_Q < 0$ gilt, ist dieser technische Term insgesamt negativ, weshalb er die absolute Höhe der Eigenpreiselastizität verkleinert..
Ist Produkt i unverbunden zu den anderen Produkten im Sortiment, gilt $\varepsilon_{ji} = 0$ und $x_{iS} = 0$, so daß der zweite und dritte Term der obigen Bedingung den Wert 0 aufweisen. Es resultiert damit:

$$\varepsilon_{ii} = \varepsilon_Q \cdot \frac{Q}{x_{iF}} \quad \Leftrightarrow \quad p_i' = p_i''$$

Bei einem komplementären Sortimentsverbund ($\varepsilon_{ji} < 0$) hat ein Mehrabsatz von Produkt j (Folgeartikel) keine Absatzwirkung für Produkt i, was $dx_i/dx_j = 0$ impliziert; ferner ist $x_{iS} = 0$, weshalb ebenfalls $p_i' = p_i''$ resultiert. Damit trifft die anhand der traditionellen Niehans-Formel getroffene Aussage auch für den Vergleich mit einem unverbundenem Sortiment zu: Bei komplementärem Sortimentsverbund ist der Preis für Produkt i niedriger ist als in einem Sortiment, in dem Produkt i mit keinem anderem Artikel einen Sortimentsverbund aufweist. Einzelhandelsgeschäfte mit vielen komplementären Sortimentsstrukturen besitzen demnach ceteris paribus niedrigere Preise als Geschäfte, die kein komplementäres Sortiment anbieten.
Eine analoge, eindeutige Aussage ist für einen substitutiven Sortimentsverbund nicht möglich: Rekrutiert sich der preisbedingte Mehrabsatz von Produkt i ausschließlich aus Markenwechsel, ist $\varepsilon_Q = 0$, weshalb sich die Eigenpreiselastizität nur aus der Summe der mit den Mengenelastizitäten gewichteten Kreuzpreiselastizitäten zusammensetzt. In diesem Fall existiert kein gewinnoptimaler Preis für den substitutionsfreien Absatz von Produkt i. Stammt hingegen ein Absatz für Produkt i nicht aus Markenwechsel ($\varepsilon_Q < 0$), ist der Preis p_i' (isolierte Kalkulation) nur dann höher als der Preis p_i'' (unverbundenes Sortiment), wenn

$$\varepsilon_Q \cdot \frac{Q}{x_i}\frac{x_{iS}}{x_{iF}} > \sum_{j=1}^{N} \varepsilon_{ji} \cdot \frac{dx_i}{dx_j} \cdot \frac{x_j}{x_i} \quad \text{(mit } j \neq i\text{)}$$

erfüllt ist. Da der Summenterm der Niehans-Formel ebenfalls zu einer Erhöhung des gewinnoptimalen Preises bei Berücksichtigung des Sortimentsverbund (p_i*) führt, gilt zugleich $p_i^* > p_i''$.
Für

$$\varepsilon_Q \cdot \frac{Q}{x_i}\frac{x_{iS}}{x_{iF}} < \sum_{j=1}^{N} \varepsilon_{ji} \cdot \frac{dx_i}{dx_j} \cdot \frac{x_j}{x_i} \quad \text{(mit } j\neq i\text{)}$$

ergibt sich zunächst $p_i' < p_i''$. Dennoch kann aufgrund des Summenterms der Niehans-Formel wiederum $p_i^* > p_i''$ gelten; dies ist aufgrund der Relation $p_i' < p_i''$ jedoch nicht sichergestellt bzw. läßt sich erst nach einer Parametrisierung der Preis-Absatz-Funktionen bestimmen. Damit gilt die Aussage, daß bei substitutivem Sortimentsverbund der gewinnoptimale Preis für Produkt i höher als bei unverbundenem Sortiment ist, nicht uneingeschränkt.

Aufgabe 4

Um die Notation zu vereinfachen, sollen aus dem System mit N linearen Preis-Absatzfunktionen drei Produkte (1, i, N) exemplarisch formuliert werden. Die Preis-Absatzfunktionen für diese drei Produkte lauten dann ausgehend von derjenigen für Produkt i:

$$x_i = \quad a_i - b_{ii} \cdot p_i + \sum_{j=1}^{N} b_{ij} \cdot p_j = a_i - b_{ii} \cdot p_i + b_{i1} \cdot p_1 + \ldots + b_{iN} \cdot p_N =$$

$$b_{i1} \cdot p_1 + \ldots + a_i - b_{ii} \cdot p_i + \ldots + b_{iN} \cdot p_N \quad \text{(mit } j\neq i\text{)}$$

Analog gilt:

$$x_1 = \quad a_1 - b_{11} \cdot p_1 + \ldots + b_{1i} \cdot p_i + \ldots + b_{1N} \cdot p_N$$

$$x_N = \quad b_{N1} \cdot p_1 + \ldots + b_{iN} \cdot p_i + \ldots + a_N - b_{NN} \cdot p_N$$

Die zu maximierende Gewinnfunktion für das Sortiment lautet:

$$G = \quad a_1 \cdot p_1 - b_{11} \cdot p_1^2 + \ldots + b_{1i} \cdot p_i \cdot p_1 + \ldots + b_{1N} \cdot p_N \cdot p_1 \quad +$$

$$\ldots +$$

$$b_{i1} \cdot p_1 \cdot p_i + \ldots + a_i\, p_i - b_{ii} \cdot p_i^2 + \ldots + b_{iN} \cdot p_N \cdot p_i +$$

$$\ldots +$$

$$b_{N1} \cdot p_1 \cdot p_N + ... + b_{Ni} \cdot p_i \cdot p_N + ... + a_N \cdot p_{iN} - b_{NN} \cdot p_N^2 -$$
$$c - \quad d_1 \cdot (a_1 - b_{11} \cdot p_1 + ... + b_{1i} \cdot p_i + ... + b_{1N} \cdot p_N) -$$
$$... -$$
$$d_i \cdot (b_{i1} \cdot p_1 + ... + a_i - b_{ii} \cdot p_i + ... + b_{iN} \cdot p_N) -$$
$$... -$$
$$d_N \cdot (b_{N1} \cdot p_1 + ... + b_{Ni} \cdot p_i + ... + a_N - b_{NN} \cdot p_N) \rightarrow \max$$

Hieraus folgt für die Bestimmung des gewinnoptimalen Preises für die Produkte 1, i bzw. N:

$$\frac{\partial G}{\partial p_1} = a_1 - 2\, b_{11} \cdot p_1 + ... + b_{1i} \cdot p_i + ... + b_{1N} \cdot p_N + ... + b_{i1} \cdot p_i + ... + b_{N1} \cdot p_N +$$
$$d_1 \cdot b_{11} - ... - d_i \cdot b_{i1} - ... - d_N \cdot b_{N1} \quad = 0 \quad \Leftrightarrow$$

$$2\, b_{11} \cdot p_1 - ... - (b_{1i} + b_{i1}) \cdot p_i - ... - (b_{1N} + b_{N1}) \cdot p_N =$$
$$a_1 + d_1 \cdot b_{11} - ... - d_i \cdot b_{i1} - ... - d_N \cdot b_{N1}$$

Es sei: $y_1 = a_1 + d_1 \cdot b_{11} - ... - d_i \cdot b_{i1} - ... - d_N \cdot b_{N1}$

$$\frac{\partial G}{\partial p_i} = b_{i1} \cdot p_1 + ... + a_i - 2\, b_{ii} \cdot p_i + ... + b_{iN} \cdot p_N + ... + b_{1i} \cdot p_1 + ... + b_{Ni} \cdot p_i -$$
$$d_1 \cdot b_{1i} - ... + d_i \cdot b_{ii} - ... - d_N \cdot b_{Ni} \quad = 0 \quad \Leftrightarrow$$

$$-(b_{i1} + b_{1i}) \cdot p_1 - ... + 2\, b_{ii} \cdot p_i - ... - (b_{iN} + b_{Ni}) \cdot p_N =$$
$$-d_1 \cdot b_{1i} - ... + a_i + d_i \cdot b_{ii} - ... - d_N \cdot b_{Ni}$$

Es sei: $y_i = -d_1 \cdot b_{1i} - ... + a_i + d_i \cdot b_{ii} - ... - d_N \cdot b_{Ni}$

$$\frac{\partial G}{\partial p_N} = b_{1N} \cdot p_1 + ... + b_{iN} \cdot p_i + ... + a_N - 2\, b_{NN} \cdot p_N + ... + b_{N1} \cdot p_1 + ... + b_{Ni} \cdot p_i -$$
$$d_1 \cdot b_{1N} - ... - d_i \cdot b_{iN} - ... + d_N \cdot b_{NN} = 0 \quad \Leftrightarrow$$

$$-(b_{N1} + b_{1N}) \cdot p_1 - ... - (b_{Ni} + b_{iN}) \cdot p_i - ... + 2\, b_{NN} \cdot p_N =$$
$$-d_1 \cdot b_{1N} - ... - d_i \cdot b_{iN} - ... + a_N + d_N \cdot b_{NN}$$

Es sei: $y_N = -d_1 \cdot b_{1N} - ... - d_i \cdot b_{iN} - ... + a_N + d_N \cdot b_{NN}$

Bei N Produkten im Sortiment liegen N derartige lineare Bedingungen vor. Dieses lineare Gleichungssystem läßt sich in Matrizenschreibweise formulieren als:

$\mathbf{B} \cdot \mathbf{P} = \mathbf{Y}$, mit:

$$\mathbf{B} = \begin{pmatrix} 2 \cdot b_{11} & \ldots & -(b_{1i} + b_{i1}) & \ldots & (b_{1N} + b_{N1}) \\ \ldots & \ldots & \ldots & \ldots & \ldots \\ -(b_{i1} + b_{1i}) & \ldots & 2 \cdot b_{ii} & \ldots & -(b_{iN} + b_{Ni}) \\ .. & \ldots & \ldots & \ldots & \ldots \\ (b_{N1} + b_{1N}) & \ldots & -(b_{Ni} + b_{iN}) & \ldots & 2 \cdot b_{NN} \end{pmatrix}$$

$$\mathbf{P} = \begin{pmatrix} p_1 \\ \ldots \\ p_i \\ \ldots \\ p_N \end{pmatrix} \text{ und } \mathbf{Y} = \begin{pmatrix} y_1 \\ \ldots \\ y_i \\ \ldots \\ y_N \end{pmatrix}$$

Der Vektor **P** enthält die gesuchten gewinnoptimalen Preise für die Produkte im Sortiment. Für die Lösung dieses Gleichungssystems, d.h. für die Bestimmung der Elemente des Preisvektors **P** stehen in der Matrizenrechnung eine Reihe von Verfahren zur Verfügung, wie bspw. die Determinantenmethode (Cramer´sche Regel) oder der Gauß´sche Algorithmus. Diese Lösungsmethoden eines linearen Gleichungssystems sind bereits in einfachen mathematischen Softwareprogrammen implementiert und erlauben eine schnelle Bestimmung der gewinnoptimalen Preise auch für große Sortimente. Voraussetzung ist allerdings, daß die Parameter der Preis-Absatz-Funktionen sowie der Kostenfunktion bekannt sind.

Aufgabe 5

Ausgehend von der Gewinnfunktion

$$G = \sum_{i=1}^{N} p_i \cdot x_i(W_1,\ldots, W_i,\ldots,W_N) - K[x_i (W_1,\ldots, W_i,\ldots,W_N) - W_i \quad \text{-> max.}$$

ergibt sich für p_i, p_j = const. das gewinnoptimale Werbebudget für Produkt i (W_i) im Sortiment durch:

$$\frac{\partial G}{\partial W_i} = \frac{\partial x_i}{\partial W_i} p_i - \frac{\partial K}{\partial x_i} \cdot \frac{\partial x_i}{\partial W_i} + \sum_{j=1}^{N} \frac{\partial x_j}{\partial W_i} p_j - \frac{\partial K}{\partial x_j} \cdot \frac{\partial x_j}{\partial W_i} - 1 = 0 \quad (\text{mit } j \neq i)$$

Führt man eine Erweiterung mit W_i/x_i durch und definiert man den Deckungsbeitrag $D = p - \partial K/\partial x$, dann läßt sich die Bedingung umformen zu:

$$\frac{W_i}{x_i} = D_i \frac{\partial x_i}{\partial W_i} \cdot \frac{W_i}{x_i} + \sum_{j=1}^{N} D_j \frac{\partial x_j}{\partial W_i} \cdot \frac{W_i}{x_i}$$

Erweitert man den Summenterm mit x_j/x_j, lassen sich Eigenwerbeelastizität (η_{ii}) und Kreuzwerbeelastizität (η_{ji}) in der obigen Bedingung erkennen:

$$\frac{W_i}{x_i} = D_i \cdot \eta_{ii} + \sum_{j=1}^{N} D_j \cdot \eta_{ji} \cdot \frac{x_j}{x_i}$$

Durch eine Erweiterung mit $1/p_i$ und p_j/p_j, erhält man die optimale Werberate

$$\frac{W_i}{x_i \cdot p_i} = \frac{D_i}{p_i} \cdot \eta_{ii} + \sum_{j=1}^{N} \frac{D_j}{p_j} \cdot \eta_{ji} \cdot \frac{x_j \cdot p_j}{x_i \cdot p_i}$$

Das Optimalitätskalkül gleicht der Niehans-Formel in allen „zentralen" Punkten: Der erste Term beinhaltet die gewinnoptimale Werberate, wenn die Sortimentsausstrahlung der Werbung für Produkt i nicht berücksichtigt wird (isolierte Kalkulation), d.h. wenn die Werberate allein aufgrund des Primäreffekts von Produkt i bestimmt wird. Die optimale Werberate ist hierbei um so höher, je größer der relative Deckungsbeitrag (D_i/p_i) ist. Ferner ist die Werberate um so höher, je werbeempfindlicher die Nachfrager reagieren, d.h. je größer die Eigenwerbeelastizität ausfällt.
Unter der Prämisse eines positiven Deckungsbeitrags der Produkte j erhöht werbekomplementärer Sortimentsverbund ($\eta_{ji} > 0$) die Werberate, werbesubstitutiver Sortimentsverbund ($\eta_{ji} < 0$) senkt sie. Bei werbekomplementärem Sortimentsverbund soll das erhöhte Werbebudget den Absatz der gewinnträchtigen Zusatzprodukte j ankurbeln. Demgegenüber soll bei werbesubstitutivem Sortimentsverbund die niedrigere Werbung den Markenwechsel von Produkt j zu Produkt i dämpfen. Der Sortimentsverbund verändert um so stärker die isolierte Kalkulation, je größer der relative Deckungsbeitrag des Produkts j ist. Ferner ergibt sich der Einfluß des Sortimentsverbunds in der Bestimmung der optimalen Werberate wiederum erst aus

einer zusätzlichen Gewichtung, die sich am Umsatzverhältnis der Produkte i und j orientiert: Diese zur Preiskalkulation analoge „Leader-Follower"-Struktur impliziert, daß der Sortimentsverbund nur vergleichsweise wenig die optimale Werberate von Produkt i beeinflußt, wenn Produkt i im Vergleich zu Produkt j im Umsatz dominiert (vice versa).
Analog zur Niehans-Formel steht dieses „Werbe-Pendant" unter der inhaltlichen Einschränkung, daß die Werbebudgets der Produkte j optimiert sind bzw. feststehen. Ferner ist der (gewinnoptimale) Umsatz für Produkt i bekannt. Die obige Bedingung ist daher nicht als Bestimmungsgleichung für das gewinnoptimale Werbebudget zu verstehen, sondern stellt lediglich die Einflußstruktur des Sortimentsverbunds bei der Kalkulation des Werbebudgets dar, die Richtungsaussagen erlaubt.

Literaturhinweise

SCHMALEN, H. / PECHTL, H. / SCHWEITZER, W.: Sonderangebotspolitik im Lebensmitteleinzelhandel, Stuttgart 1996.

SIMON, H.: Preismanagement, 2. Auflage, Wiesbaden 1992.

Christoph Burmann

VW Corrado

1. Marktsituation

1.1 Gesamtmarkt- und Segmententwicklung

Die jährlichen PKW-Neuzulassungen in Deutschland (Ost und West) haben im Zeitraum 1987 bis 1992 von ca. 3,3 Mio. um 15% auf ca. 3,8 Mio. zugenommen. Teilweise aufgrund der Wiedervereinigung. Als Folge der Rezession gab es in 1993 einen Einbruch des Gesamtmarktes um 18,7% auf nur noch 3,2 Mio.. Demgegenüber verzeichnete das Marktsegment für Sportcoupés im Zeitraum 1987 – 1992 ein Wachstum von 319%. Die Neuzulassungen stiegen hier von 26.631 bis auf 111.439. Auch in diesem Segment führte die rezessive Entwicklung der Gesamtwirtschaft 1993 zu einem Rückgang der Zulassungen auf 81.425 (- 26,9%). Diese Segmententwicklung bestätigte Erfahrungen aus vergangenen Jahren, nach denen das Sportcoupé-Segment in wirtschaftlich guten Zeiten im Vergleich zum Gesamtmarkt überdurchschnittlich wächst, in rezessiven Zeiten jedoch überdurchschnittliche Rückgänge verzeichnet. Die Entwicklung und Wettbewerbsstruktur des Sportcoupé-Segments als auch die Volumenentwicklung des Gesamtmarkts zeigten in den 6 Jahren von 1988 bis 1993 in Deutschland und Europa ein vergleichbares Bild (vgl. Abb. 1). Allerdings unterscheiden sich die Strukturen der einzelnen europäischen Ländermärkte z. T. deutlich voneinander.

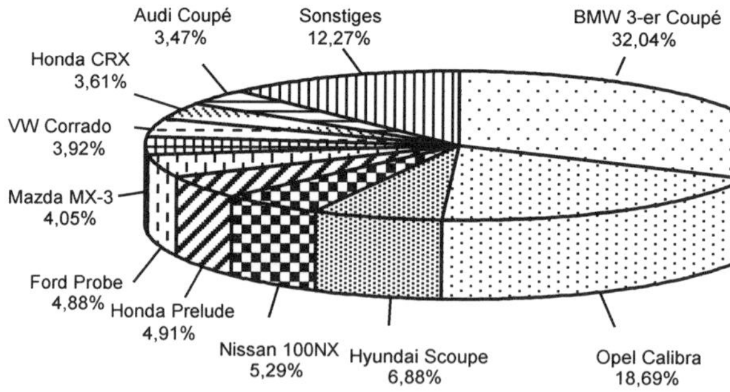

Modell	Volumen
BMW 3-er Coupé	52.625
Opel Calibra	30.695
Hyundai Scoupe	11.290
Nissan 100NX	8.685
Honda Prelude	8.060
Ford Probe	8.010
Mazda MX-3	6.655
VW Corrado	6.445
Honda CRX	5.925
Audi Coupé	5.690
Sonstiges	20.145

Quelle: VW AG

Abb. 1: Sportcoupé-Segment Marktanteile nach Modellen in Europa (D, GB, I, F, E, Ch) 1993

1.2 Wettbewerbsstruktur

Seit der Markteinführung des VW Corrado (vgl. Abb. 2) im Jahre 1988 hat sich die Wettbewerbsstruktur im Sportcoupé-Segment erheblich verändert. Zahlreiche Modellneueinführungen, insbesondere von japanischen Herstellern, haben zu einer höheren Attraktivität dieses Marktsegmentes geführt und damit wesentlich zum Wachstum des Segments beigetragen. Durch die steigende Zahl der Wettbewerber ist jedoch gleichzeitig ein Anstieg der Wettbewerbsintensität zu beobachten gewesen. Bis Mitte der 80er Jahre waren VW (mit dem Scirocco) und OPEL (mit dem Manta) die einzigen bedeutenden Anbieter in diesem Segment. In 1993 hat sich die Situation grundlegend geändert. Seit 1993 sind neben VW und OPEL auch BMW, AUDI, FORD, HONDA, MAZDA, MITSUBISHI, NISSAN, TOYOTA und der koreanische Anbieter HYUNDAI mit nennenswerten Stückzahlen im Sportcoupé-Segment präsent (vgl. Abb. 3).

Abb. 2: Der VW Corrado

Einige Sportcoupés sind hinsichtlich Leistung und Ausstattung kaum noch von klassischen Sportwagen zu unterscheiden, so dass die Grenze zwischen dem Segment für Sportcoupès und dem Segment der klassischen Sportwagen zunehmend verschwimmt. Die Einstiegsmodelle von PORSCHE (944, später abgelöst vom 968) werden daher von einigen Fachleuten bereits als Wettbewerber in den Markt der Sportcoupès eingeordnet. Die PORSCHE-Modelle verfügen jedoch im Vergleich zu allen anderen Wettbewerbern über eine höhere Motorleistung und setzen sich preislich deutlich von allen Sportcoupés ab. Der OPEL Calibra und das BMW 3er Coupé sind die Hauptwettbewerber des Corrado und gleichzeitig die Marktführer in diesem Segment.

Marke	Modell	Motor			Preis
		Zylinder	Hubraum	KW	
Audi	2,0	4	2,0	85	45.650,00
	2.3 E	5	2,3	98	51.450,00
	2,6 E	6	2,6	110	53.850,00
	2,8 E	6	2,8	128	57.500,00
	Quattro 2,3	5	2,3	98	56.950,00
	Quattro 2,6	6	2,6	110	59.100,00
	Quattro 2,8	6	2,8	128	62.750,00
BMW	316i	4	1,6	75	39.000,00
	318iS	4	1,8	103	45.950,00
	320i	6	2,0	110	49.500,00
	325i	6	2,5	141	56.700,00
Chrysler	Daytona Turbo	4	2,5	114	42.300,00
	Le Baron	6	3,0	100	48.550,00
Ford	Probe	6	2,5	120	47.150,00
Honda	Prelude 2,0	4	2,0	98	39.980,00
	Prelude 2,3 4WS	4	2,3	118	52.980,00
	Prelude 2,2 VTEC	4	2,2	136	53.980,00
Hyundai	LS	4	1,5	65	24.990,00
	1,5 GT	4	1,5	85	26.890,00
Mazda	MX -3 youngster	4	1,6	65	29.950,00
	MX 3 1,6-	4	1,6	65	34.350,00
	MX 3 1,9-	6	1,9	98	38.990,00
	MX 6 2,0-	4	2,0	85	39.950,00
	MX 6 2,5-	6	2,5	121	49.950,00
	MX 2,5 4WS	6	2,5	121	51.750,00
Mercedes	E 220	4	2,2	110	67.333,00
Mitsubishi	Eclipse	4	2,0	110	41.450,00
Nissan	100NX 1,6	4	1,6	66	32.245,00
	100NX 1,6	4	1,6	75	29.995,00
	100NX 1,6	4	2	105	39.695,00
	200 SX	4	1,8	124	44.195,00
Opel	Calibra 2,0	4	2,0	85	39.900,00
	Calibra V6	6	2,5	125	49.900,00
	Calibra 2,0 4x4	4	2,0	85	45.015,00
	Calibra Turbo 4x4	4	2,0	150	53.100,00
Porsche	944 S2	4	3	176	84.550,00
	968 (ab 1992)	4	3	176	97.440,00
Rover	216	4	1,6	90	35.950,00
	220 Turbo	4	2,0	147	44.950,00
Toyota	Celica STI	4	1,6	77	34.970,00
	Celica GTI	4	1,6	115	47.320,00
	MR 2 -	4	2,0	115	53.250,00
Volkswagen	Corrado	4	2,0	85	39.500,00
	Corrado 16V	4	2,0	100	43.600,00
	Corrado VR6	6	2,9	140	52.200,00
Volvo	480S	4	2,0	81	36.900,00
	480 Turbo	4	1,7	88	42.200,00

Abb.3: Coupé-Modellangebote im Markt

1.2 Preisstruktur

Die sehr heterogene Palette der im Markt angebotenen Sportcoupés reicht von reinen Zweisitzern mit 65 KW für knapp 25.000 DM bis zu Viersitzern mit 150 KW und Preisen von deutlich über 60.000 DM (vgl. Abb. 3). Darüber hinaus werden bei den meisten Modellen dieses Marktsegments zahlreiche Ausstattungs- und Motorvarianten angeboten. Dies hat bei den einzelnen Modellen eine sehr breite Preisspanne zur Folge (vgl. Abb. 4). PORSCHE deckt, gefolgt von AUDI mit dem AUDI Coupè und VW mit dem Corrado, den Hochpreisbereich des Segments ab, während Hyundai und die japanischen Anbieter im unteren Preisbereich angesiedelt sind. Der Schwerpunkt der Coupèverkäufe liegt in der Preisklasse bis ca. 40.000 DM. Bis 1991 lag die Mehrzahl der Coupèverkäufe noch im Preisbereich zwischen 40.000 und 50.000 DM. Erst mit der Einführung zahlreicher preisgünstiger Coupès japanischer und koreanischer Hersteller wurden die Preissegmente unter 40.000 DM immer bedeutsamer. Bei Sportcoupès mit mehr als einer Motorvariante im Angebot, liegt der Hauptabsatzanteil bei den niedrigeren Motorleistungen. Der VW Corrado wurde 1988 zu einem Preis von 42.500 DM in den Markt eingeführt. Er wurde zunächst nur mit einem 118 KW starken G-Lader Motor angeboten.

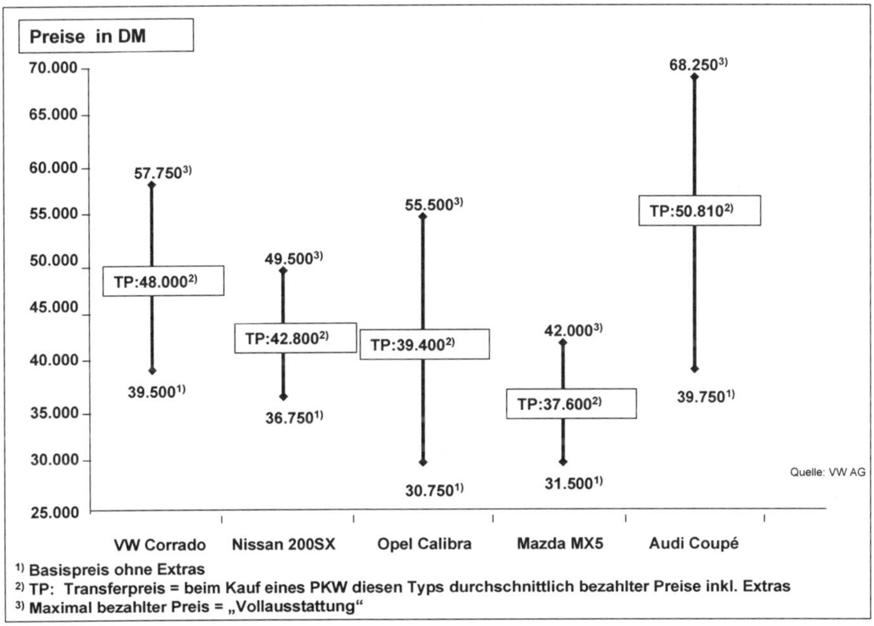

Abb. 4: Preisspanne und Transferpreise im Modelljahr 1991 (D-West)

2. Situation des VW Corrado

2.1 Marketingziele

Mit der Markteinführung des Corrado wurden die folgenden Marketingziele verfolgt:

- Fortführung der Coupé-Tradition der Marke Volkswagen (Karman Ghia, VW Scirocco).
- Förderung und Erweiterung des VW-Markenimages um die Imagedimensionen „Individualität", „Sportlichkeit" und „Fahrspaß" durch das Angebot eines „Sportwagens von VW".
- Sicherung und Erhöhung der Kundenbindung. Durch den Corrado soll das Abwandern von Kunden zu höherwertigen Coupès und Sportwagen anderer Marken mangels geeignetem VW Angebot verhindert und damit einem dauerhaftem Kundenverlust vorgebeugt werden.
- Nutzung der überdurchschnittlich hohen Markenwechselbereitschaft beim Kauf eines Coupès zur gezielten Erweiterung des Kundenstammes der Marke VW.
- Etablierung eines Nischenproduktes, das dem Trend zu kleineren, sportlichen Coupès entgegenkommt.

Im Rahmen der Marketingplanung für den Corrado war vorgesehen, dass ca. 70% der Corrado-Käufer von der Marke VW und 30% von anderen Marken gewonnen werden können. Das Absatzziel und die Produktionskapazität des zunächst nur in einer Motorversion angebotenen Corrado wurden für den europäischen Markt auf jährlich 30.000 Stück festgelegt. Aufgrund dieser für einen Großserienhersteller vergleichsweise geringen Stückzahl wurde die Produktion an einen auf Kleinserien von Cabriolets und Sportwagen spezialisierten Hersteller, die Wilhelm Karman GmbH in Osnabrück, vergeben.

2.2 Zielgruppen und Corrado-Kundenstruktur

Sportcoupè-Kunden in Deutschland sind im Vergleich zum Gesamtmarkt zu einem geringeren Anteil verheiratet und stammen überwiegend aus Single- bzw. Zweipersonenhaushalten. Der Anteil der Sportcoupè-Käufer mit Kindern ist kleiner, das Durchschnittsalter niedriger und das Einkommen höher als beim Gesamtmarkt.

Neben dem Sportcoupè steht häufig noch ein weiteres Fahrzeug zur Verfügung (vgl. Abb. 5). Die Kunden in diesem Segment rekrutieren sich zu über 70% aus Limousinen-Kunden. Auch bei den Corrado-Kunden stehen Limousinen, z. B. der VW Golf, als Alternativen beim Kauf eines Corrado im Vordergrund. Darüber hinaus kaufen über 50% der Sportcoupè-Kunden nach dem einmaligen Besitz eines Coupés wieder eine Limousine. Weniger als ein Drittel kauft erneut ein Sportcoupè. Coupè-Kunden

Quelle: VW AG 1993	Coupe Gesamt %	PKW Gesamt %	VW Corrado %
Geschlecht			
- männlich	70,0	71,8	83,3
- weiblich	30,0	28,2	16,7
Verheiratet	61,3	76,7	54,7
Alterstruktur			
- bis 29	31,2	19,3	29,9
- 30 - 39	23,0	23,1	28,9
- ab 40	45,8	57,7	41,3
Durschnittsalter	39,9	43,8	38,9
Personen pro HH			
- 1	21,2	12,5	25,4
- 2	41,9	40,1	44,8
- >3	36,9	47,5	29,9
Anteil Kinder <18 J.	18,7	33,6	13,4
Anteil Mehrwagen-HH	50,0	44,2	51,2
Schulbildung			
- Volksschule	32,9	38,5	29,8
- Mittelschule	39,3	35,0	28,8
- Abitur	11,1	9,8	17,2
- Universität	16,7	16,6	24,2
Berufsstruktur			
- Freiberufler	9,1	6,6	7,5
- Lt. Ang./h. Beamte	8,8	7,9	11,0
- Angest./Beamte	36,7	38,0	44,7
- Arbeiter	17,4	15,3	12,6
- Rentner	9,2	14,5	8,5
HH Nettoeinkommen	6.479	5.671	6.246

Abb. 5: Demographie der Sportcoupè- und Corrado-besitzer

sind Käufer, die eigentlich immer eine Limousine gefahren haben und sich zumindest einmal im Leben durch einen Wagen mit auffälligem, eigenständigen Design vom Durchschnitt abheben möchten, ohne dabei einen erheblichen Mehrpreis zu zahlen. Corrado-Besitzer sind im Vergleich zum Durchschnitt des Coupèsegments jünger, haben weniger Kinder, sind fast ausschließlich Männer und haben eine überdurchschnittlich gute Ausbildung. 67% der Corrado-Käufer (1992) haben auch als Vorwagen einen VW gefahren. Dieser Anteil liegt exakt auf derselben Höhe wie beim OPEL Calibra. Die Käufer der japanischen Coupés kommen hingegen zum überwiegenden Teil von anderen Marken. So rekrutiert sich beispielsweise knapp ein Viertel aller Käufer eines Mazda MX 5 oder eines Nissan 200 SX aus ehemaligen VW-Fahrern.

2.3 Kaufgründe

Als Kaufgrund für Sportcoupés steht insbesondere das emotional ansprechende Fahrzeugdesign (außen und innen) im Vordergrund. Darüber hinaus ist vor allem der Wunsch, ein sportliches Fahrzeug mit hoher Endgeschwindigkeit, hochwertiger Technologie und tiefer Sitzposition zu besitzen für den Erwerb eines Sportcoupès ausschlaggebend. Ferner wird beim Coupèkauf überdurchschnittlich viel Wert auf eine reichhaltige, sportlich orientierte Ausstattung und eine qualitativ hochwertige Innen- und Außenverarbeitung gelegt. Die Preiselastizität der Coupèkäufer ist demgegenüber geringer als im Gesamtmarkt.

Grund	1. Substitutionsmodell Corrado	Calibra	200SX	MX-5	Audi Coupe
Preis	57	29	21	29	42
Geräumigkeit	8	12	19	15	4
Wirtschaftlichkeit	5	3	20	0	0
Niveau der Ausstattung	4	2	1	0	3
Lieferzeit	1	42	1	25	11
Inzahlungsnahmepreis	0	7	9	2	2
Kundendienst	1	2	4	5	0
Kofferraumgröße	1	3	7	10	5

Legende: 1. Substitutionsmodell = Fahrzeug, welches an zweiter Stelle gekauft worden wäre, wenn das tatsächlich erworbene Modell nicht verfügbar gewesen wäre.

Angaben in %

Quelle: VW AG

Abb. 6: Gründe gegen den Kauf des 1. Substitutionsmodells

In der Abbildung 6 sind die Gründe gegen den Kauf der jeweiligen Sportcoupès aufgeführt. Befragt wurden dabei Personen, die sich „in letzter Minute“ gegen den Kauf des jeweiligen Fahrzeugs entschieden haben, dieses jedoch erworben hätten, wenn das tatsächlich gekaufte Fahrzeug nicht verfügbar gewesen wäre.

2.4 Stärken und Schwächen des Corrado

Der Corrado galt schon bei seiner Markteinführung 1988 mit dem innovativen „G-Lader Motor“ bei der Fachpresse als reinrassiger Sportwagen und nicht als bloßer Ersatz für das schon seit vielen Jahren angebotene Sportcoupè VW Scirocco. Er wurde seitdem in zahlreichen Testberichten gelobt und selbst Mitbewerber zeigten sich bei der Markteinführung in inoffiziellen Äußerungen von der technischen Konzeption und Leistungsfähigkeit des VW Corrado angetan. Tadel war selten und bezog sich meistens auf Nebensächlichkeiten oder bald überwundene Einführungsprobleme („Kinderkrankheiten“). Das blieb über verschiedene Aktualisierungen (sog. „Face-Liftings“) und Neuerungen bis zum Ende der Modelllaufzeit so. Die Auslieferungsqualität des VW Corrado ist in Abbildung 7 wiedergegeben.

Anteil der Neufahrzeuge mit Mängeln im 1. Jahr:	**1993**
Polo	51,9 %
Golf	50,8 %
Corrado	53,8 %
Ø VW	51,7 %

Abb. 7: Auslieferungsqualität des VW Corra-

Wie bei Sportcoupès üblich, war das Styling des Corrado der mit Abstand wichtigste Kaufgrund für die Corrado-Fahrer. Die insgesamt wenige Produktkritik bezog sich auf die bisweilen hakelige Schaltung, die eingeschränkte Rundumsicht und den erhöhten Bezinverbrauch (vgl. Abb. 8a/b). Bei der Vorstellung des neuen Spitzenmodells des Corrados mit 6-Zylindermotor in sogenannter V-R-Konfiguration (VR-6) in 1991 zeigte sich die Fachpresse erneut begeistert. Der Corrado VR 6 wurde in Vergleichstests direkt mit dem Porsche 944 verglichen und schnitt dabei sehr positiv ab. Ab Herbst 1993 wurden, dem Trend zu preiswerteren und niedriger motorisierten Sportcoupès folgend, auch im Preis reduzierte und leistungsschwächere Corrado-Modelle mit 100 und später auch mit 85 KW angeboten.

Vorteile:	Corrado %	Calibra %	200SX %	MX-5 %	Audi Coupe %
Styling	51	73	69	71	44
Höchstgeschwindigkeit	26	21	38	18	19
Beschleunigung	18	7	24	7	9
Verarbeitung innen	12	6	12	5	13
Straßenlage	9	19	15	24	18
Sitze allg.	8	3	2	1	1
Wendigkeit	8	8	13	27	8
Robustheit allg.	8	4	7	8	14
Niveau d. Ausstattung allg.	5	5	17	-	-
Verbrauch	4	14	3	9	4
Sicherheit allg.	3	4	4	2	11
Cabriolet/Targa	-	-	-	39	-

Abb. 8a: Gründe für den Kauf der jeweiligen Fahrzeuge aus Sicht ihrer Besitzer (Produktvorteile)

Nachteile:	Corrado %	Calibra %	200SX %	MX-5 %	Audi Coupe %
Rundumsicht	11	12	8	1	3
keine Nachteile	10	10	14	9	5
Schaltung	10	2	3	1	3
Verbrauch	10	2	16	2	12
Laufruhe	9	15	3	9	16
Anschaffungspreis	7	0	-	3	6
Zugang Kofferraum	2	26	6	0	17
Kofferraumgröße	1	9	18	37	12
Sitze allg.	1	4	13	5	3
Geräumigkeit	1	2	9	15	3

Abb. 8b: Gründe gegen den Kauf der jeweiligen Fahrzeuge aus Sicht ihrer Besitzer (Produktnachteile)

Aus Marktforschungsstudien des Jahres 1991 ging hervor, dass die Fahrer eines VW Corrado im direkten Konkurrenzvergleich mit Fahrern eines OPEL Calibra oder eines BMW 320 eine leicht unterdurchschnittliche Zufriedenheit aufweisen (vgl. Abb. 9a/b). Insbesondere die Servicequalität der VW-Händlerorganisation wurde in den Marktforschungsstudien im Vergleich zu OPEL und BMW relativ schlecht bewertet. Im Vertrieb von Volkswagen stießen diese Marktforschungsergebnisse auf Unver-

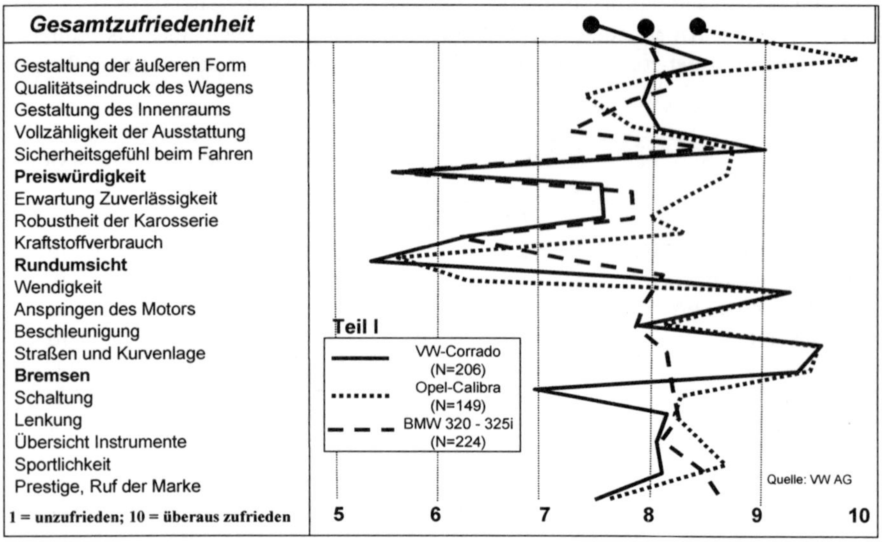

Abb. 9a/b: Zufriedenheit der Corrado-Besitzer im Wettbewerbsvergleich

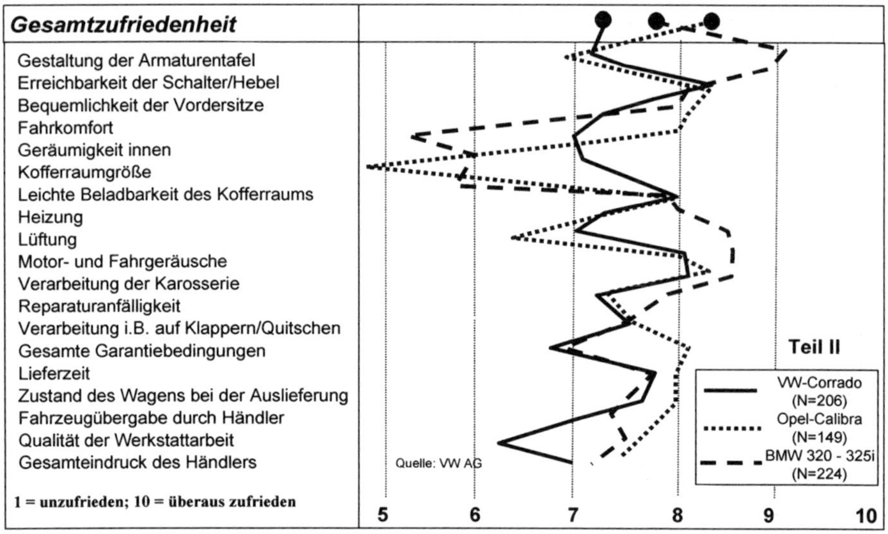

ständnis, weil andere Untersuchungen zur Händlerzufriedenheit zeigten, dass die Corrado-Fahrer sich hinsichtlich der Händlerzufriedenheit nicht signifikant von anderen VW-Kunden unterschieden (vgl. Abb. 10).

	Corrado	VW Total	Golf GTI	Golf VR 6	Golf Total	Polo	Passat
Gesamtzufriedenheit mit dem Händler	7,6	7,3	7,1	6,8	7,3	7,5	7,5
Qualität der Werkstattarbeit	7,1	7,1	6,8	6,5	7,1	7,2	7,2
Fahrzeugübergabe durch den Händler	7,6	7,5	7,5	7,1	7,5	7,7	7,5
Auslieferungs-zustand des Wagens	7,8	7,6	7,5	7,3	7,6	7,8	7,7

10 = überaus zufrieden; 1 = unzufrieden

Quelle: VW AG 1993

Abb. 10: Zufriedenheit der Corrado-Fahrer mit ihrem Händler

Modell-Loyalität (in %)	1988	1989	1990	1991	1992	1993
Polo	31,5	33,8	32,5	40,1	43,1	35,8
Golf	63,6	61,7	55,8	53,4	53,8	63,9
Corrado	–	–	**23,6**	**20,1**	**24,9**	**22,1**

Marken-Loyalität (in %)	1990	1993
Polo	61,6	61,3
Golf	67,8	74,8
Corrado	**76,9**	**52,4**

Quelle: VW AG 1993

Abb. 11: Modell- und Markenloyalität der Corrado-Fahrer im Zeitablauf

Zusammenfassend kann festgehalten werden, dass es sich beim VW Corrado um einen Wagen handelte, dem von der objektiven Produktbeschaffenheit her keine ernsthaften Schwächen nachzusagen waren und der mit seinen Fahrleistungen in der Nähe des Porsche-Einstiegsmodells lag. Umso weniger konnten man sich bei Volkswagen die rückläufige Modell- und Markenloyalität bei den Corrado-Fahrern erklären (vgl. Abb. 11).

3. Markterfolg des VW Corrado

Die Absatz- und Marktanteilsentwicklung des Corrados und seiner wesentlichen Wettbewerber (vgl. Abb. 12) zeigt, dass der Corrado seit der Markteinführung zu keinem Zeitpunkt die in ihn gesetzten Erwartungen erfüllen konnte. Nicht zuletzt durch den 1990 neu eingeführten OPEL Calibra und vor allem durch das 1991 erstmals präsentierte BWM 3er Coupè konnten OPEL und BMW ihre Marktanteilspositionen im Sportcoupèsegment zu Lasten des Corrados stark ausbauen. Aufgrund der kontinuierlich zurückgehenden Abverkaufszahlen wurden bei der Volkswagen AG Überlegungen angestellt, inwieweit eine Weiterproduktion des Corrados aus wirtschaftlichen Gründen noch zu rechtfertigen sei.

Modell	**1987**	**1988**	**1989**	**1990**	**1991**	**1992**	**1993**
Audi Coupé	4.196	2.666	6.132	5.811	5.356	4.735	2.738
BMW 3-er Coupé	0	0	0	0	261	31.618	27.191
Ford Probe	0	0	0	0	300	609	5.180
Honda CRX	4.981	5.506	1.166	6.518	6.216	7.060	3.554
Honda Prelude	4.996	4.887	4.443	4.461	4.451	5.027	2.850
Hyundai Scoupe	0	0	0	0	429	3.258	5.406
Mazda MX-3	0	0	0	0	1.444	5.000	3.810
Mazda MX-6	0	0	0	0	0	1.320	927
MITSUBISHI Eclipse	0	0	0	0	0	4.560	3.236
Nissan 100NX	0	0	0	0	6.414	6.378	4.007
Nissan 200SX	0	0	3.031	3.867	2.808	1.780	1.064
Opel Calibra	0	0	0	9.414	35.140	26.685	13.689
Toyota Celia	1.697	1.412	1.026	3.323	4.264	3.089	1.866
Toyota MR2	759	506	440	670	2.196	1.544	793
VW Corrado	1	1.694	10.612	7.250	8.625	5.615	3.910
VW Scirocco	10.001	5.991	4.570	4.934	4.242	3.161	1.204
	26.631	22.662	31.420	46.248	82.146	111.439	81.425

Abb. 12: Entwicklung des Sportcoupè-Segmentes 1987 – 1993 (Deutschland-West)

Darüber hinaus wurde vor allem im Bereich der Kommunikationspolitik nach Gründen für die unbefriedigende Absatzentwicklung gesucht. In diesem Zusammenhang wurde zunächst geprüft, ob das Kommunikationsbudget für den VW Corrado angehoben werden sollte, weil sich im direkten Vergleich zum OPEL Calibra beim Corrado ein wesentlich niedrigerer Bekanntheitsgrad zeigte (vgl. Abb. 13/14). Außerdem wurde hausintern Kritik an der Gestaltung der Werbeanzeigen für den Corrado in den Printmedien laut. Daraufhin wurde ein Anzeigentest durchgeführt. Zwei verschiedene Anzeigen für den VW Corrado in der Publikumszeitschrift „Stern“ (Ausgabe 44 und

46 im Jahr 1993) wurden bei 636 Autofahrern aus der Zielgruppe im Vergleich zu Anzeigen der Konkurrenz getestet. Die Ergebnisse des Anzeigentests sind in den Abbildungen 15a/b dargestellt.

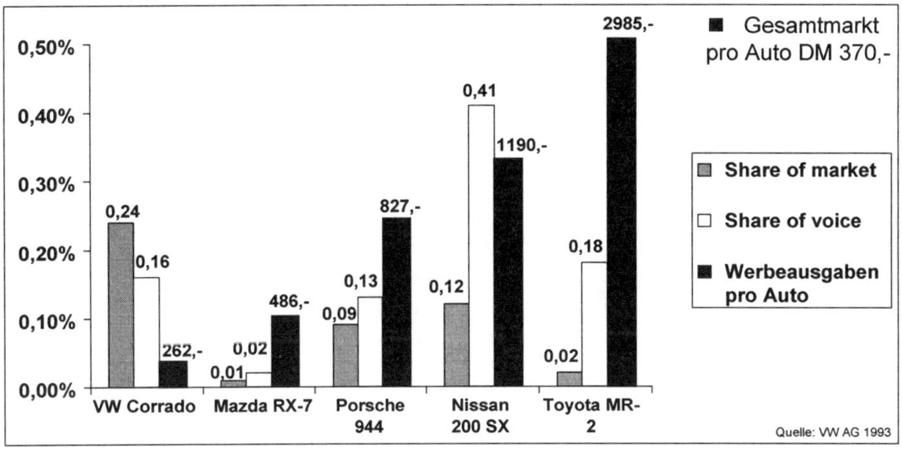

Abb. 13: Kommunikationsbudget für den VW Corrado im Wettbewerbsvergleich (Deutschland, 1990)

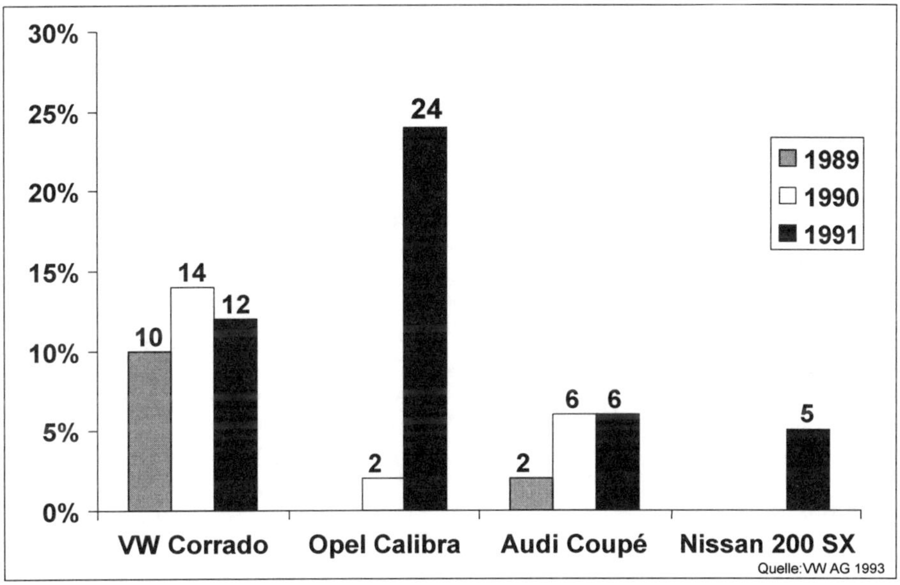

Abb. 14:Ungestützte Markenbekanntheit des VW Corrado im Wettbewerbsvergleich

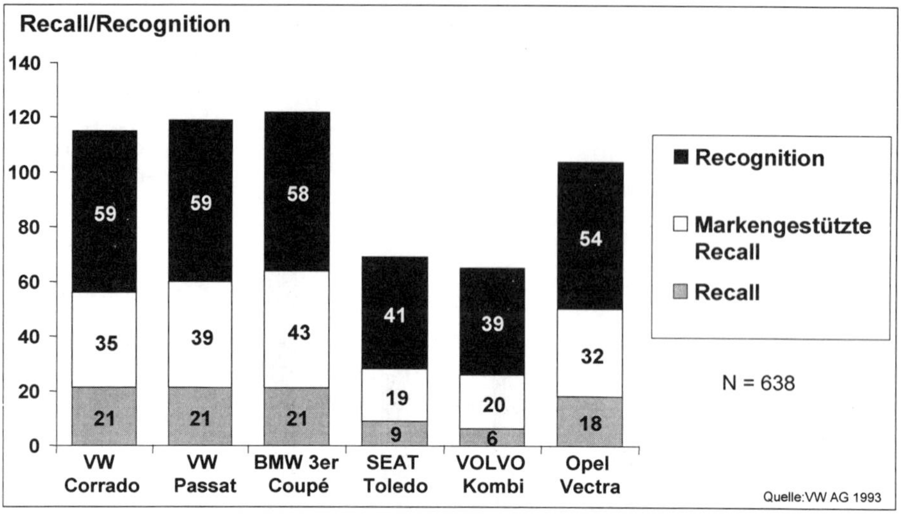

Abb. 15a: Ergbnisse des Anzeigentests

Wirkungskategorien	VW Corrado	VW Passat	BMW 3er Coupe	SEAT Toledo	VOLVO Kombi	Opel Vectra
• Visual Recall (Bildinhalte)	**21**	24	34	13	15	24
• Copy Recall (Textinhalt)	**19**	24	29	14	15	23
• Main Claim Recall (Hauptaussage)	**12**	20	23	7	11	17
Vorlage der Anzeige: • Vom Text weniger als die Hälfte gelesen	**41**	36	30	27	27	37

Quelle:VW AG 1993

Abb. 15b: Ergbnisse des Anzeigentests

Aufgabe

Worauf könnte aus Ihrer Sicht die unbefriedigende Absatzentwicklung des VW Corrado zurückzuführen sein? Gehen Sie bei der Ausarbeitung Ihrer Lösung explizit auf die verschiedenen Marketinginstrumente ein.

Lösung

Im Rahmen der Neuproduktplanung für ein Nachfolgemodell des Corrado wurde die Marktforschungsabteilung von Volkswagen mit der Aufgabe betraut, die Ursachen für das Scheitern des Corrado zu erforschen und Vorschläge für die Produktgestaltung und Positionierung eins möglichen Nachfolgemodells zu erarbeiten. Die Marktforscher kamen nach gründlichem Studium der einschlägigen Literatur zum Käuferverhalten und der Durchsicht von Marktforschungsstudien zu der Überzeugung, dass der Misserfolg des Corrados eine Folge mehrerer Ursachen ist.

Im Bereich der **Produktpolitik** könnte sich das wenig attraktive, nicht den Vorstellungen der Zielgruppe entsprechende **Design** negativ auf die Kaufbereitschaft ausgewirkt haben. Für sein Design erhält der Corrado in den oben zitierten Marktforschungsstudien auf den ersten Blick zwar gute Werte. Im Vergleich zur Konkurrenz fiel die Bewertung des Designs jedoch unterproportional aus (vgl. Abb 8a/b). Das Styling ist zwar für gut 50% der Corrado-Käufer der wichtigste Kaufgrund, dieser Anteil liegt bei der Konkurrenz aber bei bis zu 73 %. Das Produkt Corrado war somit im Wettbewerbsvergleich bestenfalls durchschnittlich. Vor dem Hintergrund der oft sehr emotionalen Kaufentscheidung bei Sportcoupès bzw. Sportwagen ist der eher schwache „Begeisterungsfaktor" des Corrado-Designs ein gravierendes Problem. Insgesamt besaß das Produkt VW Corrado zwar kaum herausragende Schwächen (vgl. Abb. 9a/b), es verfügte allerdings auch über keine spezifische Überlegenheit. Das Produkt war somit als „Speerspitze" zur erwünschten Erweiterung des VW-Markenimages offensichtlich nicht geeignet. Angesichts der gehobenen Ansprüche der Zielgruppe konnte es kein eigenständiges und klares (emotionales) Wahrnehmungsprofil entwickeln, weil das Styling letztlich keine aufreizenden Signale setzte. Die Zufriedenheit der Corrado-Fahrer mit ihrem Fahrzeug war daher durchgängig „mittelmäßig" (vgl. Abb. 9 a/b).

Die **schlechte Auslieferungsqualität**, die zu Beanstandungen während der Garantiezeit (u.a. aufgrund unzureichender, unter den Prospektangaben liegender Leistung des G-Lader Motors) und somit zu Nachkaufdissonanzen bei den Corrado-Besitzern führte, hatte ebenfalls negative Auswirkungen auf den Markterfolg. Aus Abbildung 7 ist ersichtlich, dass die Mängelhäufigkeit des Corrado zwar nur 2,1% über dem VW-Durchschnitt liegt. In diesem Zusammenhang ist jedoch zu berücksichtigen, dass das Anspruchsniveau der Sportcoupè-/Sportwagen-Käufer oberhalb desjenigen „normaler" VW-Kunden liegt und daher eine objektiv im Durchschnitt liegende Auslieferungsqualität beim Corrado von den Kunden subjektiv negativer bewertet wird.

Neben dem Styling könnte die beim Verkaufsstart angebotene Variantenzahl (**Produktprogrammpolitik**) einen negativen Einfluss auf den Markterfolg gehabt haben. Zum Zeitpunkt der Markteinführung des Corrado im Jahr 1988 wurde die überwiegende Mehrheit der Sportcoupès im unteren Preis- und Leistungssegment verkauft.

Genau dieses Marktsegment wurde durch den Corrado, der (zunächst) lediglich in einer einzigen Motorvariante angeboten wurde (G-Lader Motor), nicht angesprochen. Dieses Modell lag mit 118 KW, einer reichhaltigen Ausstattung und einem Einführungspreis von 42.500 DM deutlich oberhalb nahezu aller Wettbewerber. Es orientierte sich aufgrund seiner Leistungsstärke eher am Einstiegsmodell von Porsche, dem 944, der 1988 für ca. 70.000 DM angeboten wurde.

Aufgrund der produktpolitischen Defizite war die **Kommunikationspolitik** für den Corrado sowohl in den klassischen Medien als auch im persönlichen Verkaufsgespräch gehandicapt. Eine Begeisterung für das Produkt konnte daher erst mit mehrjähriger Verzögerung aufgebaut werden. In der Kommunikationspolitik lassen sich ferner Mängel in Botschaft und Gestaltung der Werbeanzeigen feststellen (vgl. Abb.15 a/b). Allerdings erscheinen diese Mängel im Konkurrenzumfeld als weniger gravierend. Aufgrund der produktpolitischen Defizite entschied sich die Volkswagen AG zunächst für einen vergleichsweise geringen Werbeaufwand (vgl. Abb. 13). Dieser resultierte in einem im Vergleich zum Hauptwettbewerber OPEL Calibra signifikant niedrigerem Bekanntheitsgrad (vgl. Abb. 14) und demzufolge einer nur schwachen Repräsentanz des Corrado im „evoked set" der relevanten Zielgruppe. Dies wiederum wirkte sich später negativ auf den Wert des Corrados als Gebrauchtwagen aus.

Bei der **Distributionspolitik** gab es Mängel im Bereich der Servicequalität der Händlerorganisation. Abbildung 10 zeigt zwar, dass der Corrado keine signifikant schlechtere Beurteilung als andere VW-Modelle erhält, allerdings kann die Servicequalität der Händlerorganisation angesichts des höheren Anspruchsniveaus der Corrado-Käufer (als Folge des deutlich höheren Fahrzeugpreises im Vergleich zu anderen VW-Modellen) auch keine besondere Begeisterung der Corrado-Käufer erzeugen. Ferner zeigt Abbildung 9b, dass die Zufriedenheit der Corrado-Fahrer mit ihrem Händler, vor allem dessen Werkstattqualität, im Vergleich zu den Hauptwettbewerbern wesentlich geringer ausfällt. Infolge dessen rutschte die Modell- und Markenloyalität der Corrado-Käufer ab (vgl. Abb. 11). In Verbindung mit negativer Mund-zu-Mund-Propaganda verstärkte dies im Modelllebenszyklus des Corrado die negative Absatzentwicklung.

Da das Produkt die angstrebte Positionierung („der Sportwagen von VW") nicht erreichte, war die verfolgte **Preispolitik** deplatziert und wurde zu einer Absatzbremse, ohne dass von Volkswagen spezifische Gegenmaßnahmen eingeleitet wurden. Andererseits war eine schnelle Anpassung des Preisniveaus nach unten direkt nach Feststellung der unbefriedigenden Absatzentwicklung nicht möglich, weil damit die Chance eines mittelfristigen Erreichens der angestrebten Positionierung unterlaufen worden wäre. Aus Abbildung 6 geht hervor, dass für 57 % aller Zielkunden, die sich „in letzter Minute" für ein Konkurrenzfahrzeug und gegen den VW Corrado entschieden haben der hohe Anschaffungspreis des Corrado die wichtigste Kaufbarriere war. Demgegenüber zeigt sich beim Hauptwettbewerber OPEL Calibra, dass hier im wesentlichen die lange Lieferzeit die Kunden in letzter Konsequenz vom Kauf eines Calibra abgehalten hat.

Die Probleme im Bereich der Preis- und Produktprogrammpolitik wurden von Volkswagen nach einigen Jahren durch das Angebot von „abgespeckten“ Modellvarianten des Corrado mit deutlich weniger Motorleistung und einer einfacheren Ausstattung behoben. Diese Veränderungen im Marketingmix zeigten jedoch nicht den erwünschten Erfolg, weil sich im Markt zwischenzeitlich ein negativ geprägtes Image des Corrados festgesetzt hatte (zu teuer, keine Modellvarianten, nur ein Motor verfügbar). Dies verdeutlicht, dass Fehler bei der Ausgestaltung des Marketingmix zum Zeitpunkt der Markteinführung eines neuen Produktes nur durch dann zu beheben sind, wenn seitens des Anbieters schnell auf die Missstände reagiert wird, bevor sich ein negatives Produktimage im Markt etabliert. Diese Chance wurde von Volkswagen nur bedingt genutzt.

Insgesamt muss festgestellt werden, dass der Corrado die Aufgabenstellung, das VW-Markenimage in Richtung Individualität, attraktives Styling und Sportlichkeit neu zu prägen, nicht erfüllt hat. Im Gegenteil, der angestrebte positive Überraschungseffekt („sieh `mal, das hätte ich von VW nicht erwartet“) zugunsten der Marke VW blieb aus. Das konservative Image des Massenherstellers funktionaler Autos hat das emotionale Produkterlebnis eines Sportwagens negativ beeinflusst und verfälscht. Die Distanz zwischen dem Anspruch des Produktes Corrado (Sportwagen) und dem Markenimage von Volkswagen war offensichtlich so groß, dass es zu dem angesprebten **Imagetransfer** (vgl. Meffert/Heinemann 1990) vom Sportwagen Corrado auf die Marke Volkswagen aufgrund unzureichender Glaubwürdigkeit nicht kam. Voraussetzung für jeden erfolgreichen Imagetransfer ist eine **Mindest-Affinität** zwischen „Image-Spender“ und „Image-Geber“. Die Forderung nach einer Mindest-Affinität leitet sich aus dem kommunikationstheoretischen „Erstmaligkeits-Bestätigungsmodell“ von v. Weizäcker (1973) ab. Die notwendige Mindestaffinität bestand zwischen der emotional-unvernünftigen Fahrzeugkategorie eines Sportwagens und dem rational-vernünftigen VW-Markenimage nicht.

Diese Hypothese wurde abschließend in einem sog. **Blindtest** voll bestätigt. Hierzu wurden nach dem Zufallsprinzip ausgewählte Autofahrer aus der Zielgruppe zu einer Testfahrt eines „neuen Fahrzeugs“ von einem neutralen Marktforschungsinstitut eingeladen. Alle Markenidentifikationen im Innenraum des Testwagens (ein VW Corrado) wurden zu diesem Zweck entfernt bzw. abgedeckt. Das Auto wurde außen mit einer Plane abgedeckt und die Probanden ans Auto geführt und zum Einsteigen aufgefordert. Aufgrund der Abdeckung des Fahrzeugs war es den Probanden nicht möglich, den Typ des zu testenden Fahrzeugs vorab zu identifizieren. Es folgte eine ausgiebige Probefahrt in Begleitung eines Psychologen, der den Probanden gegenüber als Testingenieur vorgestellt wurde. Das Fahrerlebnis wurde beobachtet und in Interviews erfragt. Das Ergebnis war:

- Die Probanden waren begeistert von der Leistungsfähigkeit und Sportlichkeit von Motor und Fahrwerk und stellten spontan positive Vergleiche zu höherwertigen Konkurrenten (z.B. Porsche 944) an.
- Die Enthüllung des Fahrzeugs nach dem Ende der Probefahrt löste Verblüffung und Erstaunen aus mit unterschwellig mangelnder Glaubwürdigkeit.
- Ein typisches Zitat der Probanden nach der Testfahrt lautete: „Er hat hinten 2 Sitze, ist aber kein Viersitzer. Er hat nur 2 Türen, ist aber auch kein Coupé. Er hat eine Heckklappe, aber er ist kein Kombi. Er hat eine sich selbst aufrichtende Potenzflosse, aber er ist kein Sportwagen. Er hat einen großen Kofferraum, aber er ist keine Limousine."
- **Fazit:** Die Marke Volkswagen und die unattraktive äußere Erscheinung des Corrado hingen „wie Blei" an dem positiven und begeisternden Fahrerlebnis. In diesem Zusammenhang muss einschränkend berücksichtigt werden, dass ein Corrado des Modelljahres 1994 mit dem VR 6 – Motor als Testwagen eingesetzt wurde.

Diese reale Fallstudie steht für ein häufig anzutreffendes **komplexes Ursachenbündel**, aus dem es schwerfällt, eine Hauptursache für den Misserfolg des Produktes zu isolieren. Am Anfang stand eine klare und realistische Zielsetzung. Sie wurde aber mit nur durchschnittlichen Mitteln und Instrumenten verfolgt. Alle Marketinginstrumente zeigten Schwächen, die sich fast zu einem „circulus viciosus" entwickelten. Letztlich konnte die Kluft zwischen dem traditionellen Markenimage von Volkswagen und dem Image eines Sportwagens nicht überbrückt werden. Die Marke Volkswagen ließ sich offenkundig nicht auf das Sportwagensegment ausdehnen. Dies gilt zumidest für den hier untersuchten Zeitraum von 1988 bis 1994. Aufgrund der Inkonsistenz zwischen dem Image von Sportwagen und dem VW-Markenimage (vgl. Meffert 2000, S. 503) wurden alle den VW Corrado betreffenden Informationen von der Zielgruppe verdrängt. Dies erklärt die geringe Bekanntheit des Corrado ebenso wie die Konstanz des VW-Markenimage im Untersuchungszeitraum. Der Corrado war bis heute der erste und letzte Sportwagen der Marke Volkswagen.

Literaturhinweise

MEFFERT, H., Marketing – Grundlagen der marktorientierten Unternehmensführung, 9. Aufl., Wiesbaden 2000.

MEFFERT, H., HEINEMANN, G., Operationalisierung des Imagetransfers: Begrenzung des Transferrisikos durch Ähnlichkeitsmessung, in: Marketing ZFP, 12. Jg., 1990, Heft 1, S. 5-10.

WEIZSÄCKER, E.U.v., Erstmaligkeit und Bestätigung als Komponenten der pragmatischen Information, in: Offene Systeme I. Beiträge zur Zeitstruktur von Information, Entropie und Evolution, Weizsäcker, E.U.v. (Hrsg.), 2. Auflage, Stuttgart 1974 (zitiert nach dem Wiederabdruck Stuttgart 1986) v.Weizäcker 1973.

Bin ich nicht unwiderstehlich?
Inge
ist doof
BUS

Hans Pechtl

Sales Promotions im Einzelhandel

Unter „Sales Promotions“ versteht man zeitlich befristete Verkaufsfördermaßnahmen, die Anreize an nachgelagerte Stufen im Vertriebskanal darstellen. Hierbei lassen sich drei Arten unterscheiden: Hersteller versuchen mit Rabatten, Werbekostenzuschüssen oder der Bereitstellung von Displaymaterial den Handel zu verstärkten Verkaufsanstrengungen für seine Produkte zu motivieren (Trade Promotions). Der Handel setzt Promotions gegenüber dem Endverbraucher ein, um den Absatz von Artikeln in seinem Sortiment zu fördern bzw. das Geschäft als attraktive Einkaufsstätte (z.B. Preisimage) zu positionieren (Retailer Promotions). Ferner kann sich ein Hersteller direkt mit Verkaufsfördermaßnahmen an den Konsumenten wenden (Consumer Promotions), wobei der Hersteller diese Aktionen häufig am Point-of-Sale (POS), d.h. in den Einzelhandelsgeschäften durchführt. Diese „Consumer Promotions“ bilden damit ein Element des vertikalen Marketings des Herstellers bzw. einer Marketingkooperation zwischen Hersteller und Handel, um gemeinsam den Absatz ihrer Produkte beim Endverbraucher zu fördern.

Aufgabe 1

Welche verschiedenen Instrumente lassen sich bei konsumentenorientierten „Sales Promotions“ (Retailer Promotions, Consumer Promotions) unterscheiden?

Aufgabe 2

Welche Anreize (benefits) können „Sales Promotions“ den Nachfragern bieten?

Aufgabe 3

Wie hoch ist die optimale Kaufmenge von einem Sonderangebot ($x^*_{[s]}$), wenn der Normalpreis für das Produkt bei $p_{[n]}$, der Sonderangebotspreis bei $p_{[s]}$ mit $p_{[s]} < p_{[n]}$ liegt? Welche Menge ($x^*_{[n]}$) kauft der Nachfrager in der restlichen Zeit bis zum Planungsende zu Normalpreisen? Gehen Sie hierbei von folgendem Szenario aus:
Der Nachfrager will seinen Einkaufsprozeß über ein Zeitintervall mit δ Perioden kostenminimal gestalten. Zu Beginn des Planungszeitraums ist sein „Lager“ mit dem betreffenden Produkt geräumt. Zu diesem Zeitpunkt tritt das Sonderangebot für das betreffende Produkt auf. Nach δ Perioden soll der Lagerbestand mit dem betreffenden Produkt geräumt sein, da ein neuerliches Sonderangebot im Geschäft ansteht. Ist der Lagerbestand des Produkts, das der Nachfrager zum Sonderangebotspreis gekauft hat

(„Sonderangebotslager"), durch Konsum erschöpft, muß er in der restlichen Zeit bis zum nächsten Sonderangebot das Produkt zu Normalpreisen kaufen.
Der Einkauf im betreffenden Geschäft verursacht je Einkaufsgang Beschaffungskosten in Höhe von B, die nicht von der Kaufmenge oder dem Preis abhängig sind. Die Konsumquote des Produkts beträgt pro Periode c. Sie gibt an, wieviele Mengeneinheiten von dem betrachteten Produkt der Nachfrager je Periode verbraucht. Der Konsum ist konstant und findet kontinuierlich statt. Kosten der Lagerhaltung für das Produkt entstehen dem Nachfrager pro Einheit in Höhe von h (Lagerkostensatz).

Lösung

Aufgabe 1

Konsumentenorientierte Promotionmaßnahmen lassen sich in Preis-Promotions und Nicht-Preis-Promotions untergliedern. In der traditionellen Klassifizierung der Marketinginstrumente zählen Preis-Promotionmaßnahmen damit zur Preispolitik, Nicht-Preis-Promotions rechnen im weitesten Sinn zur Werbung bzw. Kommunikationspolitik des Unternehmens.
Bei Preis-Promotions vermindert sich für den Nachfrager der Kaufpreis für eine Einheit des betreffenden Artikels. Hierbei kann es sich um Sonderangebote (temporäre Preisreduzierungen des Einzelhändlers), kostenlose weitere Produkteinheiten (sog. BOGOs: „Buy one, get one free"), Coupons, die der Nachfrager an der Kasse einlöst, oder Rabatte handeln. In den USA sind ferner Rückerstattungen (rebates) als „Consumer Promotions" gebräuchlich: Hier erhält der Nachfrager den Preisnachlaß nicht direkt beim Kauf des Produkts durch den Händler, sondern muß den Kaufbeleg beim Hersteller einsenden und bekommt dann von ihm eine monetäre Rückerstattung eines Teils des Kaufpreises. Inzwischen schließen sich auch mehrere Anbieter zusammen und gewähren ihren Kunden gemeinsam, bspw. über Kundenkarten oder Bonuspunktsysteme, Rabatte für den Kauf ihrer Produkte.
Nicht-Preis-Promotions umfassen die werbliche Herausstellung eines Artikels in der lokalen Werbung (z.B. Beilagen, Handzettel) des Einzelhändlers, die Bewerbung am POS bspw. mit auffallenden Präsentationsformen (Displays) sowie Zweit- und Sonderplazierungen des Artikels im Handelsgeschäft. Hersteller setzen als Nicht-Preispromotions häufig Aktionsverpackungen, Produktzugaben, Warenproben oder Gewinnspiele ein.
Eine verhaltensorientierte Typisierung differenziert zwischen aktiven und passiven Promotionmaßnahmen. Im ersten Fall muß der Nachfrager durch eigene Aktivitäten außerhalb des POS auf die Promotionmaßnahme „stoßen" bzw. darauf reagieren (z.B. Lesen des Handzettels; Ausschneiden eines Coupons) und in seiner Einkaufsplanung berücksichtigen. Passive Promotionmaßnahmen nimmt der Nachfrager ohne größere (eigene) Anstrengungen am POS wahr (z.B. Sonderangebot; Zweitplazierung). Ferner lassen sich Promotionmaßnahmen mit sofortigem Anreiz von sog. Treue-Promotions

abgrenzen: Der letztere Fall liegt vor allem bei Rabatten oder Bonuspunktsystemen vor, bei denen der Nachfrager erst nach wiederholtem Kauf des Produkts bzw. Besuch des Geschäfts in den Genuß des Rabatts oder der Preisvergünstigung für ein (weiteres) Produkt kommt.
In der Regel setzt sich eine Promotionmaßnahme für ein Produkt aus einem Bündel von Instrumenten zusammen: So wird eine Preisreduzierung durch lokale Handzettelwerbung bekannt gemacht und durch Sonderplazierungen im Geschäft flankiert; Gewinnspiele sind bspw. mit Warenproben am POS oder mit Aktionsverpackungen kombiniert. Ebenso lassen sich „Consumer Promotions" und „Retailer Promotions" im Einzelhandelsgeschäft gemeinsam durchführen (z.B. lokale Händlerwerbung, Warenproben und Gewinnspiel), was aber eine langfristige Planung und Koordination der Aktionen durch Hersteller und Händler voraussetzt.

Aufgabe 2

Die Anreize von Promotionmaßnahmen lassen sich anhand von sechs „benefit"-Kategorien (savings; quality; convenience; value expression; exploration; entertainment) charakterisieren: In einer Zweiteilung unterscheidet das Marketing häufig zwischen utilitaristischen und hedonistischen Anreizen von Promotionaktionen: Utilitaristische „benefits" beziehen sich auf den primären Produkterwerb (savings; quality; convenience), hedonistische Motive fokussieren auf die Aktivität des Einkaufens „unter Promotion-Bedingungen" (value expression, exploration, entertainment).
„Savings": Durch Preis-Promotions spart der Nachfrager Geld beim Kauf des betreffenden Produkts gegenüber einem Einkauf des Artikels zu Normalpreisen. Die Theorie des sog. „mental accountings" differenziert hierbei zwei Bewertungskomponenten: Die „acquisition utility" bezeichnet die Konsumentenrente des Nachfragers, die er aus dem Kauf bzw. Konsum des Produkts zieht: Sie ist als bewertete Differenz der maximalen Zahlungsbereitschaft des Nachfragers (Reservationspreis p^*), die sich wiederum aus der Nutzenstiftung des Produkts ableitet, und dem effektiv zu zahlenden Preis (p) definiert: $V(p^* - p)$. Daneben existiert bei einem Kauf die sog. „transaction utility": Sie beinhaltet nicht eine Bewertung des Produkts, sondern der Transaktion bzw. der Kaufsituation. Als Referenzgröße für diese Bewertung dienen häufig „normale" oder „übliche" Transaktionen in diesem Produktbereich. Sieht der Nachfrager folglich den Normalpreis des Produkts ($\bar{p}$) als Referenzpreis an, macht er durch die Preis-Promotion ein „Schnäppchen", da er das Produkt günstiger als normal erwirbt. Dies konstituiert die „transaction utility" $V(\bar{p} - p)$,
Die (Nutzen-)Bewertung eines Kaufs hinsichtlich der „Savings" ergibt sich als Summe aus „acquisition utility" und „transaction utility":

$$V(p, p^*, \bar{p}) = V(p^* - p) + V(\bar{p} - p)$$

Eine Preis-Promotion führt hierbei zu einer höheren „acquisition utility" und (positiven) „transaction utility".

„*Quality*": Aufgrund der Preisreduzierung gewinnt der Nachfrager „finanziellen Spielraum", was ihm möglicherweise erlaubt, sich ein qualitativ höherwertiges Produkt leisten zu können, das er ansonsten nicht erworben hätte. Preis-Promotions ermöglichen damit ein „upgrading" in der Produktqualität. Dies dürfte vor allem bei gehobenen Gebrauchsgütern zu erwarten sein, bei denen Preisreduzierungen durchaus einen dreistelligen Euro-Betrag ausmachen können.

„*Convenience*": „Sales Promotions" können als Entscheidungshilfe interpretiert werden. Dissonanztheoretisch vermögen sie hierbei einen Appetenz-Appetenz-Konflikt zu lösen: Wenn sich der Nachfrager unter mehreren, ihm attraktiv erscheinenden Marken nicht zu einer Entscheidung für eine Alternative durchringen kann, gibt eine Promotionmaßnahme möglicherweise den „letzten Anstoß", die beworbene Marke zu wählen. Ferner gilt allgemein im Sinne eines Kosten-/Nutzenkalküls, daß sich der Nachfrager mit einer zufriedenstellenden Lösung seines Entscheidungsproblems begnügen mag und deshalb dann auf weitere Aktivitäten zur Entscheidungsfindung verzichtet (Prinzip des „satisficing"). Da sich der aktionierte Artikel im Vergleich zu den nicht reduzierten Marken im Preis-/Leistungsverhältnis verbessert hat, könnte ein Nachfrager diesen Promotionartikel in einer Warengruppe als akzeptable Lösung bzw. „nicht schlechte Wahl" ansehen und dadurch seinen Entscheidungsprozeß verkürzen bzw. vereinfachen. Insgesamt führen „Sales Promotions" damit zu einem kognitiv einfacheren Einkaufen bzw. zu einer Reduzierung von Such- und Entscheidungskosten.

„*Value expression*": Manche Nachfrager verfolgen in ihrem Einkaufsverhalten über den physischen Produkterwerb hinausgehende, persönlichkeitsbezogene Motive, die durch Promotionmaßnahmen angesprochen werden können: So führt das Entdecken eines Sonderangebots zu Stolz, den Unternehmen „etwas abgeluchst" zu haben. Ferner kann das Ausnutzen einer Promotionmaßnahme ein Gefühl von Einkaufskompetenz vermitteln, ein gesetztes Selbstbild („vernünftiger Käufer") erfüllen oder soziale Anerkennung bspw. in der Familie stiften, wenn man günstig eingekauft hat.

„*Exploration*" und „*Entertainment*": Da Promotionaktionen in einem Geschäft häufig wechseln und eine relativ hohe Aufmerksamkeitswirkung besitzen, sprechen sie die Neugierde des Nachfragers und sein Bedürfnis nach Abwechslung im Einkaufsverhalten an. Ebenso besitzen die Teilnahme an einem Gewinnspiel, das Ausprobieren von Produktverköstigungen an einem Probierstand oder das Verfolgen einer Präsentationsshow einen gewissen Unterhaltungswert. In den letzten beiden Komponenten stiftet allein die Wahrnehmung von Promotionmaßnahmen in einem Geschäft bereits Nutzen, da sie das Motiv nach „exploration" und „entertainment" im Einkaufsverhalten befriedigen.

Insgesamt führen diese „benefit"-Komponenten zu einer eigenständigen Nutzenstiftung bei der Wahrnehmung einer Promotionaktion bzw. zur Senkung von Transaktionskosten, die eine Promotionmaßnahme bei einem Nachfrager auslöst. Hierbei

mag der Nachfrager spezifische Komponenten, wie die Freude über ein Schnäppchen (transaction utility), die Erfüllung eines gesetzten Selbstbildes (value expression) oder den (erwarteten) Unterhaltungswert einer Promotionmaßahme hoch einschätzen und deshalb bereit sein, im Vergleich zur Preisreduzierung des Produkts relativ weite Anfahrtswege (Transaktionskosten) in Kauf zu nehmen, um ein Geschäft mit einer Promotionaktion aufzusuchen.
Im Zusammenhang mit den „benefits" von Promotionmaßnahmen hat das Marketing den sog. „smart shopper" als Käufertyp spezifiziert: Dieser zeichnet sich dadurch aus, daß für ihn die dargestellten utilitaristischen und hedonistischen „benefits" von Promotionmaßnahmen einen hohen Stellenwert besitzen bzw. eine relativ hohe Nutzenstiftung („smart shopping feelings") bewirken. Daher ist er bereit, sich intensiv über Promotionmaßnahmen zu informieren und relativ weite Wegstrecken aufzuwenden, um Geschäfte mit Promotionaktionen zu besuchen. Ein „smart shopper" besitzt damit eine hohe Reaktionsempfindlichkeit hinsichtlich Promotionmaßnahmen. Insbesondere im Lebensmittelbereich finden Preis-Promotions für bestimmte Artikel bzw. in bestimmten Warengruppen in regelmäßigen Abständen statt. Dadurch ist im Geschäft selbst bzw. in Läden „der Umgebung" zumeist ein Artikel aus der betrachteten Warengruppe gerade „im Angebot"; zumindest ist die nächste Promotionaktion in der Warengruppe absehbar. Dadurch können „smart shopper" durch geschickte Planung ihrer Einkaufsgänge einen beträchtlichen Teil ihres Produktbedarfs über preisreduzierte Artikel decken, insbesondere wenn der Nachfrager keine ausgeprägte Präferenz für eine bestimmte Marke besitzt. Dieses Verhalten wird im Marketing auch „cherry picking" genannt.

Aufgabe 3

Das Optimierungsproblem des Nachfragers basiert auf drei Komponenten: Zum einen verspricht der Einkauf des Produkts zum Sonderangebotspreis eine Ersparnis in Höhe von $p_{[n]} - p_{[s]}$ Geldeinheiten je gekaufter Produkteinheit; ebenso kann der Nachfrager Beschaffungskosten (z.B. Einkaufsgänge) einsparen, wenn er zum Sonderangebotspreis „mehr mitnimmt", da sein „Sonderangebotslager" dann länger vorhält und er weniger Einkäufe zu Normalpreisen tätigen muß. Zum anderen steigen die Kosten für Lagerhaltung des Produkts im Haushalt, je größer die Kaufmenge ist.
Folgende Parameter werden im weiteren benötigt:

$p_{[n]}$	:	Normalpreis des Produkts;
$p_{[s]}$	:	Sonderangebotspreis;
B	:	Beschaffungskosten je Einkaufsgang;
m	:	Anzahl der Einkaufsgänge, wenn der Normalpreis gilt;
h	:	Lagerkostensatz;
c	:	Konsummenge pro Periode (Konsumquote);
δ	:	Planungszeitraum;

$x^*_{[s]}$: Kaufmenge im Sonderangebot;
$x^*_{[n]}$: Kaufmenge zu Normalpreisen.

Ferner sollen folgende Parameter definiert werden:

$\tau_{[s]}$: Reichweite des Sonderangebotslagers: Wieviele Perioden hält bei einer Konsumquote c das Lager, d.h. die Menge, die der Nachfrager zum Sonderangebotspreis gekauft hat, vor?

$\tau_{[n]}$: Reichweite eines Lagers, das der N achfrager mit Produkteinheiten zu Normalpreisen vorhält. Bei $\tau_{[n]} > 1$ kauft der Nachfrager mehr Produkteinheiten ein, als er in dieser Periode konsumiert. Es findet keine konsumsynchrone Beschaffung des betreffenden Produkts statt

$\delta_{[n]}$: Zeitspanne, die der Nachfrager nach Verbrauch des Sonderangebotslagers mit Käufen zu Normalpreisen zu überbrücken hat. Es gilt: $\tau_{[s]} + \delta_{[n]} = \delta$. Da der Nachfrager in der „Normalpreisphase" m Einkäufe des Produkts tätigt, läßt sich umformen: $\delta_{[n]} = \tau_{[n]} \cdot m$ bzw. $m = \delta_{[n]} / \tau_{[n]}$.

Für die Lösung des Kostenminimierungsproblems ist zunächst die Modellierung der Lagerhaltungskosten relevant: Die Kaufmenge x stellt die anfängliche Lagermenge dar, die sich pro Periode um c Einheiten verringert. Bei kontinuierlichem Konsum hält eine Kaufmenge x somit $\tau = x/c$ Perioden vor. Nach τ Perioden ist das Lager geräumt.

Im Durchschnitt ist im Lager je Periode eine Menge von x/2 gebunden. Die Lagerhaltungskosten mit dem Lagerkostensatz h für eine Kaufmenge x, die für τ Perioden Konsum vorhält bzw. im Lager gebunden ist, betragen dann:

$$\frac{x}{2} \cdot \tau \cdot h$$

Die Kauf- und Lagerhaltungskosten für den Sonderangebotseinkauf belaufen sich auf:

$$K_{[s]} = B + p_{[s]} \cdot x_{[s]} + \frac{x_{[s]}}{2} \cdot \tau_{[s]} \cdot h$$

B repräsentiert die Kosten des Einkaufsgangs, um das Sonderangebot zu erwerben, der zweite Term den Kaufbetrag und der dritte Term die Lagerhaltungskosten für das Sonderangebotslager. Da für $x_{[s]} = c \cdot \tau_{[s]}$ gilt, läßt sich die obige Bedingung umformen zu:

$$K_{[s]} = B + p_{[s]} \cdot c \cdot \tau_{[s]} + \frac{c \cdot \tau_{[s]}^2 \cdot h}{2}$$

Die zeitlichen Grenzkosten des Sonderangebotseinkaufs beinhalten, um wieviel sich die Kosten des Sonderangebotseinkaufs erhöhen, wenn das Sonderangebotslager um eine Zeiteinheit (marginal) länger vorhalten soll. Man bildet folglich:

$$\frac{d\,K_{[s]}}{d\,\tau_{[s]}} = p_{[s]} \cdot c + c \cdot h \cdot \tau_{[s]}, \text{ mit: } \frac{d\,K_{[s]}}{d\,\tau_{[s]}} = c \cdot h > 0$$

Eine analoge Grenzkostenbetrachtung führt man für die Einkäufe zu Normalpreisen durch. Diese geben an, um wieviel die Gesamtkosten $K_{[n]}$ ansteigen, wenn sich der Zeitraum $\delta_{[n]}$, in dem der Nachfrager zu Normalpreisen einkaufen muß, (marginal) erhöht.

Hierbei ist jedoch als Zwischenschritt zu überlegen, wie ein Einkaufsprozeß mit m Einkäufen in einem Zeitintervall von insgesamt t Perioden kostenminimal zu gestalten ist. Die Überlegung stellt darauf ab, den kostenminimalen Einkaufsrhythmus zu bestimmen. Dies ist gleichbedeutend mit der Herleitung der kostenminimalen Reichweite eines Lagerbestands (τ), den der Nachfrager bei einem Einkauf anlegt. Für diese Problemstellung lautet die nach der Reichweite des Lagers zu minimierende Kostenfunktion:

$$K = m \cdot B + m \cdot p \cdot x + m \cdot \frac{x \cdot h}{2} \cdot \tau \rightarrow \min$$

Da $m = t/\tau$ und $x = c \cdot \tau$ sind, lautet die obige Funktion umgeformt:

$$K = \frac{t}{\tau} \cdot B + t \cdot p \cdot c + \frac{c \cdot t \cdot \tau \cdot h}{2} \rightarrow \min$$

$$\frac{dK}{d\tau} = -\frac{t}{\tau^2} \cdot B + \frac{c \cdot t \cdot h}{2} = 0, \quad \text{mit: } \frac{d^2K}{d\tau^2} = 2\frac{t}{\tau^3} \cdot B > 0.$$

Die kostenoptimale Reichweite eines Lagers beträgt dann:

$$\tau^* = \sqrt{\frac{2 \cdot B}{c \cdot h}}$$

Diese Bedingung ist in der Produktionswirtschaft als EOQ-Modell (economic order quantity) oder Andlersche Formel bekannt.

Notwendig für die weitere Überlegung ist die Anzahl an Einkaufsgängen, die der Nachfrager im Zeitintervall mit t Perioden tätigt: Aufgrund von $m = t/\tau$ ergibt sich:

$$m^* = t \cdot \sqrt{\frac{c \cdot h}{2 \cdot B}}$$

Nunmehr läßt sich die Kostenfunktion für die Käufe zu Normalpreisen formulieren:

$$K_{[n]} = m \cdot B + m \cdot p_{[n]} \cdot x_{[n]} + m \cdot \frac{x_{[n]}}{2} \cdot \tau_{[n]} \cdot h$$

Mit Hilfe der Zusammenhänge $\delta_{[n]} = m \cdot \tau_{[n]}$ bzw. $\tau_{[n]} = \delta_{[n]}/m$ und $m \cdot x_{[n]} = c \cdot \delta_{[n]}$ bzw. $x_{[n]} = c \cdot \delta_{[n]}/m$, läßt sich die obige Kostenfunktion auch formulieren als:

$$K_{[n]} = m \cdot B + p_{[n]} \cdot c \cdot \delta_{[n]} + m \cdot \frac{c \cdot \delta_{[n]}}{2 \cdot m} \cdot \frac{\delta_{[n]}}{m} \cdot h$$

Die Grenzkosten einer (marginalen) Ausdehnung der Einkäufe zu Normalpreisen betragen:

$$\frac{d\,K_{[n]}}{d\,\delta_{[n]}} = \frac{c \cdot h \cdot \delta_{[n]}}{m} + p_{[n]} \cdot c, \quad \text{mit: } \frac{d\,K_{[n]}}{d\,\tau_{[n]}} = \frac{c \cdot h}{m} > 0$$

Die optimale Anzahl an Einkaufsgängen in einem Zeitintervall wurde oben hergeleitet: Sie beträgt für $\delta_{[n]}$ Perioden:

$$m^* = \delta_{[n]} \cdot \sqrt{\frac{c \cdot h}{2 \cdot B}}$$

Setzt man diese Bedingung in die Grenzkostenfunktion ein, resultiert:

$$\frac{d\,K_{[n]}}{d\,\delta_{[n]}} = \sqrt{2 \cdot B \cdot c \cdot h} + p_{[n]} \cdot c$$

Folgende Überlegung führt nunmehr zur Bestimmung der optimalen Reichweite des Sonderangebotslagers ($\tau_{[s]}^*$): Die Reichweite des Lagers aus Produkteinheiten, die der Nachfrager zum Sonderangebotspreis erwirbt, ist so lange zu erhöhen, bis die zeitlichen Grenzkosten des Sonderangebotskaufs den zeitlichen Grenzkosten der kostenminimalen Kauf- und Lagerhaltungspolitik bei Normalpreisen entsprechen:

$$\frac{d\,K_{[s]}}{d\,\tau_{[s]}} = \frac{d\,K_{[n]}}{d\,\delta_{[n]}} \Leftrightarrow p_{[s]} \cdot c + c \cdot h \cdot \tau_{[s]}^* = \sqrt{2 \cdot B \cdot c \cdot h} + p_{[n]} \cdot c$$

$$\tau_{[s]}^* = \frac{c \cdot (p_{[n]} - p_{[s]}) + \sqrt{2 \cdot B \cdot c \cdot h}}{c \cdot h}$$

Damit folgt für die optimale Kaufmenge im Sonderangebot:

$$x^*_{[s]} = c \cdot \tau_{[s]}^* = \frac{c \cdot (p_{[n]} - p_{[s]}) + \sqrt{2 \cdot B \cdot c \cdot h}}{h}$$

Die ökonomischen Aussagen des Lösungsterms sind intuitiv plausibel: Je größer die Preisreduzierung des Sonderangebots, je größer die Konsumquote und je höher die Beschaffungskosten der Einkäufe zu Normalpreisen sind, desto größer ist die optimale Kaufmenge im Sonderangebot. Steigende Lagerhaltungskosten vermindern diese Kaufmenge.
Die Kaufmenge in der Normalpreisphase ist schließlich durch

$$x^*_{[n]} = \frac{c \cdot \delta_{[n]}}{m^*} = \frac{c \cdot (\delta - \tau_{[s]}^*)}{m^*} = \frac{c \cdot h \cdot \delta - c \cdot (p_{[n]} - p_{[s]}) - \sqrt{2 \cdot B \cdot c \cdot h}}{c \cdot h \cdot m^*}$$

$$\text{mit: } m^* = (\delta - \tau_{[s]}^*) \cdot \sqrt{\frac{c \cdot h}{2 \cdot B}}$$

definiert.
Ergibt sich eine (rechnerische) Reichweite für das Sonderangebotslager, die größer als der Planungszeitraum ist ($\tau_{[s]}^* > \delta$), erwirbt der Nachfrager im Sonderangebot nur die Kaufmenge $x^*_{[s]} = c \cdot \delta$, was dann $x^*_{[n]} = 0$ und $m^* = 0$ zur Folge hat.
Die obige Lösung für die Anzahl an Einkaufsgängen in der Normalpreisphase (m) hat als „Schönheitsfehler", daß es sich um eine reelle Zahl handelt, der Nachfrager jedoch nur ganzzahlige Einkaufsgänge tätigen kann. Als Näherungslösung muß deshalb m* auf die nächstliegende ganze Zahl gerundet werden. Eine Kostenminimierung der vorliegenden Problemstellung mit einer expliziten Bestimmung von m* als natürliche Zahl erfordert eine aufwendigere ganzzahlige Optimierung.

Literaturhinweise

Chandon, P. / Wansink, B. / Laurent, G.: A Benefit Congruency Framework of Sales Promotion Effectiveness, in: Journal of Marketing, Vol. 64 (October 2000), S. 65-81.

Gedenk, K.: Verkaufsförderung, München 2002.

Pechtl, H.: Optimale Kauf- und Lagerhaltungsentscheidungen von Haushalten unter Berücksichtigung mehrerer Geschäftsstätten, Hamburg 2000.

IV. Bibliographie

Heiko Burchert und Cirsten Witt

Bibliographie

1. Übungsbücher zur Betriebswirtschaftslehre

ADAM, DIETRICH; KLAUS BACKHAUS, MATTHIAS BAUER, ACHIM DINGE, ULRICH JOHANNWILLE, MARKUS VOETH UND MICHAEL WELKER, Koordination betrieblicher Entscheidungen. Die Fallstudie Peter Pollmann. 2. Aufl., Springer, Heidelberg, Berlin, 1999, 308 S., 19,94 EUR.

BENSCH, JÖRG, Praktische Fälle aus der Betriebswirtschaftslehre. Kiehl, Ludwigshafen, 1998, 255 S., 20,00 EUR.

BESTMANN, UWE UND PETER PREIßLER, Übungsbuch zum Kompendium der Betriebswirtschaftslehre. 3. Aufl., Oldenbourg, München, Wien, 2002, 380 S., 34,80 EUR.

BIERLE, KLAUS, Grundlagen der Betriebswirtschaftslehre: Band II – Aufgaben und Lösungen. 10. Aufl., alpha, Saarbrücken, 2001, 372 S., 23,00 EUR.

BITZ, MICHAEL, Übungen zur Betriebswirtschaftslehre. 5. Aufl., Vahlen, München, 1999, 478 S., 25,00 EUR.

CORSTEN, HANS UND MICHAEL REIß, Übungsbuch zur Betriebswirtschaftslehre. Oldenbourg, München, Wien, 2000, 422 S., 34,80 EUR.

DINKELBACH, WERNER UND ULRICH LORSCHEIDER, Übungsbuch zur Betriebswirtschaftslehre: Entscheidungsmodelle und lineare Programmierung. 3. Aufl., Oldenbourg, München, Wien, 1994, 300 S., 24,80 EUR.

EIERMANN, BERNHARD, Fallsammlung mit Lösungen. 8. Aufl., Gabler, Wiesbaden, 1996, 260 S., nicht mehr verlegt.

GROB, HEINZ LOTHAR, Übungsfälle zur Betriebswirtschaftslehre. Vahlen, München, 1982, 264 S., nicht mehr verlegt.

GROB, HEINZ LOTHAR, Fallstudien zur Betriebswirtschaftslehre. Werner, Düsseldorf, 1993, 384 S., nicht mehr verlegt.

HOFFMANN, LUTZ; RALPH KAUERMANN, JÖRG RISKE UND MICHAEL WAPPNER, Oeconomix. Train & Exam. Das große Gabler Wirtschaftsspiel. Card-Box, Gabler, Wiesbaden, 1999, 24,90 EUR.

HOLLNSTEINER, KURT UND MICHAEL KOPEL, Betriebswirtschaftliche Optimierung, Übungsbuch. Oldenbourg, München, Wien, 1999, 331 S., 34,80 EUR.

HOPFENBECK, WALDEMAR, Übungsbuch zur Allgemeinen Betriebswirtschafts- und Managementlehre. moderne industrie, Landsberg am Lech, 2001, 312 S., 32,00 EUR.

JÖRS, BERND UND SABINE SCHLÖMER, Übungen zu quantitativen Methoden der Betriebswirtschaftslehre: Aufgaben und Lösungshinweise. Toeche-Mittler, Darmstadt, 1993, 120 S., 12,86 EUR.

JUNG, HANS UND CHRISTIAN RÜCKERT, Arbeits- und Übungsbuch Allgemeine Betriebswirtschaftslehre. Oldenbourg, München, Wien, 1999, 34,80 EUR.

MÜLLER-MERBACH, HEINER, Übungen zur Betriebswirtschaftslehre und linearen Planungsrechnung. 2. Aufl., Vahlen, München, 1984, 144 S., nicht mehr verlegt.

SCHIERENBECK, HENNER, Übungsbuch zu Grundzüge der Betriebswirtschaftslehre. 8. Aufl., Oldenbourg, München, Wien, 2000, 712 S., 29,80 EUR.

SCHMALEN, HELMUT, Übungsbuch zu „Grundlagen und Probleme der Betriebswirtschaft“. 3. Aufl., Schäffer-Poeschel, Stuttgart, 2000, 382 S., 14,95 EUR.

SELCHERT, FRIEDRICH WILHELM, Einführung in die Betriebswirtschaftslehre: Aufgaben und Lösungen, Fragen und Antworten. 3. Aufl., Oldenbourg, München, Wien, 1997, 357 S., 24,80 EUR.

STEVEN, MARION UND KLAUS-PETER KISTNER, Übungsbuch zur Betriebswirtschaftslehre im Grundstudium. Physica, Heidelberg, 2000, 358 S., 19,95 EUR.

THOMMEN, JEAN-PAUL, Übungsbuch Betriebswirtschaftslehre. Repetitionsfragen, Aufgaben, Fallstudien, Lösungen. 2. Aufl., Versus, Zürich, 1998, 431 S., 37,07 EUR.

THOMMEN, JEAN-PAUL, ANN-KRISTIN ACHLEITNER UND ALEXANDER BASSEN, Allgemeine Betriebswirtschaftslehre Arbeitsbuch. Repetitionsfragen – Aufgaben – Lösungen. 3. Aufl., Gabler, Wiesbaden, 2002, 385 S., 32,00 EUR.

WÖHE, GÜNTER; HANS KAISER UND ULRICH DÖRING, Übungsbuch zur Einführung in die Allgemeine Betriebswirtschaftslehre. 10. Aufl., Vahlen, München, 2002, 608 S., 20,00 EUR.

2. Übungsbücher zur Absatzwirtschaft

BALSER, GERHARD, Das Lernbüro III. Absatz. Lernen durch Anwenden (Lernmaterialien). Winkler, 2001, 104 S., 10,60 EUR.

BRUHN, MANFRED, Marketingübungen. Basiswissen, Aufgaben, Lösungen. Selbständiges Lerntraining für Studium und Beruf. Gabler, Wiesbaden, 2001, 300 S., 24,00 EUR.

MEFFERT, HERIBERT, Marketing Arbeitsbuch. Aufgaben, Fallstudien, Lösungen, 8. Aufl., Gabler, Wiesbaden, 2001, 527 S., 29,90 EUR.

MEFFERT, HERIBERT UND MANFRED BRUHN, Marketing Fallstudien. Fallbeispiele, Aufgaben, Lösungen. 2. Aufl., Gabler, Wiesbaden, 1993, 366 S., 36,00 EUR.

STIERAND, HORST W., Fallstudien und praktische Fälle für den handlungsorientierten Betriebslehreunterricht. Bd. 2, 2. Aufl., Westermann, Braunschweig, 1999, 216 S., 21,80 EUR.

SWOBODA, BERNHARD, Arbeitsbuch Marketing-Management. Erläuterungen, Fallbeispiele, Lösungen. Schäffer-Poeschel, Stuttgart, 2002, 376 S., 19,95 EUR.

WAGNER, UDO, Fallstudien aus der österreichischen Marketingpraxis. Ein Arbeitsbuch zu den Grundzügen des Marketing. 2. Aufl., Wiener Universitätsverlag, Wien, 1998, 253 S., 20,20 EUR.

3. Lehrbücher zur Betriebswirtschaftslehre mit Aufgaben und Lösungen bzw. Fallstudien

AHRENS-FISCHER, WOLFGANG UND THOMAS STEINKAMP (HRSG.), Betriebswirtschaftslehre. Oldenbourg, München, Wien, 2000, 941 S., 49,80 EUR.

DROSSE, VOLKER UND ULRICH VOSSEBEIN, Repetitorium Wirtschaftswissenschaften, Intensivtraining Allgemeine Betriebswirtschaftslehre, 2. Aufl., Gabler, Wiesbaden, 1998, 174 S., 14,00 EUR.

HANSSMANN, FRIEDRICH, Quantitative Betriebswirtschaftslehre: Lehrbuch der modellgestützten Unternehmensplanung. 4. Aufl., Oldenbourg, München, Wien, 1995, 512 S., 34,80 EUR.

HOMBURG, CHRISTIAN, Quantitative Betriebswirtschafslehre. Entscheidungsunterstützung durch Modelle. Mit Beispielen, Übungsaufgaben und Lösungen. 3. Aufl., Gabler, Wiesbaden, 2000, 649 S., 49,90 EUR.

KREIS, RUDOLF, Betriebswirtschaftslehre: Band 1: Einführung zur Managementlehre. 5. Aufl., Oldenbourg, München, Wien, 1998, 572 S., 54,80 EUR.

KREIS, RUDOLF, Betriebswirtschaftslehre: Band 2: Innovations- und Wertschöpfungsprozeß. 5. Aufl., Oldenbourg, München, Wien, 1998, 404 S., 44,80 EUR.

KREIS, RUDOLF, Handbuch der Betriebswirtschaftslehre. Oldenbourg, München, Wien, 1993, 895 S., nicht mehr verlegt.

KÜCK, MARLENE (Hrsg.): Allgemeine Betriebswirtschaftslehre Grundlagen. 3. Aufl., Berliner Wissenschafts-Verlag, Berlin, 1998, 575 S., 31,00 EUR.

LUGER, ADOLF E.; HANS-GEORG GEISBÜSCH UND JÜRGEN M. NEUMANN, Allgemeine Betriebswirtschaftslehre: Band 2: Funktionsbereiche des betrieblichen Ablaufs. 4. Aufl., Fackler, München, Wien, 1999, 432 S., 24,90 EUR.

PATZAK, HERMANN, Allgemeine Betriebswirtschaftslehre. Ein problemorietiertes Lern- und Übungsbuch für Schüler der Fachoberschule, der beruflichen und gymnasialen Oberstufe und für Studenten an der Fachhochschule und Universität. Band 1, Patzak-A, 1998, 372 S., 20,96 EUR.

PATZAK, HERMANN, Allgemeine Betriebswirtschaftslehre. Ein problemorietiertes Lern- und Übungsbuch für Schüler der Fachoberschule, der beruflichen und gymnasialen Oberstufe und für Studenten an der Fachhochschule und Universität. Band 2, Patzak-A, 2000, 458 S., 23,01 EUR.

RAU, THOMAS, Betriebswirtschaftslehre für Städte und Gemeinden. Vahlen, München, 1994, 567 S., 50,00 EUR.

SCHNECK, OTTMAR, Betriebswirtschaftslehre. Eine praxisorientierte Einführung mit Fallbeispielen, 2. Aufl., Campus, Frankfurt am Main, 1999, 353 S., nicht mehr verlegt.

SLABY, DIETER UND RENÉ KRASSELT, Industriebetriebslehre: Anlagenwirtschaft. Oldenbourg, München, Wien, 1998, 240 S., 29,80 EUR.

VAHS, DIETMAR UND JAN SCHÄFER-KUNZ, Einführung in die Betriebswirtschaftslehre: Lehrbuch mit Beispielen und Kontrollfragen. 3. Aufl., Schäffer-Poeschel, Stuttgart, 2002, 466 S., 29,95 EUR.

VOETH, MARKUS; DIRK W. KLEINE UND CHRISTOPH REINKEMEIER, Fallstudien und Grundlagen der Betriebswirtschaftslehre. Erläuterungen, Übungsaufgaben und Lösungen zu den Bereichen Kostenrechnung, Produktion und Absatz, 2. Aufl., Neue Wirtschafts-Briefe, Herne (u. a.), 1998, 393 S., 22,40 EUR.

4. Lehrbücher zur Absatzwirtschaft mit Aufgaben und Lösungen bzw. Fallstudien

BACKHAUS, KLAUS; BÜSCHKEN, JOACHIM UND MARKUS VOETH, Internationales Marketing. 4. Aufl., Schäffer-Poeschel, Stuttgart, 2001, 525 S., 39,95 EUR.

BACKHAUS, KLAUS; BÜSCHKEN, JOACHIM UND ROLF WEIBER, Industriegütermarketing. Übungsfälle und Lösungen. Vahlen, München, 1998, 410 S., 24,50 EUR.

BEREKOVEN, LUDWIG, Grundlagen der Absatzwirtschaft. Darstellung, Kontrollfragen und Lösungen. 4. Aufl., Neue Wirtschafts-Briefe, Herne (u. a.), 1989, nicht mehr verlegt.

BERNDT, RALPH UND ADRIENNE CANSIER, Produktion und Absatz. Springer, Berlin, 2002, 239 S., 19,95 EUR.

EVERS, MICHAEL UND GERHARD SCHULZ, Beschaffung, Produktion, Absatz. Westarp-Wissenschaften, Magdeburg, 1993, 233 S., 9,95 EUR.

HASS, DIRK, Das Marketing und die Marktorientierung mittelständischer Unternehmen. Probleme und Lösungsansätze. 1. Aufl., Dr. Kovac, 1997, 84 S., 29,65 EUR.

JASPERT, FRIEDHELM, Marketing Intensivkurs. Lehrbuch nach dem Frage-Antwort-Prinzip. 8. Aufl., Oldenbourg, München, 2002, 303. S., 24,80 EUR.

KAPPELLER, WOLFGANG, Das Marketing-Lexikon für die Praxis. Erläuterungen, Fallbeispiele, Lösungen. Moderne Industrie, 2000, 32,00 EUR.

KEHL, WOLFGANG T., Der Fachberater im Außendienst. Band 1. Absatzwirtschaft, Verhandlung und Kommunikation. Fallstudie. Max Schimmel, Würzburg, 1998, 286 S., 24,90 EUR.

LEHMANN, MATTHIAS, Absatzwirtschaft. Eine marktorientierte Einführung für Ökonomen und Juristen. 2. Aufl., Springer, Berlin, 2003, 385 S., 24,95 EUR.

PALUPSKI, RAINER, Management von Beschaffung, Produktion und Absatz. Leitfaden mit Praxisbeispielen. 2. Aufl., Gabler, Wiesbaden, 2002, 421 S., 26,90 EUR.

RAMME, IRIS, Marketing. Einführung mit Fallbeispielen, Aufgaben und Lösungen, Schäffer-Poeschel, Stuttgart, 2000, 320 S., 24,95 EUR.

STENDER-MONHEMIUS, KERSTIN, Marketing. Grundlagen mit Fallstudien. Oldenbourg, München, 2002, 384 S., 34,80 EUR.
VON BENEN, U. A., Lernsituationen Absatz- und Beschaffungswesen. 2. Aufl., Schülerband. Ausgabe Bayern. (Lernmaterialien). Merkur, Rinteln, 2002, 128 S., 7,00 EUR.
VRY, WOLFGANG, Absatzwirtschaft. 5. Aufl., Kiehl, Ludwigshafen, 2002, 460 S., 22,50 EUR.

Die Autoren des Bandes

Battenfeld, Dirk: Dr. rer. pol., Dipl.-Math., geb. 1966, Lehrstuhl für Betriebswirtschaftslehre, insb. Marketing, Fachbereich Wirtschaftswissenschaft der Fern-Universität in Hagen. Arbeits- und Forschungsgebiete: Preispolitik, Kostenrechnung, Allokation von Entscheidungskompetenzen.

Brösel, Gerrit: Dr. rer. pol., Dipl.-Kfm., Bankkaufmann, Instandhaltungsmechaniker, geb. 1972, Wissenschaftlicher Assistent, Fachgebiet Rechnungswesen/Controlling, Institut für Betriebswirtschaftslehre, Fakultät für Wirtschaftswissenschaften, Technische Universität Ilmenau. Arbeits- und Forschungsgebiete: Rechnungswesen, Controlling, Wirtschaftsprüfung, Betriebliche und öffentliche Finanzwirtschaft, Unternehmungsbewertung, Medienökonomie und Medienmanagement.

Burchert, Heiko: Prof. Dr. rer. pol., Dipl. Ing. oec., geb. 1964, Professur für das Fachgebiet Betriebswirtschaftliche und rechtliche Grundlagen des Gesundheitswesens, Fachbereich Pflege und Gesundheit an der Fachhochschule Bielefeld. Arbeits- und Forschungsgebiete: Betriebswirtschaftliche und rechtliche Grundlagen des Gesundheitswesens (insb. Telemedizin, Rehabilitation und Pflege), Betriebliche Finanzwirtschaft, Produktion, Organisation, Kostenrechnung, Controlling.

Burmann, Christoph: Univ.-Prof. Dr. habil., Dipl.-Kfm., geb. 1962, Stiftungslehrstuhl für Allgemeine Betriebswirtschaftslehre, insbesondere innovatives Markenmanagement (LiM), Fachbereich Wirtschaftswissenschaft der Universität Bremen. Arbeits- und Forschungsgebiete: Markenmanagement, strategisches Marketing, Konsumentenverhaltensforschung.

Ceyp, Michael H.: Prof. Dr. rer. pol., Dipl.-Kfm. und Sparkassenkaufmann, geb. 1965, Professur für Betriebswirtschaftslehre, insb. Marketing, Fachhochschule Wedel (Holstein bei Hamburg). Arbeits- und Forschungsgebiete: Unternehmensführung und Marketing mit den Schwerpunkten Database-Marketing, Dialogmarketing, CRM und Integrierte Kommunikation.

Dierkes, Stefan: Dr. rer. pol., Dipl.-Kfm., geb. 1967, Wissenschaftlicher Assistent, Lehrstuhl für Controlling und interne Unternehmensrechnung, Wirtschaftswissenschaftliche Fakultät der Universität Leipzig. Arbeits- und Forschungsgebiete: interne Unternehmensrechnung, Controlling, Investitions- und Finanzierungstheorie.

Dilger, Alexander: Gastprof. Dr. rer. pol. habil., Dipl.-Vw., geb. 1968, Institut für Betriebswirtschaftslehre an der Universität Wien. Arbeits- und Forschungsgebiete: Bildungs-, Organisations-, Personal- und Sportökonomik, ökonomische Analyse des Rechts, Entscheidungs- und Spieltheorie sowie angewandte Ökonometrie.

Enke, Margit: Prof. Dr. habil., geb. 1952, Inhaberin des Lehrstuhls für Allgemeine Betriebswirtschaftslehre, insbesondere Marketing und Internationalen Handel an der Technischen Universität Bergakademie Freiberg. Arbeits- und Forschungsgebiete: Konsumentenverhalten in den alten und neuen Bundesländern; Markenpolitik und Kommunikationspolitik in den alten und neuen Bundesländern; branchenspezifisches Marketing, insb. für Hochschulen, Regionen, Städte/Gemeinden, Finanzdienstleistungen, Unternehmensberatungen; Marketing, insbesondere Käuferverhalten und Kommunikationspolitik auf osteuropäischen Märkten mit dem Schwerpunkt Rußland; Marketing im Rahmen der EU-Osterweiterung.

Fallgatter, Michael J.: Priv.-Doz. Dr. rer. pol., Dipl.-Kfm., geb. 1965, Hochschuldozent, Lehrstuhl für Betriebswirtschaftslehre, insb. Organisation, Personal und Unternehmungsführung, Fakultät für Wirtschaftswissenschaften, Universität Bielefeld. Arbeits- und Forschungsgebiete: Organisationstheorie, Personalmanagement, Entrepreneurship, Wissenschaftstheorie.

Fließ, Sabine: Univ.-Prof. Dr., geb. 1960, Hochschuldozent, Professur für Dienstleistungsmangement an der Fern-Universität Hagen. Arbeits- und Forschungsgebiete: Dienstleistungsmanagement und Dienstleistungsprozesse.

Franzen, Sven: Dipl.-Kfm., geb. 1975, Wissenschaftlicher Mitarbeiter, Lehrstuhl für Strategisches Marketing an der European Business School (ebs) Schloß Reichartshausen in Oestrich-Winkel. Arbeits- und Forschungsgebiete: Sales Management, Pricing und Vertikales Marketing.

Geigenmüller, Anja: Dr. rer. pol., geb. 1975, Wissenschaftliche Assistentin, Lehrstuhl für Allgemeine Betriebswirtschaftslehre, insb. Marketing und Internationalen Handel an der Technischen Universität Bergakademie Freiberg; Arbeits- und Forschungsgebiete: Konsumentenverhalten in den alten und neuen Bundesländern; Markenpolitik und Kommunikationspolitik in den alten und neuen Bundesländern; branchenspezifisches Marketing, insb. für Hochschulen, Regionen, Städte/Gemeinden, Finanzdienstleistungen, Unternehmensberatungen; Marketing, insbesondere Käuferverhalten und Kommunikationspolitik auf osteuropäischen Märkten mit dem Schwerpunkt Rußland; Marketing im Rahmen der EU-Osterweiterung.

Hälsig, Frank: Dipl.-Kfm., geb. 1977, Wissenschaftlicher Mitarbeiter, Lehrstuhl für Marketing und Handel der Universität Trier. Arbeits- und Forschungsgebiete: E-Business, Internationales Management.

Hanrath, Stephanie: Dr. rer. pol., Dipl.-Kfm., geb. 1968, Wissenschaftliche Assistentin, Lehrstuhl für Internes Rechnungswesen und Controlling, Wirtschaftswissenschaftliche Fakultät der Martin-Luther-Universität Halle-Wittenberg, Arbeits- und Forschungsgebiete: interne Unternehmensrechnung, Controlling, Informationsökonomie.

Hering, Thomas: Univ.-Prof. Dr. rer. pol. habil., Dipl.-Kfm., geb. 1967, Stiftungslehrstuhl für Betriebswirtschaftslehre, insb. Unternehmensgründung und Unternehmensnachfolge, Fachbereich Wirtschaftswissenschaft der Fern-Universität in Hagen. Arbeits- und Forschungsgebiete: Investitions- und Finanzierungstheorie, Unternehmensbewertung, Unternehmensplanung und -steuerung, Produktion, Rechnungswesen, Betriebswirtschaftslehre der Gemeinden.

Hoffjan, Andreas: Dr. rer. pol., Dipl.-Kfm., geb. 1967, Wissenschaftlicher Assistent, Lehrstuhl für Betriebswirtschaftslehre, insb. Controlling, Wirtschaftswissenschaftliche Fakultät der Westfälischen Wilhelms-Universität Münster; zur Zeit Assistant Professor, Asper School of Business. University of Manitoba, Winnipeg (Kanada) Arbeits- und Forschungsgebiete: Controlling in öffentlichen Verwaltungen und Non-Profit-Organisationen, Internationales Controlling und Risiko-Controlling.

Keuper, Frank: Dr. rer. pol., Dipl.-Kfm., geb. 1966, Lehrstuhlvertreter für Allgemeine Betriebswirtschaftslehre, insb. Risikomanagement und Controlling, Fachbereich Rechts- und Wirtschaftswissenschaft der Johannes Gutenberg-Universität Mainz. Arbeits- und Forschungsgebiete: Investitions- und Finanzierungstheorie, Kostenmanagement, Strategisches Management, Unternehmensplanung und steuerung, Produktion, Komplexitätstheorie, Neue Medien, E-Business, M-Business und T-Business.

Klingelhöfer, Heinz Eckart: Dr. rer. pol., Dipl.-Wirtschaftsing., geb. 1966, Wissenschaftlicher Assistent, Lehrstuhl für Allgemeine Betriebswirtschaftslehre und Betriebliche Finanzwirtschaft, insb. Unternehmensbewertung, Rechts- und Staatswissenschaftliche Fakultät der Ernst-Moritz-Arndt-Universität Greifswald. Arbeits- und Forschungsgebiete: Investitions- und Finanzierungstheorie, Produktion, Betriebliche Umweltökonomie (insb. Entsorgung), Gesundheitsökonomie.

Koch, Michael: Dipl.-Kfm., geb. 1970, Lehrstuhl für Betriebswirtschaftslehre, insb. Marketing, Rechts- und Staatswissenschaftliche Fakultät der Ernst-Moritz-Arndt-Universität Greifswald. Arbeits- und Forschungsgebiete: Marktforschung, Multivariate Verfahren.

Kram, Stefan: Dr. rer. pol., Dipl.-Kfm., geb. 1963, seit Oktober 2001 Direktor des Zentralbereiches Unternehmenssteuerung und -planung bei der Kreissparkasse Verden und zuständig für die Bereiche Controlling, Betriebswirtschaft, Werbung, Öffentlichkeitsarbeit und Marketing. Schwerpunkte des Arbeitsbereiches: Bankbetriebliche Steuerungsinstrumente, Verbindung von Steuerungsinstrumenten mit dem Prämienanreizsystem, CRM in einer Vertriebssparkasse, Vertriebsoptimierung durch Marktforschung.

Krüger, Anja: geb. 1980, Studentin der Bildenden Kunst und Kunstpädagogik am Caspar-David-Friedrich-Institut der Ernst-Moritz-Arndt-Universität Greifswald.

Krüger, Jörn: Dipl.-Kfm., geb. 1977, Lehrstuhl für Betriebswirtschaftslehre, insb. Marketing, Rechts- und Staatswissenschaftliche Fakultät der Ernst-Moritz-Arndt-Universität Greifswald. Arbeits- und Forschungsgebiete: Vertikales Marketing; E-Commerce.

Mirschel, Stefan: Dipl.-Wirtsch.-Ing., geb. 1976, Wissenschaftlicher Mitarbeiter, Lehrstuhl für Allgemeine Betriebswirtschaftslehre und Produktionswirtschaft, Rechts- und Staatswissenschaftliche Fakultät der Ernst-Moritz-Arndt-Universität Greifswald. Arbeits- und Forschungsgebiete: Beschaffungsplanung, fertigungstechnische Grundlagen in der Produktionstheorie, Simulationen in der Produktionsplanung, Flexibilität und Produktion.

Möller, Sabine: Dipl.-Kffr., geb. 1974, Wissenschaftliche Mitarbeiterin, Douglas-Stiftungslehrstuhl für Dienstleistungsmanagement an der Fern-Universität Hagen. Arbeits- und Forschungsgebiete: Dienstleistungsmanagement und Management von Kundenkontakten.

Olbrich, Rainer: Univ.-Prof. Dr. rer. pol., Dipl.-Kfm., geb. 1963, Lehrstuhl für Betriebswirtschaftslehre, insb. Marketing, Fachbereich Wirtschaftswissenschaft der Fern-Universität in Hagen. Arbeits- und Forschungsgebiete: Konsumgütermarketing, Handelsmarketing, Warenwirtschaftsmanagement, Informationsmanagement, Controlling in Vertrieb und Handel.

Pechtl, Hans: Univ.-Prof. Dr. rer. pol., Dipl.-Kfm., geb. 1962, Lehrstuhl für Betriebswirtschaftslehre, insb. Marketing, Rechts- und Staatswissenschaftliche Fakultät der Ernst-Moritz-Arndt-Universität Greifswald. Arbeits- und Forschungsgebiete: Konsumgütermarketing, Preispolitik, Innovations- und Diffusionsforschung, deskreptive Entscheidungstheorie.

Rollberg, Roland: Univ.-Prof. Dr. rer. pol. habil., Dipl.-Kfm., M. Sc., geb. 1965, Lehrstuhl für Allgemeine Betriebswirtschaftslehre und Produktionswirtschaft, Rechts- und Staatswissenschaftliche Fakultät der Ernst-Moritz-Arndt-Universität Greifswald. Arbeits- und Forschungsgebiete: Produktions- und Kostentheorie, Produktionsplanung, Beschaffung, Investitionsrechnung, integrierte Unternehmensplanung, strategische Unternehmensführung.

Schaulinski, Anja: Dipl.-Kffr., geb. 1974, Wissenschaftliche Mitarbeiterin, Lehrstuhl für Betriebswirtschaftslehre, insb. Unternehmensgründung und Unternehmensnachfolge, Fachbereich Wirtschaftswissenschaft der Fern-Universität Hagen. Arbeits- und Forschungsgebiete: Unternehmensgründung, insb. Gründungsfinanzierung, Unternehmensnachfolge, Unternehmensführung, Personal.

Schmidt, Urs-Peter: geb. 1967, Manager Consumer Marketing; Confectionery; Kraft Foods Deutschland GmbH & Co. KG.

Schwarz, Sandra: Dipl.-Kffr., geb. 1977, Wissenschaftliche Mitarbeiterin, Lehrstuhl für Marketing und Handel der Universität Trier. Arbeits- und Forschungsgebiete: Handelsmanagement, Internationales Management.

Sohr, Sven: Dr. phil. (Soziologie), Dipl.-Psych., M. A. (Philosophie), geb. 1967, Professor i. V. am Fachbereich Pflege und Gesundheit der Fachhochschule Bielefeld, Arbeits- und Forschungsfelder: Jugend-, Umwelt und Zukunftsforschung sowie Ausbildung von Schlüsselqualifikationen, u. a. als Moderator für Zukunftswerkstätten in Wissenschaft und Wirtschaft.

Swoboda, Berhard: Prof. Dr. rer. oec., geb. 1965, Inhaber der Professur für Marketing und Handel der Universität Trier. Arbeits- und Forschungsgebiete: Handelsmanagement, Konsumgütermarketing, Internationales Management.

Szeliga, Michael: Dipl.-Kfm., MBA, Prof. Dr. rer. pol., geb. 1964, Professor für Marketing, Vertrieb und Management im Fachbereich für Wirtschaftsingenieurwesen der Fachhochschule Oldenburg/Ostfriesland/Wilhelmshaven. Arbeits- und Forschungsgebiete: Marktanalyse und Strategie, Produktmanagement sowie Vertriebsmanagement insbesondere für B-to-B Unternehmen.

Tunder, Ralph: Dr. rer. pol., Dipl.-Kfm., Werbekaufmann, geb. 1966, Wissenschaftlicher Mitarbeiter und Habilitand, Lehrstuhl für Strategisches Marketing an der European Business School (ebs) Schloß Reichartshausen in Oestrich-Winkel. Arbeits- und Forschungsgebiete: Strategisches Marketing, Vertikales Marketing, Marketing-Theorie, Neue Institutionenökonomik.

Völker-Albert, Jan-Hendrik: Dipl.-Kfm., geb. 1977, Wissenschaftlicher Mitarbeiter, Douglas-Stiftungslehrstuhl für Dienstleistungsmanagement an der Fern-Universität Hagen. Arbeits- und Forschungsgebiete: Dienstleistungsmanagement und Management von digitalisierten Dienstleistungen.

Witt, Cirsten: Dipl.-Kffr., geb. 1974, Wissenschaftliche Mitarbeiterin, Lehrstuhl für Allgemeine Betriebswirtschaftslehre und Betriebliche Finanzwirtschaft, insb. Unternehmensbewertung, Rechts- und Staatswissenschaftliche Fakultät der Ernst-Moritz-Arndt-Universität Greifswald. Arbeits- und Forschungsgebiete: Bankbetriebslehre, Unternehmensbewertung und Betriebliche Finanzwirtschaft.